KB268242

독일어 숙어 사전

편자 **김원식**

서강대학교 독어독문학과 졸업
서울대학교 대학원 독어학 석사
Wien대학교 언어학 박사
육군사관학교 교수부 독일어 교관
한국외국어대학교 인문대 교수

저서 및 논문
『Zeitungsdeutsch』(1986)
『독일어 관용어 사전』(1996)
「독일어 숙어를 기저로 한 파생」
「독일어 신조 숙어」
「정형 텍스트와 상투적 표현」
「광고 텍스트에 나타난 관용구」
「미디어에 나타난 외래어」 등

독일어 숙어 사전

초판 인쇄 2008년 10월 20일 | **초판 발행** 2008년 10월 29일
편　자 김원식
펴낸이 이대현 | **책임편집** 김지향 | **편집** 권분옥 이소희
펴낸곳 도서출판 역락 | **등록** 제303-2002-000014호(등록일 1999년 4월 19일)
주소 서울시 서초구 반포4동 577-25 문창빌딩 2층
전화 02-3409-2060(편집부) 02-3409-2058(영업부)
팩시밀리 02-3409-2059 | **전자우편** youkrack@hanmail.net
ISBN 978-89-5556-623-9 91750

정가　25,000원

* 잘못된 책은 교환해 드립니다.

독일어 숙어 사전
Wörterbuch der deutschen Idiomatik

김원식

Won-Sik, KIM

도서출판 역락

머리말

이 『독일어 숙어 사전』은 독일어를 보다 심도 있게 공부하고자 하는 모든 이들을 위하여 2,500여 개의 숙어를 집대성하였다. 이 사전은 이미 시중에 나와 있는 입시용 숙어 사전과는 본질적으로 다르다. 무엇보다도 사용 빈도가 높은 숙어와 생생한 원전에서 인용한 3,000여 개의 예문이 번역과 함께 등재되어 있다. 이는 외국어 단어와 숙어를 올바르게 이해하기 위해서는 문장을 함께 습득하는 것이 바람직하다는 외국어 학습 원리를 반영한 것이다. 이 사전 끝에 덧붙여 수록한 <찾아보기>는 표현하려는 내용을 알고 상응하는 독일어 숙어를 찾는 데 도움이 되도록 했다.

간단한 예를 들어, „kalter Kaffee“는 결코 "찬 커피"의 의미가 아니고 "냉커피"는 더욱 이니다. "다 알고 있는 진부한 일"을 뜻하며 „kalt“나 „Kaffee“의 의미와는 무관하다. 마찬가지로 „Trinken wir, *bis der Doktor kommt!*“라는 문장은 "의사가 올 때까지 마시자!"를 뜻하는 것이 아니라, "실컷 마시자!"라는 의미다. 이처럼 한 언어의 숙어에 능통한다는 것은 쉬운 일이 아니다. 이는 숙어의 의미는 개별 단어 의미의 산술적 총합이 아니라는 숙어의 특성 때문이다.

뿐만 아니라 숙어를 구성하는 단어의 결합이 다분히 고정적이며 때로는 비문법적 구조를 갖는 특성 때문에 우리는 학습에 각별한 주의를 기울여야 하는 것이다. 우리 국어의 고사성어나 속담이 그러한 것처럼, 숙어는 일반적으로 그 언어를 사용하는 민족의 독특한 의식구조와 사회·문화적 배경을 바탕으로 형성되기 때문이다.

이 숙어 사전의 특징은 다음과 같다.

- 전 독일어권에서 2001년부터 발효된 새로운 정서법(Rechtschreibung)에 따라 표기한다. 예문을 표기하였다.
- 기능동사가 구성 요소인 숙어를 최대한 수록한다.
  Grundstein legen; *Antrag* stellen usw.
- 숙어 사용 빈도와 예문은 독일어 연구원(Institut für Deutsche Sprache=IDS)의 말 뭉치인 Cosmas II Client v3.6.1에 입각하여 엄선한다.
- DUW(Duden Deutsches Universalwörterbuch)는 물론이고 널리 알려진 전문 숙어 사전인 "Redewendungen und sprichwörtliche Redensarten"(=Duden Bd. 11)에 아직 표제어로 등재되지 않은 10여 개의 숙어를 수록하고 있다.
  bis der *Arzt* kommt; *atmende* Fabrik; *fit* wie ein Turnschuh; *goldener Handschlag*; *Kult* sein; *hopp* oder topp; in der *Pipeline* sein; *und* tschüs usw.
- 숙어를 기저로 한(dephraseologisch) 파생어를 병기한다.
  Ausschlag geben > ausschlaggebend; *Einfluss* nehmen > Einflussnahme; den *Grundstein* zu etw. legen > Grundsteinlegung usw.

숙어 분야에 대한 나의 관심을 2003년도 독일 학술 교류처(DAAD)의 초청으로 독일어 연구원(IDS)에서 심화시킬 수 있었다. 연구원 내에서만 제한적으로 개방되는 방대한 Cosmas 자료와 제한적이지만 외부에서도 접근할 수 있는 COSMAS II 자료는 이 숙어 사전의 다양한 예문의 근간이 되었다. 2007년 12월부터 2008년 2월까지 3개월에 걸쳐 이 사전의 마무리 작업을 끝낼 수 있는 기회를 마련해준 DAAD와 Leipzig 대학 Irmhild Barz 교수와 Klaus Heller 박사에게 고마움을 표하고자 한다. 끝으로 오직 학문적 발전과 뜻있는 소수의 학습자를 위하여 이 책의 출판을 흔쾌히 승낙해 주신 역락출판사 이대현 사장님에게 감사드리고 싶다. 그의 결단이 없었더라면 이 책은 세상의 빛을 보지 못했을 것이기 때문이다.

다년간의 연구를 일단 추스르는 의미로 펴내는 이 사전의 모든 오류는 오직 부족한 본인의 몫으로 하며 선배, 동료는 물론 이 사전 사용자 모두의 서슴없는 채찍과 질타를 기다린다.

2008년 10월

편자 김 원 식

일러두기

I. 숙어 어휘(Phraseolexem)

❶ 이 숙어 사전은 독일어를 심도 있게 학습하는 외국인에게 필수적인 총 2,500여 개의 관용어만을 엄선하여 수록하였다.

❷ 숙어는 우리말 뜻풀이와 총 3,000여 개의 예문과 그 번역을 통하여 의미를 정확히 파악하고 작문 능력 배양에 기여할 수 있게 하였다.

- [jm./für jn.] den/die Daumen drücken/halten
  (누구의) 성공을 바라다
- „Drück mir mal den Daumen, dass es klappt!"
  "일이 잘되기를 빌어 다오!"

❸ 숙어의 특성을 반영하여 구어체 예문을 최대한 많이 수록하였다.

- „Kind, du gehörst ins Bett, du machst ja schon ganz kleine Augen."
  "얘야, 잠자러 가자. 너무 피곤하여 네 눈이 게슴츠레하다!"

❹ 문어체 예문에는 최근 잡지나 신문 기사 등 일상적이고 실용적 텍스트(Gebrauchstext)에서 시사성 있는 것을 포함시켰다.

- Die Bundestagsfraktion von CDU und CSU folgte damit einem Antrag, den die Fraktionsvorsitzende Merkel gestellt hatte.
  기민당과 기사당으로 구성된 원내교섭단체는 메르켈이 신청한 안을 수용했다.

❺ 사용 빈도가 비교적 높은 숙어 어휘 맨 앞에 별표를 첨가하여 식별이 용이하
도록 했다.

 •* jm. bleibt nichts [anders] übrig. [als]

II. 표제 숙어의 배열과 처리

1. 표제 숙어

❶ 숙어 어휘의 부정형(Nennform)을 표제 숙어로 삼는다.

❷ 핵심 단어가 같거나 숙어 어휘가 동의어 관계에 있을 때 병렬적으로 배열한다.

 • das ist ja ein Ding! ; ist das ein Ding!
   아니 이럴 수도 있나!
 • von Rang ; des Ranges
   최고의, 최대의
 • irgendwo nichts zu suchen haben ; irgendwo nichts verloren
   haben
   저해하다, 속하지 않다
 • auf jeden Fall ; auf alle Fälle
   반드시

❸ 표제 숙어는 숙어 의미의 핵심을 이루는 단어를 기준으로 알파벳순으로 배열
하는 것을 원칙으로 삼는다. 동일한 핵심 단어로 구성된 숙어가 다수인 경우
는 격 순서에 따르고 그 다음에 전치사구를 형성한 숙어를 배열한다.

 • jm./für jn. den/die Daumen drücken/halten
 • ein Fuß/ein Bein am Grabe stehen
 • leben wie Hund und Katze

- blauer Brief
- nicht ganz richtig sein

❹ 쌍둥이 숙어(Zwillingsformel)는 첫 번째 단어를 기준으로 알파벳순으로 배열한다.

- Haus und Hof
- grün und blau/grün und gelb schlagen
- frank und frei
- mit Kind und Kegel
- schwarz auf weiß

❺ 숙어 부정형의 어느 단어가 다른 단어와 대치 가능할 경우는 두 단어를 사선으로 연결하고 한 칸을 더 띄운다.

- seiner Sache sicher/gewiss˘ sein
- jn./etw.˘ zum Schweigen bringen
- jm./etw.˘ aus dem Wege gehen
- mit genauer/knapper˘ Not
- sich einen Korb bekommen/erhalten/kriegen

단, 대치를 통하여 반의어 또는 다른 의미를 구성할 때에는 그 뜻풀이를 괄호에 제시한다.

- eine gute/schlechte/klägliche Figur machen
  좋은(나쁜, 가련한) 인상을 주다

❻ 완전히 선택적인 숙어 구성 단어는 각진 괄호 안에 적고 그 뜻풀이는 필요할 경우에 괄호에 병기한다.

- [ganz] außer sich geraten
  (완전히) 넋을 잃게 되다

- mit Leib und Seele [dabei sein]
  혼신을 다하여(다하다)
- ein [feines] Ohr für etw. haben
  (예민한) 감각을 갖다
- fein [he]raus sein
  행복하다
- da[von] beißt die Maus keinen Faden
  그것은 어쩔 도리가 없다

❼ 표제 숙어에 대치나 선택의 가능성이 없어도 뜻풀이에서 설명을 보충하거나 단어를 대치하는 경우에는 괄호를 사용한다.

- nach dem Mond gehen
  (시계가) 잘 안 맞다
- jm. die Stange halten
  보호(지지)하다

2. 문법

❶ 명사의 격은 통상적 약어(jd., js., jm., jn., etw.)를 사용하되 js.는 소유 대명사를 나타낸다.

- jd. tut jm. leid
  Die armen Kinder tun mir leid.
- an js. Lippen hängen
  Ihre Vorlesung war so interessant, dass die Studenten an ihren Lippen hingen.

❷ 격 표시가 필요한 경우에는 문법적 기능을 갖는 단어에 위첨자를 병기한다.

- $sich^3$ etw. an den Hut stecken können
- $etw.^3$ steht nichts im Wege

3. 문체적 뉘앙스

❶ 표제 숙어 어감의 다양성은 숙어의 끝에 괄호 속에 독일어로 표시한다.

❷ 숙어 뉘앙스 중에서 친근하고 허물없는 사이의 정보 교환에서 통상적으로 쓰
는 문체는 가장 빈도가 높은 통용어(umgangsprachlich)이다.

❸ 그 외에도 다음과 같은 뉘앙스로 구분한다.

abwertend	폄어적	derb	속어, 비어
dichterisch	시어	emotional	감정적
familär	친근한	gehoben	고상한
ironisch	반어적	scherzhaft	농담조
spöttisch	조롱조	verhüllend	은폐적, 미화적

4. 전문어

특정한 연령이나 사회 분야나 계층에서 주로 사용하는 숙어를 다음과 같이 구별
한다.

Amdtsdeutsch	관청어	Jugendsprache	청소년어
Kaufmannssprache	상인어	Kindersprache	아동어
Papierdeutsch	격식어	Rechtssprache	법률어
Soldatensprache	군인어	Sport	스포츠

Ⅲ. 기호

/ : 표제 숙어의 단어를 다른 단어로 대치할 수 있을 경우에 사용한다.

- jn./etw. zu Fall bringen
- auf der Straße liegen/sitzen/stehen

〔 〕: 표제 숙어의 단어가 완전히 선택적일 경우에 사용한다.

- [wie] aus einem Guss sein
- im Grunde [genommen]

( ) : 숙어의 뜻풀이 항목에서만 다음의 경우에 사용한다.

❶ 대치된 단어로 뜻풀이가 달라질 경우

- jm. eine/ein paar knallen
  뺨을 한(여러) 차례 때리다

❷ 숙어에 선택적 단어의 추가로 인하여 뜻풀이가 추가되는 경우

- [wieder] in Ordnung kommen
  (다시) 원상태를 회복하다

❸ 뜻풀이에서 단어의 대치나 첨가적 설명의 경우

- zum Einsatz kommen
  동원(파견) 되다
- sich die Länge ziehen
  (기대보다) 오래 걸리다, 지연되다

;   : 동의어를 이루는 숙어를 병렬적으로 수록하는 경우

- verflixt und zugenäht! ; verflixt nochmal! ; verflixt eins!

~ : 가변적 내용이나 뒤에 오는 zu-부정형을 나타낸다.

- es bei etw. bewenden lassen
  ~할 정도로 그치다
- es nicht übers Herz bringen, etw. zu tun
  ~ 수가 없다
- ganz und gar nicht
  결코 ~이 아니다

* : 빈도가 높은 중요한 숙어 앞에 붙인다.

  •<u>*</u> unter Umständen

Ⅳ. 알아두기

국어 의미를 표제어로 삼아 이에 상응하는 독일어 숙어를 알아볼 수 있는 〈찾아보기〉는 중심개념(Leitbegriff)을 바탕으로 다양한 숙어를 찾는 표현 사전(onomasiologisches Wörterbuch)의 특징을 갖는다. 진하게 인쇄된 단어는 독일어 숙어의 의미 핵심이며 동시에 표제숙어를 사전에서 찾아 그 예문을 통해 문체적 특성을 알아볼 수 있는 길잡이가 된다.

Ⅴ. 약어

abwertend		폄어적
Adj.	Adgektiv	형용사형
Amtsdt.	Amtsdeutsch	관청어
bildungsspr.	bildungssprachlich	교양어
derb		속어
dichterisch		시어
emotional		감정적, 정서적
etw.	etwas	
fam.	familiär	친근한
geh.	gehoben	고상한
iron.	ironisch	반어적
Jargon		은어
jd.	jemand	
jm.	jemandem	

jn.	jemanden	
js.	jemandes	
Jugendspr.	Jugendsprache	청소년어
Kaufmannsspr.	Kaufmannssprache	상인어
Kinderspr.	Kindersprache	아동어
Papierdt.	Papierdeutsch	격식어
R.	Redewendung	성구
Rechtsspr.	Rechtssprache	법률어
salopp		가벼운 표현
salopp abwertend		약간 폄어적
salopp verhüll		약간 은폐(미화)적
scherzh.	scherzhaft	농담조
Soldatenspr.	Soldatensprache	군인어
spött.	spöttisch	조롱조
Sport		스포츠
Spr.	Sprichwort	속담, 격언
Subs.	Substanzform	명사형
ugs.	umgangsprachlich	통용어
veraltend		준 고어
verhüll.	verhüllend	은폐적, 미화적

차례

A

das A und O (ugs.) 시작과 끝, 가장 중요한 것

Zuckerbrot und Peitsche sind das A und O der Arbeitsphilosophie von Microsoft.

당근과 채찍은 마이크로 소프트 노동철학의 시작과 끝이다.

***ab und zu/an** (ugs.) 가끔, 때때로

Es sind Probleme, die ab und zu zu Streit führen.

때때로 논란을 야기할 문제가 있다.

Ab und an krabbelt ein Krebs herum.

가끔 게 한마리가 이리저리 기어 다닌다.

bunter Abend 다채로운 저녁행사

Zum Auftakt findet ein bunter Abend in unsrem Kino statt.

개막을 맞아 다채로운 프로그램의 저녁행사가 우리 극장에서 열린다.

es ist noch nicht aller Tage Abend 아직 끝난 것은 아니다

Im Augenblick sieht die Situation schlecht aus, aber es ist ja auch noch nicht aller Tage Abend.

현재로서는 상황이 어려워 보이지만, 완전히 절망적인 것은 아니다.

[bei jm.] abgemeldet sein (ugs.) 누구의 호의를 잃다, 등한시되다

Da tauchte er eines Tages in der Firma auf, und ich war auf gleich bei ihm abgemeldet.

어느 날 그는 회사에 나타났으나 나는 그의 총애를 잃었다.

es auf jn./etw. abgesehen haben

■ 계속해서 괴롭히다

Der Single ist sogar unfreiwillig Mitglied einer Zielgruppe, auf die es etliche Geschäftemacher abgesehen haben.
그 독신자는 많은 장사꾼들이 줄곧 괴롭힌 그룹의 회원이기도 하다.

2 목표로 하다

Die Täter hatten es offenbar nur auf Zigaretten abgesehen, denn sie ließen andere Waren in den Auslagen stehen.
다른 진열물품은 그대로 둔 것을 감안하면 범인들은 담배만을 목표로 삼은 것으로 보인다.

*[jm.] abhanden kommen 없어지다

Bei einem allzu schlechten Abschneiden der SPD könnte ihm der Koalitionspartner abhanden kommen.
사민당이 선거에서 형편없는 성과를 거두면 연립정부의 파트너가 없어질 수 있다.

Die Menschen im Stadtzentrum verlierern offenbar schnell das Interesse an ihren Fahrräder, wenn diese eimal abhanden gekommen sind.
자전거가 없어진다면 도심에 사는 사람들은 자전거에 관한 관심이 쉽게 없어질 것이 뻔하다.

wie in Abrahams Schoß (ugs.) 안전하게, 아주 편안히

Eigentlich fährt man im Zug so sicher wie in Abrahams Schoß.
기차를 타는 것이 실로 가장 안전하다.

Bei ihnen habe ich mich immer so sicher wie in Abrahams Schoß gefühlt.
그들에게 나는 언제나 편안한 느낌을 가졌다.

etw.[3] eine Absage erteilen 거부하다 (=absagen)

Kubas Revolutionsführer Fidel Castro hat dem Angebot der EU zur Normalisierung der Beziehungen eine Absage erteilt.
쿠바 혁명지도자 카르스트로는 유럽연합의 관계정상화 요청을 거부했다.

*von jm. Abschied nehmen (geh.) 작별하다 (=von jm. sich verabschieden)

Schweden nimmt Abschied von der ermordeten schwedischen Außenministerin Anna Lindh. Zur Trauerfeier am Freitag in Stockholm waren 1300 Gäste aus aller Welt gekommen. Unter ihnen waren mehr als

30 Außenminister, darunter fast alle Außenminister der EU.
스웨덴은 암살당한 외부장관 안나 린드와 작별했다. 금요일 스톡홀름에서 열린 장례식에는 거의 모든 유럽연합 외무장관을 포함한 30여 명의 외무장관 등 전 세계에서 1,300여 명이 참여했다.

Der Film hat Abschied vom traditionellen Actionshelden genommen.
그 영화는 전통적인 액션 영웅영화물과 결별을 고했다.

sich³ etw. am/vom Munde absparen 극도로 절약하다

So muss der lesewillige Sozialhilfeempfänger sich das Geld für Bücher vom Munde absparen.
독서를 좋아하는 기초생활비 수혜자는 책을 사기 위해 극도로 절약해야 한다.

mit Abstand 월등하게, 훨씬

Die Schweizer Damen bilden mit Durchschnittsalter von 19 Jahren mit Abstand das jüngste Team.
평균연령 19세인 스위스 여자 팀은 눈에 띄는 최연소 팀이다.

mit Ach und Krach (ugs.) 어렵사리, 겨우, 간신히

Nun hat er endlich mit Ach und Krach die Prüfung bestanden.
그는 이제야 비로소 시험에 간신히 합격했다.

auf [der] Achse sein (ugs.) 출타(사업상 여행) 중이다

So wissen besonders Geschäftsleute und Diplomaten, die ständig auf Achse sind, Jordans Service zu schätzen.
항상 여행을 많이 하는 기업인이나 외교관은 요르단의 서비스를 인정한다.

mit den Achseln zucken (난처한 입장의 표현으로) 두 어깨를 올리다

„Als die Zeugen gefragt wurden, welcher der Verkehrsteilnehmer wohl den Unfall verurscht habe, haben sie nur mit den Achseln gezuckt."
"도로 사용자 중에서 누가 교통사고를 유발했는지를 묻자 목격자들은 난처하여 어깨를 으쓱 올리기만 했다."

auf die leichte Achsel/Schulter nehmen 대수롭지 않게 여기다

Derart scheinbar harmlose Ratschläge sollten nicht auf die leichte Schulter genommen werden.

보기에 악의 없는 그런 충고를 대수롭지 않게 여겨서는 안 된다.

sich [vor jm/etw.] in Acht nehmen 조심하다(=beachten)

„Nimm dich nur in Acht, wenn du die Straße überquerst!"

"길을 횡단 할 때는 꼭 조심해라!"

„Nimm dich vor dem Direktor in Acht! Er wird dir sofort eins auswischen, wenn er eine günstige Gelegenheit findet."

"소장을 조심해라! 기회만 되면 너를 골탕 먹일 것이다."

auf achtzig sein/kommen (ugs.) 화나다(화나게 되다)

Er war schon auf achtzig, als er zur Tür hereintrat.

그는 문에 들어섰을 때 이미 화가 나 있었다.

jn. zur Ader lassen (scherzh.) 돈을 받아 내다

Ich weiß nicht, zum wievielten Male wir von den Beamten zur Ader gelassen werden.

우리가 공무원들에게 몇 차례나 돈을 빼앗겼는지 나는 모른다.

einen Affen sitzen haben (ugs.) 술에 취하다

Als er von der Fete heimkehrte, hatte er einen Affen sitzen.

축하연에서 집에 돌아왔을 때 그는 술에 취해있었다.

einen [ganz schönen] Affenzahn/Zahn drauf haben (ugs.)

1 전속력으로 질주하다

Der Wagen hatte einen schönen Affenzahn drauf und schlitterte mit quietschenden Reifen durch die Kurven.

자동차는 전속력으로 질주하다가 끽 소리를 내며 커브를 돌았다.

2 매우 빠르게 일하다

„Schon fast alles kopiert? Sie haben ja einen ganz schönen Zahn drauf!"

"벌써 거의 다 복사했습니까? 정말 일을 빠르게 하시는군요!"

keine blasse/nicht die geringste Ahnung haben (ugs.) 전혀 모르다

Vom griechischen Alphabet habe ich keine blasse Ahnung! Davon ver-
stehe ich wirklich nichts.

그리스어 알파벳을 나는 전혀 모른다. 그것을 나는 정말 전혀 이해하지 못한다.

Es tut mir Leid, aber ich habe nicht die geringste Ahnung, was Sie
wissen wollen.

당신이 무엇을 알고 싶은지 유감스럽게도 나는 전혀 모르겠다.

das ist allerhand! (R.) 놀라운 일이다!

Das war der Schlüssel zum Erfolg. In der zweiten Hälfte nur drei
Gegentore zu kasssieren – das ist allerhand.

후반에만 3골을 넣었다는 것은 승리의 키였다 – 놀라운 일이다!

alles oder nichts 전부냐 전무냐

Südkorea drängt auf schnellste Inspektion ausgewählter Objekte, Nordkorea fordert umfassende Kontrolle. Auch dabei geht es um alles oder
nichts.

한국은 선정된 핵시설의 조속한 사찰을 압박하고 북한은 포괄적인 조사를 요구하
고 있다. 이 경우에도 전부가 아니면 전무라는 식의 사고방식이 문제다.

***alles in allem** 전체적으로, 종합적으로

Alles in allem war es ein schönes Weihnachtsfest.

전체적으로 멋진 크리스마스 축제였다.

***vor allem** 무엇보다, 특히

Es geht vor allem darum, kein Aufsehen zu erregen.

무리를 야기하지 않는 것이 무엇보다도 중요하다.

alt aussehen (ugs.)

1 열세다, (뒤)지다

Gegen meinen Kollgen habe ich gestern ganz schön alt ausgesehen.
Der hatte doch glatt doppelt soviel Umsatz wie ich gemacht!

나는 어제 내 동료에게 뒤졌다. 그는 나보다 두 배의 매상을 거뜬히 올렸다.

2 어려운 상황에 처하다

Neues Europa lässt Merkel alt aussehen. Ohrfeige für den Kanzler: Acht europäischen Regierungschefs stellen sich offensichtlich hinter Bush und dessen Irakkurs.

8명의 유럽 정상들이 부시와 그의 이라크정책을 분명하게 지지하기 때문에 새로운 유럽은 메켈 수상을 궁지로 몰고 있다. 독일 수상은 뺨을 맞은 셈이다.

da/hier nicht alt werden (ugs.) 오래 머물지(참지) 못하다

Auf dieser langweiligen Party werde ich nicht alt.

나는 이렇게 지루한 파티에 오래 있지 않겠다.

*es bleibt alles beim alten/Alten 변한 것이 없다

Trotz aller guten Vorsätze bleibt alles beim Alten.

갖가지 좋은 계획이 있었음에도 불구하고 변한 것은 없다.

sich aufs/ins Altenteil zurückziehen 고령으로 일을 넘겨주다

Mein Vater wird sich im nächsten Jahr auf sein Altenteil zurück-ziehen, dann trage ich allein die Verantwortung für die Firma.

나의 아버지가 내년에 은퇴하면 나 혼자서 회사를 책임져야 한다.

seines Amtes walten (geh.) 업무를 수행하다

Viele Jahre hatte der Bürgermeister zur Zufriedenheit aller seines Amtes gewaltet.

그 시장은 다년간 모든 주민이 만족하도록 업무를 수행했다.

*an [und für] sich 본질적으로, 원래

Es ist an sich schon seltsam, wenn die Gesellschaft daraufsetzt, dass die Polizei das regelt.

경찰이 그것을 규제하도록 사회가 성안하는 것은 원래 드문 일이다.

*unter anderem 그 외에도

Wir sprachen unter anderem auch über Politik.

그밖에도 우리는 정치에 관해서도 이야기했다.

von Anfang bis Ende (ugs.) 빠짐없이, 완전하게

Er hat mir die Geschichte von Anfang bis Ende erzählt.

그는 나에게 그 이야기를 전부 들려주었다.

Das ist der Anfang vom Ende (R.) 비극적 종말의 시작이다

Als er auch noch zu trinken begann, war das der Anfang vom Ende.

그가 또다시 술을 마시기 시작한 것은 파멸의 시초였다.

Aller Anfang ist schwer (Spr.) 시작이 반이다

den Anfang machen 맨 처음 시작하다

Tatsächlich hat die Regierung die wohl schwärzeste Woche ihrer Geschichte hinter sich. Die Landtagswahlen mit ihren dramatischen
Verlust machten den Anfang.

정부는 실로 사상 최악의 주일을 경험했다. 극적인 패배를 거둔 주 의회 선거가 시
작되었다.

seinen Anfang nehmen (geh.) 시작되다(=anfangen)

Die Feier nahm ihren Anfang.

잔치가 시작되었다.

***am/im/zu Anfang** 처음에는

Am Anfang war er mit allem zufrieden.

처음에 그는 모든 것에 만족했다.

wie angegossen sitzen/passen (옷, 구두 등이) 딱 맞다, 안성맞춤이다

Das Kleid sitzt wie angegossen.

옷이 매우 잘 맞는다.

Meine Schuhe passten ihm wie angegossen.

내 신발이 그에게 꼭 들어맞았다.

***sich^3 etw. angelegen sein lassen** (geh.) 힘쓰다, 노력하다

Ich ließ mir die Erziehung meiner Kinder sehr angelegen sein.

나는 자녀 교육에 심혈을 기울였다.

Er ließ es sich angelegen sein, sie sehr höflich zu behandeln.
그는 그 여자를 매우 정중하게 대하려고 노력했다.

etw. aus den Angeln heben 근본적으로 바꾸다

Junge Leute glauben immer, mit ihren Ideen die Welt aus den Angeln heben zu können.
젊은이들은 자신들의 이념으로써 이 세계를 완전히 변화시킬 수 있다고 늘 믿는다.

bei jm. gut/schlecht angeschrieben sein (ugs.) 평이 좋다(나쁘다), 잘 (밉) 보이다

Er war bei seinen Lehrern gut angeschrieben.
그는 교사들에게 평이 좋았다.

„Sprich nun doch einmal mit ihm, du bist doch bei ihm gut angeschrieben."
"너는 그에게 잘 보였으니 그와 한번 이야기 해봐라!"

*sich⁴ angesprochen fühlen 자신을 겨냥하는 것으로 생각하다

Durch ihre ironische Bemerkung habe ich mich angesprochen gefühlt.
그 여자의 반의적인 표현은 나를 겨냥한 말이라고 느꼈다.

es jm. angetan haben 매혹시키다

Sein Geigenspiel hat es ihr angetan.
그의 바이올린 연주는 그 여자를 사로잡았다.

Ihre schwarzbraunen Augen hatten es ihm angetan.
그 여자의 흑갈색 눈이 그를 매혹시켰다.

danach/dazu angetan sein 적절하다

Die Mittagspause ist nicht dazu angetan, Einkäufe zu machen.
점심시간은 쇼핑을 하기에 적절하지 않다.

etw. in Angriff nehmen 착수하다(=angreifen) 〈Subs. : Inangriffnahme〉

Wir haben nun endlich den Umbau in Angriff genommen.

우리는 마침내 개축에 착수했다.

*jm. ist/wird angst [und bange] 무섭다, 겁나다

Ihr war angst und bange, wenn sie an das Wiedersehen dachte.

재회를 생각하면 그 여자는 겁이 났다.

jm. sitzt die Angst im Nacken 등골이 오싹하다

Wegen des Polzeihundes saß ihm die Angst im Nacken.

경찰견 때문에 그는 등골이 오싹했다.

jm. nichts anhaben können (ugs.) 피해를 주다

Wenn meine Zollerklärung in Ordnung ist, kann der Beamte mir nichts anhaben.

세관 신고서가 제대로 되어 있으면 세관원은 나에게 피해를 줄 수 없다.

*per Anhalter fahren 편승해 가다, 히치하이크하다

Vorigen Sommer sind wir per Anhalter nach München gefahren.

지난 여름에 우리는 무임편승 방법으로 뮌헨에 갔다.

auf [den ersten] Anhieb (ugs.) 즉시, 곧바로, 첫 시도에

Das kann ich dir auf Anhieb nicht sagen, da muss ich mich erst mal erkundigen.

우선 알아보아야 하기 때문에 그것을 곧바로 네게 대답할 수 없다.

*es kommt [jm.] darauf an

1 누구에게 중요하다

Es kommt mir darauf an, dass alle da sind.

나에게는 모든 사람들이 참석하는 것이 중요하다.

2 ~에 좌우되다

„Fahren Sie mit?"

„Es kommt darauf an, wann wir wieder zu Hause sind."

"당신도 같이 가십니까?"

"그것은 우리가 언제 다시 돌아오느냐에 달렸습니다."

Anklang finden 호응을(찬사를) 받다

Der Gedanke des Umweltschutzes findet zu wenig Anklang.
환경 보호에 대한 생각은 호응이 너무 작다.

Das Konzert fand viel Anklang.
그 연주회는 많은 찬사를 받았다.

es auf etw. ankommen lassen 방치하다

Auf einen offenen Bruch können es die Koalitionspartner nicht ankommen lassen.
연정의 파트너들은 뻔한 연정 붕괴를 방치할 수 없다.

es darauf ankommen lassen

1 관철하다, 각오하다

Er ließ es ganz kaltschnäuzig darauf ankommen, sein Amt zu verlieren.
그는 공직을 잃을 결연한 각오를 했다.

Aber der Unteroffizier wollte es nicht darauf ankommen lassen, in Verdacht zu geraten.
그 하사관은 혐의를 받지 않으려 했다.

2 (ugs.) 시간적 여유를 두고 보다, 추이를 기다려 보다

Wir müssen es darauf ankommen lassen, ob wir den letzten Zug noch erreichen.
마지막 기차를 탈 수 있을지는 두고 보아야 한다.

Ich weiß nicht, ob das mit dem Medizinstudium etwas wird; ich lasse es halt darauf ankommen.
의학을 공부해서 쓸모가 있을 것인지 모르겠으나 우선 두고 보려고 한다.

das kannst du annehmen! (ugs.) 그것은 확실하다! 안심해도 좋다!

Ich werde mich für die Unverschämtheit rächen, das kannst du annehmen!
나는 그 뻔뻔한 행동에 복수할 것이다. 두고 봐라!

jm. etw. hoch anrechnen 높이 평가하다

Sie haben es dir hoch angerechnet, dass du die weite Reise auf dich genommen hast.
너의 장거리 여행 감행을 그들은 높이 평가했다.

wer zahlt, schafft an (Spr.) 돈 내는 사람이 결정 한다

dem/allem Anschein nach 아마도

Allem Anschein nach kommt sie nun doch heute schon.
그녀는 아마도 오늘은 분명히 올 것이다.

den Anschluss verpasst haben (ugs.) 혼기(승진기회)를 놓치다

Meine Schwester ist schon 40, die hat den Anschluss verpasst.
나의 누이는 나이가 벌써 마흔이라서 혼기를 놓쳤다.

im Anschluss an 직후에, 이어서

Der Pharmakonzern Bayer gibt sich eine neue Struktur. Das teilte Bayer im Anschluss an eine außerordentliche Aufsichtsratssitzung mit.
바이어 제약은 새로운 구조를 갖추었다고 비상 이사회 직후에 발표했다.

[nur] von/vom Ansehen 면식으로(만)

Er ist mir nur vom Ansehen bekannt.
나는 그의 얼굴만 안다.

ohne Ansehen der Person 누구를 불문하고

Es müssen alle ohne Ansehen der Person gehört werden.
누구를 막론하고 모두의 의견을 늘어야 한다.

anzusehen sein (겉으로) 보이다

Sie ist in diesem Kleid hübsch anzusehen.
그 여자는 이 옷을 입으니 예쁘게 보인다.

nach Ansicht (js.) 의견에 따르면

Nach Ansicht von Experten hat der Feierabendhandel an Attraktivität gewonnen.

전문가의 견해로는 축제사업은 매력을 얻고 있다고 한다.

zur Ansicht gelangen 견해에 도달하다

Ein Psycholge war zur Ansicht gelangt, dass keine Tatwiederholungsgefahr bestehe.

한 심리학자는 재범의 위험은 없다는 견해에 도달했다.

***Anspruch auf etw. erheben/haben** 요구하다

Bereits im August machte die FDP deutlich, dass sie auf den frei werdenden Sitz im Gemeinderat Anspruch erhebt.

자유민주당은 8월에 이미 공석 중인 지방의회의 자리를 요구할 것을 분명히 했다.

Wenn wir den Anspruch haben, einmal Teil der EU zu werden, wäre diese Korrektur nur logisch.

우리가 언젠가 유럽연합 회원이 될 것을 요구한다면 이 수정안은 논리적이다.

***jn./etw. in Anspruch nehmen** 필요로 하다, 요구하다(subs.:Inanspruchnahme)

Sie nahm seine Hilfe gern in Anspruch.

그 여자는 기꺼이 그의 도움을 이용했다.

Präsident Bush gab zu, dass die Befriedung des Iraks und der Kampf gegen Reste des radikalislamischen Taliban-Regimes noch lange dauern und erhebliche Ressourcen in Anspruch nehmen werden.

부시 대통령은 이라크의 안정과 급진 이슬람 텔레반 정권 잔당과의 전투는 아직 시간이 걸릴 것이며 상당한 자금을 필요로 하리라고 인정했다.

Anstoß erregen 불쾌감(저항)을 유발하다

Es ist weniger die Globalisierung an sich, die umstritten ist. Anstoß erregen die Methoden, mit denen sie angestrebt wird.

논란이 많은 세계화 자체가 문제인 것이 아니다. 세계화를 추구하는 방법이 저항을 유발하고 있다.

an etw.[3] Anstoß nehmen (geh.) 기분이 상하다

Keiner der Kontrolleure hatte zunächst Anstoß an der Reisegruppe genommen.

그 어떤 검사관도 단체여행객에게 기분이 상하지 않았다.

Anteil an etw. haben 한몫하다, 거들다, 관계하다

Sicher haben die Moderatoren großen Anteil am Erfolg.

확실히 프로그램 진행자들이 성공에 크게 한몫을 했다.

Anteil an etw. nehmen 참여하다, 관심을 보이다

Erstaunlich ist, wie die Menschen Anteil an unsrem Nationalfeiertag nahmen.

국경일에 우리 국민들이 동참했던 모습은 놀랄 만하다.

Es hat sich gezeigt, dass die deutsche Bevölkerung an dem Leid anderer Menschen in der Welt Anteil nimmt.

독일국민이 이 세상의 타인의 고통에 관심을 보이고 있다는 것이 증명되었다.

eine Antenne für etw. haben (ugs.) 제대로 판단하다, 감각이 있다

Er wird die Angelegenheit nicht auf sich beruhen lassen, ich habe eine Antenne dafür.

내가 판단하기로는 그는 그 일을 그냥 넘어가지 않을 것이다.

Antrag stellen 신청하다(=beantragen)

Die Bundestagsfraktion von CDU und CSU folgte damit einem Antrag, den die Bundeskanzlerin Merkel gestellt hatte.

기민당과 기사당으로 구성된 원내교섭단체는 메르켈이 신청한 법안을 수용했다.

sich[3] etwas antun (verhüll.) 자살하다

Er wird sich etwas antun, falls sie jemandem von den sexuellen Übergriffen erzählen sollte.

만일 그 여자가 성폭력을 발설할 경우에는 그는 자살할 것이다.

＊Anwendung finden 응용(사용)되다(=angewendet werden)

Grundsätze für die Privatwirtschaft gelten, sollten auch weitgehend in der Kommualpolitik Anwendung finden.

민간경제의 원칙은 유효하며 나아가 지방자치 정책에서도 응용될 것이다.

jn./etw. zur Anzeige bringen (Papierdt.) 고소(고발)하다

Wenn wir so etwas auf unserer Messe entdecken, bringen wir den betreffenden Aussteller sofort zur Anzeige.

그런 일이 박람회에서 일어나면 우리는 해당 참여자를 즉각 고발할 것이다.

der Apfel fällt nicht weit vom Stamm (Spr.) 피는 못 속이는 법이다

für einen Apfel und ein Ei (ugs.) 아주 싸게, 싼값으로

Morgen ab 10 Uhr findet eine Stadtteilrally unter dem Motto „Für einen Apfel und ein Ei" statt.

내일 아침 10시에 "싼값으로!"라는 모토 아래 시민 자전거 달리기가 열린다.

＊in den sauren Apfel beißen (ugs.) 울며 겨자 먹기로 하다

Die internationalen Hilfsorganistionen werden wieder in den sauren Apfel beißen.

국제 구호단체는 또다시 울며 겨자 먹기를 하게 된다.

jn. in den April schicken 만우절에 놀려 주다, 속여 넘기다

Alle Jahre wieder werden die Menschen in den April geschickt.

해마다 만우절에는 사람들은 놀림을 당한다.

＊Arbeit geben 일자리를 주다 〈Subs. : Arbeitgeber(사용자, 고용주)〉

Der Silo hatte in seinen Glanzzeiten über 400 Menschen Arbeit gegeben.

사료 처리 시설은 전성기에는 400여 명에게 일자리를 주었다.

＊Arbeit nehmen 일자리를 받다 〈Subs. : Arbeitnehmer(근로자, 피고용인)〉

Wer nichts zu melden hat, muss die Arbeit nehmen, die man ihm gibt.

등록할 것이 없는 사람은 주는 일자리를 받아야한다.

nach getane Arbeit ist gut ruh(e)n (Spr.) 작업 후 휴식은 상쾌하다

etw. in Arbeit haben 일하는 중이다
> Der Schriftsteller hat derzeit ein weiteres Werk in Arbeit.
> 그 작가는 현재 또 다른 작품을 쓰고 있다.

in Arbeit sein 제작 중에 있다
> In Arbeit ist der Kindergarten Abc-Lexikon, in dem alles steht, was die Kindergärten betrifft.
> 유치원에 관련된 모든 것이 담긴 유치원 기본사전을 제작 중에 있다.

jede Arbeit ist ihres Lohnes wert (Spr.) 노동의 보수는 있어야 한다

ganze Arbeit leisten (ugs.) 완벽하게 처리하다
> Der Applaus nach der Aufführung zeigte, dass sie ganze Arbeit geleistet haben.
> 공연 후의 박수갈채는 그들이 완벽하게 해냈다는 것을 보여주었다.

arbeiten wie ein Pferd (ugs.) 소처럼 열심히 일하다
> Die Bauern auf dem Land in Asien müssen wie ein Pferd arbeiten.
> 아시아 농부들은 소처럼 열심히 일해야 한다.

*an etw. arm/reich sein 적다(많다), 부족(풍부)하다
> Viele von uns sind offensichtlich schon so arm an Ideen und Kreativität.
> 우리들 가운데 상당수가 벌써 아이디어와 창조성이 부족한 것 같다.
> Auch die Scholle ist reich an Kohlehydraten und Mineralstoffen
> 가자미에도 탄수화물과 무기질이 풍부하게 들어 있다.

um jn./etw. ärmer werden 잃어버리다
> Mit der Schließung des städtischen Kompostplatzes ist die Firma um eine Aufgabe ärmer geworden.
> 시립 퇴비장이 폐쇄되어 그 회사는 한 가지 업무를 잃었다.

js. verlängerter Arm sein 누구의 대리인이다

Der Generalsekretär der Wirtschaftskammer ist somit verlängerter Arm vom Präsident im Parlament.

그 상공회의소 사무총장은 국회의장의 대리인이다.

jn. auf den Arm nehmen (ugs.) 놀리다

Die Hasen liessen sich streicheln und auch auf den Arm nehmen.

사람들은 토끼들을 쓰다듬기도 하고 놀리기도 했다.

jm. in den Arm fallen 저지하다

Wir konnten Milosovic in Serbien nicht länger zuschauen, wir mussten ihm in den Arm fallen.

세르비아의 밀로소비치를 더 이상 좌시할 수 없기 때문에 우리는 그를 저지해야 했다.

jm. in die Arme laufen (ugs.) 우연히 마주치다

Drei bewaffnete Männer waren auf ihrer Flucht einer Polizeistreife in die Arme gelaufen.

무장한 세 남자는 도주 중에 순찰 경찰에 걸려들었다.

Arm in Arm 팔짱을 끼고

Wir gehen immer noch Arm in Arm, und wir küssen uns.

우리는 항시 팔짱을 끼고 걸으며 키스도 한다.

jn./jm. einer Sache in die Arme treiben 유발하다, 내몰다

Der ewige Streit hat ihn dem Alkohl in die Arme getrieben.

끊임없는 싸움이 그를 술로 내몰았다.

jn. mit offenen Armen aufnehmen/empfangen 쌍수를 들어 환영하다

Jeder neue Kamerad wird mit offenen Armen aufgenommen.

모든 새 동료들을 쌍수를 들어 환영했다.

***jm. [mit etw.] unter die Arme greifen** 돕다, 뒷받침 해주다

　　Die Linke will den Familien mit Beihilfe unter die Arme greifen.

　　좌파는 보조금으로 가정을 돕고자 한다.

[sich^3] die Ärmel/Arme hochkrempeln (ugs.) 열심히 일하다

　　Er will es allen Kritikern noch einmal zeigen, die Ärmel hochkrempeln.

　　그는 모든 비판자들에게 열심히 일 하는 것을 다시 보여주고자 한다.

sich^3 etw. aus dem Ärmel/den Ärmeln schütteln (ugs.) 쉽게 해내다

　　So eine hohe Summe kann ich mir doch nicht einfach aus dem Ärmel schütteln.

　　그런 거액의 돈을 나는 쉽게 마련할 수 없다.

am Arsch der Welt (derb) 멀리 떨어진 곳에

　　Glücklicherweise fanden wir eine Hütte am Arsch der Welt, in der wir kostenlos wohnen durften.

　　다행히 우리는 공짜로 살 수 있는 외딴 곳에 위치한 작은 집을 발견했다.

im Arsch sein (derb) 파멸(파괴)되다

　　Wenn damals ein Brand ausgebrochen wäre, dann wäre die Szene im Arsch gewesen.

　　당시에 화재가 났더라면 무대는 파괴되었을 것이다.

jm. in den Arsch kriechen (derb) 알랑거리다

　　Mit den Tschechen war es genau so. Uns haben sie als Nazi geschimpft, und den Wessis sind sie in den Arsch gekrochen.

　　체코인들도 마찬가지였다. 우리를 나치라고 욕하고 서독사람들에게는 알랑거렸다.

die Arschkarte ziehen (derb) 손해를 입다, 차별을 받다

　　Mich interesssiert der Standpunkt der Leute, die die Arschkarte gezogen haben.

　　나의 관심은 차별을 받은 사람들의 입장에 있다.

　　Wer dieses Ressort leitet, hat einfach die Arschkarte gezogen.

이 분야 담당자는 무조건 손해를 보았다.

die Art und Weise 방법, 방안

> Es geht bei der Abstimmung nicht so sehr um die Art und Weise, sondern viel mehr darum, dass oder ob neue Parkplätze geschaffen würden.
> 이번 투표에서는 방법보다는 오히려 새로운 주차장이 과연 생길지의 여부가 중요하다.

> Die Art und Weise, wie Entscheidungen getroffen werden, lernen Kinder von selbst, wenn sie Gespräche mitverfolgen.
> 부모의 대화를 들으면서 자녀들은 결정을 내리는 방법을 스스로 터득한다.

***auf diese/in dieser [Art] und Weise** 이런 양식(방법)으로

> Jugendliche können auf diese Weise lernen, welche Potential in ihnen steckt.
> 이런 방법으로 청소년들은 어떤 잠재적 능력이 자신에게 있는가를 배울 수 있다.

> Viele Autoreifen finden sich auf diese Weise ein zweites Mal auf der Straße.
> 많은 자동차 타이어가 이런 식으로 도로에 재차 등장하는 것이다.

> Er bedauert, dass das Problem auf diese Art und Weise gelöst werden soll und nicht Gespräch gesucht worden ist.
> 대화를 모색하지 않고 문제를 이런 방법으로 해결한다는 것을 그는 유감스러워했다.

in der Art [von] ; nach Art ~의 방식대로

> Eintopf nach Art des Hauses.
> 이 음식점 방식으로 조리한 아인토프 요리.

> Der Bürgermeister will den Kanzler bescheiden bewirten, nichts Großes, nur nach Art des Dorfes.
> 면장은 수상을 성대하지 않게 시골식으로 간소하게 접대하고자 한다.

Art lässt sich nicht von Art (Spr.) 그 부모에 그 자식

eine Art [von] ~과 비슷한

> Die drogenabhängigen Frauen haben eine Art der Selbstverteidigung entwickel entwickelt.

마약중독 여성들은 일종의 자기방어 방안을 마련하였다.

aus der Art schlagen 가문의 돌연변이다

Ich entwickelte mich zu einem völlig aus der Art geschlagenen Mitglied der Familie.

나는 집안에서 완전히 별종으로 성장했다.

bis der Arzt/der Doktor kommt 실컷, 맘껏

Da kannst du dann auch manchmal saufen, bis der Arzt kommt.

너는 거기에서는 때로는 실컷 마실 수도 있다.

Hoch die Tasse zur Welt „T-Shirt-Night" und saufen bis der Doktor kommt!

"티-셔츠-밤" 세계를 위하여 축배를 들고 맘껏 마시자!

den Ast absägen, auf dem man sitzt (ugs.) 스스로 무덤을 파다

Mit dem Absturz der Swissair haben die Banken den Ast abgesägt, auf dem sie selber sitzen.

스위스 항공사 비행기의 추락으로 은행이 스스로 자기무덤을 팠다.

*den Atem anhalten 숨을 죽이다

Man kann den Atem halten, wenn man nichts riechen will.

냄새를 맡지 않으려면 숨을 쉬지 않으면 된다.

Anfeuerungsrufe gibt es nur vor dem Spiel, während der Partie scheint das Publikum den Atem anzuhalten.

응원은 경기 전까지만 하고 경기 중에는 관중은 숨을 죽이는 것 같다.

ein langer Atem 끈기, 참을성

Manche Projekte brauchen einen langen Atem, ehe sie zu einem guten Ende kommen.

대부분의 계획이 성과를 거두기까지는 끈기가 필요하다.

Er mahnte an, einen langen Atem in dieser Angelegenheit zu haben.

이 문제는 끈기를 가져야 한다고 그는 경고했다.

Ich habe einen langen Atem, doch gegen böse Absichten ist man machtlos.

나는 참을성이 있지만 악의에는 무력하다.

*jn./etw. in Atem halten 긴장하게 하다

Eine Bankräuberin hat die Müchner Polizei gestern in Atem gehalten.
여자 은행 강도는 어제 뮌헨 경찰을 긴장하게 했다.

Ein spektakulärer Unfall hat die Rettungskräfte in Atem gehalten.
엄청난 사고로 구조팀이 긴장했다.

in einem Atemzug

1 동시에

Als sie die Glücksbotschaft begriffen hatte, lachte und weinte sie in einem Atemzug.
그 여자는 희소식을 접하자 웃음과 울음이 동시에 나왔다.

2 단숨에

Er kann das ganze Gedicht in einem Atemzug aufsagen.
그는 그 시 전체를 단숨에 암송할 수 있다.

atmende Fabrik/atmender Betrieb/atmendes Unternehmen 주문에 따라
노동시간이 유동적인 공장(기업)

Das neue Arbeitszeitmodell macht den Autokonzern BMW noch wirtschaftlicher. Die „atmende Fabrik" garantiert kurze Lieferzeiten und spart Investitionensausgaben.
새로운 근로시간 모델은 BMW 자동차 콘체른을 더욱 경제적으로 만든다. "노동시간이 유동적인 공장"은 유통시간의 단축을 보장하며 투자지출을 절약할 수 있다.

*auf einmal (ugs.)

1 갑자기

In meiner neuen Wohnung hat es auf einmal kein Wasser mehr gegeben.
우리 새 집에 갑자기 물이 나오지 않았다.

Nun ist der Betrieb für den Fall gesichert, dass auf einmal keine Spende mehr eingehen sollten.
이제 그 기업은 갑자기 기부금이 들어오지 않을 경우에 재정적으로 보장되어 있다.

2 한꺼번에, 일시에

Es war alles zu viel auf einmal, ich konnte nicht mehr.
한꺼번에 모든 것이 너무 많아서 나로서는 감당할 수 없었다.

Er erledigt alles auf einmal, ist Regierung und Opposition zugleich.
그가 정부이며 동시에 야당이기 때문에 모든 것을 한꺼번에 처리한다.

[bei jm.] gut/schlecht aufgehoben sein

1 대접(푸대접) 받다

Von Anfang an waren wir im Spital gut aufgehoben. Die ganze Zeit betreute die Hebamme uns liebevoll.
처음부터 병원이 우리를 잘 대했고, 산파가 내내 따뜻하게 보살폈다.

Verbraucherschutz ist in privater Hand meistens schlecht aufgehoben.
소비자보호는 개인 업체에서는 대개 등한시되고 있다.

2 잘(잘못) 보관하다

In der Zwischenzeit war das berühmte Buch von ihm im Dienstzimmer gut aufgehoben.
그 사이에 그의 유명한 책은 집무실에 잘 보관되었다.

Es ist ihm aufgefallen, dass die Lautsprechboxen an ihren vorgesehenen Platz schlecht aufgehoben waren.
예정된 자리에 잘못 설치된 스피커 박스가 그의 눈에 띄었다.

gut/schlecht aufgelegt sein 기분 좋은(나쁜)

Trotz der Behinderung ist sie immer gut aufgelegt und fröhlich.
장애에도 불구하고 그 여자는 항상 기분이 좋고 밝다.

Wenn er schlecht aufgelegt ist, wandern die Bauklötze vom Fußboden in die Schublade.
그가 기분이 나쁠 때면 집짓기 블록이 바닥에서부터 서랍 안까지 널려있다.

*jn. auf jn./etw. aufmerksam machen 주의를 환기하다, 알리다

Der Pazifist Einstein hat den Präsidenten Roosevelt auf die Gefahr einer deutschen Atombombe aufmerksam gemacht.
평화주의자 아인슈타인은 루즈벨트 대통령에게 독일 원자탄의 위험에 대한 주의를 환기했다.

Microsoft ist vor mehr als sechs Monaten auf das Problem aufmerksam gemacht worden.

마이크로소프트사는 6개월도 전에 그 문제에 관련하여 주의를 환기할 것을 요청받았다.

Die Bank Teilnehmer wollen darauf aufmerksam machen, wie wichtig es ist, nach Kriegen wieder Brücken der Versöhnung zu bauen.

참석자들은 전쟁 후에 새로이 화해의 가교를 세우는 것이 얼마나 중요한지를 주지시키고자 한다.

Diese habe die US-Bundesbehörde im vergangenen August auf den Verdacht aufmerksam gemacht, dass über ihre Kontos voraussichtlich rund zehn Mrd. Dollar gewaschen worden sind, berichtete das *World Street Journal* am Freitag.

이 은행은 구좌를 통하여 아마 1억 달러 정도의 돈세탁이 이루어진 혐의를 미국 연방 당국에 지난 8월에 알렸다고 "월스트리트 저널"이 보도했다.

Aufnahme finden 수용되다(=aufgenommen werden), 함께 어우러지다

Erste Massnahmen haben im Konzept bereits Aufnahme gefunden.

첫 조처가 계획에 이미 받아들여졌다.

Sie zeigt einen Filmbeitrag eines behinderten Mädchen, das in der Schule Aufnahme gefunden hat.

학교생활에 잘 적응하는 한 장애 소녀를 다룬 영화를 그 여자는 보여준다.

es mit jm. aufnehmen [können] 겨루다

Es scheint nur wenig Skispringer geben, die es mit ihm aufnehmen können.

내가 보기로는 그와 겨룰만한 스키 점프선수는 별로 없다.

*etw. in Auftrag geben (Kaufmannsspr.) 주문하다 〈Subs.：Auftraggeber〉

Der Bürgerrechtkämpfer schlug die Bildung einer Komission vor, die Studien in Auftrag geben sollte.

그 시민운동가는 연구를 맡길 위원회의 구성을 제안했다.

Man hat eine Studie zu den Auswirkungen eines Verzicht auf die Kernenergie in Auftrag gegeben.

핵에너지의 포기가 가져올 영향에 대한 연구를 발주했다.

jm./etw. Auftrieb geben 부추기다, 촉진하다

Die angekündigte Fusion japanischer Großbanken beflügelte die Aktien-
kurse in Tokio. Aber auch in Europa gaben neu entfachte Fusions-
fantasien im Finanzsektor den Börsen Auftrieb.

일본 대형 은행들의 합병 소식은 일본 증시 시세를 상승시켰다. 또 유럽에서도 최
근 불붙은 금융 분야의 합병 기대심리가 주식시장을 부추겼다.

aus den Augen, aus dem Sinn 안 보면 잊기 마련이다

Man räumt der Drogenproblematik auch in der Politik niedrige Beudeu-
tung ein, nach dem Motto : aus den Augen, aus dem Sinn.

정치에서조차도 마약문제를 등한시한다. 안 보면 잊기 마련이기 때문이다.

da bleibt kein Auge trocken (ugs.)

1 (감동, 충격으로) 눈물이 나다

Der Richter muss seine Geliebte zum Tode verurteilen, obwohl sie
unschuldig ist. Da bleibt kein Auge trocken.

판사가 죄없는 그의 애인에게 사형을 선고하자 모두 충격을 받아 눈물이 났다.

2 눈물이 나도록 웃다

Der Clown reisst im Handumdrehen aus Zeitungspapier Brillen und
Fische — da bleibt kein Auge trocken.

광대가 순식간에 신문지에서 안경과 생선을 만들어 내보이면 모두가 웃는다.

große Augen machen (ugs.) 놀라다, 눈이 휘둥그레지다

Große Augen machte er, als er 200 alte Luftreifen von Personenwagen
vor seinem Geschäft fand.

200개의 오래된 승용차 다이어를 가게 앞에서 발견한 그는 꼼찍 놀렸다.

kleine Augen machen (ugs.) 눈이 게슴츠레하다

„Kind, du gehst ins Bett, du machst ja schon ganz kleine Augen!"
"얘야, 잠자러 가자. 너무 피곤하여 네 눈이 게슴츠레하다!"

jm. [schöne] Augen machen (ugs.) 유혹하다

Der Moderator in einer Fernsehshow hat Maradonas Ehefrau schöne

Augen gemacht und sie vor Millionen Zuschauern zum Essen eingeladen.
한 TV 쇼에서 사회자가 마라도너의 부인을 유혹하며 수백만 시청자가 지켜보는 가운데 그녀를 식사에 초대했다.

die Augen aufreißen (ugs.) 극도로 놀라다

Die Begleiter rissen die Augen auf, als der Minister aus dem Auto sprang und auf die Demonstranten zuging.
장관이 차에서 뛰어내려 데모 군중에게로 향하자 수행원들은 깜짝 놀랐다.

die Augen schließen (verhüll.) 눈을 감다, 세상을 떠나다

Wenn der Papst Johannes Paul der II. die Augen schließt, dann werden 135 Kardinäle zusammentreten.
교황 요한 바오로 2세가 서거하면 135명의 추기경이 모일 것이다.

jm. die Augen öffnen 실상을 깨우쳐 주다, 눈뜨게 하다

Er wollte den jungen Leuten die Augen für die Umwelt öffnen.
그는 젊은이들을 환경에 눈뜨게 하려고 했다.

*ein Auge riskieren (ugs.) 훔쳐보다, 엿보다

Er wusste, dass die Mädchen im Umkleideraum waren, und hätte gern ein Auge riskiert.
그는 소녀들이 탈의실에 있다는 것을 알고 훔쳐보고 싶었다.

ein Auge zudrücken (ugs.) 잘 봐주다, 눈감아 주다

Es wäre dieses Mal froh gewesen, wenn die Stadt ein Auge zugedrückt hätte.
시 당국이 눈감아 주었더라면 이번에 기뻐했을 것이다.

kein Auge für jn./etw. haben

1 주목하지 않다

„Ich weiß nicht, was ich noch tun soll. Für mich hat noch keiner ein Auge gehabt!“
"내가 무엇을 해야 할지 모르겠다. 아직 아무도 나를 주목하지 않았다!"

2 이해하지 못하다

Für diese Art von moderner Kunst habe ich nun aber wirklich kein Auge.

현대 예술 중에 이런 분야를 나는 정말 이해할 수 없다.

kein Auge zumachen/zutun (ugs.) 잠을 못 자다, 눈을 못 붙이다

Er konnte vor lauter Aufregung die Nacht zuvor kein Auge zumachen.

그는 너무 흥분하여 전날 밤에 잠을 잘 수 없었다.

seinen Augen nicht trauen (ugs.) 눈을 의심하다, 놀라다

59.000 Zuschauer im ausverkauften Olymiastadion hatten ihren Augen nicht getraut.

매진된 올림픽 운동장의 5만 9천 관중은 자신들의 눈을 의심했다.

jn./etw. aus den Augen verlieren 놓쳐버리다, 연락이 끊기다

Man darf man nicht ein Ziel aus den Augen verlieren : die Schulfähigkeit.

취학능력이라는 목표를 잊어서는 안된다.

Später gingen beide als Spione ins Ausland, doch aus den Augen verloren sie sich nicht mehr.

나중에 두 사람은 첩자로 외국으로 갔지만, 서로 연락을 유지했다.

jn./etw. im Auge behalten 계속 주시하다, 추적하다

Man sollte die Schuldenentwicklung im Auge behalten.

채무변화를 주시해야 한다.

Hier will die Verwaltung insbesondere Kostenfrage im Auge behalten.

행정 당국은 특히 비용문제를 추적하려고 한다.

*etw. ins Auge fassen 숙고하다

Die Alternativenergie muss noch einmal ins Auge gefaßt werden.

대체 에너지는 재검토 되어야 한다.

Dabei wurde unter anderem besprochen, dass langfristig eine Steuersenkung ins Auge gefasst werden müsste.

장기적으로 세금인하를 숙고하여야 한다는 것도 논의되었다.

einer Gefahr ins Auge/Gesicht sehen 위험에 과감히 맞서다

Bei unserer Floßfahrt auf dem Amazonas müßten wir mehr als einmal der Gefahr ins Auge sehen.

아마존 뗏목여행 때 우리는 어느 때보다 위험에 과감히 맞서야 했다.

mit offenen Augen schlafen (usg.) 눈을 뜨고 졸다, 얼이 빠져있다

Wenn die kleine Vögel Lieder singen und die ganze Nacht mit offenen Augen schlafen, dann sehnen sich die Leute danach, auf Wallfahrt zu gehen.

작은 새들이 밤을 지새우며 지저귀면 사람들은 성지순례를 동경한다.

***mit einem blauen Auge davonkommen** (ugs.) (천행으로) 무사하다

Man geht zuerst davon aus, dass man noch einmal mit einem blauen Auge davongekommen ist.

또 한번 무사했다는 사실에서 시작하는 것이다.

Wenn man bedenkt, dass alleine im Bundesland 48 Poststellen dem Rotstift zum Opfer fallen, so kommen wir mit einem blauen Auge davon.

주 내에서만 48개 우체국이 폐쇄된다는 것을 생각할 때 우리는 천행으로 무사한 것이다.

Auge um Auge, Zahn um Zahn (R.) 눈에는 눈, 이에는 이

Ein Interview mit dem Bibelforscher wird zum Grundsatz des Alten Testament „Auge um Auge, Zahn um Zahn" gezeigt.

"눈에는 눈, 이에는 이"라는 구약의 기본 원리에 대하여 한 성경연구가와의 인터뷰가 방영된다.

***unter vier Augen** 단 둘이

Wir vereinbarten ein persönliches Gespräch unter vier Augen.

우리는 두 사람만의 단독회담에 합의했다.

Er hat seit seinem Amtsantritt mit keinem Oppositionspolitiker Gespräch gersucht, weder offiziell noch unter vier Augen.

그는 취임 후 어떤 야당 정치인과도 공식적이건 단독이건 대화하지 않았다.

jm. nicht [wieder] unter die Augen treten 꺼리다

Nach diesem Krach möchte ich ihm nicht mehr unter die Augen treten.
나는 이 마찰이 있은 다음부터는 그를 보고 싶지 않다.

jm. wird [es] schwarz vor [den] Augen 의식(정신)을 잃다

Die Luft war so stickig im Zimmer, dass ihr beinahe schwarz vor Augen
geworden wäre.
방안 공기가 너무 탁해서 그녀는 거의 정신을 잃을 뻔했다.

jm. etwas vor Augen führen/stellen 분명하게 보여주다

Er möchte ihnen ein Bild vor Augen führen, das den Nebel und diese
Gedanken an Tod aufnimmt.
그는 안개와 죽음에 대한 생각을 찍은 사진을 그들에게 보여주고자 한다.

***vor aller Augen** 공개적으로, 만인의 주시 하에

Sie gaben endgültig das Rauchen auf, und warfen die Zigaretten vor
aller Augen weg.
그들은 드디어 흡연을 포기하고 담배를 모든 사람 앞에서 내던졌다.

Universitätsrektoren zwangen Studenten, vor aller Augen den Stimmzettel
auszufüllen.
대학 총장들은 대학생들이 공개투표를 하도록 강요했다.

sein Augenmerk auf jn./etw. richten 특별히 주목하다

Spezielles Augenmerk richteten die Experten auf die wirtschaftliche
Sicherheit in Korea.
전문가들은 한국의 경제적 안정을 각별히 주목했다.

***etw. zum Ausdruck bringen** 뚜렷이 표현하다(=etw. ausdrücken)

Die südkoreanische Bevölkerung hat in einer Umfrage klar zum Ausdruck gebracht, dass sie ihre Sympathien der Seite der kommunisti-
schen Brüder im Norden gelten würden.
남한 국민이 북의 공산주의 동족에게 동정심을 보이고 있음을 한 여론조사가 보여
주었다.

jn./etw. ausfindig machen (어렵게) 찾아내다

Auf dem Gang hört sie einen Mann singen, seine hohen und falschen
Töne, ohne sein Gesicht ausfindig zu machen.

통로에서 얼굴은 안 보이지만 어떤 남자의 음정이 높고 틀린 노랫소리를 그 여자
는 들었다.

etwas ausfressen 잘못을 저지르다

Kinder rücken meist nicht mit der Sprache heraus, wenn sie etwas
ausgefressen haben.

아이들이 잘못을 저지르면 대개는 이야기하기를 꺼린다.

etw. zur Ausführung bringen 실행하다 (=etw. ausführen)

Die Schulbehörde möchte nun dieses Projekt der Öffentlickeit vor-
stellen und später zur Ausführung bringen.

학교 당국은 이 프로젝트를 대중에 소개한 후에 실행하고자 한다.

nach jm./etw. Ausschau halten (등장을) 기다리다

Der ahnungsloser Baron ersucht die beiden, nach der Witwe Ausschau
zu halten, die ein Vermögen von zwanzig Millionen Franc besitzen soll.

아무 것도 모르는 바론은 두 사람에게 재산이 2천만 프랑이나 된다는 과부를 기다
려볼 것을 간청했다.

*den Ausschlag geben 결정적이다 〈 Adj. : ausschlaggebend 〉

Eine Pkw-Maut wird es nicht geben. Offenbar hatten Finanzierungs-
fragen den Ausschlag gegeben.

승용차 통행료 제도는 없을 것이다. 추측컨대 재정문제가 결정적이었다.

Nicht der Bekanntheitsgrad hat dafür den Ausschlag gegeben, sondern
seine Leistungsbereitschaft und Einsatz.

거기에는 지명도가 아니라 그의 실행 각오와 전력투구가 결정적이었다.

sich ausschütten vor Lachen 포복절도하다

Als sie Hilfe suchend zum Termin erscheint, trifft sie einen Zahnarzt,
der sich vor Lachen ausschütttet.

그 여자는 예약일에 도움을 받으려고 병원에 가서 포복절도하는 치과 의사를 만났다.

wie ausgewechselt 완전히 달라진

In der Tat zeigte sich die vier Positionen geänderte Mannschaft in der ersten Halbzeit wie ausgewechselt.

4개의 포지션을 바꾼 팀은 전반전에 완전히 달라진 경기를 실제로 보여주었다.

etw. auswendig lernen 외우다, 암기하다

Wir werden das Abitur erst bestehen, wenn wir diesen Stoff auswendig lernen.

우리가 이 교재를 암기하여야만 고등학교 졸업시험에 합격할 것이다.

jm. eins auswischen (ugs.) 골탕 먹이다, 앙갚음하다

Der 26-jährige aus Hessen wollte am Wochenende seiner Ex-Freundin eins auswischen.

헷센 주 출신 26세 남자는 주말에 옛 여자 친구에게 앙갚음을 하려했다.

wie die Axt im Walde (ugs.) 버릇없이

Zuerst führen sich manche Leute wie die Axt im Walde, dann nach einem Hinweis auf das unmögliche Verhalten wird das Opfer auf beleidigste Art beschimpft.

처음에는 많은 사람들이 버릇없이 처신하다가 형편없는 태도라는 지적을 받으면, 극도로 욕을 먹는 희생물이 된다.

$\mathcal{B}$

frisch gebacken 갓 산출된(탄생한)

> Normalerweise kommen Brötchen frisch gebacken auf den Tisch.
> 보통은 방금 구워낸 빵이 식탁에 오른다.

sich[3] Bahn brechen 인정(관철)되다, 기반을 구축하다

> Die Sucht nach riesigen Buchläden hat sich Bahn gebrochen.
> 대형서점을 구하는 일은 성사되었다.
>
> Dort, wo die Gewalt bereits vor zwei Jahren eskaliert ist, brach sie sich jetzt wieder Bahn.
> 벌써 2년 전에 폭력이 확대된 그곳에 이제는 그 폭력이 기반을 굳혔다.

***etw.[3] Bahn brechen** 길을 터주다 〈Adj. : bahnbrechend〉

> Alles ist möglich, wenn die geeigneten Leute die Sache an die Hand nehmen und dem enormen Willen des Volkes Bahn brechen.
> 적합한 사람들이 일에 착수하고 국민의 엄청난 의지에 길을 열어준다면 모든 것이 가능하다.

***auf die schiefe Bahn geraten** 수렁에 빠지다, 방탕한 생활을 하다

> Auch Jugendliche, die auf die schiefe Bahn geraten waren, berührten mich, zumal ich selber Kinder habe.
> 수렁에 빠진 청소년들도 자녀가 있는 나의 마음을 움직였다.
>
> Es ist die letzte Auffanggelegenheit, bevor sie auf die schiefe Bahn oder in die Droggensucht geraten.
> 이것은 방탕한 생활을 시작하거나 마약에 중독되기 전에 마지막 저지 기회이다.

[immer] nur Bahnhof verstehen (ugs.) 이해하지 못하다

> Ich habe immer nur Bahnhof verstanden, wenn von Christentum die

Rede war.
나는 기독교에 관한 이야기는 이해하지 못했다.

man sieht wohl den Splitter im fremden Augen, aber nicht den Balken im eigenen (R.) 남의 눈의 티는 잘 보아도 자기 눈의 들보는 못 본다

den Ball flach halten (ugs.) 신중을 기하다, 위험한 일을 삼가다

Doch der Finanzchef im Rathaus will den Ball flach halten. Das Ausgabenniveau sei im Vergleich zu den Einnahmen noch sehr hoch.
시 재정국장은 재정지출 수준이 수입에 비하면 아직 상당히 높기 때문에 신중한 태도를 견지하려고 한다.

Wir müssen den Ball flach halten und in der kommenden Woche an unseren Fehlern arbeiten.
우리는 위험한 일을 삼가고 다음 주에는 우리의 실책을 분석해야 한다.

am Ball bleiben (ugs.) 계속 정진(추구)하다

Der Chef war mit der Resonanz des Abends zufrieden. Er will weiter am Ball bleiben.
사장은 그날 저녁의 반향에 만족하여 계속 정진하려 한다.

am Ball sein 유리하다, 우세다

Eine Wahlprognose bei dieser Präsidentenwahl ist besonders schwer. Nach den ersten Hochrechnungen sind mal die Rechten und mal die Linken am Ball.
이번 대선의 예측은 유달리 어렵다. 첫 번째 예상 득표 집계에 따르면 어떤 집계는 우파가, 다른 집계는 좌파가 우세하다.

sich [gegenseitig] die Bälle zuwerfen/zuspielen 서로를 잘 이해하다

Die Musiker bilden ein gleichberechtigtes Trio, das sich gegenseitig einander Bälle zuwirft.
음악가들은 서로를 잘 이해하는 동등한 몫을 하는 트리오를 이루고 있다.

am laufenden Band (ugs.) 끊임없이, 계속적으로

Er überfiel am laufenden Band Rentnerinnen und raubte ihnen die

Tasche.

그는 끊임없이 연금생활 부녀자들을 기습하여 손가방을 빼앗았다.

etw. spricht Bände (ugs.) 모든 것을 말하다, 정보가치가 크다

Das Bild spricht Bände. Deutschland auf dem Weg in die Rezession —
und die Regierungsbank ist leer wie ein Eisstadion im Sommer.

사진이 모든 것을 말한다. 경기후퇴 국면에 처한 독일 – 국회 본회의장의 각료 자
리는 여름철 아이스링크처럼 비어있다.

etw. auf die lange Bank schieben (ugs.) 지연시키다, 미루다

Diese Heizung wird bis zum Jahresende modernisiert. Diese Inno-
vation sollte nicht auf die lange Bank geschoben werden.

이 난방시설은 연말까지 현대화될 것이다. 이 개선책은 미뤄져서는 안 된다.

Er werde es nicht mehr zulassen, droht er, dass Probleme auf die lange
Bank geschoben werden.

문제가 지연되는 것을 좌시하지 않을 것이라고 그는 경고한다.

durch die Bank (ugs.) 모두

Ansonsten gilt durch die Bank weg eine Lieferfrist von mindestens
zwei Monate.

그 외의 모든 물품 인도 기간은 두 달로 되어 있다.

in bar 현찰로

Vor zwei Wochen fanden US-Soldaten in einem Palast Saddams etwa
Millionen Dollar in bar.

2주 전에 미군들이 사담 대통령 궁에서 약 수백만 달러 현찰을 찾아냈다.

jm. einen Bären aufbinden (ugs.) 사기 치다, (감언이설로) 속이다

Er fürchtete, die Alten werden sich nicht lange einen Bären aufbinden
lassen.

그 노인들이 감언이설에 속지 않을까 그는 걱정했다.

jm. einen Bärendienst erweisen/leisten (ugs.) (이로움 보다) 피해를 주다

Er würde nie und nimmer seinem Lebenswerk einen Bärendienst erweisen.

그는 결코 자신의 필생의 사업에 해를 끼치지 않을 것이다.

Sie haben dem Verein dadurch einen Bärendienst erwiesen.

그로 인해 그들은 협회에 피해만 주었다.

auf die Barrikaden gehen (ugs.) 격렬한 반대(항의)하다

Noch sind nur Pläne angedacht, da gehen viele schon auf die Barri-
kaden.

아직 계획만 구상 중인데 많은 사람들이 심하게 항의하는 것이다.

sich³ [vor Lachen] den Bauch halten (ugs.) 실컷 웃다, 포복절도하다

Sie hielten sich beim Sekttrinken den Bauch vor Lachen über die Kerle.

그들은 샴페인을 마시며 그 녀석들 때문에 실컷 웃었다.

Bäume ausreißen [können] (ugs.) 쉽게 해치우다

Es war klar, dass man mit der jetzigen Truppe keine Bäume ausrei-
ßen kann.

현재의 병력으로는 쉽게 해치울 수 없는 것은 분명하다.

in Bausch und Bogen 완전히, 총체적으로

Das Steuervergünstigungsabbaugesetz lehnt die Union in Bausch und
Bogen ab, weil es Gift für den Arbeitsmarkt wäre.

노동시장에는 독이 되기 때문에 세금 우대 폐지 법안을 기민 · 기사당은 절대적으
로 거부한다.

*[jm.] ein Begriff sein 익히 알다

Als Komponist von „Stille Nacht" ist Franz Xaver Gruber auf allen
Kontinenten ein Begriff.

프란츠 사베르 구르버는 "고요한 밤"의 작곡가로 전 세계에 잘 알려져 있다.

Das Dresdner Bläserquintett ist in eingeweihten Kreisen ein Begriff
für höchste Qualität.

드레스덴 관악 5중주단은 전문가들에게는 최고 수준으로 인정받는다.

klein beigeben 양보하다, 물러서다

Je schneller die Sache vorbei ist, desto besser. Jetzt klein beizugeben wäre das schlechteste Ergebnis.

일이 빨리 진행될수록 더 낫다. 지금 양보하는 것은 최악의 결과가 될 것이다.

jm. Beine machen (ugs.) 내쫓다, 채근하다

Aber die deutliche Worte des Trainers zur Halbzeit in der Kabine machten den Spielern Beine.

전반전 후 탈의실에서 트레이너의 확고한 작전 지시가 선수들을 채근했다.

jm. ein Bein stellen (ugs.) 넘어뜨리다, 함정에 빠뜨리다

Als der Täter flüchten wollte, stellte ihm der Taxifahrer ein Bein.

범인이 도주하려하자 택시기사가 그를 넘어뜨렸다.

die Beine in die Hand nehmen (ugs.) 쏜살같이 도망하다, 줄행랑치다

Große Stars nahmen nach einem Konzert buchstäblich die Beine in die Hand, sie rennen von der Bühne direkt in die wartenden Autos.

연주회 후 거물급 스타들은 무대에서 곧장 대기시킨 차량으로 달려가 글자그대로 줄행랑을 쳤다.

sich die Beine in den Bauch stehen (ugs.) 오래 서서 기다리다

Bei Wind und Wetter habe ich an dieser Grenze nur die Beine in den Bauch gestanden.

나는 악천후를 무릅쓰고 이 국경선에서 마냥 기다렸다.

wieder auf den Beinen sein 회복되다

Eine Woche Bettruhe müsste genügen, damit du wieder auf den Beinen bist.

너의 건강이 회복되려면 일주일만 누워서 안정을 취하면 된다.

[viel] auf den Beinen sein

1 거리로 나서다, 집회에 참여하다

In Hamburg gingen knapp 10.000 Menschen auf die Straßen. In München waren 11.000 Menschen auf den Beinen.

함부르크에서는 만 명 가까운 사람이 데모에 나섰고 뮌헨에서는 만천 명이 운집했다.

2 일하다

Wer viel auf den Beinen ist, hat wenig Zeit, nachzudenken.

일하느라 바쁜 사람은 곰곰이 생각할 시간이 없다.

jn. auf die Beine bringen (ugs.) 불러내 모으다

Jede halbwegs gut organisierte Bürgerinitiative bringt in einer belie-
bigen Kleinstadt mehr Leute auf die Beine.

어느 정도 잘 조직된 시민단체는 모두 소도시에서 보다 많은 사람들을 모으고 있다.

etw. [wieder] auf die Beine bringen 재기시키다, 호전시키다

Die reichen Agrarländer wollten nicht helfen, die Hansestädte wieder
auf die Beine zu bringen.

독일연방의 부유한 농업주(州)들이 한자도시 재기를 도우려 하지 않았다.

jm./etw. auf die Beine helfen (ugs.)

1 일으켜 세우다

Zinsensenkungen können der schwachen Konjunktur in trüben Zeiten
kaum auf die Beine helfen.

금리인하는 요즘 같은 불투명한 시기에 취약한 경기를 일으켜 세울 수 없다.

Wahrscheinlich müssen es Autos sein, die der deutschen Wirtschaft
auf die Beine helfen.

독일 경제를 일으켜 세운 것은 아마도 자동차인 것이 확실하다.

2 재정적으로 돕다

Um diesen Firmen wieder auf die Beine zu helfen, bringt nur der
Runde Tisch komplette Helfer mit den Gesellschaften zusammen.

이 회사들을 재정적으로 돕기 위해서는 원탁회의만이 모든 협조자와 사회단체를
한자리에 모을 수 있다.

[wieder] auf die Beine kommen (ugs.) 일어서다, 회복되다, 경기가 풀리다

Ohne selbsttragenden Aufschwung in den neuen Ländern wird die
Wirtschaft in ganz Deutschland nicht auf die Beine kommen.

옛 동독 주(州)들의 자체적 발전 없이는 전체 독일의 경제는 일어설 수 없을 것이다.

Lass den Kopf nicht hängen, du kommst schon wieder auf die Beine.
꼭 건강을 회복할 것이니 용기를 잃지 마라.

Unser Export muss erst wieder auf Beine kommen.
우선적으로 우리 수출이 정상을 회복해야 한다.

etw. auf die Beine stellen 일으켜 세우다, 동원하다

Dae Woo hat seinen Nubira neu auf die Beine gestellt. Der Mittel-
klässler kommt Mitte des Jahres.
대우는 새로이 "누비라"를 동원하였다. 이 중형 차종은 올해 중반에 출시된다.

Wir konnten so in kurzer Zeit und mit wenig Geld schon ein gutes
Konzept auf die Beine stellen.
우리는 짧은 시간 내에 적은 돈으로 훌륭한 구상을 수립할 수 있었다.

sich nicht mehr/kaum auf den Beinen halten können 몸을 지탱할 수 없다

Er konnte sich aber am Ende der Sturzzone nicht mehr auf den
Beinen halten.
그는 급강하 지대 끝에서 몸을 더 지탱할 수 없었다.

etw. geht in die Beine (ugs.) 춤추게 하다, 취기를 느끼다

Dieser Beat ist authentisch. Ihr Rock geht in die Beine.
이 비트음악은 진짜다. 그 여자의 락은 춤추게 한다.

Der fränkische Wein geht einem prima in die Beine.
프랑켄 포도주는 취기를 잘 느끼게 한다.

mit beiden Beinen [fest] im Leben/auf der Erde stehen 처세에 능하다

Die Frau ist unsere Spitzenfrau, die mit beiden Beinen im Leben
steht.
그 여자는 처세에 능한 우리 시대의 첨단 여성이다.

Die elementare Gedichte stehen mit beiden Beinen auf der Erde.
그 초보적인 시들은 현실에 바탕을 두고 있다.

ein Beispiel geben 모범을(선례를) 보이다(제시하다)〈Adj. : beispielgebend〉

Viele Wissenschaftler haben ein schönes Beispiel gegeben, dass die Bundesanwaltschaft die objektivistischste Behörde ist.

연방 검찰청이 가장 객관적인 관청이라는 좋은 선례를 많은 학자들이 제시했다.

sich³ ein Beispiel an jm./etw. nehmen 본받다

Man nimmt sich ein Beispiel an den Stadtwerken, die den Gaspreis wegen der Golfkrise erhöhen.

골프만의 위기 때문에 가스 요금을 인상한 도시공사를 우리는 본받는다.

mit gutem Beispiel vorangehen 솔선수범하다

Bundesregierung und Koalitionsfraktionen wollen beim Sparen mit gutem Beispiel vorangehen.

연방정부와 연정의 원내교섭단체는 절약에 솔선수범하고자 한다.

Beitrag leisten 기여하다(=beitragen)

Die Union will ihren Beitrag zur Überwindung der Krise leisten, indem sie sich im Blick auf die bevorstehenden Reformen kompromissbereit zeigt.

기독교 민주당은 다가온 개혁과 관련하여 타협의 여지를 보임으로써 위기 극복에 기여하려 한다.

von/ohne Belang sein 중요하다(중요하지 않다)

Er war als vierfacher Torschütze der überragende Mann auf dem Platz, aber das war hinterher fast schon nichts mehr von Belang.

그는 경기에서 네 골을 넣은 뛰어난 선수였으나, 그것은 나중에는 전혀 중요하지 않았다.

Für die Autorin war die politische Aktivität der islamischen Welt tatsächlich ohne Belang.

이슬람 세계의 정치적 활동은 그 여류 작가에게는 중요하지 않았다.

nach Belieben 마음대로

Soldaten sind kein Spielzeug, die man auf der Weltkarte nach Belieben herumschieben kann.

병력은 세계지도상에서 마음대로 이동시킬 수 있는 장난감이 아니다.

Es gibt dort so einen Freizeitraum mit Computern, wo man sich nach Belieben betätigen kann.

거기에는 자유자제로 사용할 수 있는 컴퓨터를 갖춘 여가 공간이 있다.

sich bemerkbar machen

1 남의 눈을 끌다

Sobald ein Kind auf die Welt kommt, ist es in der Lage, sich bemerkbar zu machen.

아기는 태어나자마자 주위의 시선을 끌 수 있다.

2 드러나다, 보이다

Es macht sich bemerkbar, dass wir hohe Grundlagen im Sommer-training gelegt haben.

우리가 하계 훈련에 높은 비중을 두었다는 것이 드러난다.

*gut/schlecht beraten sein (ugs.) 잘(잘못) 하다

Die Bahn wäre gut beraten, wenn sie sich nicht zwölf Monate Zeit lässt.

철도가 (운임체계 검토를) 1년 유예하지 않는 것은 잘 하는 일이다.

Ich bin lange genug im Geschäft, um das zu wissen. Er ist einfach schlecht beraten.

나도 그것을 알 만큼 오래 사업을 했지만, 그는 처신을 잘못했다.

Berge versetzen [können] 불가능한 일을 해내다, 기적을 행하다

Das kann im Duell mit Weltmeister Schuhmacher und Ferrari mög-licherweise Berge versetzen.

그것은 세계 챔피언 슈마허와 페라리의 합작으로만 이루어낼 수 있는 기적이다.

mit etw. hinter dem Berg halten (ugs.) 의도적으로 알리지 않다

Die Stadtverwaltung will mit Informationen gegenüber Bürgern und Presse auch keineswegs hinter dem Berg halten.

시 행정당국은 시민과 언론에 그 정보를 고의로 알리지 않으려 한다.

[längst] über alle Berge sein (ugs.) (이미) 사라져버리다

Als wir ankamen, war er über alle Berge. Seine Frau hat er zurückgelassen.
우리가 도착했을 때, 그는 사라져 버리고 그의 부인만 남아 있었다.

[noch nicht] über den Berg sein (ugs.) 위험을 넘기다(넘기지 못하다)

Wir hoffen, dass der Patient in zwei bis drei Tagen über den Berg ist.
환자가 하루 이틀 안에 위험한 고비를 넘기기를 우리는 바란다.

Bremen ist noch längst nicht über den Berg. Deshalb braucht das
Land eine handlungsfähige Regierung.
브레멘 주(州)는 위험한 고비를 넘기지 못하여 협상능력이 있는 주 정부가 필요하다.

*einen/den Beruf ausüben 직업(직종)에 종사하다

Sie hat niemals einen Beruf erlernt, einige aber ausgeübt.
그 여자는 직업교육을 받지 않았지만 몇 가지 직종에 종사했다.

Sie roch am Glas, sprach von einem chraktervollen Weißwein, als
hätte sie jahrelang den Beruf als Weinhändler ausgeübt.
그 여자는 마치 수년간 포도주 상인으로 일한 것처럼 포도주 잔 냄새를 맡고 특유
한 백포도주라고 말했다.

etw. auf sich beruhen lassen 계속 추적하지 않다

Kein Vorhalt ist dem Kanzler zu halbseiden, um ihn auf sich beruhen
zu lassen.
그 수상에 대한 비난이 거세어서 그를 계속 추적하지 않을 수 없다.

*Bescheid wissen 인지하고 있다, 잘 안다, 정통하다

Wir müssen heute besser über die Welt Bescheid wissen, in der wir
leben.
우리가 사는 이 세계를 우리는 보다 잘 알아야 한다.

Er muss über die olympische Idee und die Geschichte der Spiele Bescheid wissen.
그는 올림픽의 이상과 경기의 역사에 대하여 정통하고 있음에 틀림없다.

***jm. Bescheid sagen** (ugs.) 정보를 주다, 알려주다

> Er wollte dorthin reisen, aber niemand sagte ihm Bescheid.
> 그는 그곳으로 여행하고자 했으나 아무도 정보를 주지 않았다.

> Die junge Frau versteckte sich bei ihrer Nachbarin, ohne ihrem Mann oder anderen Bescheid zu sagen.
> 젊은 여자는 남편이나 다른 사람에게 알려주지 않고 이웃집에 몸을 숨겼다.

***etw. in Beschlag nehmen**
압수하다(=beschlagnahmen), 독점하다〈Subs. : Beschlagnahme〉

> Das aus der Sowjetzeit stammende Sprühflugzeug wird am kommenden Montag auf dem Flughafen in Beschlag genommen.
> 소련연방 시기에 쓰이던 살포용 비행기가 오는 금요일 공항에서 압류된다.

> Viele Viertel in der Stadt wurden gerade in den letzten Jahren von Spekulanten und Neureichen in Beschlag genommen.
> 도시의 많은 지역을 바로 지난 수년 사이에 투기꾼과 신흥부자들이 독점했다.

neue Besen kehren gut (Spr.) 새 비는 잘 쓸린다

> Getreu dem Motto „neue Besen kehren gut" beendete die Mannschaft endlich wieder eine Partie mit nur einem Gegentreffer.
> "새 비는 잘 쓸린다"라는 모토에 어울리게 그 팀은 드디어 다시 상대팀에 한 골을 넣어 경기를 마무리했다.

um jn./etw. besorgt sein 걱정하다

> Wir sind besorgt um die regionale Situation.
> 우리는 지방의 상황을 걱정하고 있다.

js. bessere Hälfte (scherzh.) 아내, 부인

> Meine bessere Hälfte verwöhnt mich im Winter mit Glühwein.
> 내 아내는 겨울에 따뜻하게 데운 포도주로 나의 비위를 맞춘다.

nichts [mehr] zu bestellen haben (ugs.) 부수적 역할을 하다

> Vor der Wende hatten zwei Clubs wenig bis gar nichts zu bestellen.
> 독일 통일 전에 두 클럽은 별다른 역할을 하지 못했다.

um etw. steht es nicht zum Besten 상태가 좋지 않다

Israel wartet auf die Antwort von Präsident al-Assad, um dessen gesundheitliche Verfassung es nicht zum Besten steht.
이스라엘은 건강 상태가 좋지 않은 알-아싸드 대통령의 답을 기다리고 있다.

***etw. zum Besten geben** 들려주다, 흥을 돋우다

Würden Sie bitte noch ein Lied für unsere Gäste zum Besten geben?
우리 손님들을 위해 노래 한 곡을 더 불러주시겠습니까?

Zur Unterhaltung der Gäste gab er einen selbst gefertigten Text zum Besten.
손님들이 즐겁도록 그는 자신이 쓴 텍스트를 들려주었다.

[nicht] in Betracht kommen 고려(문제, 참작) 되다(되지 않다)

Sind die Nieren erst einmal geschädigt, können verschiedene Dialyseformen oder eine Organtransplantation in Betracht kommen.
일단 신장이 손상되면 다양한 투석방법과 장기이식을 고려할 수 있다.

Eine Einflussnahme des Bundes auf das laufende Planungsverfahren kommt nicht in Betracht.
추진 중인 계획 과정에 연방이 영향을 미치는 것은 문제되지 않는다.

***außer Betrieb sein** 고장 나다, 운행이 안 되다

Der Aufzug zur U-3 war außer Betrieb.
지하철 3호선으로 가는 승강기는 고장나 있었다.

etw. außer Betrieb setzen 가동을 정지시키다

Ab Januar 2007 soll das Kernkraftwerk außer Betrieb gesetzt werden.
2007년 1월부터 그 원자력발전소는 가동이 중지된다고 한다.

in Betrieb sein/ etw. in Betrieb nehmen 가동 중이다(가동시키다)〈Subs. : Inbetriebnahme〉

Bis Jahresende 1902 waren sieben elektrifizierte Linien in Betrieb.
1902년 말까지 일곱 개의 전철 노선이 가동되고 있었다.

Die Mensa auf der Ursulastraße ist auch in den Ferien in Betrieb.

우슐라 거리에 있는 대학식당은 방학 동안에도 연다.

Bis zum Jahre 2005 wird die U-9 in Betrieb gesetzt werden.
2005년까지는 지하철 9호선이 개통될 것이다.

das Bett hüten müssen 아파서 누워 있어야 하다

Der Minister war nicht recht beisammen, und daher musste einige
Tage das Bett hüten.
그 장관은 몸이 정상이 아니어서 며칠 병석에서 지내야 했다.

an den Bettelstab kommen 거지 신세가 되다

Sein Vater hatte die Firma in Hongkong aufgeben müssen und war an
den Bettelstab gekommen.
그의 아버지는 홍콩의 회사를 포기할 수밖에 없어서 거지 신세가 되었다.

*sich in Bewegung setzen 움직이기 시작하다(=sich zu bewegen beginnen)

Niemand fehlte, als sich der kleine Aufzug langsam in Bewegung setzte.
작은 승강기가 움직이기 시작할 때 모두가 탔었다.

Pünktlich um 14 Uhr setzte sich der Zug in Bewegung.
정각 14시에 그 기차는 출발하기 시작했다.

sich bezahlt machen 효과가 있다, 보람이 있다

Die offensive Taktik hat sich bezahlt gemacht.
공격적 전술이 효과를 보았다.

auf Biegen oder Brechen (ugs.) 어떤 경우에도, 반드시

Wir müssen dieses Spiel auf Biegen oder Brechen gewinnen, sonst
steigen wir ab.
우리는 이 경기를 무조건 이겨야 한다, 그렇지 못하면 우리는 탈락한다.

das ist [nicht] mein Bier (ugs.) 나의 문제다(문제가 아니다)

Sie konnten kaum komplett spielen, aber das ist nicht mein Bier. Ich
habe selber genug Arbeit.
그들은 전원이 경기를 할 수 없었으나, 그것은 나의 문제가 아니다. 내 할 일도 너
무 많다.

[die] Bilanz [aus etw.] ziehen 결과를 평가하다

Der Landeshauptmann zog eine positive Bilanz aus dem Landes-
kongress.

주 정부 수상은 주 의회를 긍정적으로 평가했다.

Auf einer weiteren Konferenz in Bergen in Norwegen wollen die europäischen Bildungsminister daraus Bilanz ziehen.

유럽 교육부 장관들은 노르웨이 베르겐에서 열리는 다음 회담에서 그 결과를 평가
하려 한다.

[über etw.] im Bilde sein 이해하다, 알아듣다

Die Sanierung kann nur erfolgreich sein, wenn die Bürger im Bilde
sind und nicht über Gebühr belastet werden.

주민들이 이해하고 과다한 부담을 주지 않아야만, 재건축은 성공할 수 있다.

es regnet Bindfäden (ugs.) 비가 억수같이 오다

Es regnet Bindfäden und ist lausig an diesem Nachmittag im Gewer-
begebiet.

비가 엄청나게 내려서 오후에는 공단지역이 지저분하다.

kein Blatt vor den Mund nehmen (ugs.) 의견을 솔직히 말하다

Die Kriegerwitwe nahm kein Blatt vor den Mund.

그 전쟁미망인은 모든 것을 솔직히 털어놓았다.

blauer Brief (ugs.) 해고 통지

Auch Großbritannien könnte nahe an die Defizit-Obergrenze kommen.
Ein blauer Brief ist aber derzeit nicht geplant.

영국도 적자상한에 육박할 지경이지만 해고 통지는 현재로서 계획된 바 없다.

ins Blaue [hinein] (ugs.) 목표 없이, 무작정

Es hat doch keinen Sinn, uns ins Blaue hinein zu fragen, ob wir zustimmen.

동의 여부를 무작정 우리에게 묻는 것은 전혀 의미가 없다.

etw. durch die Blume sagen 은근하게 표현하다

Wer seiner Mutti am liebsten durch die Blume sagt, dass sie die Beste ist, sollte morgen Nachmittag in die Halle 26 vorbeischauen.
자기 어머니에게 최고라고 은근하게 말하고 싶은 사람은 내일 오후 전시장 26홀을 돌아봐야 할 것이다.

Blut geleckt haben (ugs.) 즐기다, 열광하다

Nach seinem siebten Platz bei der Abfahrt hat er wieder Blut geleckt.
그는 활강 경기에서 7위를 한 후에 열광했다.

Blut und Wasser schwitzen (ugs.) 매우 불안해하다, 지나치게 애를 쓰다

Immer hat er immer Blut und Wasser geschwitzt beim Gedanken ans Fahren, und hat teure Taxis bezahlt, obwohl das eigene Auto zu Hause stand.
운전을 생각하면 그는 항상 매우 불안해하여 자동차가 집에 있어도 비싼 택시를 이용했다.

einen Bock schießen (ugs.) 실수하다

Warum bekommt ein Minister, der einen Bock nach dem anderen schießt, eine Abfindung im Monat?
연속적으로 실수를 저지른 장관이 달마다 보상금을 받을 수 있는가?

keinen Bock auf etw. haben (Jugendspr.) 관심이 없다

Er hat überhaupt keinen Bock auf irgendeinen Krieg.
그는 어느 전쟁에도 관심이 없다.

Wenn man sich den neuen Parteivorstand ansieht, kann man verstehen, warum so viele Jugendliche null Bock auf Politik haben.
신임 당수를 눈여겨보면 왜 수많은 청년들이 정치에 전혀 무관심한지를 알 수 있다.

den Bock zum Gärtner machen (ugs.) 고양이에게 생선가게를 맡기다

Mir kommt dies vor, als ob man den Bock zum Gärtner machen würde.
나는 이것은 마치 고양이에게 생선가게를 맡기는 격이라는 생각이 든다.

auf fruchtbaren Boden fallen 주효하다, 옥토에 떨어지다

Die Anregungen des Beirates fielen schon auf fruchtbaren Boden.

자문 기관의 제안이 주효했다.

etw. aus dem Boden stampfen [können] 무(無)에서 만들어내다

Einen Rotary Club könnte man schließlich nicht von heute auf morgen einfach so aus dem Boden stampfen.

로터리 클럽은 하루아침에 쉽게 만들어질 수 없다.

festen Boden unter den Füßen haben 경제적 기반이 든든하다

Wenn man keinen festen Boden unter den Füßen hat, wird es problematisch.

경제적 기반이 든든하지 않으면 문제가 될 수 있다.

den Boden unter den Füßen verlieren 생존의 기반을 잃다

Er hasste die Frau auch dafür, dass sie nie den Boden unter den Füßen verlor. Fester Boden unter den Füßen war schliesslich alles, was sie noch hatte.

자신의 생존기반을 잃지 않는 부인을 그는 증오했다. 경제적으로 든든한 기반이 그녀가 아직도 가진 모든 것이었다.

am Boden zerstört sein (ugs.) 절망하다

Er ist am Boden zerstört, weil er durch das Examen gefallen ist.

그는 시험에 떨어져서 절망에 빠졌다.

den Bogen überspannen 도가 지나치다, 극단으로 내닫다

Mit diesem Vorgehen hat die Regierung den Bogen übergespannt.

이번 정부의 대처 방법은 도가 지나쳤다.

einen großen Bogen um jn./etw. machen (ugs.) 피하다

Vermutlich machen die meisten bald einen großen Bogen um Dosen.

아마도 많은 사람들이 캔 종류를 피할 것이다.

nicht die Bohne (ugs.) 전혀 ~ 아니다

Das Thema schmeckt vielen und kümmert einige nicht die Bohne.
그것은 많은 사람의 구미에는 맞겠지만 몇 사람을 전혀 생각하지 않은 테마다.

die Bombe ist geplatzt (ugs.) 올 것이 오다

Mit dem Rücktritt des Wirtschaftsministers war die Bombe geplatzt.
재정경제부 장관의 사임은 벌써 예견된 일이었다.

in einem/im gleichen Boot sitzen 같은 배를 타고 있다

Wir sitzen alle in einem Boot und deshalb sind alle Altersgruppen
dazu aufgerufen, Frieden schaffende Maßnahmen zu ergreifen.
우리는 모두 공동운명체이기 때문에 평화를 이룩하는 조처를 취할 것을 모든 연령
층에 호소한다.

den Braten riechen (ugs.) 냄새 맡다, 낌새를 채다

Die beiden Mitreisenden versuchten den Zöllner in ein Gespräch zu
verwickeln, aber der hatte den Braten schon gerochen.
두 여행객은 세관원을 대화에 끌어들이려 했으나 그는 이미 냄새를 맡았다.

in die Breite gehen (ugs.) 범위가 확장되다

Der Wassersportverein geht weiter in die Breite. Er will die Kinder in
Bewegung setzen.
수상스포츠 연맹은 외연이 확장된다. 아이들을 끌어들이려 한다.

etw. durch die rosarote/rote Brille sehen/blicken (ugs.) 낙관하다

Doch er sieht die Zukunft nicht durch die rosarote Brille, er aner-
kennt die Realität.
그는 미래를 낙관하지 않고 현실을 인정했다.

Der Geschäftsführer des Unternehmens blickt durch die rosarote Brille
in die Zukunft.
기업의 사장은 낙관적으로 미래를 내다보고 있다.

etw. an sich^4 bringen (ugs.) 획득하다

> Er glaubt zu wissen, wer den brisanten Inhalt an sich gebracht hat.
> 논란의 소지가 있는 내용을 누가 확보하고 있는가를 그는 알고 있다고 생각한다.

***etw. mit sich bringen** 필연적으로 따르다, 결과로 끝나다

> Welche Probleme und Gefahren bringt der technologische Fortschritt auf unseren Alltag mit sich?
> 기술발달은 우리 일상에서 어떤 문제와 위험성을 수반하는가?
>
> Es folgte eine Periode raschen Wachstums, die eine deutliche Verbesserung der Lebensbedingungen mit sich brachte.
> 생활 조건의 뚜렷한 개선을 가져올 급성장의 시기가 뒤이어 찾아왔다.

es nicht über sich bringen (결심을) 할 수 없다

> Er brachte es schlicht nicht über sich, auch noch persönlich Merkel stimmen zu müssen.
> 개인적으로 메르켈을 지지해야 할지 그는 결심을 할 수 없었다.
>
> Am Abend, an dem Christian im Bett lag, brachte er es nicht über sich, auf Leo zu schiessen.
> 크리스티언이 침대에 누워있던 저녁에 그는 레오에게 총을 쏠 수 없었다.

kleinere Brötchen backen [müssen] (ugs.) 만족하다

> Der Spieler hätte noch zwei weitere Tore machen können. Aber er müsse halt noch kleinere Brötchen backen.
> 그 선수는 두 골을 더 넣을 수 있었으나, 그는 그런대로 만족한다고 말한다.

***zu Bruch gehen** 깨지다, 부서지다

> Bei den Unruhen gingen auch Geschäfte und Restaurants zu Bruch.
> 난동으로 가게와 레스토랑이 부서졌다.
>
> In der Nacht am Sonnabend waren zwei Scheiben eines Busses durch einen Aschenbecher zu Bruch gegangen.
> 토요일 밤에 재떨이로 버스의 창문 두개가 깨졌다.

in die Brüche gehen 둘로 갈라지다, 깨지다, 파기되다

Die Ehe der beiden ging bald in die Brüche.
두 사람의 결혼은 곧 파경에 이르렀다.

Die Beziehung ist bereits kurz vor Weihnachten in die Brüche gegangen.
관계는 성탄절 전에 이미 깨졌다.

den Brunnen zudecken/zuschütten, wenn das Kind/Kalb hineingefallen ist (Spr.) 소 잃고 외양간 고치다

schwach auf der Brust sein (ugs.) 돈이 없다

Der Einzelhandel ist schwach auf der Brust, da sind die Banken doppelt vorsichtig.
소매상은 자금이 없어서 은행은 더욱 조심한다.

wie jd ./etw. im Buche steht (ugs.) 매우 전형적인 ~이다

117 Tore erzielte er insgesamt für die Mannschaft. Keiner hat je mehr geschossen. Ein Mittelstürmer, wie er im Buche steht.
그는 팀을 위해 그 누구도 이루지 못한 총 117골을 기록했다. 그는 전형적인 센터 포워드이다.

mit etw. zu Buche schlagen (금액이) ~에 달하다

Erhöhten Beiträge für Renten – und Krankenversicherung schlagen mit 8.5 Milliarden Euro zu Buche.
인상된 연금 보험과 의료보험료는 8천 5백만 유로에 달한다.

Die Allround-Betreuung hat natürlich ihren Preis : Eine Geburt kostet 400 Euro. Eine Hausgeburt schlägt dagegen nur mit rund 340 Euro zu Buche.
전천후 복지는 물론 돈이 든다. 신생아 한 명당 400유로, 집에서 출산 시에는 약 340유로가 든다.

einen krummen Buckel machen (ugs.) 굽실거리다

Lohnt sich das denn – für andere Leute einen krummen Buckel zu

machen?
다른 사람을 위하여 굽실거리는 것이 할 만한 일일까?

jm. den Buckel runterrutschen (ugs.) 〈명령문〉 귀찮게 하지 않다

„Ach, rutsch mir doch den Buckel runter mit deiner Weibergeschichte.“
"제발 여자 이야기로 나를 귀찮게 하지 말아 다오!"

Jahre auf dem Buckel haben (ugs.) (좋지 않은) 과거가 있다

Der Attentäter hatte bereits 22 Jahre im Gefängnis auf dem Buckel.
그 암살범은 이미 22년을 복역한 전과자였다.

sich [seitwärts] in die Büsche schlagen (ugs.) 슬그머니 사라지다

Bei dem Dorffest schlägt sich jene Nachbarin in die Büsche.
마을 축제 때 그 이웃 여자는 슬그머니 자취를 감춘다.

alles ist in schönster Butter (salopp) 모든 것이 정상이다

Alles war klar, stimmig und in schönster Butter gewesen.
모든 것이 분명하고 조화롭고 정상이었다.

für ein Butterbrot arbeiten (ugs.) 적은 돈을 받고 일하다

Es wäre nicht immer erwünscht, wenn jemand nur für ein Butterbrot
und aus reinem Idealismus arbeitet.
순수한 이상으로 적은 돈을 받고 일하는 것이 꼭 바람직한 것만은 아니다.

C

ein wahres Chamäleon sein 변덕이 심하다, 믿기 어렵다

Deine politische Meinung wechselst du doch wie dein Hemd. Du bist ein wahres Chameläeon. Wie soll man da wissen, ob du es gerade ernst meinst?

너의 정치적 견해는 오락가락한다. 정말 변덕이 심해 믿을 수 없다. 네가 정말 진지하게 주장하는지 어떻게 알겠느냐?

wie wenn in China ein Fahrrad/Sack Reis umfällt 아주 당연히

Das Grundprinzip aller Demokratie ist die Mehrheit. Dieses Faktum ist den führenden Herren so wichtig, wie wenn in China ein Fahrrad umfällt.

민주주의의 기본원칙은 다수결이다. 이 요소는 지도자들에게는 아주 중요하다.

Jeder gewöhnlicher Tod ist uns bald so egal, wie wenn in China ein Fahrrad umfällt.

일상의 죽음은 아주 당연하게 곧 우리와 상관이 없어진다.

das ist Chinesisch für mich 나는 이해할 수 없다

Dieser Gesetztext ist Chinesisch für mich. Ich muss mich jetzt an einen Fachmann wenden, der ihn mir erklärt.

나는 이 법률 텍스트를 이해할 수 없어서 이제 설명해 줄 전문가에게 문의해야 한다.

D

kein Dach über dem Kopf haben (ugs.) 집이 없다(=obdachlos sein)

Was ist beispiesweise denn mit denen, die kein Dach über dem Kopf haben?

예를 들어 집이 없는 사람들은 어떻게 할 것인가?

Tausende Menschen im Erdbebengebiet in der Türkei haben kein Dach über dem Kopf, die müssen im freien Himmel übernachten.

터키 지진 발생 지역의 수천 명 이재민들은 집을 잃고 노천에서 자야 한다.

***etw. unter Dach und Fach bringen** 완성하다, 마무리 짓다

Er sei nicht mit der Erwartung angereist, die EU-Verfassung vor dem Dezember unter Dach und Fach zu bringen.

12월 전에 유럽연합 헌법의 완성을 기대하며 그가 온 것은 아니라고 한다.

Dennoch bleibt abzuwarten, ob es ihm in den nächsten zwei Monaten gelingt, ein Friedensabkommen mit Palästinensern unter Dach und Fach zu bringen.

그가 2개월 안에 팔레스티나와 평화협정을 마무리할 수 있을지는 두고 봐야 한다.

unter ein Dach und Fach sein 완(종)결되다

Wenn alles unter Dach und Fach ist, erst dann könnte man sich auch ein abschließendes Urteil bilden.

모든 것이 종결 되어야 비로소 최종 판결이 내려질 수 있다.

wie ein Damoklessschwert über jm. hängen (geh.) 위험에 처하다

Die Kündigung hing wie ein Damoklesschwert über vielen Bergleuten.

해고는 많은 광부들이 항시 느끼는 위험이다.

wieder auf dem Damm sein (ugs.) 건강을 회복하다

Ich freue mich sehr, dass Sie wieder auf dem Damm sind.

당신이 다시 완쾌하여 매우 기쁩니다.

Dampf ablassen (ugs.) 화풀이를 하다

Sie will Dampf ablassen gegenüber der Politik, die nicht nachhaltig vor Silikon-Implantaten warnt.

그 여자는 실리콘-임프란트에 관해 충분히 경고하지 않은 정책에 화풀이를 하려 한다.

jm. Dampf machen/setzen (ugs.) 독려하다, 다그치다

Junge Athleten sollen dort den Etablierten noch einmal Dampf machen.

신예 육상선수들이 그곳에서 기성선수들을 독려하는 역할을 할 것이다.

***darüber hinaus** (한 걸음) 더 나아가

Er war nicht nur ein großer Gelehrter, sondern darüber hinaus einer der bedeutendsten Diplomaten seiner Zeit.

그는 석학일뿐만 아니라 더 나아가서 당대의 저명한 외교관이었다.

Die iranische Menschenrechtlerin Schrin Ebadi empfängt als erster Bürger Irans diese hohe Ehrung, doch darüber hinaus ist sie auch der erste Friedensnobelpreisträger der islamischen Welt.

인권운동가 슈린 에바디는 이란인으로는 처음으로 이런 높은 명예를 얻었으며, 더 나아가 이슬람권의 첫 노벨평화상 수상자이다.

***[jm./für jn.] den/die Daumen drücken/halten** (ugs.) (성공을) 바라다

Wir halten die Daumen, dass du eine freie Telefonleitung erwischst!

네가 통화 가능한 전화선을 차지하기를 우리는 기대한다.

Millionen Menschen hierzulande drücken für die deutsche Elf die Daumen, dass sie einen erfolgreichen Weg beschreiten möge.

이 나라의 수백만 명이 독일 국가대표축구팀이 성공적인 길을 가기를 바란다.

Daumen/Däumchen drehen (ugs.) 할일 없어 놀다

> Schließlich geht es nicht darum, bei der Versorgung der Bevölkerung zu sparen, sondern bei der Überkapazität in den Spitälern. Es gibt viel zu viele Ärzte, die im Nachtdienst Daumen drehen.
> 국민 건강도모가 아니라 병원의 과대인력 차원에서 절약이 이루어져야 한다. 야간 근무에 할 일 없는 의사가 너무나 많다.

jm. Daumenschrauben anlegen/ansetzen 몰아세우다, 강요하다

> Der Bürgermeister hat den Passagenbetreibern die Daumenschrauben wenigstens angelegt und so einen guten Kompromiss erzielt.
> 그 시장은 노점상들을 몰아세워서 아주 훌륭한 타협안을 이루어냈다.

ohne js. Dazutun 개입(지원) 없이

> In einem anderen Streitpunkt stehen die Chancen hingegen ganz gut, dass sich die Beiteiligten ohne Dazutun eines Richters einigen.
> 다른 쟁점의 경우에는 당사자가 재판장의 개입 없이 합의하고 있어서 해결 가능성 이 높다.

an die Decke gehen (ugs.) 매우 화가 나다

> Wenn der Ober nicht bald kommt, gehe ich an die Decke.
> 종업원이 빨리 오지 않으면 나는 화가 난다.

sich nach der Decke strecken (ugs.) 누울 자리 보고 다리를 뻗다

> Tempel müssen sich nach der Decke strecken.
> 사원은 검소하게 꾸려나가야 한다.

[mit jm.] unter einer Decke stecken (ugs.) 공모하다, 한패가 되다

> Es gibt zahlreiche Beweise, dass sie mit den Entführern untern einer Decke steckte.
> 그 여자가 납치범들과 공모했다는 증거가 많다.

unter dem Deckmantel 빙자하여, 핑계로

> Unter dem Deckmatel globalisierungskritischer Worte wird mit offen faschistischen Inhalten zu einer Demonstration aufgerufen.

세계화를 비판하는 미명하에 노골적인 나치주의 시위를 선동하고 있다.

Unter dem Deckmantel europäischer Harmonisierung sieht das Gesetzvorhaben eine Beschränkung des Asylrechts vor.
유럽의 조화를 빙자하여 그 입법예고는 망명 권리를 제한하고 있다.

in Deckung gehen 숨다

Wer nicht gerade in einem gepanzerten Auto sitzt, muss eben kurz mal in Deckung gehen.
방탄차를 타지 않은 사람은 잠깐 몸을 숨겨야 한다.

*nicht an etw. denken (ugs.) 거부하다, 주저하다

Wir denken nicht an eine Streichung der besonderen Kündigungsschutzrechte für Behinderte.
장애자의 해고 보호를 위한 별도의 권리를 삭제하는 것을 우리는 거부한다.

Seit dem Krieg ist kein Tag vergangen, an dem er an den Krieg nicht gedacht hat.
전쟁 이후로 전쟁을 반대하지 않은 날이 하루도 없었다.

jm. zu denken geben 깊이 생각하게 하다

Besonders zu denken gibt der Hinweis, dass die UNO in Afrika nie gegen Kolonialregime eingegriffen hat.
유엔이 아프리카에서 식민지통치 정권에 대하여 개입한 일이 전무하다는 지적은 특히 심사숙고해야 한다.

jm. einen Denkzettel verpassen/geben 엄하게 질책하다

Zwar hatten die Wähler am letzten Sonntag der Bundesregierung einen Denkzettel verpasst.
유권자들은 지난 일요일 (투표를 통해) 연방정부를 엄중히 질타했다.

Viele Menschen sind wütend über die Lawine an Steuererhöhungen und wollten der Bundesregierung einen Denkzettel geben.
많은 사람이 세금 인상 폭탄에 분노하여 연방정부를 질책하고자 했다.

durch dick und dünn (ugs.)

2 쉬지 않고

Im Krieg sind wir durch dick und dünn marschiert.

전시에 우리는 쉬지 않고 행군했다.

2 막역한, 뗄 수 없는

Mannschaft und Fans gehen zusammen durch dick und dünn.

팀과 펜들은 둘도 없는 아주 가까운 사이다.

außer Dienst(=a.D.) 은퇴(퇴직)한, 폐기한

Mittlerweile ist der Gatte außer Dienst und sie ist die Präsidentin eines Clubs.

그 사이에 남편은 은퇴하고 그 여자는 어느 연합회의 회장이다.

Bis zum Jahr 2005 sollen bis zu 90 Kampflugzeuge vom Typ „Tornado" früher als ursprünglich vorgesehen außer Dienst gestellt werden.

본래 예정보다 앞당겨 2005년까지 90대의 "토르나도" 전투기를 폐기한다고 한다.

guter Dinge (geh.)

1 기분이 좋다, 명랑하다

Der Autor hat eine Lesereise durch die Schweiz hinter sich und ist sichtlich ein wenig erschöpft, aber guter Dinge.

그 작가는 스위스를 돌며 낭독여행을 했는데 좀 피곤해 보이기는 하지만 기분이 좋아 보인다.

2 낙관적이다

Sie sind also guter Dinge, dass im nächsten Herbst ein gestärkter Spieler an der Platte steht.

그들은 오는 가을에 강력한 선수의 영입 예정에 낙관적이다.

nicht mit rechten Dingen zugehen 기묘하다, 정직하지 못한 방법으로 이루어지다

Auch wenn bei der Qual vieles nicht mit rechten Dingen zuging, haben Milionen freiwillig für Janukowitsch gestimmt.

난동이 기묘한 수법으로 일어나긴 했지만, 수백만 명이 자유 자발적으로 얀코비치를 지지했다.

über den Dingen stehen 초연하다, 대범하다

Ein witzger Mann signalisierte, dass er über den Dingen steht und es sich leisten kann, nicht alles ernst nehmen zu müssen.

기지 있는 사람은 초연하게 모든 것을 심각하게 여기지 않도록 암시했다.

etw. zur Diskussion/Debatte stehen 논의(토론) 대상이다, 참작되다

Neben drei Punkten Rückstand steht die Diskussion um die sportliche Führung im Vordergrund.

3점 뒤진 문제 외에도 스포츠 운영이 주된 논의 테마이다.

Seit Verteilung der Bodenschätze zur Diskussion steht, sind die Friedensgespräche mehr oder weniger zum Stillstand gekommen.

지하자원 분할에 대한 논의가 있은 후에 평화협상은 약간 답보 상태다.

etw. zur Diskussion/Debatte stellen 토의(논의) 대상으로 제기하다

Wir werden dieses Vorhaben nicht zur Debatte stellen.

우리는 이 계획에 대하여 논의하지 않을 것이다.

Er kritisierte auch, dass sie ihre Pläne nicht zunächst im Vorstand und Präsidium der Partei zur Diskussion gestellt habe.

그 여자가 계획을 당 의장단과 수뇌부와 먼저 논의했다는 것도 그는 비판했다.

doppelt und dreifach (ugs.) 필요 이상으로, 이중 삼중으로, 두 배 세 배로

Viele Kunden fühlen sich betrogen. Grundstücke sind doppelt und dreifach verkauft worden.

많은 고객들은 사기당한 기분이다. 토지가 두 배 세 배로 팔렸다.

ein globales Dorf 지구촌

Die Welt ist ein globales Dorf geworden. Die Welt wächst zusammen und mutiert zu einem Shopping-Center, indem das Kapital bis in die letzte Winkel der Erde vordringt.

세계는 지구촌이 되어 함께 성장하며 자본이 지구의 구석구석까지 침투하는 쇼핑 센터가 되고 있다.

jm./für jn. böhmische Dörfer sein 이해 못하다

UCC und WIPI sind für ihn böhmische Dörfer.

UCC와 위피에 대해서 그는 아는 것이 없다.

***jm. ein Dorn im Auge sein** 눈엣가시다

Der Politikerin war die Kommission ein Dorn im Auge.

그 위원회는 여성 정치인에게 눈엣가시였다.

Die ausländischen Fernsehprogramme besonders die US-amerikani-
schen sind den Konservativen ein Dorn im Auge.

외국 특히 미국 TV프로그램은 보수적인 사람들에게는 눈엣가시다.

dran glauben müssen (ugs.)

1 제거하다, 없애다

Man vergreift sich am unschuldigen Niederwild. Vor allem Hasen und
Vögel müssen dran glauben.

무죄한 작은 야생동물에 손댄다. 특히 토끼와 새들이 없어지고 있다.

Für die Verbreiterung der Straße werden diese drei herrlichen Bäume
dran glauben müssen.

그 길을 확장하려면 수려한 이 나무 세 그루는 없애야만 할 것이다.

2 죽다

Wenn man schon Krieg führte, dann mussten dabei ja keine Menschen
dran glauben.

일단 전쟁을 수행하면 단 한 사람도 전사해서는 안 되었다.

etw. drauf haben (ugs.)

1 잘 해낼 수 있다

Er hatte ja alle indianische Sprachen drauf.

그는 인디언 언어를 모두 잘 했다.

2 일정 속도로 주행하다

Wie gut ist es, dass ich jetzt ein paar Kilo mehr drauf habe!

나는 이제 몇 키로미터를 같은 속도로 운전하여 좋다.

ein/der letzte Dreck [für jn.] sein (salopp abwertend) 하찮은 존재다, 무시당하는 존재다

> Die Aktion lautet : „Die Putzfrauen sind nicht der letzte Dreck."
> 캠페인 구호 : "환경미화부는 하찮은 존재가 아니다."

Dreck am Stecken haben (ugs.) 구린 데가 있다

> Hat ein Steuerpflichtiger wahrscheinlicht Dreck am Stecken, wenn er diesen Weg geht?
> 납세자가 이 길을 택하는 것은 아마도 떳떳하지 못한 구석이 있어서인가?

sich um jeden Dreck kümmern 만사에 참견하다

> Unser Direktor kümmert sich um jeden Dreck, versteht aber von nichts was.
> 우리 우두머리는 만사에 참견하나, 이해하는 것은 하나도 없다.

[nicht] auf/bis drei zählen können 이지적이다(이지적이지 못하다)

> Jeder, der auf drei zählen kann, weiß, dass es eine Große Koalition allenfalls um den Preis des Verzichtens auf den Kanzlersitz geben kann.
> 지적인 사람은 누구나 양대 정당간의 연립정부는 기껏 해야 수상직을 포기하는 대가로 성사될 수 있음을 알고 있다.

***die Dritte Welt** 제3세계, 개발도상국

> Die Zahnärztin arbeitet für die Organisation „Ärzte für die Dritte Welt."
> 그 여자 치과의사는 "제3세계를 위한 의사"라는 기구에서 일한다.

> Ist die Unterscheidung Gewalt gegen Sachen und Gewalt gegen Menschen sinnvoll? Die Antwort auf diese Fragen untrennbar verbunden mit der Gewalt gegen die Dritte Welt.
> 일과 사람을 대상으로 삼는 폭력을 구별하는 것이 의미가 있을까? 이 물음의 답은 제3세계에 대한 폭력과 불가분의 관계가 있다.

der Dritte im Bunde 제3의 공모자

> Der totsichere Plan hat der Dritte im Bunde, natürlich Skatbruder

Fritz, den Klaus Maurer spielte.

사장된 계획의 제3의 공모자는 물론 클라우스 마우러 역을 맡은 스카트 광 프리츠다.

der lachende Dritte 어부지리를 얻는 제삼자

Viele Linke in Israel befürchteten, dass bei der Kandidatur von Barak und Peres der Likud-Spitzenkandidat Ariel Scharon der lachende Dritte wird.

이스라엘의 좌파는 바락과 페레스가 출마할 경우에 리쿠드당의 후보 아리엘 샤론이 어부지리를 얻게 될 것을 걱정했다.

*jn. unter Druck setzen (ugs.) 압박(강요)하다, 재촉하다

Die Europabegeisterung der Türkei setzt die Europäische Union unter Druck.

터키의 유럽에 대한 열광은 유럽연합을 압박하고 있다.

Die Unsicherheit über die Konjunkturentwicklung und der Irakkrieg haben die Börsen weiter unter Druck gesetzt.

경기변화에 대한 불안정과 이라크전쟁이 주식시장을 상당히 압박했다.

*unter Druck stehen/geraten 압력을 받다

Die bislang Nordkorea-freundliche Regierung unter Präsident Roh Moo-hyun gerät unter den Druck der Opposition, die „Sonnenscheinpolitik" gegenüber dem Norden aufzugeben.

지금까지 북한에 친화적인 노무현 대통령 정부는 북한에 대한 "햇볕정책"을 포기하라는 압력을 받고 있다.

Die Bahn AG steht seit längerem wegen ihres neuen Preissystems und Verspätungen unter Druck.

철도 주식회사는 새로운 운임체계와 열차 연착으로 인하여 오래전부터 압박을 받고 있다.

Der neue Führer der Arbeitspartei steht unter Druck von allen Seiten, auch aus eigenen Reihen.

노동당 새 지도자는 사방에서 심지어 자기 계파로부터도 압력을 받는다.

auf den letzten Drücker (ugs.) 마지막 순간에, 시간이 빠듯하게

Nicht auf sich vor zweiundhalb Stunden vor Abflug am Check-In einfinden.

시간이 빠듯하게 창구에 달려들지 말 것. 비행시간 2시간 30분 전에 체크인 창구에 도착하는 것이 이상적이다.

alles Drum und Dran (ugs.) 관련된 모든 사항

Der Chef organisiert nun ein Fest zu seinem 40. Geburtstag mit allem Drum und Dran.

사장은 40번째 생일 축하식에 관한 모든 것을 주선한다.

jn. für dumm verkaufen (ugs.) 속이다, 기만하다

Sie ist eine sehr ehrliche Person. Er nutzt diese Ehrlichkeit aus. Nicht, dass er die Frau für dumm verkauft.

그 여자는 매우 정직한 인물이다. 그 남자는 그녀를 속이는 것이 아니라 바로 이 정직성을 이용한다.

dümmer, als die Polizei erlaubt (ugs.) 몹시 어리석게

Dümmer als die Polizei erlaubt hat sich ein 38-Jährige angestellt, der an wundersame Geldvermehrung glaubte.

기적적으로 돈을 불릴 수 있다고 믿었던 38세 남자가 어리석게도 취직을 했다.

[nicht] aus Dummbach sein 멍청하다(멍청하지 않다)

Natürlich kann ich das, ich bin doch nicht aus Dummbach.

당연히 나는 그것을 할 수 있다, 바보는 아니니까.

im Dunkeln tappen 오리무중에서 헤매다

Nach Angaben der Polizei, die auch im diesem Fall im Dunkeln tappt, beträgt der angerichtete Sachschaden an den Autos rund 500 Euro.

이번에도 오리무중인 경찰의 발표에 따르면 차량의 피해액이 약 500유로라고 한다.

*durch und durch (ugs.) 완전히, 속속들이

Bis ins Halbfinale schlug sich die Mannschaft durch und durch und konnten sich am Ende über einen vierten Platz freuen.

준결승까지 그 팀은 승승장구하여 결국 4등을 차지하는 기쁨을 누릴 수 있었다.

Der Hausarzt checkt den Patienten durch und durch und schickt

wahlweise nach Haus ins Bett oder zu einem Facharzt.
가정의는 환자를 속속들이 진단하여 집에서 쉬게 하거나 또는 전문의에게 보낸다.

etw. durchblicken lassen 암시하다

Er hat immer wieder durchblicken lassen, dass er als Geschäftsfüh-
render sehr wohl seine eigene Position hatte.
자신이 사업주관자로서 특유한 위치에 있다는 것을 그는 항시 암시했다.

eine kalte Dusche (ugs.) 실망, 찬물을 끼얹는 일

Der Vorschlag aus Berlin und Paris wirkte wie eine kalte Dusche. Die
Regierung und auch die Opposition und Wirtschaftsverbände hatten
versucht, mit ihren Mitteln die Annäherung an die EU zu unterstützen.
베를린과 파리의 제안은 찬물을 끼얹었다. 정부는 물론이고 야당과 경제연합회도
방안을 강구하여 유럽연합에 적응을 지지하도록 했다.

E

an allen Ecken und [Enden/Kanten] (ugs.) 곳곳에, 모든 분야에

Das Land Hessen spart derzeit an allen Ecken udn Enden. 130 seiner insgesamt 1.700 Dienststellen geht es an den Kragen.

헷센 주는 현재 모든 분야에서 절약하고 있다. 1,700개의 일자리 가운데 130개가 어려운 상황에 처하게 된다.

Es fehlt an allen Ecken und Enden weder Laufnoch Kampfbereitschaft.

경기에서 열심히 뛸 자세와 전투 자세를 그 어디에서도 찾아볼 수 없다.

jn. um die Ecke bringen (salopp) 살해하다

Wer uns mit Narkose um die Ecke bringen könnte, und uns stattdessen das Leben rettet, hat gewonnen.

마취로 죽일 수도 있는 사람이 오히려 우리를 살려서 성과를 올렸다.

etw. aus dem Effeff beherrschen/verstehen können (ugs.) 능통하다

Ist für sie ihre Sprache, das amerikanische Englisch, ein Instrument, das sie aus dem Effeff beherrscht wie in Konzertpianist den Flügel?

그 여자의 미식영어는 음악회 피아니스트의 대형 피아노처럼 능통하게 구사하는 도구이냐?

*seit eh und je 옛날부터, 그전부터

Und bei Weihnachtsmarkt sind Schüler und Musiklehrer seit eh und je dabei.

크리스마스 시장에는 학생과 음악선생이 그전부터 늘 자리를 같이하고 있다.

Die Kastanie ist seit eh und je der Biergartenbaum Nummer eins.

밤나무는 옛날부터 맥줏집 나무로 제일가는 수종이다.

wie eh und je 여전히

Die Kreditzinsen sind so hoch wie eh und je.

대출금리가 여전히 높다.

Jeder gesetzlich Versicherte hat das Recht, wie eh und je auf Chip-karte behandelt zu werden.

법적인 피보험자는 그전과 동일하게 칩 카드로 진료를 받을 권리가 있다.

die Ehe brechen

Früher wurden Frauen, die die Ehe gebrochen hatten, mit dem Tode bestraft.

옛날에는 부부의 신의를 깨뜨린 여자들은 사형에 처했다.

wilde Ehe (veraltend) 동거(생활)

Die beiden sind unverheiratete Paare, die zusammen leben und wilde Ehe führen.

두 사람은 함께 동거생활을 하는 미혼 부부이다.

jm. die letzte Ehre erweisen (geh.) 장례식에 참석하다

Bei einer Trauerfeier hatten zuvor Hunderte von Staats – und Regierungschef aus aller Welt Arafat die letzte Ehre erwiesen.

전 세계의 국가와 정부 수반 수백 명이 얼마 전 있었던 아라파트의 장례식에 참여했다.

aller Ehren wert sein (geh.) 칭찬받을 만하다

Und es ist aller Ehren wert, wenn er die Globalisierung auch politisch gestalten will.

그가 세계화를 정치적으로도 구현하려 한다면 칭송받을 만한 일이다.

Der sichere achter Platz wird mit einer Prämie 35,000 Euro hono-riert. Dieser Erfolg ist aller Ehren wert.

제8위에 입상하여 포상금 3만 5천 유로를 받게 된다. 이것은 칭찬받을 만한 성과다.

das Ei des Kolumbus 의외로 손쉬운 해결 방안

Er zog ein positives Resümee. Es ist sicher noch nicht Ei des Ko-

lumbus. Wir müssen noch suchen, bis wir die richtige Abstimmung
finden.

그는 긍정적 결과를 얻었다. 이것은 쉬운 해결 방법은 아니어서 바른 조정안을 찾
도록 노력해야 한다.

sich/einander gleichen wie ein Ei dem anderen 꼭 닮다

Alle diese Fahrzeuge gleichen sich wie ein Ei dem anderen.

이 차들은 모두 꼭 같다.

wie auf Eiern gehen (ugs.) 조심스럽게 걷다

Die Kleine ging wie auf Eiern barfuß auf dem steinigen Weg.

그 소녀는 돌길 위를 조심스럽게 맨발로 걸었다.

Als er in die Praxis kam, ging er wie auf Eiern, weil er große Schmer-
zen hatte.

그가 병원에 왔을 때 매우 통증이 심하여 조심조심 걸었다.

wie aus dem Ei gepellt sein (ugs.) 말쑥한 옷차림을 하다

Das ist eine Frau, die nicht immer aussieht wie aus dem Ei gepellt.

이 사람은 항상 말쑥한 차림으로 보이는 여자는 아니다.

noch die Eierschalen hinter Ohren haben (ugs.) 풋내기이다, 미숙하다

Der Kleine ist kein Gegner für dich, der hat doch noch die Eierschalen
hinter den Ohren.

그 키 작은 사람은 너의 적수가 아니다, 그는 애송이다.

einen wahren Eiertanz um jn. aufführen 신중한 태도를 보이다

Der Neuling muss einen wahren Eiertanz um den Chef aufführen.

그 신입사원은 사장에게 조심스럽게 행동해야 한다.

sich[3] etw. zu Eigen machen (geh.) 터득하다, 자기 것으로 만들다

Wer sich Geduld einmal zu Eigen gemacht hat, hat einen Gewinn fürs
Leben.

한번 인내심을 터득한 사람은 평생을 두고 득을 본다.

jn./etw. sein Eigen nennen (geh.) 소유하다

Mehr als jeder Zweite wird dann ein Auto sein Eigen nennen.

두 사람 중 한 사람 이상이 자동차를 소유하게 된다.

Wer einen PC sein eigen nennt, wird die geringe elektrostatische Aufladung durch Linoleumboden zu schätzen wissen.

개인 컴퓨터를 가진 사람은 리놀륨 바닥을 이용해 정전기 누적을 낮출 수 있다.

ein Eigentor schießen 자살골을 먹다

Mit ihrer Forderung nach einem Werbeverbot schießen die Unternehmer ein Eigentor.

광고 금지 요구로 기업가들은 스스로 불리한 결과를 초래한다.

im Eimer sein (salopp) 망가지다, 엉망이 되다, 끝장이다

Die Moral des Teams ist zu diesem Zeitpunkt bereits im Eimer gewesen.

팀의 윤리는 이 시점에서 이미 엉망이 되었다.

js. Ein und Alles sein 누구의 모든 것이다

Familie ist sein Ein und Alles.

가정이 그의 모든 것이다.

***ein für alle Mal** 최종적으로, 영원히

Es wäre nicht angemessen, eine Anhebung des Renteneintrittsalters ein für alle Mal auszuschließen.

연금수혜 연령 상향조정을 영구적으로 차단하는 것은 적절하지 못한 것이다.

Werbung für Drogen in der Öffentlichkeit soll ein für alle Mal verboten werden.

공개적인 마약 선전은 영원히 금지되어야 한다.

sich^3 etwas einfallen lassen [müssen] 해결책을 찾아야 한다

Der Versicherer müssen sich schleunigst etwas einfallen lassen, um die Bedenken zu zerstreuen.

보험사들은 의혹을 해소하기 위하여 시급히 해결책을 찾아야 한다.

***auf etw./jn. Einfluss nehmen** 영향을 주다(=beeinflussen)

> Mitglieder des Gremiums versuchen, verstärkt Einfluss auf die Arbeiten der Regierung zu nehmen.
>
> 협의회 회원국들은 정부 간 회담의 작업에 영향력을 강하게 행사하려 한다.

ans Eingemachte gehen (ugs.) 실체를 건드리다

> Am Anfang hat man immer guten Eindruck, bis es dann ans Eingemachte geht.
>
> 실체를 건드리기까지 초기에는 으레 좋은 인상을 받는다.

im Einklang mit jm./etw. [stehen] (geh.) 일치한(일치하다), 조화된

> Die Investoren suchten jemanden, dessen Ansichten mehr im Einklang stehen mit der globalen Wirtschaft und den Impulsen.
>
> 투자자들은 글로벌 경제와 추진력이 조화된 안목을 가진 사람을 찾고 있다.

einpacken können (ugs.) 아무 것도 못하다

> Wenn man anfängt, an so was zu denken, kann man gleich einpacken.
>
> 그런 것을 생각하기 시작하는 사람은 성공을 거두지 못한다.

zum Einsatz kommen/gelangen 동원(파견) 되다(=eingesetzt werden)

> Wenn es wirklich eilig und wichtig ist, dass Flugzeug und gar Hubschrauber zum Einsatz kommen, geht es meistens um dringend benötigte Medikamente.
>
> 비행기와 헬기를 파견이 시급하고 중요한 경우는 대부분 긴급히 필요한 의약품이다.

ein[kein] Einsehen haben

1 이해심이 있다(없다)

> Wenn dann der Wettergott ein Einsehen haben wird, kann man dann kulinarisch der Musik lauschen.
>
> 기후의 신이 잘 봐주면 여유를 즐기며 음악 감상을 할 수 있다.
>
> Falls der Bürgermeister kein Einsehen hat, wäre Berlin die einzige Stadt ohne berittene Polizei.
>
> 시장이 이해심이 없으면, 베를린은 기마경찰이 없는 유일한 도시가 될 것이다.

Schon gar kein Einsehen hat das Landesgericht mit einem Reisenden,
der vor seinem Flug an Schlafstörung und Angstgefühlen litt.

주 법원까지도 탑승 전 불면증과 공포증에 시달린 여행객의 정상을 참작하지 않
는다.

das Eis brechen (마음의) 벽을 허물다, 어려움을 극복하다

Was erwarten die Ausländer in unserem Land von ihren Gastgebern,
wie kann man das Eis brechen?

국내 외국인 노동자들은 우리 내국인에게 무엇을 기대하며, 어떻게 쌍방의 벽을
허물 수 있을까?

etw. auf Eis legen (ugs.) 중단(연기)하다, 남겨두다

Der Tunnel wird jetzt auf Eis gelegt.

그 터널 공사는 중단된 상태다.

noch ein Eisen im Feuer haben (ugs.) 탈출구를 마련하다, 제2의 대안을 갖다

Der polnischer Trainer der Mannschaft meinte, er habe noch ein Eisen im Feuer.

팀의 폴란드 출신 감독은 다른 대안이 있다고 말했다.

zum alten Eisen gehören/zählen (ugs.) 폐물(무용지물)로 간주하다

Unser Seniorchef ist ganz schön rüstig. Der gehört noch lange nicht
zum alten Eisen.

우리 원로 사장은 아주 정정하여 아직 쓸모가 충분히 있다.

jn. zum alten Eisen werfen (ugs.) 사용하지 않다, 해직시키다

Er dachte nicht daran, sich mit 58 schon zum alten Eisen werfen zu
lassen.

그는 나이 58세에 무용지물이 되어 해직 당하리라고 생각하지 않았다.

man muss das Eisen schmieden, solange es heiß ist (Spr.) 쇠뿔도 단김에
빼야 한다

sich verhalten wie ein Elefant im Porzellanladen (ugs.) 거칠게(무례하게) 처신하다

> Seiner Meinung nach habe sich die Regierung ungeschickt und wie ein Elefant im Porzellanladen verhalten.
>
> 정부가 미숙하고 무례하게 처신했다는 것이 그의 생각이다.

ganz in seinem Element sein (ugs.)

1 잘 알고 있다, 정통하다

> Nach dem Lehrgang bin ich bei diesen kompizierten Computerprogrammen ganz in meinem Element.
>
> 나는 그 교육을 받은 후 이 복잡한 컴퓨터 프로그램을 잘 안다.

2 기분이 좋다

> In der neuen Küche fühlt sie sich in ihrem Element.
>
> 부엌을 새로 꾸며서 그 여자는 기분이 좋다.
>
> Wenn er die Berliner Philharmoniker dirigierte, war er ganz in seinem Element.
>
> 베를린 교향악단을 지휘할 때면 그의 기분은 최상이었다.

wie ein Häufchen Elend (ugs.) 암담하게

> Mancher Spieler des unterlegenen Gegners kauerte wie ein Häufchen Elend auf dem Hallenboden.
>
> 경기에 패한 상대편 선수들은 암담하게 체육관 바닥에 웅크리고 앉아있었다.

nicht von schlechten Eltern sein (ugs.) 질이 좋다, 무시할 수 없다

> Diese Ohrfeige war nicht von schlechten Eltern.
>
> 이번에 맞은 뺨은 장난이 아니었다.

etw./jn. in Empfang nehmen (ugs.) 수여받다, 영접하다(=empfangen) 〈Subs. : Empfangnahme〉

> Vor ein paar Jahren hat der Greis selbst den Preis in Washington in Empfang genommen.
>
> 수년 전에 그 노인 자신이 그 상을 워싱턴에서 수상했다.

Die Verordnung des Importverbotes für Rindfleisch aus Deutschland wurde am Mittwoch um 11:20 im Brüssel in Empfang genommen.
독일산 소고기 수입 금지 조처는 수요일 11시 20분에 부뤼셀에서 받아들여졌다.

Ende gut, alles gut (Spr.) 결과가 좋으면 모든 것이 좋다

ein/kein Ende finden 끝나다(끝이 안 나다)
Mit dem Attentat auf Außenministerin Anna Lindh, die vielleicht populärste Euro-Befürworterin unter Sozialdemokraten, hat die schwedische Euro-Kampagne ein bitteres Ende gefunden.
사회민주당에서 가장 인기가 높으며 유로화 지지자인 안나 린드 외무장관의 암살로 스웨덴의 유로화 도입 추진 캠페인은 참담한 결과를 가져왔다.

etw.^{3} ein Ende machen/setzen/bereiten (geh.) 종식시키다, 철퇴하다(=etw. beenden)
Der UNO-Sicherheitsrat hat einen Beschluss gefasst, der Kindermisshandlung ein Ende zu setzen.
유엔안보리는 아동학대를 철퇴시키는 결의안을 의결했다.

das Ende vom Lied (ugs.) 실망스러운 결과
Das Ende vom Lied war, dass alles bei Altem blieb.
실망스러운 점은 예전 그대로 변한 것은 하나도 없다는 것이었다.

das dicke Ende (ugs.) 예기치 않은 난관(어려움)
Das dicke Ende wird erst in nächsten Monaten spürbar, wenn die Arbeiter, Angestellten, Beamten und Pensionisten eine Inflationsabgeltung verlangen. Die Euro-Talfahrt wird sichtbar werden.
노동자, 회사원, 공무원과 은퇴자들이 인프레이션 보전을 요구하면, 앞으로 몇 달이 지나야 커다란 난관에 봉착할 것이다. 유로화 급락이 뚜렷해질 것이다.

***letzten Endes** 결국, 궁극적으로
Letzten Endes musste er doch nachgeben.
결국에는 그도 양보할 수밖에 없었다.
Was der Mensch ist, ist letzten Endes nicht so wichtig; wie er ist,

darauf kommt es an.

궁극적으로 중요한 것은 직업이 무엇이냐가 아니라 사람됨이다.

jn. in die Enge treiben 곤란하게하다, 궁지에 몰아넣다

„Lassen Sie sich in einer Angelegenheit nicht in die Enge treiben!"

"일을 처리할 때에 궁지에 몰리지 마십시오!"

die Engel singen hören (ugs.) 지독하게 아프다

Wenn ich unterwegs die Engel singen höre, ist das für mich noch lange kein Grund, das Rennen vorzeitig zu beenden.

도중에 내가 몹시 아파도 그것이 경기를 중도에 끝낼 이유는 절대 못 된다.

eine lahme Ente (abwertend) 레임덕

Der Präsident würde für den Rest seiner Amtszeit ein „lame duck", eine lahme Ente sein, nun war Hillary dran.

대통령이 남은 임기에 레임덕 현상에 처하면 힐러리가 대기하고 있다.

*Entscheidung fallen 결정이 나다, 결단하다

Die Entscheidung fällt allen schwer, aber sie ist unvermeidlich.

결단은 모두에게 어렵지만 불가피하다.

*eine Enscheidung treffen 결정하다(=entscheiden)

Die Fraktion hat zwei Stunden lang über den Ausschuss des Abgeordneten debattiert, ohne zugleich eine Entscheidung treffen zu können.

그 교섭단체는 그 의원의 위원회에 대해 2시간 동안 토론했으나 곧바로 결정을 할 수 없었다.

*einen Entschluss fassen 결심(결정)하다(=sich entschließen)

Die Veranstalter mussten deshalb Entschluss fassen, das Turnier abzubrechen.

행사 주최자는 순회 경기를 중단할 것을 결정해야 했다.

Wenn sie einmal Entschluss gefasst hatte, dann gab es kein Wenn und Aber mehr.

그 여자는 일단 결심하면 어떠한 조건이나 예외가 없다.

Epoche machen 획기적 전기를 열다〈Adj. : epochemachend〉

Seine sich an ein vorwiegend jugendliches und männliches Publikum richtenden Bücher haben Epoche gemacht.

주로 청소년과 남성 독자를 겨냥한 그의 책은 획기적 전기를 열었다.

***meines Erachtens(=m.E.)** 내 견해로는, 내 소견으로는

Die Aufgabe der Schule ist es meines Erachtens in erster Linie pädagogisch zu wirken.

내 소견으로 학교의 임무는 무엇보다도 교육적으로 수행하는 데 있다.

Meines Erachtens dient unser Schulwesen den Kindern und keinesfalls den Politikern.

내 생각으로 교육제도는 아이들을 위한 것이지 결코 정치인을 위한 것이 아니다.

etw. dem Erdboden gleichmachen 완전히 파괴하다

Die Armee will nach dem Mord des Präsidenten das ganze Viertel dem Erdboden gleichmachen.

군대는 대통령을 암살한 후에 전 지역을 완전히 파괴하려 한다.

auf Erden (geh.) 이승에서, 이 세상에서

Das Leben hier auf Erden besteht ebenfalls aus Angst, Leiden, Schmerz, Trauer und Tod.

이승의 삶은 공포, 병, 고통, 슬픔과 죽음이 뒤섞여서 이루어진 것이다.

jn. unter die Erde bringen (ugs.) 수명을 단축하다, 매장하다

Der ständige Ärger mit seiner Frau hatte ihn unter die Erde gebracht.

부인과의 끊임없는 마찰 때문에 그는 빨리 죽었다.

***in Erfüllung gehen** 실현되다(=erfüllt werden)

Wenn der Berufswunsch nicht in Erfüllung geht, griffen viele zur Sozialhilfe.

희망하는 직업을 구할 수 없으면, 많은 사람들은 사회복지 기금을 받으려한다.

Für russische Beatles-Fans ging ein Traum in Erfüllung.

러시아 비틀즈 팬의 꿈은 실현되었다.

sich in Erinnerung bringen 기억해 내다(=sich in die Erinnerung zurückrufen)

Sie wollte sich mit ihrem Kosenamen in Erinnerung bringen.

그 여자는 애칭으로 자기 자신을 기억시키고자 했다.

in Erscheinung treten 나타나다, 모습을 드러내다(=erscheinen)

Jetzt sind ihre wahren Absichten in Erscheinung getreten.

이제 그 여자의 진짜 의도가 드러났다.

erstunken und erlogen sein (salopp) 새빨간 거짓이다

Im Kulturteil vom 1. April waren alle Artikel und Meldungen erstunken und erlogen.

4월 1일자 문화면 모든 기사와 보도가 새빨간 거짓이었다.

***etw. in Erwägung ziehen** 숙고하다, 고려하다(=etw. erwägen)

Die Frage um den Verkauf sämtlicher elektrischer Anlagen an
Stromlieferanten wurde in Erwägung gezogen.

전체 전기시설을 전기공급자에게 매각하는 문제가 검토되었다.

Trotz aller Kritikpunkte an dem Behörde wird niemand ernsthaft in
Erwägung ziehen, das Haus am Markt abzureißen.

해당 관청에 대한 갖가지 비판에도 불구하고 아무도 시장에 있는 가옥을 철거할
것을 진지하게 고려하지 않을 것이다.

zittern wie Espenlaub (ugs.) 오들오들 떨다, 사시나무 떨듯 하다

Bei einer Ausweiskontrolle zittern die Jungs wie Espenlaub.

신분증 검사를 할 때 청년들은 벌벌 떨었다.

es ist Essig mit etw. (ugs.) 성사 안 되다, 실패하다

Mit unserem Betriebsfest ist es Essig.

우리 회사 파티는 열리지 않는다.

Wir wollten morgen mit den Tests beginnen, damit ist ja nun Essig.

우리는 내일 테스트를 시작하려 했으나 이제는 틀렸다.

das gewisse Etwas (매력이나 능력으로써) 어떤 무엇

„Nimm dich in Acht vor blonden Frauen, denn die Blondinen hätten das gewisse Etwas!"

"금발인 여성들은 어떤 무엇이 있으므로 그들을 조심해라!"

Eulen nach Athen tragen (bildungsspr.) 불필요한 일을 하다

Ihm ein Buch über Uhren schenken, hieße Eulen nach Athen tragen. Er gehört doch der Chronometrischen Gesellschaft an und besitzt die einschlägige Literatur.

시간측정 학회 회원으로 전문서적을 많이 소유한 그에게 시계에 관한 책을 선물하는 것은 불필요한 일이다.

in die Ewigkeit abberufen werden (geh.) 영면하다

Die Alte wurde gestern nach kurzer Krankheit in die Ewigkeit abberufen.

그 노파는 잠시 앓다가 어제 영면했다.

die Probe aufs Exempel machen 실제로 시험하다

„Wenn das neue Restaurant so gut sein soll, warum machen wir dann nicht einmal die Probe aufs Exempel?"

"새로 개업한 레스토랑이 매우 훌륭하다고 하니 우리 직접 한번 시식해 보자!"

F

der rote Faden 중심 테마(사상)

> Durch die Geschichten zieht sich das große Thema der Angst, vor Einsamkeit und Fremdsein als roter Faden.
>
> 그 이야기를 통해 고독과 낯설음에 대한 두려움이 큰 테마로 전개된다.

der Faden ist gerissen 흐름이 끊어지다, 능률이 갑자기 저하되다

> Mitte der zweiten Halbzeit war plötzlich der Faden gerissen und der sicher geglaubte Sieg der Heimmannschaft geriet noch einmal in Gefahr.
>
> 후반전 중반에 갑자기 흐름이 끊어져서 확실하던 홈팀의 승리는 또다시 위기에 처하게 되었다.

den Faden verlieren 맥락을 잃다

> Während des Referates verlor er leider mehrmals den Faden.
>
> 주제 발표를 하는 동안에 그는 유감스럽게도 여러 차례 맥락을 잃어버렸다.

keinen guten Faden an jm. lassen (ugs.) 철저히 깎아내리기만 하다

> Seine Frau lässt an ihrem Mann keinen guten Faden.
>
> 그 부인은 자기 남편을 형편없이 깎아 내리기만 한다.

keinen guten Faden miteinander spinnen (ugs.) 서로 잘 안 맞다, 소통이 안 된다

> Die beiden Schwestern spinnen schon lange keinen guten Faden miteinander.
>
> 두 자매는 오래 전부터 서로 잘 안 맞는다.

an einem [dünnen/seiden] Faden hängen 매우 위태롭다

Drei Tage hing sein Leben an einem dünnen Faden. Dann besserte sich sein Zustand.

그는 3일 동안은 생명이 위독했으나, 그 후 병세가 호전되었다.

die Fahne nach dem Wind drehen 그때그때 상황에 적응하다

Wenn man immer nur die Fahne nach dem Wind dreht, wird man mit der Zeit von niemandem ernst genommen.

줏대 없이 기회주의자로 처신하면, 점차 누구도 그를 진지하게 여기지 않는다.

mit fliegenden Fahne zu jm./etw. übergehen/überlaufen 갑자기 견해를 바꾸다

Als er mit seinen Ideen bei uns nicht landen konnte, ist er mit fliegenden Fahnen zum Sozialismus übergegangen.

그는 자기 이념이 우리에게 먹혀들지 않자, 갑자기 사회주의로 전향했다.

eine Fahrt ins Blaue 정처 없는 나들이

Am Wochenende wollen wir eine Fahrt ins Blaue machen.

주말에 우리는 어디론가 나들이가려고 한다.

in Fahrt sein/kommen (ugs.)

1 기분이 고조되다

Durch den Beifall kam die Sängerin richtig in Fahrt und sang eine Zugabe nach der anderen.

여가수는 박수를 받고 기분이 고조되어 연달아 앙코르 곡을 불렀다.

Die schwedische Mannschaft war toll in Fahrt und deklassierte ihren Gegner förmlich.

스웨덴 팀은 아주 활기가 넘쳐 상대팀을 월등하게 제압했다.

2 화가 치밀다

Das Fest war erst ziemlich langweilig, dann kamen wir in Fahrt.

축제는 처음부터 매우 지루하여 우리는 화가 났다.

Die Portierfrau war auch in Fahrt und schimpfte hinter ihm her.

그 여경비원은 화가 치밀어 그의 등 뒤로 욕을 해댔다.

von der anderen Fakultät sein (scherzh.) 동성연애자이다

Er scheint auch von der anderen Fakultät zu sein.

그도 동성연애자인 듯하다.

***[nicht] der Fall sein** ~ 사정이 그러하다(그렇지 않다)

Es braucht seine Zeit, vor allem dann, wenn man so viele per-
sonalen Probleme hat, wie es bei uns der Fall war.

우리의 경우처럼 인적 문제가 많으면 시간이 필요한 것이다.

Es geht darum, ob sich die Begeisterung der Sommerspiele 2012 in
den Stadtgrenzen von Leipzig hält. Sollte das der Fall sein, dürfte das
Olympische Feuer für längere Zeit erstickt sein.

2012년 올림픽경기 열광이 라이프찌히 시에 국한된 것이냐가 문제다. 만약 그렇다
면, 올림픽 성화의 불씨는 상당한 기간 동안 꺼져버릴 것이다.

Die Mannschaft hat nach Lust und Laune gespielt, wie es in den
letzten Monaten nicht der Fall war.

지난 몇 개월과는 달리 그 팀은 자기 뜻대로 경기를 했다.

für den Fall, dass ~ ; im Fall, dass ~ ~할 경우에

Im Fall, dass sie nicht überlebt, müssen wir dann die Kinder aufnehmen.

그 여자가 생명을 부지하지 못하면, 우리가 그 아이들을 입양해야 한다.

***auf jeden Fall** 절대로, 어떤 일이 있어도(=jedenfalls), 어쨌든

„Ich bin auf jeden Fall gegen eine Verteuerung", sagte er gegenüber
unserer Zeitung.

"나는 인상을 절대 반대 한다"라고 그는 우리 신문에 말했다.

Auf jeden Fall kann man heute von staatlichen Kontrolle unbehelligt
in die Urwaldgebiete fahren.

어쨌든 사람들은 오늘날 국가의 통제도 받지 않고 원시림 지역에 들어 갈 수 있다.

Er soll auf jeden Fall die Klappe halten, niemandem aufmachen, den
er nicht kennt.

그는 모르는 사람에게는 어떤 경우에도 말하지 않을 것이며 입을 열지 않을 것이

라 한다.

***auf alle Fälle** 반드시, 만일에 대비하여

Ich komme auf alle Fälle zu deinem 50. Geburtstag.
나는 너의 50세 생일에 꼭 참석하겠다.

Wir nehmen auf alle Fälle einen Schirm mit.
만일에 대비해서 우리는 우산을 가져간다.

***auf keinen Fall** 결코 ～ 아니다(=keinesfalls)

Du darfst auf keinen Fall den Termin verpassen.
어떤 경우에도 날짜를 놓쳐서는 안 된다.

***von Fall zu Fall** 경우에 따라, 그때그때 봐서

Alle Gemeinden zahlen kirchlich getragenen Kindergärten einen Zuschuss, der sich von Fall zu Fall definiert.
모든 지방자치 단체는 교회가 운영하는 유치원에 사안에 따라 정해진 보조금을 지원한다.

Die Lehrer haben eine Palette von Sanktionsmöglichkeiten, von der Ermahnung bis zur Sechs. Eine Automatismus, nach dem die ganze Prüfung ungültig wird, gebe es nicht. Der Lehrer kann von Fall zu Fall entscheiden.
교사는 경고에서부터 최하 점수까지 다양한 제제방법이 있다. 시험 전체가 자동적으로 무효가 되지는 않는다. 교사가 그때그때 결정할 수 있다.

js. Fall sein 마음에 들다, 좋아하다

Er ist nicht gerade mein Fall.
그 사람은 마침 내 맘에 들지 않는다.

Schokoladepudding mit Sahne ist ganz mein Fall.
생크림을 얹은 초콜릿 푸딩을 나는 아주 좋아 한다.

klarer Fall! (ugs.) 당연지사!

„Jetzt müssen wir eingreifen und ihm helfen, klarer Fall!"
"이제 우리가 참여해서 그를 도와야만 한다, 당연지사다!"

in die Falle gehen 속다, 함정에 빠지다

Ich hatte nicht gedacht, dass er so naiv ist und in die Falle geht.
그가 그렇게 순진하게 속으리라고 생각하지 못했다.

sich in die Falle legen/hauen 자러가다

Ich lege mich jetzt in die Falle. Morgen muss ich früh aufstehen.
나는 내일 일찍 일어나야 하기 때문에 지금 자러간다.

zu Fall kommen

1 (geh.) 넘어지다

Sie ist im Dunkeln zu Fall gekommen.
그는 어두운 곳에서 넘어졌다.

2 (권좌에서) 물러나다

Der Minister ist durch diesen Skandal zu Fall gekommen.
장관은 스캔들 때문에 물러났다.

3 좌절되다

Die Vorlage der Koalition ist zu Fall gekommen.
연립정부 구상은 수포로 돌아갔다.

jn./etw. zu Fall bringen

1 권좌에서 쫓아내다

Durch das Attentat wurde der verhasste Diktator endlich zu Fall
gebracht.
가증스런 독재자는 마침내 암살로 권좌에서 쫓겨났다.

2 무효화하다, 무산시키다

Das Verfassungsgericht kann ein Gesetz zu Fall bringen.
헌법재판소는 법률을 무효화 할 수 있다.

Mit vereinten Kräften ist es den Bürgerinitiativen gelungen, die Pläne
für ein weiteres Atomkraftwerk zu Fall zu bringen.
시민단체는 단결된 힘으로 추가적인 원자력 발전소 계획을 무산시킬 수 있었다.

3 (여자를) 유혹하다

Dieser junge Casanova hat schon so manches Mädchen zu Fall gebracht.

이 젊은 바람둥이는 이미 수많은 아가씨를 유혹했다.

etw. kommt in den besten Familien vor (R.) 누구나 겪는 다반사다

Gewalt kommt in den besten Familien vor, was die letzten beide
Jahre gezeigt haben.

폭력은 다반사로 일어난다는 것을 지난 2년이 잘 보여주고 있다.

die Farbe wechseln

1 안색이 창백하다, 붉어지다

Sie wechselte die Farbe, als das Telegramm kam.

전보가 오자 그 여자는 안색이 바꼈다.

2 (정치적) 노선을 바꾸다

Der Politiker ist sehr unzuverlässig, er wechselt die Farbe wie seine
Kleider.

정치인 자신의 소신을 옷 갈아입듯 바꾸기 때문에 신뢰할 수 없다.

Farbe bekennen (ugs.) 소신을 표명하다

Die Bauern forderten die Regierung auf, in der Agrapolitik endlich
Farbe zu bekennen.

농부들은 농업정책의 소신을 밝히라고 정부에 요구했다.

Farbe bekommen (ugs.)

1 건강하게 보이다, (태양 빛에) 몸이 타다

Nach dieser Krankheit ist er richtig bleich gewesen, aber mittlerweile
hat er endlich wieder etwas Farbe bekommen.

발병 후에 그는 아주 창백했는데 이제는 다시 어느 정도 회복되어 건강하게 보였다.

2 부각되다

Diese Figur hat erst im dritten Akt etwas Farbe bekommen! Erst
danach konnte ich die Motive ihrer Handlungen verstehen.

이 등장 인물은 제3막에서 비로소 약간 부각되어, 나는 그때부터서야 그의 행동
모티브를 이해할 수 있었다.

das schlägt dem Fass den Boden aus (R.) 해도 너무한다, 이제 그만해라

ein Fass ohne Boden [sein] 밑 빠진 독(이다)

„Sei vorsichtig, wenn du ihnen so viel Geld gibst, wird das ein Fass ohne Boden.“

"그들에게 그 많은 돈을 주는 것은 밑 빠진 독에 물 붓기가 되는 격이니 조심해라!"

ein Fass aufmachen

■ (ugs.) 파티를 열다

Als er volljährig wurde, machten seine Eltern ein Fass auf.
그가 성년이 되자 그의 부모님은 파티를 열어 주었다.

② 시끄럽게 하다

Es ist nicht meine Art, wegen Kleinigkeiten ein Fass aufzumachen.
나는 사소한 일로 소란을 일으키는 기질이 아니다.

passen wie die Faust aufs Auge (ugs.)

■ 전혀 어울리지 않다

Das karierte Halstuch zu der gepunkteten Jacke – das passt wie die Faust aufs Auge.
물방울무늬 재킷과 체크무늬 스카프는 전혀 어울리지 않는다.

② 상충되다, 정 반대다

Dieses Gerichtsurteil passt zur momentanen Stimmung in der Bevölkerung wie die Faust aufs Auge.
이번 법원의 판결은 지금의 국민정서와는 상충된다.

*auf eigene Faust (ugs.) 자력으로

Diesen wichtigen Entschluss hat er ganz auf eigene Faust gefasst.
그는 완전히 독자적으로 이 중요한 결정을 내렸다.

mit der Faust auf den Tisch hauen/schlagen (ugs.) 강력히 주장하다

Wenn der Architekt nicht bald einmal mit der Faust auf den Tisch schlägt, ist der Bau auch im Herbst noch nicht fertig.

건축사가 곧 강력하게 한번 밀어붙이지 않으면, 공사는 가을에도 완공되지 않는다.

sich³ ins Fäustchen lachen (ugs.) 〈1, 2인칭 단수는 사용 안 함〉 내심 고소해 하다

Weil er sich anfangs geweigert hat, muss er jetzt alles allein machen und wir können uns ins Fäustchen lachen.

애당초 거절한 그는 이제 모든 것을 혼자 해야 하니 우리는 내심 쾌재를 부르게 되었다.

Der Koch lachte sich ins Fäustchen, als er erfuhr, dass die ganzen Mannschaft Durchfall hatte.

팀 전체가 설사를 한 것을 알고 요리사는 고소해했다.

Federn/Harre lassen [müssen] (ugs.) 손해를 보다, 불이익을 받다

Ich habe einige Federn lassen müssen, aber schließlich habe ich es doch geschafft.

나는 몇 가지 손해를 보기는 했으나 결국 그 일을 해냈다.

sich mit fremden Federn schmücken 남의 공로를 가로채다

Du solltest aber dazu sagen, dass du das nicht allein gemacht hast, sonst schmückst du dich mit fremden Federn.

너는 그것을 자력으로 한 것이 아니라고 당연히 밝히지 않으면 남의 공적을 가로채는 것이다.

Die neue Mitarberterin schmückt sich gerne mal mit fremden Federn.

신입 여성 동료는 곧잘 남의 업적을 가로채곤 한다.

nicht viel Federlesen[s] [mit jm./etw.] machen 주저하지 않고 처리하다

Wir haben nicht viel Federlesens mit ihm gemacht, sondern ihn fristlos entlassen.

우리는 그를 가차 없이 무기한 해고했다.

zur Feier des Tages (scherzh.) 기념하기 위해

Zur Feier des Tages brachte er ihr Blumen mit.

기념으로 그는 그 여자에게 꽃을 선물했다.

fein [he]raus sein (ugs.) (역경을 극복하여 이제는) 행복하다, 유리한 입장이다

Wenn er die Stellung als Dozent bekommt, ist er fein heraus.
그가 전임강사 자리를 얻게 되면 흡족해 할 것이다.

Wer damals in dieser Branche investiert hat, ist heute fein raus.
당시 이 업종에 투자한 사람은 지금 매우 만족해한다.

ein weites Feld sein 난해한 분야이다, 광범한 테마이다

Das Thema Staatssicherheit ist ein weites Feld.
국가안보 테마는 논란이 많은 분야이다.

jn. aus dem Feld schlagen (geh.) 몰아내다, 격퇴하다

Es gelang ihr nicht, ihre Rivalin aus dem Feld zu schlagen.
그 여자는 경쟁자를 물리치지 못했다.

etw. [gegen etw.] ins Feld führen (geh.) 주장하다, 문제를 제기하다

Der Staatsanwalt führte ins Feld, dass der Zeuge vorbestraft sei.
검사는 그 증인이 전과자라는 문제를 제기했다.

Er führte gegen den Volksentscheid drei wesentliche Gründe ins Feld.
그는 국민투표에 반대하는 세 가지의 근본적 이유를 열거했다.

gegen jn./etw. zu Felde ziehen 투쟁하다

Die Spieler sind damals alle gegen den Trainer zu Felde gezogen.
모든 선수들은 그 당시 감독에 대항해서 투쟁했다.

jm./jn. juckt das Fell (salopp) 맞고 싶어 근질근질하다

„Was soll diese freche Bemerkung? Dir juckt wohl wieder einmal das Fell?"
"무슨 그런 버릇없는 소리를 하느냐? 너 또 맞고 싶어 몸이 근질근질하냐?"

„Hört bloß mit diesem Unfug auf, euch juckt wohl wieder einmal das Fell?"
"제발 이 몹쓸 짓 좀 그만해라, 너희들 또 맞고 싶으냐?"

ein dickes Fell haben (ugs.) 진득이 참다, 둔감하다

Man muss ein dickes Fell haben, wenn man in dieser Branche vorankommen will.

이 분야에서 성공하려면 성격이 진득해야 한다.

jm. das Fell über die Ohren ziehen (salopp) 사기 치다, 착취하다

Die Händler am Straßenrand ziehen den Touristen ganz schön das Fell über die Ohren.

노점상들은 관광객들에게 바가지를 곧잘 씌운다.

weg vom Fenster sein (ugs.) 주목을 받지 못하다, 잊혀지다

Wenn der Europameister diesen zweitklassigen Mann nicht besiegt, ist er weg vom Fenster.

유럽 챔피언이 이 제2류 선수를 이기지 못하면 주목을 받지 못한다.

jm. auf den Fersen sein/bleiben 뒤쫓다

„Keine Angst, ich bin ihm auf den Fersen und diesmal entkommt er mir nicht."

"겁내지 말아라. 내가 그를 곧 추적하면 이번에는 빠져나갈 수 없을 것이다."

Fersengeld geben (scherzh.) 줄행랑을 놓다, 도망치다

Als die Schüler ihren Lehrer sahen, gaben sie Fersengeld.

선생을 보자 학생들이 줄행랑을 놓았다.

fertig sein (ugs.)

1 녹초가 되다

Nach einer halben Stunde Waldlauf bin ich jedesmal völlig fertig.

크로스컨트리 경기에서 30분이 지나면 나는 매번 완전히 녹초가 된다.

2 놀라다

„Du hast den Schulpokal gewonnen? Jetzt bin ich aber fertig! Das hätte ich nie zugetraut."

"네가 교내에서 우승을 했다고? 정말 놀랍다! 도저히 믿어지지가 않는다."

mit jm. fertig sein (ugs.) 끝장나다

Mit ihm bin ich fertig, ich würde ihn nie wiedersehen.
그와 나는 끝장나서 다시는 보지 않을 것이다.

mit jm./etw. fertig werden (ugs.) 마음대로 하다

Leider werden viele Eltern mit ihren heranwachsenden Kindern nicht fertig.
유감스럽게도 많은 부모들이 성장하는 자녀들을 마음대로 하지 못한다.

***mit etw. nicht fertig werden** (ugs.) 잊지 못하다, 여전히 생각하다

Sie wurden mit dem Unfalltod ihres Kindes nie fertig.
그들은 사고로 죽은 자식을 결코 잊지 못했다.

das Fett/den Rahm abschöpfen (ugs.) 최상을 차지하다, 최대의 이득을 확보하다

Bei den alpinen Wettbewerben hat Österreich wieder einmal das Fett abgeschöpft.
알파인 스키 대회에서 오스트리아는 또다시 정상을 차지했다.

Bei der Steuerreform hatten die Großunternehmen den Rahm abgeschöpft.
세제개혁에서 대기업들이 가장 큰 득을 보았다.

sein Fett [weg]haben (ugs.) 마땅한 벌을 받다

Ständig hat er seine Leute schikaniert, nun hat er auch sein Fett weg.
그는 부하들을 끊임없이 괴롭히더니 이제 그 대가를 치른다.

bei jm. ins Fettnäpfchen treten (scherzh.) 말 실수하다, 심통을 건드리다

„Mit deiner Bemerkung, München sei keine schöne Stadt, bist du bei ihm sehr ins Fettnäpfchen getreten. Er kommt nähmlich aus München."
"뮌헨은 아름다운 도시가 아니라는 너의 말은 그에게 상처를 주었다. 그의 고향이 바로 뮌헨이기 때문이다."

Feuer und Flamme sein (ugs.) 쉽게 열광하다, 열이 활활 달아오르다

Als die Chefin von dem Plan hörte, war sie gleich Feuer und Flamme, aber dann kühlte ihre Begeisterung genau so schnell ab.

여사장은 그 계획을 듣자 곧 열광했으나 그 열기는 그만큼 빨리 식어 버렸다.

Feuer fangen

1 화염에 휩싸이다

Man hatte eine Kerze ans Fenster gestellt und die Gardinen hatten Feuer gefangen.

촛불을 창틀에 놓아서 커튼에 불이 붙었다.

2 열광하다

Bei dem neuen Tenniskurs in unserer Schule hatten anfangs viele Schüler Feuer gefangen.

우리 학교의 새로운 테니스 코스에 처음에는 많은 학생이 열광했다.

3 사랑에 빠지다

Seit langem hat er bei der rothaarigen Studentin Feuer gefangen.

오래 전부터 그는 그 빨간 머리를 한 여대생에게 사랑에 빠졌다.

***mit dem Feuer spielen** 불장난하다, 경솔하여 위험을 초래하다

„Sei vorsichtig, spiele nicht mit dem Feuer, wenn du ihn wieder siehst!"

"조심해, 그를 다시 보면 경솔하게 행동하지 마라!"

Der Regierungschef warnte die Mitglieder der IRA(=Irisch-Republikanische Armee), nicht mit dem Feuer zu spielen.

수상은 아일랜드 공화 독립군 회원들에게 불장난 하지말라고 경고했다.

eine gute/schlechte/klägliche Figur machen/abgeben 좋은(나쁜, 비참한) 인상을 주다

An diesem Abend machte er wirklich eine gute Figur.

그는 이날 저녁에 정말로 좋은 인상을 심어 주었다.

bei jm. ist der Film gerissen (ugs.) 기억을 상실하다, 필름이 끊기다

Ich kann mich noch erinnern, wie ich die Tür geöffnet habe. Dann ist bei mir der Film ausgerissen.

나는 문을 연 것은 기억할 수 있으나 그 후로는 필름이 끊겼다.

das/es wird sich schon alles finden! 밝혀질(정리될) 것이다, 해결 방법이 있을 것이다

> Das wird sich finden, wie das Öl in das Grundwasser gelangen konnte.
> 어떻게 기름이 지하수에 스며들었는지 밝혀질 것이다.

> „Nun lass dir mal keine grauen Haare wachsen, es wird sich alles finden!"
> "해결책이 있을 터이니, 너는 걱정할 필요 없다!"

keinen Finger krumm machen (ugs.) 손가락도 하나도 까딱하지 않다

> Sie treibt uns immer zur Arbeit an, aber sie selbst macht keinen Finger krumm.
> 그 여자는 항상 일하라고 우리를 채근하면서 자신은 손가락도 까딱하지 않는다.

klebrige Finger/Hände haben (ugs.) 도벽이 있다

> Im Gästetrakt musste jemand klebrige Finger haben. Immer wieder verschwanden kleinere Geldbeträge.
> 계속해서 푼돈이 없어지는 것을 보면 손님용 숙소에 누군가 도벽이 있는 사람이 있는 것이 틀림없다.

lange/krumme Finger machen (ugs.) 손버릇이 나쁘다

> Ich hörte, dass sie auf dem neuen Arbeitsplatz wieder lange Finger gemacht hat.
> 새 직장에서도 그 여자의 손버릇이 나쁘다고 들었다.

sich die Finger schmutzig machen (usg.)

1 지저분한 일을 하다

> Wenn du erst dein Studium hinter dir hast, brauchst du nicht, dir die Finger schmutzig zu machen.
> 네가 대학을 마치면 지저분한 일을 하지 않아도 된다.

2 범죄를 저지르다

> Der Boss ließ einen Killer anheuern. Da brauchen wir uns nicht selbst die Finger schmutzig zu machen.
> 두목이 살인 청부업자를 고용하였기 때문에 우리가 범법행위를 하지 않아도 된다.

sich³ die Finger verbrennen (ugs.) 손실(타격)을 입다

So schnell spekuliere ich nicht, da kann ich mir ordentlich die Finger verbrennen.

그렇게 성급하게 투기하고 싶지 않다. 그러다가는 손해 보기 십상이다.

Eine an alle CDU-Abgeordneten geschickte Geheimliste ist mehr als 2 Monate lang geheim geblieben, kein Parlamentarier wolle sich damit die Finger verbrennen.

모든 기민당 국회의원에게 보낸 비밀 리스트가 2개월이 넘도록 알려지지 않은 것은 그 어느 의원도 타격을 입지 않으려는 의도에서 비롯된 것이다.

sich³ die/alle zehn Finger nach jm./etw. lecken (ugs.) 군침을 흘리다, 몹시 갖고 싶어 하다

Das ist ja eine Frau, nach ihr könnte man sich alle zehn Finger lecken!

그 여자는 모두가 선망하는 타입이다.

***die Finger von etw. lassen/davonlassen** (ugs.) 상관하지 않다

„Lass die Finger davon, das bringt dir nichts ein!"

"너에게 아무 도움이 되지 않으니 거기에서 손을 떼라!"

sich³ etw. an den [zehn/fünf] Fingern abzählen können (ugs.) 빤한 일이다

Das hättest du dir doch an den fünf Fingern abzählen können, dass er nicht kommen würde.

그가 오지 않을 것은 불을 보듯 빤한 일이다.

jm. auf die Finger sehen/gucken/schauen (ugs.) 일일이 감시하다, 통제하다

Diese Leute drängen sich ständig vor, und immer musst du ihnen auf die Finger schauen.

이 사람들은 항시 잘난 체하니, 너는 언제나 그들을 잘 통제해야 한다.

Ich lasse mir nicht gern auf die Finger gucken.

나를 감시하도록 내버려두지 않겠다.

[jm.] durch die Finger sehen 잘못을 묵인하다

Er war auf der Baustelle recht beliebt, weil er kein Antreiber war und den Arbeitern durch die Finger sah.

그는 달달 볶지도 않고 근로자들의 잘못을 잘 봐주는 감독이기 때문에 건축 현장에서 매우 인기가 좋았다.

sich in den Finger schneiden (ugs.) 오산하다, 완전히 잘못 생각하다

Du schneidest dich in den Finger, wenn du ihre Bitte erfüllst.

그 여자의 청을 들어주면 너는 완전히 오산하는 것이다.

jn. um den [kleinen] Finger wickeln können (ugs.) 영향을 주다, 마음대로 하다

Er ist so in seine kleine Enkelin vernarrt, dass sie ihn völlig um den Finger wickeln kann.

어린 손녀를 너무 예뻐하기 때문에 그 아이가 그를 좌지우지한다.

im Finstern tappen 오리무중이다

In dieser Sache tappt die Polizei noch völlig im Finstern.

이 일에 대해서 경찰은 아직 오리무중이다.

ein kalter Fisch (ugs.) 냉담한 사람

Eine andere Stimme meint, der neue russische Präsident sei ein kalter Fisch, aber schwer zu durchschauen.

또 다른 편 이야기로는 러시아 새 대통령은 냉정하면서도 꿰뚫어 보기 힘들다고 한다.

ein dicker/großer Fisch (ugs. scherzh.) 거물급 범인(인사)

Ein dicker Fisch ist der Heidelberger Polizei ins Netz gegangen.

하이델베르크 경찰에 거물급 범죄자가 붙잡혔다.

kleine Fische (ugs.) 시시한 일, 하찮은 일

Das erledige ich gern für dich, das sind doch kleine Fische.

너를 위해 내가 그 일을 기꺼이 해결하겠다. 그것은 하찮은 일이다.

Das Geschäft reizte ihn nicht. 5,000 Euro, das waren kleine Fische für ihn.

그 거래는 그에게 매력이 없었다. 5,000유로는 그에게 별것이 아니다.

weder Fisch noch Fleisch sein (ugs.) 죽도 밥도 아니다, 어중간하다

Ich mag diese ewigen Kompromisse nicht, sie sind meistens weder Fisch noch Fleisch.

나는 이 무한정한 타협이 대부분 죽도 밥도 아니기 때문에 싫다.

fit wie ein Turnschuh (몸이) 매우 가뿐한, 컨디션이 좋은, 정정한

Hier war ich Student und fit wie ein Turnschuh.

내가 여기 있던 때는 대학생이었고 몸도 가뿐했었다.

„Ich bin fit wie ein Turnschuh und kenne mich mit Krankheiten nur wenig aus", sagt die 74-jährige Frau.

"몸 컨디션이 아주 좋아서 병이라는 건 모르고 살아"라고 74세의 노파가 말했다.

Sie werden die „jungen Alten" genannt : zwar im Ruhestand(=i.R.), aber immer noch fit wie ein Turnschuh.

은퇴했어도 신체적으로 여전히 정정한 그들을 사람들은 "젊은 노인"이라고 부른다.

*fix und fertig (ugs.)

1 완전히 끝난, 준비가 된

Die Arbeit ist fix und fertig.

일은 완전히 끝났다.

Als ich sie abholte, war sie fix und fertig angezogen.

내가 여자를 데려 올 때 그 여자는 옷단장이 끝나 있었다.

2 완전히 지친

Nach dem Umzug war sie fix und fertig.

이사가 끝나자 그 여자는 녹초가 되었다.

3 망가지다, 파멸하다

Firma ist pleite, und er ist fix und fertig.

회사가 도산하자 그는 파멸했다.

fix und foxi 완전히 지친

>Nach dem Konzert war er fix und foxi.
>연주회를 마치자 그는 지쳐서 나자빠졌다.

nicht vom Fleck kommen 진척이 없다

>Ich bin mit meiner Arbeit nicht vom Fleck gekommen.
>내 일은 진척이 안 되었다.

sein eigen[es] Fleisch und Blut (geh.) 자기 피붙이

>Ich werde ihr immer helfen, sie ist schließlich mein eigen Fleisch und Blut.
>그 여자는 나의 피붙이이기 때문에 나는 그녀를 항상 돕겠다.

jm. in Fleisch und Blut übergehen 몸에 배다, 습관이 되다

>Ihr war es in Fleisch und Blut übergegangen, jeden Morgen um 6 Uhr aufzustehen.
>매일 아침 6시에 기상하는 것이 그 여자의 습관이 되었다.

sich ins eigene Fleisch schneiden 손해를 자초하다

>Mit dieser Entscheidung hast du dir ins eigene Fleisch geschnitten.
>이 결정으로 너는 손해를 자초했다.

vom Fleisch fallen (ugs.) 여위다, 살이 빠지다

>Damals fiel sie aus Kummer vom Fleisch.
>당시 그 여자는 근심 때문에 체중이 빠졌다.

eine/die Fliege/Mücke machen (ugs.) 도망하다, 사라지다

>Als sie die Schritte hörten, machten die beiden eine Fliege.
>발걸음 소리가 들리자 두 사람은 도망을 쳤다.
>„Wir sollten die Mücke machen, da drüben kommt der Pfarrer."
>"저 쪽에 목사님이 오니 우리는 사라져야 한다."

zwei Fliegen mit einer Klappe schlagen (ugs.) 일거양득하다

„Will man etwa zwei Fliegen mit einer Klappe schlagen?"

"말하자면 일거양득을 하고 싶어 한다고?"

keiner Fliege etwas zuleide tun können (ugs.) 선량하다, 법 없이도 살 수 있다

Vor ihm brauchst du keine Angst zu haben, er kann keiner Fliege etwas zuleide tun.

그는 법 없이도 살 수 있는 사람이니 그를 두려워할 필요 없다.

Er bestritt, der Mörder zu sein, und beteuerte immer wieder, dass er keiner Fliege etwas zuleide tun könne.

그는 살인범임을 부인하고 결백함을 한결같이 주장했다.

die Flinte ins Korn werfen (ugs.) 용기를 잃다, 포기하다

„Versuche es noch einmal, wirf nicht immer gleich die Flinte ins Korn!"

"쉽게 포기하지 말고 다시 한번 시도해 봐라!"

jm. einen Floh ins Ohr setzen (ugs.) 헛된 소망을 갖게 하다

Die Werbung setzt vielen Kindern einen Floh ins Ohr.

광고는 많은 어린이에게 헛된 기대감을 심어 주었다.

die Flöhe husten/niesen hören (spött.) 눈치가 빠르다, 모르는 것 없이 다 알다

„Frage doch mal deinen Schwager, der hört doch immer die Flöhe husten!"

"네 처남은 항상 모르는 것이 없는 사람이니까 그에게 물어 보아라!"

jm. [die] Flötentöne beibringen (ugs.) 엄하게 꾸짖다

Wenn er das noch einmal macht, werde ich ihm schon die Flötentöne beibringen.

그가 다시 한번 그런 짓을 한다면 내가 따끔하게 타이르겠다.

die Flucht ergreifen 도망가다(=fliehen)

Vor dem Hund ergriff der Dieb die Flucht.

도둑은 개가 겁이나 도망갔다.

jm. die Flügel beschneiden/stutzen 자유를 억압하다, 기를 꺾다

Wollte man den Kindern alles verbieten, dann würde man ihnen nur die Flügel beschneiden.

아이들에게 모든 것을 금지시키면 그들의 기를 꺾을 수도 있다.

allein auf weiter Flur sein/stehen 완전히 혼자다, 외롭다

Sie stand mit ihrer Meinung allein auf weiter Flur.

그녀의 의견에 동의하는 사람은 아무도 없었다.

jn. auf die Folter spannen [mit etw.] 호기심으로 긴장시키다

„Nun sag doch endlich, ob es ein Mädchen oder ein Junge ist, und spann mich doch nicht länger auf die Folter!"

"더 애타게 하지 말고, 아이가 사내인지 여자아이인지 제발 말 좀 해라!"

in Form sein

1 컨디션이 좋다

Bei dem Fußballspiel gegen Italien die koreanische Mannschaft gut in Form.

이탈리아와의 축구 경기에서 한국팀은 컨디션이 좋았다.

2 기분이 좋다

Gestern Abend war er wieder groß in Form. Er hat einen Witz nach dem anderen erzählt und die ganze Gesellschaft unterhalten.

그는 어젯밤 다시 기분이 좋아서 몇 차례 유머를 하여 모든 사람들을 기쁘게 했다.

***in aller Form** 공식적으로, 정식으로

Der Regierungssprecher distanzierte sich in aller Form von diesen Äußerungen.

그 정부 대변인은 이 발언을 공식적으로 부인했다.

***außer Frage sein/stehen** 확실하다, 의문의 여지가 없다

Die Ratifizierung des Vertrages von WTO ist außer Frage.

세계무역기구 조약의 비준은 의문의 여지가 없다.

***[nicht] in Frage kommen** 고려한다(안한다), 가망이 있다(없다)

> Von den Bewerbern kommen nur zwei in Frage.
> 지원자들 가운데 두 명만이 고려 대상이다.
>
> Für diese Stelle kommen nur Bewerber mit Englischkenntnissen in Frage.
> 이 자리에는 영어 실력을 갖춘 지원자만을 고려한다.
>
> Das kommt gar nicht in Frage.
> 그것은 가망성이 전혀 없다.

***jn./etw. in Frage stellen** 의문시하다

> Er hat das ganze Projekt in Frage gestellt.
> 그는 전체 프로젝트를 회의적으로 보았다.

***etw. in Frage stellen** 〈Sub. : Fragestellung〉

1 불확실(불분명)하게 하다

> Wegen seiner Erkrankung ist die ganze Aufführung in Frage gestellt.
> 그의 발병으로 전체 공연이 불확실하게 되었다.

2 의심하다

> Islamisten stellen die Grundwerte der bürgerlichen Demokratie in Frage.
> 이슬람주의자들은 주민 민주주의의 기본 가치를 의문시한다.
>
> Die Anerkennung ihrer Leistungen wird keinesfalls in Frage gestellt.
> 그 여자의 업적에 대한 인정은 결코 의심할 여지가 없다.

***ohne Frage** 의심할 여지없이

> Ihre Leistungen sind ohne Frage weit über dem Durchschnitt.
> 그 여자가 거둔 성과는 의심할 여지없이 평균치를 훨씬 능가하는 수준이다.

frank und frei 솔직하게

> Du kannst ruhig frank und frei sagen, was du denkst.
> 생각하는 바를 솔직하게 한번 말해 보아라.

die Fresse halten (salopp) 〈명령문〉 아가리 닥치다

„Halt bloß die Fresse!", schrie er mich an.

"아가리 닥쳐!"라고 그는 내게 소리쳤다.

die große Fresse haben ; die Fresse weit aufreißen (salopp) 잘난 체하다,
건방지다

Er hat zwar die große Fresse, aber er ist sonst ein ganz netter Kerl.

그는 허풍이 심하지만 그 외에는 매우 괜찮은 사람이다.

jn./etw. gefressen haben (ugs.) 참지 못하다

Gut, dass er jetzt aufhört, den habe ich schon lange gefressen.

나는 벌써부터 참을 수 없었는데, 그가 지금 중지하니 다행이다.

in Freud und Leid (geh.) 기쁠 때나 슬플 때나

Sie hielten in Freud und Leid treu zusammen.

그들은 기쁠 때나 슬플 때나 신의를 지켰다.

Freund Hein (verhüll.) 죽음

Freund Hein kommt oft ganz unerwartet.

죽음은 흔히 전혀 예기치 못하게 찾아온다.

kein Freund von etw. sein 좋아하지 않다

„Ich bin zwar kein Freund von großen Worten, aber ich möchte mich
sehr herzlich bei dir bedanken."

"나는 과장하기를 좋아하지 않지만 너에게 정말 감사한다."

dem Frieden nicht trauen (다툰 뒤에) 안심이 안 되다

Sie ist in letzter Zeit so auffallend freundlich, ich traue dem Frieden
nicht so recht.

그 여자는 최근에 유달리 친절하지만 나는 마음이 놓이지 않는다.

jn. [mit etw.] in Frieden lassen 내버려두다, 괴롭히지 않다

„Tu mir einen Gefallen und lass mich mit deinen großartigen Ideen in

Frieden.“

“제발 부탁인데 그 빼어난 아이디어때문에 나를 괴롭히지 마라!”

Front gegen jn./etw. machen 대항하다

Gegen die neuen Bestimmungen müssen wir gemeinsamen Front machen.

새로운 규정에 대항하여 우리는 공동전선을 펴야 한다.

sei kein Frosch! (ugs.) 얌전빼지마!

„Komm, sei kein Frosch, heute Abend wird es sicher unterhaltend.“

“자, 빼지 마! 오늘 저녁은 틀림없이 재미있을 거야.”

einen Frosch im Hals/in der Kehle haben (ugs.) 목이 잠기다

Ich kann nicht mitsingen, ich habe einen Frosch im Hals.

목이 잠겨 나는 함께 노래할 수가 없다.

früher oder später 언젠가. 조만간

Früher oder später müssen wir alle einmal sterben.

언젠가 우리 모두는 죽기 마련이다.

ein schlauer Fuchs sein (ugs.) 매우 교활한

Hans ist ein schlauer Fuchs. Er findet sicher noch einen Möglickeit, an Karten für dieses Konzert zu gelangen.

한스는 아주 교활하기 때문에 이 연주회 표를 구할 수 있는 방법을 알아낼 것이다.

wo sich die Füchse/Hase und Fuchs gute Nacht sagen (scherzh.) 무주공처

Zur Strafe wurde er an einen Ort versetzt, wo sich die Füchse gute Nacht sagen.

그는 형벌을 받아 아주 외떨어진 곳으로 유배되었다.

mit Fug [und Recht] 정정당당히, 당연히, 응당

Die Arbeitnehmer behaupten mit Fug und Recht, die Aufforderungen von IMF seien schwer anzunehmen.

노동자들은 국제통화기금의 요구는 수용하기 어렵다고 정정당당하게 주장한다.

fünf[e] gerade/eine gerade Zahl sein lassen (ugs.) 대충대충 하다

> Die Farbe deckt an einigen Stellen nicht, aber wir werden mal fünf
> eine gerade Zahl sein lassen.
> 몇 군데 채색이 안 되지만 우리는 작업을 아주 꼼꼼히 하지 않는다.

etw. so tun, dass die Funken fliegen/sprühen/stieben (ugs.) 불꽃 튀게
(열성적으로) ~하다

> Die Arbeiter in dieser Fabrik arbeiteten, dass die Funken flogen.
> 이 공장의 노동자들은 열성적으로 일했다.

Furore machen 이목을 끌다

> Inzwischen macht der Kung-Fu-Komiker Jackie Chan auch in Ho-
> llywood Furore.
> 그 사이에 쿵푸 희극배우 재키 장이 할리우드에서도 선풍을 일으키고 있다.

Fuß fassen 기틀을 잡다, 기반을 얻다

> Ich mag den Verein. Er hat mir die Chance gegeben, in Europa Fuß zu
> fassen.
> 나는 유럽에서 기틀을 잡을 기회를 제공한 그 협회를 좋아한다.

> In den letzten Jahren konnten aber auch zunehmend kleinere und
> mittlere Betriebe auf dem südkoreanischen Markt Fuß fassen.
> 지난 몇 년간 점차 많은 중소기업들도 한국 시장에 기틀을 잡을 수 있었다.

> Der Nahe Osten ist das einzige Gebiet auf der ganzen Welt, in dem
> die Demokratie noch nicht Fuß gefasst hat.
> 중동은 전 세계에서 민주주의가 아직 자리를 잡지 못한 유일한 지역이다.

sich³ die Füße vertreten (ugs.) 발을 움직이다

> Eltern vertreten sich die Füße, zwei Hunde spielen miteinander, auf
> dem Platz laufen sich die Jungs warm.
> 부모는 발을 움직이고, 개 두 마리가 장난하고 구장에는 아이들이 워밍업을 한다.

stehenden Fußes (geh.) 즉각, 선걸음에

> Alle Bäume waren entwurzelt worden und hatten sich stehenden

Fußes auf den Weg in die Wälder gemacht.

나무는 모두 뽑혀서 그 자리에서 즉각 숲으로 운반되었다.

jm. auf den Fuß/die Füße treten (ugs.) 훈계하다, 마음의 상처를 주다, 독촉하다

Den Faschisten ist immer und überall auf den Fuß zu treten.

나치주의자들은 시와 장소를 불문하고 훈계를 받아야 한다.

Der Coach war zehn Minuten vor Schluss den Spieler Hasan auf den Fuß getreten.

코치는 경기 종료 10분 전 하산 선수에게 본의 아니게 상처를 주었다.

Es ist dringend nötig, dem Vorstand auf die Füße zu treten.

의장을 독촉하는 것이 긴급히 필요하다.

jn. auf freien Fuß setzen 석방하다

Das Militär will darüber hinaus 200 Pallästinenser auf freien Fuß setzen.

나아가서 군부는 팔레스타인 주민 200명을 석방하려한다.

Beide wurden gegen Zahlung einer Kautionen auf freien Fuß gesetzt.

두 사람은 보석금을 내고 석방되었다.

Die Aktivisten wurden nach Zahlung einer Geldstrafe vorerst auf freien Fuß gesetzt.

열성 행동파들은 벌금형을 받고 일단 풀려났다.

auf großem Fuß leben 사치스럽게 살다

Ich kann meiner Familie ein gutes Leben bieten, aber wir leben nicht auf großem Fuß, im Gegenteil.

나는 가족에게 편안한 삶을 마련할 수는 있시만 우리가 사치스럽게 사는 것이 아니고 정반대다.

[jm./etw.] auf dem Fuß folgen 곧 이어지다, 뒤따라 일어나다

Er ist ein gestrenger Lehrmeister, der mir beigebracht hat, seine Lehren strikt zu befolgen. Ansonsten folgte die Strafe auf dem Fuß.

그는 자기의 가르침을 내가 그대로 따르라는 엄한 스승이다. 그렇지 않을 경우에는 벌이 뒤따랐다.

mit einem Fuß/Bein im Gefängnis stehen (ugs.) 감옥에 갈 일을 하다

Wenn du in diesem Zustand mit dem Auto fährst, stehst du mit einem Fuß schon im Gefängnis.

이 상태로 운전대를 잡으면 범죄행위를 하는 것이다.

jn./etw. mit Füßen treten 경시하다, 짓밟다

Solange aber die USA das Völkerrecht mit Füßen treten, wird es auch in anderen Teilen der Welt wenig Aussicht auf Erfolg haben.

미국이 국제법을 무시하는 한, 세계의 다른 지역에서 성공할 전망은 없다.

Wir leben in einer Welt, in der unsere Grundwerte mit Füßen getreten werden, in der das Völkerrecht seine Rechtkraft verliert.

국제법이 그 효력을 잃고 우리의 기본가치가 경시되는 세상에 우리는 살고 있다.

Schon am Eröffnungstag des Künstlerhauses hat man Kinder beobachtet, die Figuren mit Füßen traten.

예술인의 집 개관 날에 벌써 동상을 짓밟는 아이들이 보였다.

kalte Füße bekommen (ugs.) 계획을 포기하다

Hatte er kalte Füße bekommen, weil die Finanzierung des Space Park doch noch nicht unter Dach und Fach ist?

우주공원의 재정조달이 이루어지지 않아서 그는 계획을 포기했느냐?

gut/schlecht zu Fuß sein 잘 걸을 수 있다(없다)

Ab einem bestimmten Alter ist man nicht mehr so gut zu Fuß.

일정한 나이가 되면 사람들은 거동이 불편하다.

Viele andere Vögel können nicht fliegen – wie der Pinguin, der überdies ziemlich schlecht zu Fuß ist.

잘 걸을 수 없는 많은 새들은 펭귄처럼 날지 못한다.

in js. Fußstapfen treten 모범을 따르다

Der junge Mann trat in die Fußstapfen seines Vaters und wurde Musiker.

그 젊은이는 아버지를 본받아 음악가가 되었다.

G

***etw. in Gang bringen/setzen** 작동시키다, 돌리다

Insgesamt wurden damit private Investitionen in Höhe von 40 Millionen Euro in Gang gesetzt.

총 약 4천만 유로에 달하는 개인 투자가 성사되었다.

Die Reinigung der Hallendecke und der Leistungsanlage könnte alsbald in Gang gebracht werden.

그 실내경기장 바닥과 기구시설의 청소작업이 곧 실시될 수 있다.

Außerdem bietet sich die Möglichkeit, Verbesserungen der Lebensqualität im ländlichen Raum in Gang zu setzen.

그 밖에도 농촌지역 삶의 질을 개선시킬 가능성이 있다.

gang und gäbe 관습(관행)적인

Geld wurde einfach ausgegeben, wie in den Verwaltungen offenbar gang und gäbe, ohne sich über die Finanzierung Gedanken zu machen.

자금조달은 생각하지 않고 행정관청에서 으레 관행적으로 돈이 지출되었다.

eine Gänsehaut kriegen/bekommen (usg.)

1 얼다

An der Haltestelle habe ich so lang in der Kälte auf den Bus warten müssen, dass ich richtige Gänsehaut kriegte.

추운데 정류장에서 버스를 오래 기다리느라 내 몸이 얼어붙었다.

2 겁나다

In diesem Horrorfilm bekommt jeder eine Gänsehaut nach der anderen.

이 공포영화를 보면 누구나 연속적으로 무서움을 느낀다.

***ganz und gar** 전적으로, 완전히

> Er ist vertraut mit dem Werk und stellt eine ganz und gar romantische Leseart vor.
>
> 그는 작품에 자신이 있어 완전히 낭만적 작품 낭독 예술을 선보인다.
>
> Unter dem Punkt Verschiedenes stand dann nochmals die Fusion zur Debatte. Einige älltere Mitglieder wollten die Fusion ganz und gar nicht.
>
> 기타 사항에서 합병문제가 다시 토론되었으나 몇몇 중년 회원들은 합병을 전면적으로 원하지 않았다.
>
> Einem war jedoch ganz und gar nicht zum Feiern zu Mute.
>
> 기뻐하며 축하할 기분이 도저히 나지 않았다.

aufs Ganze gehen 결행하다

> Nie geht irgendjemand aufs Ganze, alles bleibt seltsam in der Schwebe.
>
> 어느 누구도 결행하지 않고 모든 것이 기이하게도 유동적이다.

etw.³ den Garaus machen 철퇴하다

> Eine kleine Hightech-Armee mit starker Unterstützung von Luftwaffe sollte dem Regime in Bagdad den Garaus machen.
>
> 공군의 막강한 지원을 받는 소규모 첨단기술 부대가 바그다드 정권을 철퇴해야 한다.

***zu Gast sein/haben** 초청 되다(하다)

> Von Sankt Peter in Rom ist der Organist des Papstes zu Gast.
>
> 교황의 오르간 연주자는 로마의 성 피터 성당의 초청으로 공연한다.
>
> Von 13 bis 17 Uhr läuft ein Kinderprogramm mit vielen kurzweiligen Spielen. Zu Gast sind das Puppentheater und die Wiener Sängerknaben.
>
> 오후 1시부터 5시까지 여러 가지 짧은 공연이 있는 어린이 프로그램이 진행된다. 인형극과 빈 소년합창단의 초청공연이 있다.

einen geschenkten Gaul schaut man nicht in den Mund (Spr.) 선물은 흠

을 잡는 것이 아니다

sich gebauchpinselt fühlen (scherzh.) 으쓱해하다

Einige Prominente fühlen sich sogar gebauchpinselt, wenn sie in meinem Programm vorkommen.

몇몇 유명인사는 내 프로그램에 참여하면 으쓱해한다.

jn. ins Gebet nehmen 질책하다

Kanzler nimmt Banken ins Gebet. Er setzt sich für ostdeutsche Betriebe ein.

수상은 은행을 질타하며 옛 동독 기업을 위해 전력을 기울인다.

*von etw. Gebrauch machen 이용(사용)하다

Der Club machte von seinem Recht auf Kündigung des bis zum 30. Juni 2005 datierten Vertrags Gebrauch.

그 운동 클럽은 2005년 6월 30일까지로 된 계약의 해지권한을 행사했다.

Inzwischen haben von diesem Angebot schon viele Interessenten Gebrauch gemacht.

이미 관심을 가진 많은 사람들이 그간에 이 상품공급을 이용했다.

über Gebühr 지나치게

Das geht nur, wenn viele Menschen an einen Strang ziehen und sich weit über Gebühr hinaus einsetzen.

많은 사람이 한 가지 목표를 설정하고 엄청난 힘을 기울어야만 그것은 가능하다.

eine schwere Geburt sein (ugs.) 난산이다

Es war eine schwere Geburt. Am Ende stand ein Befreiungsschlag nach dem Motto : „Lieber ein Ende mit Schrecken als ein Schrecken ohne Ende.“

결국은 "끝없는 공포보다는 차라리 공포를 동반한 끝"이라는 모토아래 석방 작전이 산고 끝에 어렵게 나왔다.

kein Gedanke [an etw.]! (ugs.) 천만의 말씀!

Kein Gedanke daran, dass die Bürgersteige wieder regelmäßig gereinigt werden könnten.

보도를 다시 정기적으로 청소할 수 있다는 것은 천만의 말씀이다.

*sich über etw. Gedanken machen 심사숙고하다

Schon Tage vor dem Fest haben sich die Kleinen im Kindergarten so ihre Gedanken über die Aufgaben der Polizei gemacht.

벌써 축제 며칠 전에 유치원 원생들은 경찰의 임무에 대하여 깊이 생각했다.

Aber es ist nicht so, dass diese Todesangst allgegenwärtig ist. Sicher macht man sich da und dort mal Gedanken.

죽음에 대한 무서움이 상존하지는 않지만 누구나 가끔씩은 생각하는 것은 틀림 없다.

auf Gedeih und Verderb (geh.) 무조건

Die rechtlosen Menschen sind doch ihren Arbeitgebern auf Gedeih und Verderb ausgeliefert.

법률의 보호를 받지 못하는 사람들은 무조건 사용자들에게 넘겨졌다.

Gefahr laufen 위험에 처하다

Unsere Gesellschaft läuft Gefahr, älteren und demenzkranken Menschen ihre Würde abzusprechen.

우리 사회는 노인들과 정신박약자들의 품위를 부인하는 위기에 처해있다.

Er selbst läuft Gefahr, ins Gefängnis zu gehen.

그는 자신조차 감옥에 갈 위험에 처해있다.

*sich³ etw. gefallen lassen (ugs.)

1 받아들이다

Zumindest hierin muss sich die Vereinsführung nun keinen Vorwurf gefallen lassen.

적어도 협회 지도부가 이제는 그 어떤 비난도 받아들여서는 안 된다.

2 마음에 들다

In dieser Stadt ist alles sehr gepflegt, die Straßen sind sauber, und Atmosphäre ist freundlich : Das lasse ich mir gefallen.

이 도시는 모든 것이 잘 가꾸어졌다. 길거리도 깨끗하고 분위기도 좋다 : 내 마음에 든다.

***sich³ etw. nicht gefallen lassen** (ugs.) (수용하지 않고) 방어하다

„Mein Chef zwickt mich gern mal in den Po. Das lasse ich mir nicht mehr gefallen. Ich kündige."

"사장이 내 궁둥이 꼬집기를 좋아 한다. 나는 이를 거부하고 사표를 낼 것이다."

jm. einen Gefallen tun 기쁨을 주다

Wollen Sie der Welt einen Gefallen tun? Dann lassen Sie sofort die Waffen ruhen.

세상을 기쁘게 하고 싶습니까? 그러면 즉각 무기를 버리시오.

Dies hat er allerdings nur getan, um seinem Landsmann einen Gefallen zu tun.

그는 동향 사람에게 기쁨을 주기 위해서 이것을 했을 뿐이다.

ins Gefechte führen (geh.) 논거로 제시하다

Zugunsten seiner Theorie führte er noch die neuesten empirischen Befunde aus Deutschland ins Gefechte.

그의 이론을 뒷받침하는 독일의 최근 실험 결과를 논거로 제기했다.

gefühlte Temperatur/Sicherheit/Alter/Inflation/체감 온도(안전도, 연령, 인플레이션)

Eisige Wind ließ die gefühlte Temperatur noch geringer erscheinen, als sie tatsächlich war.

찬바람 때문에 체감 온도는 실제보다 더 낮게 느껴졌다.

Wo ist die gefühlte Sicherheit gestört? Wo schlagen die Straftäter tatsächlich häufiger zu?

피부로 느끼는 안전도가 위협을 받는 곳과 실제 빈번한 우범지역이 어디인가?

Es zählt das gefühlte Alter, also gelebte Alter minus 10 Jahre!

몸으로 느끼는 나이, 즉 실제 나이에서 10년을 뺀 나이가 중요하다.

Durch die rasanten Anstieg der Energie‐und Lebensmittelpreise ist gefühlte Inflation höher als die tatsächliche.

에너지와 생필품 가격급등 때문에 피부로 느끼는 인플레이션은 실제의 그것보다 높다.

gehalten sein etw. zu tun (geh.) ~해야 할 의무가 있다

Bis zum Gipfel der EU-Staatschefs im griechischen Thessaloniki ist die so genannte Europäische Konvention gehalten, einen Text für eine kräftige Verfassung vorzulegen.

그리스 데살로니카에서 개최되는 유럽연합 정상회담까지는 유럽협약은 강력한 유럽 헌법안을 제출할 의무가 있다.

sich ins Gehege kommen 끼어들어 방해가 되다

Kommunikation funktioniert im Augenblick, wir haben derzeit keinen Grund, uns ins Gehege zu kommen.

상호간의 소통은 현재 잘 이루어지고 있어서 지금으로서는 우리가 끼어들 이유가 없다.

in sich gehen 성찰하다, 생각에 잠기다

Die Hunderttausenden senken die Köpfe, gehen in sich, einige machen sogar ein Kreuzzeichen.

10만 여명이 머리를 숙이고 성찰하고, 몇 사람은 십자성호를 긋는다.

***vor sich gehen** 일어나다, 발생하다, 벌어지다

Ich habe keine Ahnung, was da vor sich geht. Die machen doch sowieso immer, was sie wollen.

그들은 어차피 하고싶은 대로 하는 사람들이니, 무슨 일이 벌어지는지 나는 모른다.

Wie Aufstellen der Abfallbehälter im Einzelnen vor sich gehen soll, müssen die Hausgemeinschaften klären.

거주자 협의회는 쓰레기 컨테이너 설치에 관한 상세한 진행상황을 해명해야 한다.

sich^3/etw. Gehör verschaffen 경청하게 하다

Es gibt berechte Zweifel, ob die Ärzte überhaupt zu derart drastischen Mitteln greifen müssen, um ihrer Kritik Gehör zu schaffen.

의사들이 자기들의 비판에 주목을 끌려고 그런 노골적인 방법을 써야 하는지에 대해 당연히 의문이 생긴다.

die erste Geige spielen 주도적 역할을 하다

Er kam zwar erst als Nummer sieben auf der Bühne, soll aber im

Staatsrat die erste Geige spielen.
그는 애초에 제7인자였지만 행정부 최고기관에서 주도적 역할을 한다고들 한다.

von allen guten Geistern verlassen sein 정신이 나가다

Sein Partner schien jedoch von allen guten Geistern verlasen zu sein.
그의 파트너는 정신이 나간 듯이 보였다.

*Geld machen (usg.) 돈을 벌다

„Womit macht er eigentlich sein Geld?"
„Ach, er hat jetzt eine Teppichhandel aufgezogen und verdient sich damit so viel Geld!"
"뭘 해서 그는 돈을 버는 것이냐?"
"아, 그는 양탄자 가게를 개업하여 이제는 돈벌이를 잘 한다!"

das Geld [mit beiden/vollen Händen] auf die Straße werfen/zum Fenster hinauswerfen 낭비하다

„Du wirfst das Geld mit vollen Händen aus, das ich im Schweiße meines Angesichts verdienen muss. Das muss jetzt einmal aufhören!"
"내가 땀 흘려 번 돈을 너는 마구 쓰는 구나, 이제 그만할 때가 되었다!"

Gelegenheit macht Diebe (Spr.) 견물생심이다

die Gelegenheit beim Schopf packen 좋은 기회를 움켜잡다

Weil beide Frauen an einem Job interessiert waren, packten sie die Gelegenheit beim Schopf und stellten sich vor.
두 여성은 직장에 관심이 있어서 기회를 놓치지 않고 자기소개를 했다.

jm. das Geleit geben (공식적으로) 수행하다

Buntgeschmückt waren die Wagen, die den jeweiligen Könniginnen das Geleit gaben.
여러 여왕들을 수행하는 승용차들은 다채롭게 꾸며져 있었다.

etw. zur Geltung bringen 효과적으로 행사하다, 관철하다

Die Kinder brachten ihren Tanz mit viel Musikalität zur Geltung und bekamen dafür den verdienten Applaus.

어린이는 음악성이 풍부한 무용을 공연하여 박수를 받을만 했다.

zur Geltung kommen 효과를 발휘하다, 가치가 나타나다

Das 1957 errichtete Theater soll dann wieder optisch voll zur Geltung kommen.

1957년 세운 연극 공연장은 다시 시각적 효과를 낼 수 있다고 한다.

etw.³ gerecht werden

1 다스릴(수행할) 수 있다

Leider haben seine Leistungen in letzter Zeit so stark nachgelassen, dass er seine Aufgaben nicht mehr gerecht werden.

최근의 그의 업적이 유감스럽게도 너무 저조하여 자기 임무를 수행할 수 없다.

2 올바르게 판별(판단)하다

Mit diesen pauschalen Urteilen kann sie einer derart komplexen Angelegenheit nicht gerecht werden.

이런 일괄적인 판단으로는 그 여자는 그런 복잡한 일을 올바르게 판별할 수 없다.

in aller Gemütlichkeit/Seelenruhe 느긋하게

Wer nun auch die letzten Weihnachtsgeschenke an einem der Stände eingekauft hatte, der gönnte sich in aller Gemütlickeit noch einen Glühwein.

마지막 크리스마스 선물을 판매대에서 구매한 사람은 데운 적포도주 한 잔을 느긋하게 즐겼다.

sich³ selbst genug sein 다른 사람의 도움을 필요로 하지 않다

Wir wollen nicht völlig ausschließen, dass Sie und Ihr Partner wirklich zu den überaus seltenen Paaren gehören, die sich selbst genug sind.

당신과 당신 파트너는 타인의 도움이 필요 없는 보기 드문 짝이라는 것을 우리는 완전히 배제하고 싶지 않다.

*in den Genuss kommen 혜택을 받다, 얻다

Die Kunden müssen bei unserem Reisebüro auch telefonieren, dass sie in den Genuss dieses Angebotes kommen.

이 여행상품의 혜택을 누리려면 고객들은 우리 여행사에 전화를 주어야한다.

Die Garten – und Naturfreunde kommen nicht zuletzt aufgrund ihres über viele Jahre andauernden Engagements in den Genuss der Auszeichnung.

정원과 자연을 아끼는 사람들은 특히 수년간 참여한 공로로 그 표창을 받는다.

ins Gerede kommen/bringen 소문이 나다(흠을 잡다)

Die Berufsakademie ist nicht nur in Gang, sondern im Gegenteil ins Gerede gekommen.

그 직업학교는 운영이 시작되었을 뿐 아니라 반대로 악명이 나기도 했다.

Durch die Wahlkampfstrategie wird eine wichtige anerkannte kirchliche Einrichtung negativ ins Gerede gebracht wird.

선거전략 때문에 중요한 저명한 교회 시설에 대한 부정적 소문이 나돈다.

mit etw./jm. ins Gericht gehen

1 엄하게 벌하다

Der Staat muss mit den Terroristen hart ins Gericht gehen, um zu verhindern, dass sie Anhänger finden.

국가는 추종자가 생기는 것을 막기 위해 테러단을 엄중하게 처벌해야 한다.

2 강하게 비판하다

Drüber ging er besonders hart mit den Reformplänen der Bundesregierung und den Gegenentwürfen der Opposition ins Gericht.

거기에 대하여 그는 연방정부의 개혁계획과 야당의 반대안을 신랄히 비판했다.

Hart ins Gericht ging er auch mit der Art und Weise, wie im Fußball gegen Ausländerfeindlichkeit gekämpft werde.

그는 축구경기에서 외국인에 대한 적대감 방지 방안을 맹렬하게 비판했다.

kein Geringerer als ~ 바로 ~가

Der Antragsteller war kein Geringerer als der damalige Chef von AEG, einer der engsten Freunde Konrad Adenauers.

신청자는 다름 아닌 콘라드 아데나워의 절친한 친구인 AEG의 당시 회장이었다.

es ist um jn. geschehen

1 반하다

Als er die schöne Blondine näher kennenlernte, war es sofort um ihn geschehen.

예쁜 금발 여인을 가까이 사귀자 그는 그 여자에게 홀딱 반했다.

2 죽다

Das Gift wirkte so schnell, dass es in drei Minuten um ihn geschehen war.

독이 순식간에 퍼져서 그는 3분 안에 죽었다.

3 도산하다

Weil die Bank den Kredit nicht verlängerte, war es um ihn geschehen.

은행이 대출금 상환을 연기해주지 않았기 때문에 그는 도산했다.

auf den Geschmack kommen 좋아하게 되다

Die Kinder essen jeden Morgen frische Brötchen. Wenn sie auf den Geschmack gekommen sind, wollen sie den Schmaus am frühen Morgen nicht mehr missen.

아이들은 매일 아침 막 구운 빵을 먹는다. 여기에 맛을 들이면 이른 아침 성찬에는 별 관심이 없다.

Gesetz geben 법을 제정하다 〈Subst, : Gesetzgebung(입법), Gesetzgeber(국회)〉

Im demokratischen Staat haben das Parlament und Abgeordneten Recht, Gesetz zu geben.

민주주의 국가에서는 국회와 국회의원이 법률제정권을 갖는다.

das Gesicht verlieren 체면을 손상하다 〈Subs. : Gesichtverlust〉

Das ist eine gute Gelegenheit, die Tournee abzubrechen, ohne das Gesicht zu verlieren.

이번이 체면을 구기지 않고 순회 공연을 중단할 좋은 기회다.

jm. etw. ins Gesicht sagen 불쾌한 말을 거리낌 없이 하다

Wenn der Präsident der sportliche Leitung etwas zu sagen hat, soll er es ihr ins Gesicht sagen.

회장이 스포츠 집행부에 영향력이 있다면 그것을 거리낌 없이 말해야 마땅하다.

etw.[3] ins Gesicht/Auge sehen 현실로 받아들이다(대처하다)

Im obersten Stock des Spitals in Ho-Chi-Minh-Stadt kann man dem Vietnamkrieg noch immer mitten ins Gesicht sehen.
호치민시의 병원 꼭대기 층에 오르면 베트남 전쟁을 아직 현실로 느낄 수 있다.

zu Gesicht bekommen 보게 되다, 알아보다

Er hatte die Tiere doch in Afrika ebenfalls zu Gesicht bekommen.
그는 아프리카에서도 동물들을 보게 되었다.

*[mit jm.] im Gespräch sein 접촉 중이다, 논의 중이다

Wir sind mit mehreren Investoren im Gespräch, die in der Bau-branche tätig sind.
우리는 건축분야에 종사하는 몇몇 투자자와 접촉 중이다.

Nach der Entscheidung darf die Deutsche Telekom die Grundgebühr schon von Sommer anheben. Im Gespräch sei ein Euro pro Monat.
결정에 따르면 "독일 텔레콤"은 여름부터 기본요금을 인상할 수 있다. 월 1유로가 거론 중이라고 한다.

Gestalt annehmen 형태를 드러내다, 구체화 되다

Zwei Projekte werden im Rahmen des EU-Berufbildungsprogrammes konkrete Gestalt annehmen.
유럽연합의 교육프로그램의 테두리에서 두 개의 프로젝트가 구체화 될 것이다.

jn. gewähren lassen (방해하지 않고) 그대로 놔두다

Die amerikanischen Soldaten lassen die Plunderer in der Regel gewähren.
미군들은 약탈자들을 보통 그대로 방치한다.

*[nicht] ins Gewicht fallen 중요하다(중요하지 않다)

Noch stärker ins Gewicht für den Haushalt der Stadt fällt die Gewerbesteuer.
영업세는 시의 살림에 훨씬 더 중요하다.

Ein Wein muss nun in zehn Kriterien positiv beurteilt werden. Die regionalen Besonderheiten fallen nicht ins Gewicht.
포도주는 열 가지 기준을 충족시켜야 한다. 지역적 특이성은 중요하지 않다.

sich kein Gewissen aus etw. machen 거리낌 없이 나쁜 짓을 하다

Wir machen uns doch kein Gewissen daraus, dem Verbrecher das Leben zu nehmen.
우리는 그 범죄자의 생명을 빼앗는 잘못을 양심에 거리낌이 없이 행한다.

zu tief ins Glas geguckt/geschaut haben (scherzh.) 과음하다

Offenbar hatte der Freund all zu tief ins Glas geschaut, denn er verlor das Gleichgewicht und stürzte zehn Meter in die Tiefe.
그 친구는 너무 취해서 몸의 균형을 잃고 10미터 아래로 떨어졌다.

dran glauben müssen (salopp) 사망하다

Beim gestrigen Verkehrsunfall auf der Autobahn mussten fünf Menschen dran glauben.
고속도로에서 어제 발생한 교통사고로 다섯 사람이 사망했다.

gleich und gleich gesellt sich gern (Spr.) 유유상종

aus dem Gleis kommen/geraten 정상 생활을 벗어나다

Nach dem Verlust des Arbeitsplatzes kommen viele Männer im mittleren Alter völig aus dem Gleis.
일자리를 잃은 후에 많은 중년 남성들은 일상에서 완전히 탈선한다.

[wieder] ins [rechte] Gleis kommen 질서를(정상을) 회복하다

Nach einer langen beruflichen Misslingen ist er jetzt endlich wieder ins rechte Gleis gekommen.
오랜 직업상의 실패를 겪고서 그는 지금은 다시 정상을 되찾았다.

etw. an die große Glocke hängen (ugs.) 소문내다, 떠벌리다

Ihrer Meinung nach sollte ich das nicht an die große Glocke hängen.
그 여자의 의견은 내가 그것을 소문내서는 안 된다는 것이다.

js. Glück machen 행운을 잡다

Sie träumen davon, mit Hilfe der lukrativen Ziegenwolle ihr Glück zu machen.

그들은 수익성이 좋은 염소 털로 행운을 잡기를 꿈꾼다.

auf gut Glück 모든 것을 운에 맡기고, 되어가는 대로

Manche Busse schlingerten ganz fürchterlich. Unterwegs müssen sie umsteigen und auf gut Glück einen anderen Bus nehmen.

많은 버스는 심하게 흔들리며 달렸다. 도중에 그들은 모든 것을 운에 맡기고 다른 버스로 갈아타야만 했다.

zum Glück 다행히

Plötzlich gerieten wir bei unserer Wanderung in ein Gewitter. Zum Glück war in der Nähe ein Forsthaus, in dem wir sein Ende abwarten konnten.

우리는 산책 중에 뇌우를 만났으나 다행스럽게 가까운 곳에 있는 산림지기 집에서 뇌우가 그칠 때를 기다릴 수 있었다.

Gnade vor Recht ergehen lassen 관대하게 처리하다

Die Polizei hat gegenüber einem Mann, der bei Rot über eine Kreuzung gefahren war, Gnade vor Recht ergehen lassen.

빨간불에 교차로를 운행한 한 남자를 경찰은 잘 봐주었다.

jedes Wort auf die Goldwaage/Waagschale legen (ugs.)

1 곧이곧대로 듣다

Gleichzeitig meinte der amerikanischer Verteidigungsminister, man solle nicht jedes Wort auf die Goldwaage legen.

동시에 미 국방방관은 상대의 발표를 곧이곧대로 들어서는 안 된다고 말했다.

2 신중히 말하다

Bei ihm darf man jedes Wort auf die Goldwaage legen. Denn er ist kein politischer Anfänger. Er war vor einem Jahr immerhin noch Außenminister.

그 사람은 정치 초년병이 아니기 때문에 그에게는 신중하게 말해야 한다. 그는 일

년 전에는 외무부 장관이었다.

Gott sei Dank! (ugs.) ; **Gott sei's getrommelt und gepfiffen** (scherzh.) 다
행이다!

Die Prüfung habe ich, Gott sei Dank, mit gut bestanden.
나는 그 시험을 다행스럽게 B학점으로 통과했다.

sich³ sein [eigenes] Grab schaufeln 스스로 무덤을 파다, 자기의 종말을 재촉하다

Wer nur an den Profit denkt, schaufelt sich letztendlich sein eigenes
Grab.
이익만 챙기는 사람은 결국은 스스로 무덤을 파게 된다.

Mit diesem Wunsch hatte er sich aber bereits sein Grab geschaufelt.
이 소망 때문에 그는 이미 자신의 종말을 재촉했다.

jn. ins Grab bringen (고통으로) 죽음에 이르게 하다

Der Leistungsdruck in unserer Gesellschaft führt dazu, dass das
Adrenalin Nebenwirkung haben könnte, uns ins Grab zu bringen.
우리 사회의 능력 성과 위주에서 오는 심리적 압박으로 인하여 아드레날린 성분이
우리를 죽음에 이르게 하는 부작용을 초래한다.

das Gras wachsen hören (ugs. spött.) 지레짐작하다, 정통하다

Unverzichtbar sind Agenten auch für Verlage. Sie hören das Gras
wachsen, kennen Autoren, Manuskripten und Marktchancen.
출판사를 위해서도 정보요원은 중요하다. 이들이 저자와 원고와 시장가능성에 정
통하다.

über etw. wächst Gras/Gras wachsen lassen (ugs.) 망각되다, 잊혀지다

Die 23 Gefangenen wurden an die Russen übergeben. Dokumente
darüber existieren nicht. Zunächst wächst Gras über die Geschichte.
23명의 포로가 러시아에 넘겨졌으나 거기에 관한 기록은 존재하지 않고 이미 잊혀
진 지 오래다.

Ich würde da jetzt nichts tun. Ich würde über die Sache Gras wachsen
lassen. Nach spätestens drei Monaten spricht kein Mensch mehr
davon.

이제 나는 아무 것도 하지 않을 것이다. 그 일이 나의 뇌리에서 사라질 것이다. 늦어도 3개월 후에는 아무도 그것에 대한 이야기를 하지 않을 것이다.

ins Gras beißen (salopp) 죽다

Früher oder später wird der Punktfüherschein aber kommen. Die Frage lautet aber : Wie viele Menschen müssen vorher noch ins Gras beißen?

조만간 점수제 운전면허증이 나오게 된다. 문제는 얼마나 많은 사람이 그때까지 죽어야만 하는가에 있다.

[mit jm./etw.] einen guten/glücklichen Griff getan haben (usg.) 잘 선택했다

Mit diesem Lustspiel in zwei Akten taten die Theaterleute der Trachtengruppe einen sehr guten Griff.

민속 의상 무용단의 단원들은 2막으로 구성된 이 희극 작품을 잘 선택했다.

Mit dem neuen Dirigenten haben wir einen guten Griff getan, er ist vielleicht der Jüngste im Chor, wird aber von allen anderen akzeptiert.

우리는 신임 지휘자를 잘 골랐다. 그는 합창단에서 최연소자지만 다른 모든 사람이 받아들인다.

*etw. [voll] im Griff haben (ugs.) 다룰 줄 안다, 통제하다

Nach einer halben Stunden hatten wir die Beleuchtung wieder im Griff.

30분이 지난 후 우리는 조명을 다룰 줄 알게 되었다.

Fast ein Jahr ist sie in Therapie. Inzwischen hat sie ihren Alltag im Griff, arbeitet wieder.

그 여자는 거의 1년간 치료 중이다. 그 사이에 그녀는 자기의 일상생활을 통제하며 다시 일을 한다.

*etw. in den Griff bekommen/kriegen (ugs.) 제어하다, 잘 다루다

Mit dem Schuh trainiert er täglich und hat seine Probleme mit Rücken, Hüften und Knie in den Griff bekommen.

그 신을 신고 그는 매일 훈련하며 허리, 엉덩이와 무릎의 문제를 제어할 수 있다.

Es wird nicht möglich sein, das Problem des Grundwassers in den
Griff zu bekommen.
지하수 문제를 잘 다루는 것은 불가능할 것이다.

Unsere Absicht ist es, die Kriminalität in den Griff zu kriegen.
우리의 의도는 범죄행위를 잘 통제하는 것이다.

groß/lang und breit 상세히, 세세히

Auf dem schmalen Papierstreifen steht groß und breit der Name der
Handelskette.
좁은 종이 띠에 유통과정이 상세히 표시되어 있다.

Groß und Klein 어른도 아이도, 누구라도

Auf dem traditionellen Platz wird für Groß und Klein etwas geboten.
전통 깊은 광장에서는 노소를 막론하고 모든 사람들에게 뭔가를 나누어준다.

Wenn alle Tiere, Groß und Klein, dick und dünn eingeladen sind, dann
bin ich auch eingeladen.
노소를 막론하고, 뚱뚱하건 말랐건 모두 초대 받는다면 나도 초대받은 것이다.

*im Großen und Ganzen 대체적으로, 일반적으로

„Im Großen und Ganzen können wir zufrieden sein", blickte er auf ein
angenehmes Stadtfest zurück.
"대체적으로 우리는 만족할 만하다."라고 그는 즐거운 시 축제를 되돌아보았다.

Er ist davon überzeugt, dass die offizielle Darstellung der Ereignisse
im Großen und Ganzen stimmt.
그 사건에 대한 공식적 언급은 대체로 맞다고 그는 확신한다.

jn. grün und blau/gelb schlagen 심하게 때리다

Warum eine Straßen-Gang einen Schüler auf den Planken grün und
blau schlug, darüber rätselt die Polizei noch.
노상 깡패가 울타리에 있는 학생을 심하게 구타한 이유는 경찰이 아직 조사 중이다.

Die Frau war wieder einmal von ihrem Lebensgefährten gelb und grün
geschlagen worden.
그 여자는 또다시 동거중인 남자에게 심하게 맞았다.

***für etw. grünes Licht geben** 허가(허락)하다

Das Gremium gab schließlich grünes Licht und bestätigte Mitte 2006 auch ihn als Geschäftsführer der neu gegründeten GmbH.

이사회는 결국 승인을 하고 2006년 중반에는 그를 신규 설립한 주식회사의 지배인으로 확정했다.

Die Gesundheitsbehörde gab gestern grünes Licht für das Mittel. Es soll vor allem Patienten helfen, bei denen die bisherige Arznei nicht mehr wirkt.

보건당국은 어제 그 약품을 허가했다. 이 약품은 기존의 약으로 듣지 않는 환자들에게 우선적으로 도움이 될 것이라고 한다.

***im grünen Bereich** 긍정적인, 무난한

Alles im grünen Bereich meldet die Polizei, die an den heißen Tagen den Verkehr im Handbetrieb rundlaufen lässt.

더운 날에는 차량을 수신호로 우회시키는 것이 무난한 방법이라고 경찰은 말한다.

Wir haben gezeigt, dass wir das Weltniveau mitbestimmen und liegen im grünen Bereich.

우리가 세계 수준 결정에 동참하는 긍정적인 자리를 점하고 있음을 보여주었다.

Finanziell liegen wir dennoch im grünen Bereich.

재정적으로 우리는 무난한 형편이다.

jm. nicht grün sein (usg.) 호감을 갖지 않다, 싫어하다

Anwohner sind der Verwaltung nicht grün. Unansehnliches Grundstück statt gepflegter Grünanlage.

거주민은 잘 가꾸어진 녹지 대신에 초라한 토지에 신경을 쓰는 행정당국을 싫어한다.

den Grund zu etw. legen 기초를 세우다〈Adj. : grundlegend〉

Ich kann nicht voraussehen, aber ich kann zu etwas Grund legen. Denn Zukunft baut man.

나는 예견은 못하지만 어떤 것에 기초는 세울 수 있다. 미래는 만드는 것이기 때문이다.

Grund und Boden 부동산, 땅, 소유지

Bei der Berechnung müssten neben den Herstellungskosten auch jene
für Grund und Boden berücksichtigt werden.

산정할 때 생산비용 외에 부동산 비용도 고려되어야 한다.

*auf Grund ~ ~로 인하여, ~ 때문에

Nicht zuletzt auf Grund des Irak-Krieges wird das Wirtschafts-
wachstum im ersten Halbjahr 2006 ausfallen.

특히 이라크 전쟁으로 인하여 경제성장이 2006년도 상반기에 하락할 것이다.

Aus Kostengründen und auf Grund von sinkenden Absatzzahlen hat
sich das Geschäft irgendwann einfach nicht mehr gerechnet.

비용과 판매고의 하락 때문에 그 가게는 어느 날 이익을 내지 못했다.

Der Erweiterungsbau der Grund - und Hauptschule wurde auf Grund
der hier geplanten Ganztageschule notwendig.

초등학교와 중학교의 증축은 여기에 계획중인 전일제 학교 때문에 불가피하다.

*etw³ auf den Grund gehen 실태를 규명하다

Diesen Fragen geht derzeit ein Forscherteam von der Humboldt-
Universität auf den Grund.

현재 베를린 훔볼트 대학 연구팀이 이 문제의 실태를 조사하고 있다.

Zur Zeit kann man der Ursache auch gar nicht auf den Grund gehen.
Um die betreffende Stelle zu finden, muss man das Dach abdecken.

지금으로서는 원인을 규명할 수 없다. 해당 지점을 찾기 위해서는 지붕을 벗겨야
한다.

*im Grunde [genommen] 근본적으로, 원칙적으로

Im Grunde sind sich Regierung wie Opposition einig, dass die
Bundesrepublik aber nicht in der Lage ist, eine größeres Kontingent
abzustellen.

독일이 더 많은 병력을 파병할 수 없다는 견해에는 정부나 야당이나 근본적으로
일치한다.

Der Titel des Programms hat im Grunde nichts mit den Inhalten zu
tun.

프로그램의 제목은 원칙적으로 내용과 전혀 관계없다.

Die Kommunalpolitiker haben sich im Grunde genommen längst festgelegt und sind weitgehend einig.
지방자치제 정치인들은 원칙적으로 이미 책임을 지고 상당한 합의에 이르렀다.

in Grund und Boden 완전히, 매우

Die Mannschaft war zu Gast in Dortmund und spielte beim 8:1 den Gegner in Grund und Boden.
그 팀은 도르트문트의 원정경기에서 8대1로 상대팀을 완전히 제압했다.

von Grund auf 근본적으로

Die Immobilie wurde vor Jahren von Grund auf saniert und ist seitdem ein richtiges Schmuckkästchen.
그 건축물은 수년전 근본적으로 수리된 후로는 그야말로 진짜 보석상자가 되었다.

den Grundstein zu etw. legen 기초를 세우다 (Subs. = Grundsteinlegung)

Mit einer Spende von 500 Euro legte das Hotel den Grundstein zu der Aktion.
그 호텔이 낸 기부금 500유로는 그 캠페인의 기초를 세웠다.

Der Grundstein zu einem der größten Neubauprojekte des Uni-Klinikums ist am Mittwoch gelegt worden.
대학병원 최대 신축프로젝트의 초석 기공식이 수요일에 있었다.

aus einem Guss 완전한, 동형의, 혼연일체의

Es muss eine Sache aus einem Guss sein, sonst ist. es kein natioanales Programm mehr, das von Bund und Land gefördert wird.
혼연일체를 이루어야하는 일이다. 그렇지 않으면 연방과 주가 장려하는 거국적 프로그램이 아니다.

für etw. gut sein 기대에 부응하다, 할 준비가 되어있다.

Wenige deutsche Großstadt-Citys sind für Autofahrer gut zu erreichen.
대다수 독일 대도시의 시가지는 자동차로 진입하기 쉽지 않다.

Das ist für unseren Sport gut und wir profitieren alle davon, wenn er erfolgreich ist.

우리 스포츠는 기대에 부응한다. 스포츠가 성과를 올리면 우리 모두가 득을 본다.

gut und gern 족히, 기껏, 남짓

Allein die Summe der Sänger und Instrumentalisten, die gut und gern die 140 erreichen haben mag, machte das Konzert zu einer Besonderheit.

족히 140명에 달하는 성악가와 연주자의 숫자만으로도 그 연주회는 그 독특성을 확보하였다.

Der Umsatz erreicht seinen Höhepunkt, da haben wir früher gut und gern 600 Stück verkauft.

총 매상고가 정점에 도달하고 있다. 전에는 거기에서 600여 개 남짓 팔렸다.

so gut wie 거의, ~와 같은

„Ich bin mit der Hausarbeit für heute so gut wie fertig! Können wir danach einen kurzen Spaziergang machen?"

"나는 오늘 숙제를 거의 끝냈다. 끝난 다음에 우리 산보를 잠깐 갈 수 있을까?"

sich gütlich tun an etw. 기쁘게 먹다(마시다)

„Bevor wir uns am Mittagessen gütlich tun, wollen wir zunächst ein Tischgebet sprechen."

"점심 식사를 즐기기 전에 먼저 식사기도를 하려고 합니다."

H

jm. stehen die Haare zu Berge (ugs.) 경악하다, 깜짝 놀라다

Als ich vor kurzem mit den Leuten diskutierte, standen mir die Haare zu Berge.

조금 전 사람들과 토론할 때 나는 너무 놀랐다.

ein Haar in der Suppe finden (ugs.) 옥에 티다

Doch die Gegner hätten überall ein Haar in der Suppe gefunden, weil sie die Fusion prinzipiell nicht wollten.

원칙적으로 합병을 원하지 않는 것이 반대파의 옥에 티다.

Haare auf den Zähnen haben (ugs.) 우악스럽다, 깐깐하다, 드세다

Sie ist nicht nur schön und klug, sondern hat auch Haare auf den Zähnen.

그 여자는 아름답고 영리할 뿐 아니라 드세다.

sich^3 um etw. keine grauen Haare wachsen lassen (ugs.) 쓸데없는 걱정을 하지 않다

Dennoch müssen sich die klassische Einzelhändler wegen der Online-Konkurrenz noch keine grauen Haare wachsen lassen.

온라인-경쟁 때문에 전통적 소매상들이 쓸데없는 걱정을 안해도 된다.

etw. an den Haaren herbeiziehen (ugs.) 견강부회

Die Vorwürfe an den Intendanten sind an den Haaren herbeigezogen.

방송국장에 대한 비난은 견강부회다.

sich in die Haare geraten/kriegen (ugs.) 다투다, 싸우다

Schwer in die Haare gerieten sich am Samstagabend zwei Männer.

두 남자는 토요일 밤에 심하게 싸웠다.

Wir haben uns dabei manchmal ziemlich in die Haare gekriegt.
우리는 그때 자주 다투었다.

sich in den Haaren liegen (ugs.) 격투하다, 심하게 다투다

Die Sekretärin des Chefs und die Sachbearbeiterin liegen sich schon seit langem in den Haaren.
사장 여비서와 담당 여직원은 벌써 오래 전부터 심하게 다투고 있다.

*um ein Haar (ugs.) 하마터면

Um ein Haar wäre in diesem Jahr alles ins Wasser fallen.
하마터면 금년에 모든 것이 수포로 돌아갈 뻔했다.

Die Menschen wären einer neuen Studie zufolge vor 70,000 Jahren um ein Haar ausgestorben.
한 연구에 의하면 인류는 7만 년 전에 하마터면 멸종될 뻔했다.

Hab und Gut (geh.) 전 재산

In wenigen Stunden brannte ihre Dachgeschosswohnung völlig nieder. Hab und Gut wurden vernichtet.
몇 시간 안 되어 그들의 다락방 집은 전소하고 전 재산은 잿더미가 되었다.

Bei dem großen Luftangriff im Jahre 1943 verlor die Familie alles Hab und Gut und kam wieder heim.
1943년 대 공습에 그 가정은 전 재산 모두를 잃고 다시 귀향했다.

*jd./etw. noch zu haben sein (ugs.)

1 미혼이다

Seine Freunde luden ihn ständig zu irgendwelchen Dinnerparty ein, um ihn mit diesem oder jenem Mädchen zusammenzubringen, das noch zu haben war.
아직 미혼 여자들과 맺어주려고 친구들은 그를 계속적으로 갖가지 저녁파티에 초대했다.

2 살 수 있다

Wie viele Billigplätze vor und an den Feiertagen noch zu haben sind,

will er allerdings nicht sagen.
휴일 전날과 당일에 값싼 좌석을 얼마나 살 수 있는가를 그는 말하려하지 않는다.

in den Hafen der Ehe einlaufen/rasen (scherzh.) 결혼하다

Im Rathaus laufen jeden zweiten und vierten Samstag im Monat
Verliebte in den Hafen der Ehe ein.
매월 둘째와 넷째 토요일에는 연인들이 시청에서 결혼식을 한다.

in Haft nehmen 구속하다(=inhaftieren)

Im Mordfall einer Rentnerin ist ein 43 Jahre alter Mann unter
dringendem Tatverdacht in Haft genommen worden.
은퇴한 여성 살해사건으로 43세의 남자가 유력한 용의자로 구속되었다.

*in Haft sitzen/bleiben 구속 상태이다

Der Verteidiger forderte Haftverschonung für ihren Mandaten, der
seit 39 Monaten in Haft sitzt,
변호사는 39개월 동안 구속 상태인 피의자의 불구속을 청구했다.

Fünf der acht Mitglieder einer Rauschgiftbande bleiben in Haft.
마약조직의 8명 중 5명이 구속 상태다.

Hahn im Korb sein (ugs.) 여자들 가운데 유일한 남자다

Der Schauspieler gibt zu, dass es ihm Spaß macht, den Hahn im Korb
zu spielen, als Mann zwischen vier Frauen.
그 배우는 4명의 여자 사이에서 남자로서 유일하게 연기하는 것이 재미있다고 시
인했다.

halb und halb (ugs.) 빈빈으로

Die Leute bezahlen hier in der Schweiz halb und halb. Mal mit Franc
und mal mit Euro.
여기 스위스에서는 반반으로 지불한다, 반은 스위스 프랑으로 반은 유로로.

[mit jm.] halbe-halbe machen (ugs.) (이익을) 반반으로 나누다

DTB und seine Cracks machen halbe-halbe.
독일 체조협회와 최우수 선수들은 이익금을 반반씩 나눈다.

Hals über Kopf (ugs.) 황급히, 부랴부랴

> Er musste, einen Tag nach dem Rathausbrand, Hals über Kopf in die Schweiz fliehen.
>
> 시청 화재 다음날 그는 부랴부랴 스위스로 피신했다.

sich jm. an den Hals werfen/schmeißen (ugs.) 끈질기게 달라붙다

> Sie wirft sich dem amerikanischen Präsidenten besinnunglos an den Hals.
>
> 그 여자는 미국 대통령에게 정신없이 집요하게 달라붙었다.
>
> Die Grünen wollen sich nicht der SPD an den Hals schmeißen.
>
> 녹색당은 사회당에 끈질기게 달라붙으려 하지 않는다.

bis an/über den Hals (ugs.) 극도로, 완전히

> Wir können uns kein Auto kaufen. Wir stecken doch bis an den Hals in Schulden.
>
> 빚이 목까지 차서 우리는 자동차를 살 수 없다.

jm. etw. an den Hals hängen (usg.) 부담을 지우다

> „Wenn Ihr Hund weiterhin die ganze Nacht bellt, werde ich Ihnen einen Prozess an den Hals hängen.“
>
> "당신네 개가 밤새 짖어대면, 당신을 상대로 소송을 제기할 것이오."

jn. auf den Hals kriegen/bekommen (ugs.)

1 알리다, 신고하다

> „Wenn du jetzt nicht leiser bist, bringen wir die Bullen auf den Hals!“
>
> "네가 좀 조용히 하지 않으면 경찰에 신고할 것이다!"

2 조사하다

> „Wenn der Wagen nicht repariert wird, bekommen Sie den TÜV auf den Hals!“
>
> "자동차가 수리되지 않으면 자동차 정기검사협회가 조사 절차에 들어갈 것이다."

jm. zum Hals herauswachsen (ugs.) 목까지 차다, 지겹다

> Sie fuhren auch weiterhin ins Grüne, selbst wenn es ihnen zum Hals

herauswuchs.
지겹기는 하지만 그들은 계속 교외로 나갔다.

sich nicht halten können vor Lachen 웃음을 참지 못하다

Als der Clown auf die Nase fiel, konnten die Kinder sich nicht halten vor Lachen.
광대가 실수하자 아이들의 웃음보따리가 터져 나왔다.

vor jm./etw. nicht haltmachen 예외로 취급하지 않다, 계속되다

Der Bischof will da auch vor den Kindergärten nicht haltmachen.
그 주교는 그곳에 유치원을 짓는 것도 배제하지 않으려한다.

Ein Siegeszug wird vor der nächsten E-Klasse nicht haltmachen.
승리행렬은 다음 E-급 경기에서도 계속될 것이다.

das ist ein Hammer! (ugs.)

1 엄청난 일이다!, 충격이다!

Das ist ein Hammer. Der Weltcupsieger hält den 39 Plätze tiefer notierten Spieler für eine schwere Aufgabe.
월드컵 우승자가 39위 뒤쳐진 선수를 상대하기 어렵다고 여기다니, 충격이다.

2 장하다!, 훌륭하다!

Dass das Internetangebot so gut ankommt, hätten wir nicht gedacht, das ist ein Hammer.
인터넷 공급이 그렇게 잘 되리라고 생각하지 못했는데 훌륭하게 되었다.

unter den Hammer kommen 경매에 부쳐지다

Unter den Hammer kamen verschiedene Bilder, die von Kindern gemahlt worden waren.
어린이들이 그린 다양한 그림이 경매에 부쳐졌다.

Hand aufs Herz! (R.) 솔직하게 말해!

Hand aufs Herz, wann hast du in dieser Saison die Möglichkeit eines Durchmarschs in die erste Liga realisiert?
이번 시즌에 제1부 리그로 진출할 가능성을 언제 보였는지 솔직하게 말해라!

eine Hand wäscht die andere (Spr.) 오는 정이 있어야 가는 정이 있다

freie Hand haben/geben 자유자제로 행하다, 재량권을 가지다(허가하다)

Bei der Entscheidung über die Pflicht zur Einführung der Wehrpflicht hat der Gesetzgeber nach Karlsruher Auffasung nun aber völlig freie Hand.

헌법재판소의 판결에 따르면, 병역의무제도의 도입 여부에 대한 결정에 있어서 국회는 이제 완전히 재량권을 가진다.

Der US-Kongress hat Präsident Bush freie Hand gegeben, militärisch gegen den irakischen Staatschef vorzugehen.

미국 의회는 이라크 국가수반인 후세인에 대하여 군사적으로 대처하도록 부시 대통령에게 허가했다.

***Hand und Fuß haben** (ugs.) 사려 깊다, 근거를 지니고 있다

Er sagt zunehmend seine Meinung. Und was er sagt, hat Hand und Fuß.

점차 그는 의견을 많이 밝히며, 그의 말은 일리가 있다.

Hand an sich legen (geh.) 자살하다

In einem Anfall von Schwermut hatte sie Hand an sich gelegt.

우울증으로 그 여자는 스스로 목숨을 끊었다.

für jn./etw. die/seine Hand ins Feuer legen 보증하다, 맹세하다

Das Sterben – dafür legten wir bislang unsere Hand ins Feuer – gehört zu den Tätigkeiten.

우리가 지금까지 맹세한 죽음은 일종의 행위이다.

besser offene Hand als geballte Faust (Spr.) 움켜쥐는 것 보다 베푸는 편이 낫다

jm. [bei etw.] an die Hand gehen 도움을 주다

Er hätte die Aufstellung nicht machen können, wenn ihm die Kollegen nicht an die Hand gegangen wären.

동료들이 도와주지 않았더라면 그는 선수단 편성을 하지 못 했을 것이다.

***[klar] auf der Hand liegen (usg.)** 자명하다, 명백하다

> Der Grund liegt auf der Hand : Außerhalb der Haupstadt Kabul ist die Lage noch undurchsichtiger.
>
> 이유는 명백하다 : 카불의 외각 지역은 상황이 더욱 혼미하기 때문이다.
>
> Der Grund, warum es so viele Menschen erwischt, liegt für ihn auf der Hand. Es ist dei Dummheit der Bevölkerung, die sich nicht gegen Grippe impfen lässt.
>
> 많은 사람이 전염된 이유는 간단하다. 독감 예방접종을 안 하는 주민의 어리석음 때문이다.

etw. aus der Hand geben 포기하다

> Ich gebe dieses Vorhaben nur ungern aus der Hand, aber ich muss mich jetzt um andere Projekte kümmern.
>
> 이 계획을 하는 수 없이 포기하지만, 이제는 다른 프로젝트를 신경써야한다.

[mit etw.] Hand in Hand [gehen] 협력하여 (동반하여 이행하다)

> Nord – und Südkorea spielen nach neun Jahren erstmals freundschaftlich Fußball, gehen Hand in Hand aufs Feld, singen gemeinsam und erzielen das politisch korrekte Resultat – 0:0!
>
> 남북한 축구팀은 9년 만에 다시 손을 맞잡고 함께 노래하고 축구경기를 벌려 정치적으로 바람직한 0대0의 무승부를 이루었다!
>
> Am wichtigsten ist, dass Steuersenkungen Hand in Hand gehen müssen mit einer Senkung der Sozialbeiträge.
>
> 세금인하는 사회복지 부담금 인하와 동반하여 이행되어야 한다는 것이 제일 중요하다.

***jm. in die Hand/Hände fallen** 수중에 들어가다

> Die Ölindustrie fällt nach dem Krieg in die Hände amerikanischer Firmen.
>
> 석유산업은 전쟁 후에는 미국 회사의 수중에 들어갔다.
>
> Ein Foto fiel mir in die Hand, auf dem mein Großonkel mit seinem Uniform protzt.
>
> 큰아버지가 유니폼을 입고 뽐내고 있는 사진 한 장이 내 수중에 들어왔다.

mi/aus freier Hand zeichen/malen 즉흥적으로 그리다

Michelangelo hat seine berühmten Fresken teilweise mit freier Hand auf den Untergrund aufgetragen.

미켈란젤로는 유명한 벽화를 부분적으로는 즉흥적으로 지하에 그렸다.

etw. mit der linken Hand machen (ugs.) 손쉽게 처리하다

Das Organisatorische macht sie mit der linken Hand.

조직에 관한 사항을 그 여자는 손쉽게 해낼 수 있다.

von der Hand in den Mund leben 근근이 입에 풀칠하며 살아가다

Knapp gelingt ihm die Flucht im Kugelhagel der Gestapo, monatelang lebt er von der Hand in den Mund, stiehlt Essen und Kleidung, schläft in dunklen Kellerlöchern.

비밀경찰의 총탄에도 그는 가까스로 탈출에 성공했다. 몇 달 동안 입에 풀칠하며 연명하고 식사와 옷은 훔치고 잠은 어두운 지하실 바람구멍에서 잔다.

etw. von der Hand weisen 부인하다, 거부하다

Dass weitere schmerzliche Einschritte vorgenommen werden, will er nicht von der Hand weisen.

쓰라린 대응조처가 추가적으로 취해질 수 있음을 그는 부인하려들지 않는다.

zur Hand sein 예비해두다

Überhaupt gestaltet sich der Ausflug recht musikalisch. Immer sind da ein paar Studenten mit der Gittarre zur Hand.

소풍은 참 음악을 곁들여 진행된다. 항상 기타를 가진 학생들 몇 명을 예비해둔다.

die Hände in den Schoß legen 놀다, 빈둥거리다

Die meisten Europäer hätten ihre Hände in den Schoß gelegt, während GIs den Krieg gewonnen haben.

미군들은 전쟁에서 승리했으나, 대부분의 유럽 사람들은 두 손 놓고 있었다.

„Wir werden die Hände nicht in den Schoß legen", versicherte Bundeskanzlerin Angela Merkel am Mittwoch bei der Übergabe der rund 450 Seiten starken Expertise im Berliner Bundeskanzleramt.

안겔라 메켈 독일수상은 수요일에 베를린 수상집무실에서 450쪽의 전문가 보고서를 넘겨주며 "우리는 두 손 놓고 있지 않을 것이다."라고 확고하게 밝혔다.

[überall] seine Hände im Spiel haben (ugs.) 끼어들어 영향력을 행사하다

Der Geheimdienst soll bei der Verhaftung der Terroristen seine Hände im Spiel gehabt haben.

정보기관은 테러단의 체포에 영향력을 행사했다고 한다.

seine Hände in Unschuld waschen (geh.) 죄가 없다고 발뺌하다

Er soll mit der Affäre nichts zu tun haben und seine Hände in Unschuld waschen.

그는 그 사건과 무관하며 죄가 없다고 발뺌한다고 한다.

*alle Hände voll zu tun haben (ugs.) 할일이 많다, 바쁘다

Die Verwaltung hat mit den Vorbereitungen alle Hände voll zu tun.

행정당국은 준비하느라 무척 바쁘다.

die öffentlichen Hände/die öffentliche Hand (공공재산 관리자로서의) 국가(주정부)

Mit rund 250 Millionen Euro finanziert die öffentliche Hand in den nächsten zehn Jahren Projekte zu Naturkatastrophen, zu Ökosystemen und zur Klimaforschung.

국가는 향후 10년간 약 2억 5천만 유로를 자연재해, 생태계와 기후연구를 위한 프로젝트에 지원한다.

Die öffentliche Hände vom Bund über die Länder bis zu Gemeinden klagen über leere Kassen.

연방을 비롯한 주와 지방자치단체에 이르기까지 재정고갈을 한탄하고 있다.

zwei linke Hände haben (ugs.) 서툴다, 재주가 없다

Zwei linke Hände hat der Mann nicht. Er beweist schließlich Tag für Tag sein handwerkliches Geschick in einer Metzgerei.

그는 재주가 없는 것이 아니다. 정육점에서 매일 그는 전문적 솜씨를 보여주고 있기 때문이다.

jm. auf die Hände sehen (ugs.)

1 일을 감독하다

Der Meister muss bei der Ausbildung seinen Lehrlingen ständig auf die Hände sehen.

장인(마이스터)은 교육할 때 자기 도제 견습생 작업을 끊임없이 감독해야한다.

2 (의심을 품고) 관찰하다

„Immer wieder verschwinden aus den Schränken Büromaterialien! Wir müssen unseren Mitarbeitern einmal etwas auf die Hände sein!"

"사무용품이 장에서 자꾸 없어진다! 우리는 동료 직원들을 좀 눈여겨 봐야겠다!"

jn. auf Händen tragen (여자를) 깍듯이 위하다

Einmalig auf der Insel ist eine neue Entspannungstherapie, bei der die Gäste im Wasser auf Händen getragen werden.

물에 있는 손님을 정중히 모시는 새로운 긴장해소치료법은 유일하게 이 섬에만 있다.

in guten/schlechten Händen sein

1 [특히 동물을] 잘(잘못) 돌보다

In dieser Tierpension ist unser Kater in guten Händen, solang wir in Urlaub sind.

우리 휴가기간 동안 우리 고양이는 이 애완동물 보관소에서 잘 돌본다.

2 잘 (엉터리로) 수리하다, 정비하다

In dieser Werkstatt ist unser Wagen wirklich in guten Händen!

이 정비소는 우리 승용차를 정말 제대로 수리한다.

zu Händen [von] ~ (=z.Hdn.) ~에게

Kennen Sie auch einen „Kavalier der Straße", dann schreiben Sie bitte uns zu Händen von Heike Mähler.

"거리의 신사"를 아시면, 우리에게 "하이케 멜러" 앞으로 글을 보내주십시오.

zu treuen Händen 잘 관리(취급)하도록

Ich übergebe dir diesen Tresorschlüssel zu treuen Händen, bis ich wieder da bin.

내가 다시 돌아올 때까지 이 금고열쇠를 잘 보관하도록 너에게 맡긴다.

etw. aus dem Handgelenk schütteln (ugs.) 손쉽게 (빨리) 이행하다

„Glaube nur nicht, dass sich so eine Aktion aus dem Handgelenk schütteln lässt."

"그런 캠페인이 쉽게 이행되리라고는 생각하지 마라!"

goldener Handschlag 정리해고

Binnen fünf Jahren wird ein Drittel der 15,000 Beschäftigten ab-gebaut. Dieses soll teils über Frühpensionierung gehen, teils wird ein „goldener Handschlag" angeboten.

5년 내에 만 오천 명의 근로자의 1/3이 줄어든다. 이들의 일부는 명예퇴직하고, 일부는 정리해고 된다.

das Handtuch werfen/schmeißen (ugs.) 포기하다, 기권하다

Kurz vor den Wahlen hatte der Oppositionsführer das Handtuch geworfen.

야당 총재는 선거 직전에 사퇴했다.

Nach dem Viertelfinal-Out war er enttäuscht. er wollte das Handtuch werfen, aber er hat es sich anders überlegt. So will er nicht abtreten.

준결승에서 탈락한 후 그는 실망했으나 포기하지 않으려고 다른 방안을 생각했다. 그는 그렇게 은퇴하기를 바라지 않는다.

*im Handumdrehen (ugs.) (손바닥을 뒤집듯) 쉽게

Rhetorisch begabt, beherrschte er fast im Handumdrehen die kroatische Sprache.

수사학적인 재능가인 그는 아주 쉽게 크로아트어를 능통하게 구사했나.

jm. das Handwerk legen 장사를 그만두게 하다, 근절시키다

Die Polizeidirektion konnte gleich zwei mutmaßliche Sexualstraftätern das Handwerk legen. Beide Männer sitzen bereits in Untersuchungs-haft.

경찰국은 즉각 두 명의 성범죄 피의자의 소행을 근절시킬 수 있었다. 두 남자는 이미 미결수로 복역 중이다.

jm./etw. ins Handwerk pfuschen 남의 일에 끼어들다

Der Mensch pfuscht der Natur ins Handwerk.

인간은 자연의 일에 끼어든다.

mit Hängen und Würgen (geh.) 겨우, 어렵사리

Er hat die Fahrprüfung mit Hängen und Würgen bestanden.

그는 운전면허 시험에 겨우 통과했다.

***ein Hans im Glück** 운 좋은 사람

Er hat schon wieder im Lotto gewonnen, er ist ein richtiger Hans im Glück.

그는 또다시 복권에 당첨되었으니, 그는 정말 운수 대통한 사람이다.

Hansdampf in allen Gassen sein (abwertend) 오지랖이 넓다

„Der Peter ist wirklich ein Hansdampf in allen Gassen! Er weiß über einfach alles Bescheid, was in unserer Stadt passiert!"

"페터는 정말 오지랖이 넓다! 그는 이 도시에서 일어나는 일은 모두 다 알고 있다."

jm. zeigen, was eine Harke ist (salopp)

1 일하는 방법을 가르쳐주다

Seit drei Wochen ist er jetzt dabei, den Garten umzugraben. Heute habe ich ihm einmal gezeigt, was eine Harke ist, und den Rest innerhalb zwei Stunden geschafft.

그는 3주전부터 정원을 파 뒤지는 일을 하고 있다. 오늘 내가 그에게 요령을 가르쳐 주었더니 나머지를 2시간 안에 끝냈다.

2 본때를 보여주다

Wenn du deine Arbeit nicht bis heute Abend erledigt hast, werde ich mal zeigen, was eine Harke ist.

네가 오늘 저녁까지 일을 마치지 못하면 내가 정말 본때를 보여줄 것이다.

jn. in Harnisch bringen ; in Harnisch geraten/kommen 화가 치밀게 하다 (화가 나다)

Die ständigen Zwischenrufe brachten den Redner allmählich in Harnisch.

계속적인 야유로 연사는 점차 화가 치밀어 올랐다.

*es geht hart auf hart 최악에 이르다

Man wird das Leben der Geiseln nicht länger schonen, wenn es hart auf hart geht.

최악의 경우에는, 인질들의 생명을 더 이상 보호할 수 없게 된다.

einen Haschmich haben (salopp) 제정신이 아니다, 미치다

Die Schauspielerin war fest davon überzeugt, dass der Regisseur einen Haschmich habe.

여배우는 감독이 제정신이 아니라고 확신했다.

ein alter/kein heuriger Hase sein (ugs.) 경륜이 있다, 햇병아리가 아니다

Ich bin bei VW ein alter Hase. Wer so lange wie ich mit ein und demselben Modell zu tun hat, der kennt sich damit aus.

나는 폭스바겐에 대해 훤하다. 나처럼 오랫동안 한 가지 동일한 모델을 다루어 온 사람은 그에 관해 모르는 것이 없다.

Er weiß, wie man den Zeug aus dem Freihafen herausbekommt, er ist kein heuriger Hase.

그는 그 물건을 자유무역항에서 빼내는 방법을 알고 있다, 그는 햇병아리가 아니다.

da/hier liegt der Hase im Pfeffer (ugs.) 거기에(여기에) 어려운 점이 있다

Weitaus mehr Eltern würden ihre Kinder an diesen Bildungsreisen teilnehmen lassen, aber sie haben nicht das Geld dafür. Da liegt doch der Hase im Pfeffer.

상당 수 학부모가 자녀들을 수학여행에 보내고 싶겠지만 이에 필요한 돈이 없다. 이것이 애로사항이다.

wissen/sehen , wie der Hase läuft (ugs.) 흐름을 파악하다(관망하다)

Er wollte die Stelle in dem Betrieb erst annehmen, wenn er wusste, wie der Hase läuft.

그는 흐름을 파악하고 나서 그 기업의 자리를 수락하고자 했다.

das Hasenpanier ergreifen (ugs.) 도망치다

Als er mehrere Skinheads auf sich zukommen sah, ergriff er das Hasenpanier.

그는 몇 명의 스킨헤드가 자기 쪽으로 오는 걸 보자 줄행랑을 쳤다.

jd./jn. unter die Haube kommen /bringen (scherzh.) 결혼하다(시키다)

Die jüngste Tochter ist nun auch unter die Haube gekommen.

이제 막내딸도 시집갔다.

Die Töchter haben sich sehr darum bemüht, ihren Vater wieder unter die Haube zu bringen.

딸들은 아버지가 재혼하도록 무척 애를 썼다.

Haus und Hof 전 재산

In wenigen Jahren hatte er schon Haus und Hof verspielt.

몇 년 사이에 그는 전 재산을 날렸다.

das Haus hüten 집을 지키다

„Geht ihr ruhig zu dem Eishockeyspiel, ich werde das Haus hüten."

"염려 말고 아이스하키 경기 구경 가거라, 내가 집 보마."

ins Haus stehen (ugs.) 성큼 다가오다, 직면하다

Weihnachten steht ins Haus, und wir haben den großen Hausputz noch nicht einmal begonnen.

성탄절이 코앞에 다가왔는데 우리는 집안 대청소를 시작도 안 했다.

***von Haus[e] aus**

■ 본래

Kurz vor der Operation vertraute er mir an, dass er von Haus aus Psychiater sei.

수술 직전에 자신이 본래 정신과 의사라고 그는 내게 털어놓았다.

② 선천적으로

Ich weiß nicht, weshalb er plötzlich auf sie losging. Von Hause aus ist er gutmütig.

왜 그가 갑자기 그 여자에게 돌진했는지 알 수 없지만, 천성적으로 그는 선량하다.

aus dem Häuschen sein/geraten (ugs.) (기쁨에) 들뜨다, 흥분되다

Die Kinder waren vor Freude ganz aus dem Häuschen, als es zu schneien begann.

눈이 내리기 시작하자 아이들은 온통 기쁨에 들떴다.

Die Kinder gerieten vor Freude ganz aus dem Häuschen, als sie Geschenke sahen.

선물을 보고 아이들은 흥분하게 되었다.

bei jm. hängt der Haussegen schief (scherzh.) 가정 불화가 생기다

Bei unseren Nachbarn hängt mal wieder der Haussegen schief.

우리 이웃집은 또 가정 불화가 일어났다.

nur noch/nichts als Haut und Knochen sein (ugs.) 몹시 야위다

Seit der schweren Erkrankung ist er nur noch Haut und Knochen.

그는 중병을 앓은 뒤부터 피골이 상접하다.

seine Haut/sein Fell zu Markte tragen (ugs.) 위험을 무릅쓰다

An deiner Stelle würde ich nicht in einem Fernsehinterview meine Haut zu Markte tragen.

내가 너의 입장이라면 텔레비전 인터뷰에서 모험을 하지 않겠다.

auf der faulen Haut liegen ; sich auf die faule Haut legen (ugs.) 게으름을 부리다

Wenn man nur auf der faulen Haut liegt, kommt man natürlich zu nichts.

게으름만 부리면 당연히 아무 것도 이루어 낼 수 없다.

Die meisten Spieler wollten sich nicht länger auf die faule Haut legen und freuten sich auf den Trainingsbeginn.

선수들 대다수는 이제 게으름 피우려 하지 않고 훈련이 시작되기를 기쁜 마음으로 고대했다.

***aus der Haut fahren** (ugs.) 화가 치밀어 오르다

Es ist aus der Haut zu fahren, wenn man sieht, was für Pfuscharbeit heute in den Reparaturwerkstätten gemacht wird.
정비소에서 오늘날 행해지는 날림 작업을 보면 화가 치밀어 오른다.

nicht aus seiner Haut [heraus] können (ugs.) 타고난 성품을 바꿀 수 없다

Er konnte nicht aus seiner Haut, wusste aber, wie er seine Schwäche zu steuern hatte.
그는 성품은 바꿀 수 없었으나, 자기 약점을 어떻게 조정해야 하는지는 알았다.

sich in seiner Haut [nicht] wohl fühlen (ugs.) 처지에 흡족해 하다(불만이다)

Man merkt ihm sofort an, dass er sich in seiner Haut nicht wohl fühlt.
그가 자기 처지에 불만족스럽다는 것을 사람들은 곧 알 수 있다.

mit Haut und Haar[en] (ugs.) 완전히, 털도 안 뽑고, 남김없이

Er hatte sich mit Haut und Haaren der Soziologie verschrieben.
그는 온전히 사회학에 몰두했다.

Der Tiger fraß sein Opfer mit Haut und Haaren.
호랑이는 노획한 먹이를 남김없이 먹어 치웠다.

jm. unter die Haut gehen/dringen 감동시키다

Der Film über die Flüchtlinge ging allen unter die Haut.
난민을 다룬 영화는 모든 사람을 감동시켰다.

am längeren Hebel sitzen 더 막강하다, 영향력이 더 있다

Es hat wenig Sinn, gegen eine Behörde einen Prozess anzustrengen. Die sitzen doch am längeren Hebel.
당국을 상대로 소송을 제기하는 것은 거의 무의미한 일이다. 그들은 더 막강한 위치에 있다.

***einen heben** (ugs.) 술 마시다, 한잔 들다

Nach dem Training gehen wir manchmal einen heben.

훈련 후에 때때로 우리는 한잔하러 간다.

es zieht wie Hechtsuppe (ugs.) 황소바람이 들어오다

„Mach bitte Fenster zu, hier zieht es wie Hechtsuppe.“
“황소바람이 들어오니 창문을 닫아라!”

das Heft in der Hand haben/behalten (geh,) 권력을(칼자루를) 쥐고 있다

Es dürfte kein Zweifel daran aufkommen, dass man das Heft in der
Hand behalten muss.
권력을 쥐고 있어야 한다는 것은 의심의 여지가 없는 사실이다.

jn./etw. hegen und pflegen 극진히 보살피다(돌보다)

Er hegte und pflegte seine kranke Mutter mit großer Hingabe.
그는 병든 어머니를 온 정성을 다하여 돌봤다.

jm. ist das Hemd näher als der Rock (R.) 팔은 안으로 굽는 법이다

Beim Kommunalwahlen ist den meisten Leuten das Hemd näher als
der Rock. Sie wollten mit ihrer Stimmabgabe ihre unmittelbare
Umgebung und ihre Lebensqualität beeinflussen.
지자체 선거에서는 대부분의 유권자는 팔이 안으로 굽는다. 그들은 투표를 통해
자신들의 인근 주변과 생활의 질에만 영향을 주려 했다.

hinter jm./etw. her sein (ugs.) 추적하다, 꼭 갖고 싶어 하다

Die Polizei ist schon lange hinter dieser Bande her.
경찰은 오래 전부터 이 범죄 조직을 추적하고 있다.

Hinter diesem Buch ist er schon lange her.
그는 오래 전부터 이 책을 꼭 갖고 싶어한다.

Hinter diesem Stück war ich für meine Sammlung schon lange her.
나는 오래 전부터 이 작품을 소장하고 싶었다.

weit hergeholt 억지로 끼워맞춘

„Was Sie da sagen, scheint mir doch ein bisschen weit hergeholt.“
“당신이 말하는 것은 내게는 약간 억지 같다.”

sein eigener Herr sein 독립하다

Der 24-jährige Kulturwissenschaftler ist seit Juni sein eigener Herr,
niemand hat mehr Macht über ihn.

24세의 인문과학자는 6월부터 독립했기 때문에 아무도 그에게 영향력을 행사하지
못한다.

aus aller Herren Länder[n] (geh.) 도처로부터

In diesem Institut arbeitet ein internationales Team aus aller Herren
Ländern unter besten Bedingungen für den Erfolg.

이 연구소에는 세계적 학자로 구성된 국제적 연구팀이 최상의 조건하에서 일하고
있다.

nicht mehr Herr seiner Sinne sein 완전히 제정신이 아닌, 정신이 나간

Er war vor Schmerz nicht mehr Herr seiner Sinne, als ich ihn gestern
besuchte.

그는 내가 어제 방문했을 때 통증 때문에 제정신이 아니었다.

schweren Herzens 무거운(내키지 않는) 마음으로

Der Tierpark Berlin trennt sich nur schweren Herzens von seinem
einstigen Liebling.

베를린 동물원은 무거운 마음으로 옛 귀염둥이 동물과 작별한다.

Wir haben uns nach längerer Pause im Herbst vergangenen Jahres
dazu entschlossen, schweren Herzens, die taz wieder zu abonnieren.

상당 기간이 지난 후 우리는 작년 가을에 일간지 taz를 다시 정기구독하기로 했다.

das Herz auf dem rechten Fleck haben 합리적이고 건전하다

Er setzt sich für diese Stadt und ihre Bürger ein und ist superkorrekt
und sehr sparsam. Außerdem hat er „das Herz auf dem rechten Fleck.“

이 시와 시민을 위해 전력을 기울이는 그는 정말 올바르고 매우 근검하다. 또한 그
는 합리적이고 건실하다.

wes das Herz voll ist, des geht der Mund über (Spr.) 마음으로 느낀 것을 말
로 표현해야한다

jm. wird das Herz schwer 근심이 크다

So manchen Eltern wird das Herz schwer, wenn sie ihre kleinen Kinder mit dem großen Ranzen in Richtung Schule tapern sehen.

어린 자녀들이 큰 책가방을 메고 학교 쪽으로 비틀거리며 가는 것을 볼 때면 많은 학부모들의 걱정은 커진다.

jm. rutscht das Herz in die Hose (ugs.) 가슴이 철렁하다, 기가 꺾이다

Einigen Richtern im Jusitzviertel ist schon im Vorfeld des Prozesses gegen fünf mutmaßliche Mitglieder der Terrororganisation al-Qaida das Herz in die Hose gerutcht.

알-카이다 테러단원으로 보이는 다섯 명에 대한 재판 전반부에서 벌써 법원가의 몇 재판관들은 가슴이 철렁했다.

js. Herz höher schlagen lassen (geh.) 기대에 부풀게 하다

Das Programm lässt jedem Fan schwingender Musik das Herz höher schlagen.

그 프로그램은 경쾌한 음악을 좋아하는 모든 팬을 기대에 부풀게 한다.

jm. das Herz brechen (geh.) 화가 몹시 나다, 삶의 의욕을 앗아버리다

Und diejenigen, die das Buch lesen, ohne dass es ihnen das Herz bricht, sind falsche Zungen.

그 책을 화가 치밀어 오르지 않고 읽는 사람은 거짓말쟁이다.

Jedes Mal bricht mir fast das Herz, wenn sie mich erneut hier in der Kälte stehen lässt.

그 여자가 또 나를 추운 이곳에 기다리게 할 때마다 나는 살맛이 없어진다.

jm. das Herz schwermachen 슬프게 하다, 걱정을 끼치다

„Es macht mir wirklich das Herz schwer, wenn ich sehe dass ihr Geschwister nicht gut einander auskommt!"

"너의 자매들이 사이가 안 좋은 것을 보면 나는 걱정이 된다!"

nicht das Herz haben, etw. zu tun

■ (동정심 때문에) 행하지 못하다

„Hast du dem Bettler etwas gegeben?" – „Ja, ich hatte einfach nicht das Herz, ihn in dieser Kälte einfach so abzuweisen."

"너는 그 거지에게 뭐 좀 주었느냐?" – "응, 나는 이 추위에 떠는 그를 차마 외면할 수 없었다."

2 용기가 없다, 감히 무엇을 하지 못 하다

Obwohl er ein guter Arzt ist, hat er häufig nicht das Herz den Leuten die Wahrheit über ihren Krankenzustand zu sagen.

그는 훌륭한 의사이지만, 때로는 환자에게 병의 상태를 사실대로 말해주지 못한다.

*sich³ ein Herz fassen 결심하다

Am Ende fasste er sich doch noch ein Herz. Vor drei Wochen hatte er beim Interview die Verständigung mit dem Sieger ermöglicht.

결국 그는 결심을 했다. 3주전 그는 인터뷰에서 우승자와의 소통을 성사시켰다.

Obwohl er sich nicht im Dienst befand, fasste er sich ein Herz und folgte den Langfinger bis auf den U-Bahn-Steig.

근무 중은 아니었으나 그는 결심하고 소매치기를 지하철 승강장까지 뒤쫓았다.

das Herz auf der Zunge tragen (geh.) 숨김없이 토로하다, 터놓고 말하다

Sie trägt das Herz auf der Zunge. nicht zuletzt deshalb wurde ihr wenig freundschaftliche Verhältnis zur Berliner Olympiasiegerin zum Dauerthema.

특히 베를린 올림픽 우승자와의 껄끄러운 관계가 지속적 테마였기 때문에 그 여자는 숨김없이 터놓고 말한다.

jm. sein Herz ausschütten (geh.) 속마음을 털어놓다

Für Kinder, die ihr Herz ausschütten und ihre Sorgen zur Papier bringen, hat jedoch auch der Nikolaus individuelle Antworten.

속마음을 털어놓고 걱정을 써내는 어린이들에게 산타크로스는 개별적으로 답장을 해준다.

Doch nicht jedem, der bisher anrief, ging es um Spenden. Manche will einfach sein Herz ausschütten. Es wird viel geweint.

지금까지 전화한 사람들 모두가 후원금이 중요한 것은 아니었다. 많은 사람들이 자기 속을 털어 놓으려하고, 울기도 많이 한다.

sein Herz [an jm.] verlieren (geh.) 반하다, 사랑에 빠지다

Hier trat er das allererste Mal in Deutscland auf. Er hat in der Stadt Heidelberg sein Herz verloren.

그는 생애 최초로 이곳 독일 땅을 밟고 하이델베르크 시에 완전히 반했다.

jm. sein Herz verschenken/schenken 매우 사랑하다, 모든 사랑을 바치다

Ich schenke mein Herz dem jungen Engländer, der zum jüngsten Grand-Prix-Piloten avanciert war.

나는 자동차 경기 그랑프리 최신예 우승자인 영국 청년을 몹시 좋아한다.

Eines Tages taucht ihr armer Vetter Charles auf, dem sie ihr Herz und ihr Vermögen schenkt.

어느 날 그 여자의 사촌 찰스가 나타나고 그에게 모든 사랑을 바친다.

seinem Herzen/Ärger Luft machen 마음을 털어놓다

Doch eines Tages macht er seinem schweren Herzen Luft.

언젠가는 자신의 불편한 마음을 시원하게 털어놓을 것이다.

Mit einem verbalen Rundumschlag machte er am Wochenende seinem Herzen Luft. In zwei Interviews griff er Fraktionskollegen an.

그는 주말에 불편한 심기를 사방에 퍼뜨려 털어놓았다. 두 차례의 인터뷰에서 원내교섭단체의 동료 의원들을 공격했다.

***jm. etw. ans Herz legen** 간곡히 부탁(당부, 추천)하다

Er zwingt seine Sicht dem Leser nicht auf, aber er legt sie ihm ans Herz.

그는 자신의 관점을 독자에게 강요하지는 않지만 간절히 호소한다.

Wem das alles nicht reicht, dem sei noch diese Szene ans Herz gelegt.

이 모든 것이 충분하지 않은 사람은 이 장면을 간곡히 추천한다.

Man möchte das Buch gern vor allem Jounalisten ans Herz legen.

이 책을 특히 언론인들에게 간절히 추천하고 싶다.

etw. auf dem Herzen haben 말하고 싶어 한다, 마음에 두고 있다

Manchmal rufen Leute in der Redaktion an, die etwas auf dem Herzen haben.

때로는 무엇인가 부탁이 있는 사람들이 제작진에게 전화를 한다.

Ich sehe dir schon den ganzen Tag an, dass du etwas auf dem Herzen
hast.

네가 무엇인가 말하고 싶어 하는 것을 나는 하루 내내 알고 있다.

jn. im Herzen tragen 그리워하다, 사랑하다

Obwohl ich seit Jahren nichts mehr von meinem Jugendfreund gehört
habe, trage ich ihn immer noch in meinem Herzen.

나의 젊은 시절의 친구 소식이 끊긴지 몇 해 되지만 나는 아직도 그를 애틋하게 생
각하고 있다.

man kann einem Menschen nicht ins Herz sehen (R.) 열 길 물속은 알아도
한 길 사람 속은 알 수 없다

etw. nicht übers Herz bringen (ugs.) 차마 하지 못하다

Der Lehrer bringt es nicht übers Herzen, den Kindern die Wahrheit
zu sagen, weil er sie gern hat.

선생은 아이들을 사랑하기 때문에 진실을 차마 말하지 못한다.

Eigentlich sollte er den Hirsch erlegen, aber der hat es nicht übers
Herz gebracht.

그는 사슴을 사살해야 하지만 차마 그러질 못했다.

*von [ganzem] Herzen (geh.)

1 진심으로, 진실로

Ich will, dass ich dich von ganzem Herzen liebe.

내가 너를 진실로 사랑한다는 것을 뜻한다.

Ich wünsche von ganzem Herzen, dass niemand jemals die Schrecken
des Krieges kennen lernen wird.

그 누구도 전쟁의 무서움을 겪지 않기를 나는 진심으로 바란다.

2 확신하여, 자신 있게

„Nun kommt die dritte Aufgabe! Wenn du es schaffst, dass wir von
ganzem Herzen lachen.“

세 번째 임무가 있다. 네가 그것을 완수하면 우리는 마음껏 웃을 것이다.

***sich[3] etw. zu Herzen nehmen** 명심하다, 마음에 두다

Tausende nahmen sich den Warnruf „Glatt! Vorsicht!" zu Herzen und machten langsam.

"미끄럼 주의!"라는 경고 소리를 수 천 명이 명심하고 서행했다.

Es waren Lieder, die sich die Leute zu Herzen nahmen, weil sie immer schon Teil ihres Lebens waren.

그것이 늘 생활의 일부였기 때문에 사람들이 마음에 간직하고 있는 가곡들이 있었다.

zum Heulen sein (ugs.) 매우 슬프다, 비참하다

In dem Moment war mir schon zum Heulen zu Mute.

그 순간에 너무 슬펐다.

***von heute auf morgen** (ugs.) 단기간에, 하루아침에

Das können wir leider nicht von heute auf morgen erledigen.

유감스럽게도 우리는 그것을 하루아침에 처리할 수 없다.

lieber heute als morgen (ugs.) 즉시, 당장

Ich würde lieber heute als morgen in meine Heimatstadt zurückkehren.

나는 차라리 당장 고향으로 돌아가겠다.

hieb- und stichfest 확고한, 반박할 수 없는

Er hat hieb- und stichfeste Argumente.

그는 확고한 논거를 갖고 있다.

Seine Argumente sind wenig hieb- und stichfest, deshalb kann er mich nicht überzeugen.

그의 주상은 반박의 여지가 많아 나를 설득할 수 없다.

[wie ein Blitz] aus heiterem Himmel (ugs.) 완전히 예상 밖으로, 청천벽력으로

Die Landesregierung Hessen wollte aus heiterem Himmel eine Rembrandt-Ausstellung nicht mehr unterstützen.

헤센 주정부는 완전히 뜻밖으로 렘브란트 전시회를 지원하지 않으려했다.

Die Nachricht von Tod der Prinzessin Diana kam wie ein Blitz aus heiterem Himmel.

다이아나 공주의 사망 소식은 청천벽력같이 놀라웠다.

jn./etw. in den Himmel heben (ugs.) 과찬하다, 지나치게 받들다

Die Leute, die ihn jetzt in den Himmel heben, werden ihn dann zuerst in Grund und Boden stampfen.

지금 그를 비행기 태우는 사람들은 나중에는 제일 먼저 그를 무참하게 짓밟을 것이다.

nicht [einfach] vom Himmel fallen 저절로 되지 않다

Die Durchführung des Rechts fällt nicht vom Himmel.

법의 시행은 저절로 되지 않는다.

weiß der Himmel! (ugs.) 놀랄 일이다!

Es hatte nicht geklingelt. Ich hatte den Summer nicht betätigt, weiß der Himmel, wie der Alte das fertig gebracht hatte.

초인종도 안 울렸다. 나도 버저를 누르지 않았는데, 노인이 어떻게 그것을 했는지 놀라자빠질 지경이다!

Himmel und Hölle in Bewegung setzen (ugs.) 모든 수단과 방법을 동원하다

Hier sind Neid und Hass in ihrer Reinkultur anzutreffen. Gegen uns werden immer Himmel und Hölle in Bewegung gesetzt.

여기에는 질투와 증오가 진짜로 섞여 있다. 우리에 대항하여 모든 수단과 방법이 동원된다.

etw. stinkt zum Himmel (salopp) 너무나 혐오스럽다

Es stinkt zum Himmel, wie die Arbeitgeber mit uns umgehen, empörten sich gestern 300 Bauarbeiter.

고용주가 우리를 대하는 태도가 혐오스럽다고 300명 건설노동자가 분개했다.

Der mit ihm vereinbarte Kompromiss ist nicht nur ein fauler Kompromiss, sondern er stinkt geradezu zum Himmel.

그와 합의한 타협은 수상할 뿐 아니라 너무 구린내가 난다.

hin oder her (ugs.) ~안팎

Zehn Euro hin oder her spielen jetzt auch keine Rolle mehr.

10유로 안팎 정도는 이제는 문제가 안 된다.

***hin und her** (ugs.) 이리 저리로

Schwestern und Sanitäter liefen aufgeregt hin und her.

간호사와 구급 요원들이 흥분하여 이리 저리로 뛰었다.

hin und wieder 때때로

Hin und wieder mache ich es mir vor dem Kamin gemütlich und lege
alte Platten auf.

때때로 나는 벽난로 앞에서 편안히 앉아서 옛날 음반을 듣는다.

wo denkst du [hin]! (ugs.) 절대 받아들일 수 없다, 완전한 착각이다

„Werden Sie zurücktreten, Herr Minister?" − „Wo denken Sie hin, drauf
hat die Opposition doch nur gewartet."

"장관님, 사퇴하실 예정입니까?"−"천만에, 사퇴는 야당이 기다려온 바이지오."

jn. am liebsten von hinten sehen (ugs.) 좋아하지 않다, 존경하지 않다

Ich sehe den Assistenten am liebsten von hinten, denn er ist mir sehr
unangenehm.

그 조교는 내게 매우 껄끄럽기 때문에 나는 그를 좋아하지 않는다.

sich auf die Hinterbeine stellen (ugs.)

1 저항하다, 거역하다

Das System stellt sich, durch die scheinbare Vielfalt bedroht, noch
einmal auf die Hinterbeine.

외관상의 다양성 때문에 난관에 봉착한 그 체계는 또다시 저항에 부딪쳤다.

2 노력하다

Er stellt sich auf die Hinterbeine und verbeugt sich ganz artig nach
rechts und nach links.

그는 애써 아주 공손히 좌우로 인사를 한다.

sich im Hintergrund halten 소극적이다

Bei dieser Aktion sollte sich unsere Bank ganz im Hintergrund halten.
Schließlich könnte sonst das Finanzamt davon Wind bekommen.

이 행사에 우리 은행은 소극적이어야 한다. 그렇지 않으면 세무서가 그 낌새를 챌
수 있다.

etw. im Hinterkopf haben/behalten (bildungsspr.) 잠재의식 속에 있다

Die Ärzte müssten bei Therapien nicht ihre Verdienstpanne im
Hinterkopf behalten.
진료를 할 때 의사들은 의료사고를 잠재의식 속에 가지고 있으면 안 된다.

ins Hintertreffen geraten 뒤지다, 밀리다, 불리한 입장에 처하다

Die Bundeswehr ist wegen Geldmangels international ins Hintertreffen
geraten.
독일군은 자금부족으로 국제적으로 뒤쳐졌다.

Die Arbeitsimigranten sind aber durch die große Not der Flüchtlinge
ins Hintertreffen geraten.
망명자들의 큰 어려움때문에 취업 이민자들은 뒷전으로 밀려났다.

Hinz und Kunz (abwertend) 너도나도, 개나 소나

Ich fahre nicht mehr auf diese Insel, da macht doch heute Hinz und
Kunz Urlaub.
지금은 너도나도 휴가를 보내는 이 섬에 나는 이제 가지 않는다.

in der Hitze/im Eifer des Gefechts 경황 중에, 흥분하여

In der Hitze des Gefechts habe ich wohl ein Wörtchen zuviel gesagt.
흥분한 바람에 아마도 내가 말을 너무 많이 한 것 같다.

*wenn es hoch kommt (ugs.) 기껏해야

Für den verrosteten Wagen kriegt er, wenn es hoch kommt, 600 Euro.
녹슨 자동차 대가로 그는 기껏해야 600유로나 받을 것이다.

Er spricht nur einige Worte deutsch, und wenn es hoch kommt, auch
mal einen ganzen Satz.
그는 독일어를 단지 몇 마디, 기껏해야 가끔 완전한 문장 하나 정도밖에 못한다.

[jm.] etw. hoch und heilig versprechen/beteuern 확언하다, 장담하다

Sie hatte es ihm hoch und heilig versprochen, ihn am Wochenende zu besuchen.

그를 주말에 방문하겠다고 그 여자는 호언장담했다.

locker vom Hocker (ugs.) 느슨하게, 손쉽게

Sie wird doch nicht mal eben ganz locker vom Hocker zwei Millionen Euro in ein so unsicheres Projekt investieren.

그 여자는 그렇게 불확실한 계획에 2백만 유로를 쉽사리 투자하지 않을 것이다.

jm. den Hof machen 여자의 환심을 사려하다

Der alternde Künstler versuchte mir den Hof zu machen, ich überlegte, was Martha an ihm fasziniert haben könnte.

늙어 가는 예술가는 나의 환심을 사려들었으나, 나는 마르타가 그의 어떤 점에 매료될 수 있었던 지를 생각하고 있었다.

Hoffen heißt Wolken fangen wollen (Spr.) 희망하는 것은 뜬구름 잡는 것이다

guter Hoffnung/in der Hoffnung sein (geh.) 임신 중이다

Die Ärztin hatte ihm anvertraut, dass seine Frau guter Hoffnung sei.

부인이 임신 중이라는 사실을 여의사는 그에게 넌지시 알려주었다.

das ist [doch/ja] die Höhe! (ugs.) 이거야말로 염치 뻔뻔한 짓이다!

„Jetzt will die Werksleitung die Treueprämie streichen. Das ist doch die Höhe!"

"이제 공장 경영진은 정근 수당을 없애려 한다. 정말 뻔뻔스러운 일이다!"

auf der Höhe sein (ugs.)

1 건강한, 컨디션이 좋은

„Na, sind Sie jetzt wieder ganz auf der Höhe?"

"어때요, 이제 다시 아주 건강해지셨지요?"

Wir mussten unsere Abreise verschieben, weil die Kinder nicht auf der Höhe waren.

아이들이 컨디션이 좋지 않아서 우리가 출발을 연기해야만 했다.

2 최신 정보를 갖다

Wenn man heute in seinem Fach auf der Höhe sein will, muss man viele Zeitschriften lesen.

오늘날 자기 분야에 최신 정보를 보유하려면 많은 잡지를 읽어야 한다.

auf der Höhe [der/seiner Zeit] sein/bleiben 현대적이다

Der Verlag bietet ein Programm, das auf der Höhe der Zeit ist.

출판사는 현대적인 프로그램을 펼치고 있다.

in die Höhe gehen (ugs.) 화내다

Die Schüler merkten schnell, dass ihr neuer Klassenlehrer leicht in die Höhe ging.

새 담임선생이 화를 곧잘 내는 것을 학생들은 곧 알아차렸다.

sich in die Höhle des Löwen begeben/wagen (ugs.) 힘 있는 인물을 방문하다

Er wollte sich in die Höhle des Löwen begeben, um zu erfahren, warum es nicht mit seiner Beförderung nicht klappte.

승진 누락의 이유를 알기 위해 그는 고위층을 방문하려 했다.

Hokuspokus machen (ugs.)

1 과장하다

„Hör auf damit, solchen Hokuspokus wegen der schwachen Leistung des Sportlers zu machen!"

"그 선수의 저조한 성적을 그렇게 과장하지마라!"

2 장광설을 늘어놓다

Wenn man, was an Hokuspokus gemacht wurde, abrechnet, bemerkt man, dass unsere Firma nicht besonders gut abschneidet.

늘어놓는 장광설을 계산하면 우리 회사가 별로 성과가 좋지 않음을 알 수 있다.

3 무의미한 짓을 하다

„Jetzt hört endlich auf, Kinder, einen solchen Hokuspokus zu machen, damit wir im Unterricht fortfahren können!"

"어린이 여러분, 수업을 계속하기 위하여 이제는 쓸데없는 짓을 그만하세요!"

da/bei jm. ist nichts [mehr]/nicht viel zu holen 가져갈 것이 전혀(별로) 없다

Warum sollte einer hier einbrechen — jeder weiß doch, dass bei uns nichts zu holen ist.

왜 여기에 침입 하겠어 — 우리 집에는 훔쳐 갈 것이 전혀 없다는 것을 누구나 알고 있는데.

Die Firma hat schon längst Konkurs angemeldet, da dürfte nicht mehr viel zu holen sein.

회사는 파산 신고를 한 지 오래어서 압류할 것이 별로 없을 것이다.

jm. die Hölle heiß machen (ugs.) 끈질기게 독촉하다

Wenn du ihm nicht die Hölle heiß machst, gibt er dir das Geld nicht zurück.

네가 그를 독촉하지 않으면 그는 네게 돈을 상환하지 않을 것이다.

jm. das Leben zur Hölle machen 살기 힘들게 하다

Mit ihrer Launenhaftigkeit macht sie ihrer Familie das Leben zur Hölle.

그 여자의 괴팍성이 가족의 삶을 힘들게 만든다.

auf dem Holzweg sein ; sich auf dem Holzweg befinden (ugs.) 오판이다

Wenn du glaubst, dass ich dir das Geld pumpe, bist du auf dem Holzweg.

내가 너에게 그 돈을 전폭 지원해 주리라 생각하면 착각이다.

jm. Honig um den Mund/um den Bart/ums Maul schmieren (ugs.)
아부하다

„Schmier ihm doch mal ein bisschen Honig um den Bart, vielleicht gibt er dir dann die Erlaubnis."

"그에게 약간 알랑거려 봐라, 그러면 혹시 너에게 허락을 해줄 수도 있지."

bei/an jm. ist Hopfen und Malz verloren (ugs.) 헛수고다, 싹이 노랗다

Er hat schon wieder seinen Arbeitsplatz gewechselt, bei ihm ist Hopfen und Malz verloren.

그는 또 다시 직장을 옮겼으니 그에게는 모든 노력이 허사다.

Auf ihn kann man sich nicht verlassen, da ist Hopfen und Malz verloren.

그는 더 이상 믿을 수가 없다, 그야말로 싹이 노랗다.

hopp oder topp 전부냐 전무냐

Nach über dreijährigen Zusammenarbeit heißt es hopp oder topp. Ausstieg oder Professonalisierung.

3년간 공동 작업이 전부냐 전무냐, 즉 중도하차냐 전문화냐의 기로에 서있다.

Druck ist immer da. Jetzt geht es im K-O System um hopp oder topp.

압력은 존재한다. 이제는 케이오 제도가 생사의 기로에 처해있다.

hops sein/gehen (salopp) 없어지다, 잃어버리다

Beim Terrorakt sind mehrere Gebäude hops gegangen.

그 테러 행위로 몇 개의 건물이 날아가 버렸다.

Das ganze Geld ist hops.

돈이 몽땅 없어졌다.

sich hören lassen 수용할 수 있다

„1,000 Euro wollen Sie dafür haben? Das lässt sich hören.“

“그것을 천 유로를 받으시겠다는 겁니까? 그렇게 합시다.”

*[etwas/nichts] von sich hören lassen 소식을 전하다(소식이 없다)

„Lass bald wieder von dir hören!“

“곧 소식 좀 전해라!”

Sie hat schon lange nichts mehr von sich hören lassen.

그 여자는 이미 오랫동안 소식이 없었다.

jm. vergeht Hören und Sehen 눈앞이 캄캄해지다, 정신을 잃다

Als er die Summe hörte, verging ihm Hören und Sehen.

총 금액을 듣고 그는 눈앞이 캄캄했다.

sich³ die Hörner ablaufen/abstoßen (ugs.) (경험을 통해) 뼈저리게 느끼다

Er ist noch sehr jung und muss sich erst noch die Hörner ablaufen.

그는 아직 아주 젊어서 우선 더 경험을 쌓아야 한다.

jm. Hörner aufsetzen (ugs.) 남편을 배신하다

Er geriet außer sich vor Wut, als er erfuhr, dass seine Frau ihm
Hörner aufgesetzt hatte.

그는 아내가 자기를 배신한 것을 알자 화가 나서 제정신이 아니었다.

jm. auf die Hörner nehmen (ugs.) 신랄하게 공격하다

Bei jeder passenden Gelegenheit nimmt er seinem Chef auf die Hörner.

적절한 기회만 있기만 하면 그는 사장을 심하게 공격한다.

***[zu Hause/daheim] die Hosen anhaben** (ugs.) (집안의) 결정권자다

Man merkte gleich, dass sie die Hosen anhatte.

그 여자가 집에서 결정권을 쥐고 있다는 것을 쉽게 알 수 있었다.

die Hosen [gestrichen] voll haben (derb) 겁을 먹다

„Hab doch bloß nicht immer gleich die Hosen voll!"

"언제나 겁부터 먼저 집어먹지 마라!"

sich auf die Hosen/den Hosenboden setzen (fam.) 열심히 배우다

„Wenn du dich nicht auf die Hosen setzt, wirst du nicht versetzt
werden."

"네가 열심히 공부하지 않으면 낙제할 것이다."

jm. die Hucke/den Frack/den Ranzen voll hauen (ugs.) 때리다

Wenn er mich noch einmal beleidigt, haue ich ihm die Hucke voll.

그가 또 한번 나를 모욕하면 그를 때릴 것이다.

Wenn ich diesen Kerl erwische, haue ich ihm den Frack voll!

내가 이 친구를 잡으면 두들겨 팰 것이다.

die Hucke/die Jacke voll kriegen (ugs.) 맞다

„Wenn du das noch einmal machst, kriegst du die Hucke voll."

"네가 또 다시 이런 짓을 하면 매 맞을 줄 알아라!"

das Huhn, das goldene Eier legt, schlachten (R.) 어리석게 생활 기반을 포기하다

Warum sollte er sein Haus in der Innenstadt verkaufen? Da würde er ja das Huhn, das goldene Eier legt, schlachten.
그는 왜 도심의 집을 판단 말이냐? 그것은 경솔하게 생활 기반을 포기하는 것이다.

mit jm.[noch] ein Hühnchen zu rupfen haben (ugs.) 따질(정리할) 일이 있다

„Sag deiner Schwester, dass ich mit ihr noch ein Hühnchen zu rupfen habe."
"너의 누이에게 내가 따질 일이 있다고 전해라."

mit Hühnern zu Bett gehen/schlafen gehen (scherzh.) 일찍 자다

Wir sind gestern mit den Hühnern zu Bett gegangen.
어제 우리는 일찍 잠자리에 들었다.

***in/die Hülle und Fülle** (geh.) 대량으로, 넘치게, 충분히

Arbeit, das merkte er bald, gab es in der Firma die Hülle und Fülle.
회사에 할 일이 매우 많다는 것을 그는 바로 알았다.

Lebensmittel gibt es in Hülle und Fülle, aber wer übernimmt die Verteilung?
생필품은 충분히 있지만 누가 분배를 담당할 것인가?

ein dicker Hund (ugs.) 염치없는(버릇없는) 일이다

Das ist ein dicker Hund, dass er trotz der vielen Gegenbeweise die Tat leugnet.
충분한 반증이 있는데도 불구하고 그가 행위를 부인하는 것은 뻔뻔스러운 일이다.

bekannt sein wie ein bunter/scheckiger Hund (ugs.) 삼척동자도 안다

„Was, den kennst du nicht? Der ist doch bekannt wie ein bunter Hund."
"뭐, 저 사람을 모른다고? 그는 정말 잘 알려진 사람이다."

wie ein Hund leben; ein Hundeleben führen (ugs.) 어렵게 살다

Leider gibt es noch Menschen, die wie ein Hund leben.
유감스럽게도 어려운 삶을 사는 사람들이 아직도 있다.

müde sein wie ein Hund (ugs.) 피곤해서 녹초가 되다

Als er gestern heimkam, war er total müde wie ein Hund.

그는 어제 귀가하자 완전히 녹초가 되었다.

frieren wie ein junger Hund/ein Schneider (ugs.) 동태처럼 몸이 얼다

Barfuß stand sie im kalten Hausflur und fror wie ein junger Hund.

그녀는 찬 바닥에 맨발로 서있어 몸이 동태처럼 꽁꽁 얼었다.

wie Hund und Katze leben (ugs.) 늘 싸우다, 견원지간이다

Die beiden leben wie Hund und Katze, aber wenn es darauf ankommt, halten sie zusammen.

그 두 사람은 견원지간이지만 그것에 관해서 만은 서로 일치단결 한다.

mit etw. keinen Hund hinter dem Ofen hervorlocken/vom Ofen locken (ugs.) 관심을 끌지 못하다, 소용이 없다

Mit Heimatfilmen locken die Kinos keinen Hund mehr hinter dem Ofen hervor.

시골을 배경으로 한 영화는 이제 관객의 관심을 끌지 못한다.

jn. wie einen Hund behandeln (ugs.) 사람 취급하지 않다

Der Schalterbeamter hat die alte Frau wie einen Hund behandelt.

창구 공무원은 그 노파를 사람 취급하지 않았다.

***da liegt der Hund begraben** (ugs.) 그것이 어려운 문제다

Ihr habt nicht das Geld, um das Schiff zu überholen und seetüchtig zu machen. Da liegt also der Hund begraben.

선박을 수리하여 항해할만한 자금이 없다는 것이 너희들의 애로사항이다.

jn. auf den Hund bringen (ugs.) 파멸에 이르게 하다

Das Heroin hatte sie schnell auf den Hund gebracht.

헤로인이 그 여자를 순식간에 파멸로 몰아갔다.

auf den Hund kommen (ugs.) 몸이 쇄약해지다, (경제적으로) 몰락하다

Er war früher kerngesund. Erst durch die vielen Überstunden ist er so auf den Hund gekommen.

옛날에 그는 아주 건강했지만 초과근무로 인하여 몸이 쇄약하게 되었다.

Nach dem Wechsel der Geschäftsführung ist das Geschäft jetzt regelrecht auf den Hund gekommen.

경영진이 바뀐 후에 회사는 완전히 몰락하게 되었다

mit allen Hunden gehetzt sein (ugs.) 산전수전 다 겪은(닳고닳은) 사람이다

„Nimm dich vor ihm in acht! Er ist mit allen Hunden gehetzt.“

"항상 그 사람을 경계해라! 그는 산전수전 다 겪은 사람이다."

vor die Hunde gehen (ugs.) 망하다, 파멸하다

In so einem Lager gehst du früher oder später vor die Hunde.

그런 수용소에서는 너는 조만간 파멸하게 될 것이다.

In einer Stadt wie New York kann man schnell vor die Hunde gehen.

뉴욕 같은 도시에서는 자칫 망하기 쉽다.

Hunde, die viel bellen, beißen nicht (Spr.) 짖는 개는 물지 않는다

viele Hunde sind des Hasen Tod (Spr.) 중과부적이다

Zwei Verteidiger konnte er umspielen, aber viele Hunde sind des Hasen Tod : Am dritten blieb er schließlich hängen.

그는 두 수비수를 피해갈 수 있었으나 중과부적이다 : 결국 세 번째 수비수에게 걸렸다.

am Hungertuch nagen (scherzh.) 기아에 시달리다, 곤궁을 겪다

Die Zahl der Arbeitslosen stieg weiter, und viele Familien mussten am Hungertuch nagen.

실업자 수가 계속 늘어가고 많은 가정이 굶주림에 시달렸다.

hungrig wie ein Bär sein (ugs.) 매우 배고픈

Als wir erst um 20 Uhr dort ankamen, waren wir alle hungrig wie ein

Bär.

우리가 거기에 저녁 8시에 도착했을 때 모두 배가 몹시 고팠다.

eine Hürde nehmen 어려움을 극복하다

Wenn die Regierung diese Hürde genommen hat, wird sich die Wirtschaft schnell erholen.

정부가 이 고비를 극복하면 경제가 곧 회복될 것이다.

jm. et[was] husten/pfeiffen 청을 들어줄 수 없다

Dieser Hausierer wollte uns ein Zeitungsabonnement andrehen. Dem habe ich was gepfiffen.

이 방문판매원은 우리에게 신문정기구독권을 판매하려했으나 나는 그의 청을 들어주지 않았다.

mit dem Hute in der Hand kommt man durch das ganze Land (Spr.)

정중한 사람은 많은 것을 성서할 수 있다

ein alter Hut (ugs.) 진부한 일

Die Geschichte, dass die beiden sich scheiden lassen wollen, ist doch ein alter Hut.

두 사람이 이혼하려는 것은 벌써 다 알고 있는 이야기다.

jm. geht der Hut hoch (ugs.) (참지 못하고) 화가 나다

Wenn man diese Ungerechtigkeit sieht, kann einem doch der Hut hochgehen.

이런 불의를 보면 응당 분개할 수 있다.

den/seinen Hut nehmen [müssen] 사직하다, 물러나다

Der Geschäftsführer musste gerade seinen Hut nehmen. Im Mai hat er noch ein rosiges Bild seines Unternehmens gemalt.

사무총장이 바로 사직해야했다. 그는 5월에만 해도 아직 자기 업무에 대해 낙관적이었다.

***vor jm./etw. den Hut ziehen** 존경하다, 높이 평가하다

Ich ziehe vor diesem Mann den Hut, er hat sein schweres Schicksal gemeistert.

그 사람은 자기의 기구한 운명을 극복하였기에 나는 그를 존경한다.

Vor dieser Leistung kann man nur den Hut ziehen.

이 업적은 높이 평가할 수밖에 없다.

sich³ etw. an den Hut stecken können (ugs.) ⟨흔히 명령문⟩ 누가 가져가도 그만이다

Sie sagte ihm, er könne sich seine Geschenke an den Hut stecken.

받고 싶지 않으니 선물을 줄 필요가 없다고 그 여자는 그에게 말했다.

etw. aus dem Hut machen (ugs.) 즉흥적으로 행하다

Die Sache muss ich gründlich vorbereiten. Das kann ich nicht so einfach aus dem Hut machen.

일을 나는 철저하게 준비해야지 간단히 즉흥적으로 할 수 없다.

***[bei/vor jm./etw.] auf der Hut sein [müssen]** 조심하다, 주의하다

Er spürte, dass er bei ihr auf der Hut sein musste.

그 여자를 조심해야 한다는 것을 그는 느꼈다.

Darum erinnere ich mich unklar an unsere Gespräche, er war bei jedem Satz auf der Hut.

나는 우리가 나눈 대화가 확실하게 기억나지 않으나 그는 한 문장 한 문장에 주의를 했다.

Er konnte nicht genug auf der Hut sein, damit ihn die Leute nicht übervorteilten.

사람들이 조롱하지 못하도록 그는 모든 주의를 게을리 하지 않았다.

jn./etw. unter einen Hut bringen (ugs.) 조정하다, 일치시키다

Die Kongressleitung hatte die Wünsche aller Teilnehmer unter einen Hut zu bringen.

대회본부는 전체 참가자의 희망사항을 조정했다.

I

das ist eine Idee von Schiller (ugs.) 그것은 좋은 제안이다

„Wollen wir nicht eine Partie Schach spielen?" − „Das ist eine Idee von Schiller."

"장기 한판 둘까?"−"그거 좋은 생각이다."

keine Idee! (ugs.) 천만에 말씀!

„Willst du da rüberspringen?" − „Keine Idee, ich bin doch nicht lebensmüde."

"저기를 너 뛰어넘을 생각이냐?"−"천만에, 나는 죽고 싶지 않아."

***sich für jn./etw. interessieren** 관심을(흥미를) 갖다

Niemand dort oben, im zweiten Stock, wird danach fragen, wo ich bin. Niemand wird sich dafür interessieren.

저 위 이층에 사는 누구도 내가 어디 있는지 묻지 않을 것이다. 아무도 그런데 관심이 없다.

***an etw. interessiert sein** 관심이 있다

Als Psychotherapeutin ist sie an allen Dingen interessiert, die mit dem Zen und der Meditation zu tun haben.

심리치료사인 그 여자는 선과 묵상에 관계되는 모든 것들에 관심이 있다.

jn. in die Irre führen (geh.) 나쁜 길로 이끌다, 속이다

Immer wieder führen Firmen aus der Reisebranche Verbraucher in die Irre.

지속적으로 관광분야 회사들은 소비자들을 속이고 있다.

J

das ist Jacke wie Hose (ugs.) 매 한가지다

Wir können auch erst essen und dann ins Kino gehen, das ist Jacke wie Hose.

식사를 먼저 하고 영화를 볼 수도 있다, 매 한가지다.

jm. die Jacke voll hauen/ die Jacke voll kriegen (ugs.) 매 때리다(매 맞다)

Er kriegt jeden Tag die Jacke voll.

그는 매일 매를 맞는다.

sich³ die Jacke anziehen (ugs.) 자기와 연관시키다

„Warum hast du dir denn die Jacke angezogen?"

"왜 너는 너를 겨냥하는 것으로 생각했느냐?"

in die ewigen Jagdgründe eingehen/schicken (iron.) 골로 가다(보내다)

Der Mörder hat den Mann mit einem Messerstrich direkt zwischen Augen in die ewigen Jagdgründe geschickt.

살인범은 칼을 그의 바로 눈 사이에 휘둘러서 그 남자를 골로 보냈다.

auf Jahr und Tag [genau] 정확한 날짜까지 (정확히)

Trotz ihres hohen Alters weiß sie noch auf Jahr und Tag genau, wer wann und wie lange im Dorf gelebt hat.

그 여자는 고령임에도 불구하고 이 마을에 누가 언제 얼마나 살았었는지 정확한 날짜까지 상세히 알고 있다.

in die Jahre kommen (verhüll.) 늙어 가다

So langsam sieht man es ihr an, dass sie in die Jahre kommt.

그 여자가 늙어 가는 것을 점차 엿볼 수 있다.

***in den besten Jahren** 인생의 황금기

Es wird oft behauptet, dass eine Frau heutzutage mit vierzig gerade in den besten Jahren ist.

오늘날 여자 나이 40은 바로 인생 황금기라고들 흔히 말한다.

***nach Jahr und Tag** 수년 후에, 상당 기간이 지난 후

Nach Jahr und Tag wird sich zeigen, ob die Entscheidung der Regierung richtig war.

정부의 결정이 옳았는지는 수년 후에 밝혀질 것이다.

***vor Jahr und Tag** 오래 전에, 수년 전에

Schon vor Jahr und Tag hatte der Trainer auf Missstände im Verein hingewiesen.

벌써 수년 전에 감독은 구단의 결점을 지적했었다.

jahraus, jahrein 해마다, 끊임없이 상당 기간

„Jahraus, jahrein feiern wir Weihnachten zu Hause, lass uns doch mal wegfahren!"

"해마다 크리스마스를 집에서 지내니, 한번쯤 집을 떠나자!"

das ist [auch nicht] der wahre Jakob (ugs.) 옳은(옳지 못한)일이다

Ist es der wahre Jakob, jeden Abend vor dem Fernseher zu sitzen?

매일 저녁 텔레비전을 보는 것은 잘하는 것이냐?

Eine kurzfristige Lösung ist auch nicht der wahre Jakob.

단기적 해결책도 옳지 못하다.

seit [eh und] je 늘, 줄곧

Beim Weihnachtsmarkt sind die Schüler und Musiklehrer seit eh und je dabei.

크리스마스 시장이 열리면 학생들과 음악선생이 늘 자리를 함께한다.

Im Sommer holen die Kinder hier ihr Eis, seit eh und je.

여름에는 아이들이 여기에서 아이스크림을 그전부터 늘 사온다.

***je~, desto/um so~** ~하면 할수록 더

> Je besser die Schneelage und das Wetter, desto mehr Unfälle passieren auf den Pisten.
>
> 눈 상태와 날씨가 좋을수록 슬로프에서 사고는 더욱 많이 발생한다.
>
> Je mehr der Bachelor-Abschluss zum Regelabschluss wird, um so dringlicher ist es, die Anerkennung auch mit Arbeitgebern und dem öffentlichen Dienst zu klären.
>
> 학사졸업 표준 졸업제도가 될수록, 고용주와 공공기관도 함께 이를 인정하는 일이 더욱 시급하다.

alle Jubeljahre [(ein)mal] (scherzh.) 극히 드물게, 어쩌다가

> Alle Jubeljahre sehen wir uns noch.
>
> 어쩌다가 우리는 서로 보게 된다.
>
> So einen begabten Schüler haben wir nur alle Jubeljahre mal.
>
> 이렇게 뛰어난 학생은 극히 드물게 나온다.

schwerer Junge (ugs.) 범죄자

> Da sitzen schwere Jungs ein.
>
> 거기에는 범죄자들이 수용되어있다.

K

das ist [alles] kalter Kaffee (salopp) 그것은 진부한(흥미 없는) 이야기다

Was der Kronzeuge aussagte, war sowohl für das Gericht als auch für den aufmerksamen Zeitungsleser kalter Kaffee.

공범 증인의 진술은 재판부 뿐 아니라 주의깊은 신문독자는 이미 다 알고 있는 사실이다.

dem Kaiser geben, was des Kaisers ist (R.) 황제의 것은 황제에게 바쳐라

Politik interessiert ihn nicht, er gibt dem Kaiser, was des Kaisers ist, und hält sich im Übrigen aus allem heraus.

정치에 흥미가 없는 그는 국가에 대한 의무는 다하면서도 만사에 일체 개입하지 않는다.

jn./etw. durch den Kakao ziehen (ugs.) 놀리다, 우롱하다

Der Schaffner merkte nicht, dass ihn die Reisenden durch den Kakao zogen.

차장은 여행객들이 자기를 놀리는 것을 눈치채지 못했다.

um das Goldene Kalb tanzen ; das Goldene Kalb anbieten (geh.) 황금에 눈이 멀다

Es ist widerlich, wie die Menschen um das Goldene Kalb tanzen.

사람들이 황금에 눈먼 모습이 마음에 거슬린다.

der Tanz um das Goldene Kalb 물욕, 황금만능

Als engagierter Gesellschaftskritiker verabscheute er den Tanz um das Goldene Kalb.

그는 참여적 사회 비판가로서 배금주의를 싫어했다.

kalter Krieg 냉전

Zwischen Deutschland und Russland ist ein „kalter Krieg" über die gegenseitigen Überflug-und Landerechte entbrannt. Russland hat der Lufthansa wegen der Gebührenstreitigkeiten über sein Teritorrium untersagt.

독일과 러시아 사이에 상호 통과 비행과 착륙권한을 둘러싼 "냉전"이 일어났다. 러시아는 요금 마찰을 이유로 루프트한자의 영공통과를 거부했다.

jm. schwillt der Kamm (ugs.)

1 분노하다

Wenn man sich bei unserem Chef nach einer Gehaltserhöhung erkundigt, schwillt ihm immer gleich der Kamm.

우리 사장에게 봉급인상에 대하여 물어볼 때면 항상 그는 금방 화를 낸다.

2 오만방자하다

Seit man ihm die die Professur in Erlangen versprochen hat, ist ihm sichtlich der Kamm geschwollen!

그에게 에어랑겐 대학의 교수직을 약속받은 후로는 눈에 보이게 오만방자하다.

jm./etw. den Kampf ansagen 선전포고하다

Eine Gruppe mutiger Journalisten hatte den Mafiabossen den Kampf angesagt.

용기 있는 언론인 집단이 마피아 두목의 타도를 선언했다.

Dem Hunger in der dritten Welt müssen wir den Kampf ansagen.

우리는 제3세계의 빈곤을 퇴치해야 한다.

den Kanal voll haben (salopp) 지겹다, 진절머리가 나다

Die Arbeiter haben den Kanal voll von den Versprechungen der Arbeitgeber.

근로자들은 고용주의 약속에 신물이 난다.

jn. an die Kandare nehmen ; [bei] jm. die Kandare anziehen 엄하게 다루다

Wenn wir die Kinder nicht an die Kandare nehmen, machen sie mit

uns, was sie wollen.
아이들을 엄하게 기르지 않으면 우리를 자기들 마음대로 할 것이다.

unter aller Kanone (ugs.) 질이 나쁜, 형편없는

Die meisten Spieler waren völlig außer Form und spielten unter aller Kanone.
대부분의 선수가 컨디션이 극도로 저조하여 형편없는 경기를 했다.

etw. auf die hohe Kante legen/etw. auf der hohen Kanten haben

(ugs.) 저축하다, 절약하다 (저축되어 있다)

Der Lohn reichte nicht, um etwas auf die hohe Kante zu legen.
임금은 저축할 만큼 충분하지 못했다.

Wir haben nichts auf der hohen Kante.
우리는 저축된 돈이 한푼 없다

schwer von Kapee sein (ugs.) 이해가 더딘, 머리 회전이 늦은

Der neue Mitarbeiter scheint ein bisschen schwer von Kapee zu sein.
그 신입 사원은 약간 우둔한 것 같다.

Kapital aus etw. schlagen 이득을 보다, 이용하다

Er verstand es, aus allem Kapital zu schlagen.
그는 모든 것을 이용할 줄 알았다.

Wenn er Kapital aus etwas schlagen kann, ist er immer dabei.
그는 이득이 생길 만한 데 반드시 끼어 있다.

etw. auf seine [eigene] Kappe nehmen (ugs.) 책임을 떠맡다

Ich fand es sehr anständig von ihm, die ganze Sache auf seine eigene Kappe zu nehmen.
그 모든 일을 전적으로 책임지는 그 사람은 매우 진실하다고 나는 생각한다.

die Karre/der Karren ist [total/vollständig] verfahren (ugs.) 뒤죽박죽이다, 절망적이다

Seit dem die Militärjunta die Regierung übernommen hat, ist die

Karre völlig verfahren.

군사정권이 정부를 인수한 후로는 완전히 절망적 상황이다.

die Karre/den Karren [für jn.] aus dem Dreck ziehen (ugs.) 상황을 정돈하다, 정리하다

Auf meine Mutter ist kein Verlass. Wenn etwas schief geht, kann ich allein die Karre aus dem Dreck ziehen.

우리 어머니는 믿을 수가 없다. 무엇이 잘못되면 나 혼자서 수습 할 수밖에 없다.

sich nicht vor js. Karren spannen lassen (ugs.) 이용당하지 않다

Ich bin zwar Sympathisant dieser Partei, lasse ich mich aber keineswegs vor ihren Karren spannen. Deshalb trete ich ihr auch nicht bei.

나는 이 정당의 동조자지만 그 정당에 이용당하지는 않으려고 입당하지는 않는다.

*Karriere machen 경력을 쌓다, 입신출세하다

Der Leiter der Forschungsstelle hatte ungewöhnlich schnell Karriere gemacht.

연구 소장은 전례에 없이 빨리 입신출세했다.

alles auf eine Karte setzen (한번에) 모든 것을 걸다

Um an der Macht zu bleiben, war der Diktator entschlossen, alles auf eine Karte zu setzen.

권력을 유지하려고 독재자는 엄청난 도박을 결심했다.

*die Karten offen auf den Tisch legen : die Karten aufdecken 진심을 밝히다

Ich nehme an den Verhandlungen nur teil, wenn alle die Karten auf den Tisch legen.

모두가 진심을 털어놓는다면 나는 협상에 참여하겠다.

jm. in die Karten sehen/schauen/gucken (ugs.) 계획을 몰래 알아내다

Wir wollen versuchen, diesen Herrschaften mal ein bisschen in die Karten zu sehen.

이 사람들의 숨겨진 의도가 무엇인지 우리는 몰래 알아내려 한다.

mit offenen/verdeckten Karten spielen 솔직하게(속셈을 품고) 행동하다

„Du brauchst nur mit offenen Karten zu spielen, um mein Vertrauen zu gewinnen."

"나에게 신임을 얻으려면 네가 솔직하게 행동하기만 하면 된다."

Er hatte die ganze Zeit mit verdeckten Karten gespielt.

그는 내내 자기 속마음을 감추고 행동했다.

jn./etw. fallenlassen wie eine heiße Kartoffel 단호히 결별(철회)하다

Und die Abgeordneten ließen das Gesetz fallen wie eine heiße Kartoffel.

국회의원들은 그 법률을 즉각 철회했다.

rein in die Kartoffeln, raus aus den Kartoffeln 조령모개

das ist alles Käse! (ugs.)

1 그것은 모두 무의미하다!

Das, was er dir versprochen hat, ist alles Käse! Diese Verspechungen kann er niemals halten

그가 네게 약속한 것은 말도 안 되는 소리다. 이런 약속은 그는 결코 지킬 수 없다.

2 사용할 수 없다

„Was du da gebastelt hast, ist doch alles Käse! Das funktioniert doch niemals!"

"네가 제작한 것은 쓸 수가 없다! 작동이 전혀 안 된다!"

Kasse machen

1 (Kaufmannsspr.) 당일 결산을 하다

Wenn die Verkäuferinnen gegangen waren, schloß er die Tür ab, und machte Kasse.

여점원이 퇴근 후면 그는 문을 닫고 당일 결산을 했다.

2 (ugs.) 주머니 사정을 확인하다

„Kommst du mit ein Bier trinken?" – „Ich weiß nicht, ich muss erst mal Kasse machen."

“맥주 한잔하러 같이 갈까?”-“글쎄, 내 주머니 사정부터 봐야겠다.”

3 (ugs.) 돈을 긁어 들이다, 돈을 따다

„Du machst dich kaputt, der Dealer macht Kasse!"

“너는 다 털린다, 딜러가 다 따고 있어!”

gut/knapp/schlecht bei Kasse sein (ugs.) 돈이 여유가 있다(빠듯하다, 없다)

Sobald ich wieder gut bei Kasse bin, kaufe ich mir einen Farbfernseher.

경제적 여유가 생기면 나는 컬러 텔레비전을 살 것이다.

Die meisten Studenten im Wohnheim waren knapp bei Kasse.

기숙사에 있는 대부분 학생들은 돈이 빠듯하다.

Uns war etwas bang zu Mute, besonders da wir wieder einmal schlecht bei Kasse waren.

우리는 다시 경제적 여유가 없어서 약간 겁이 났다.

*jn. zur Kasse bitten (ugs.) 지불을 요청하다

Die haben uns jahrelang ausgebeutet, jetzt wollen wir die Herren einmal zur Kasse bitten.

그들은 수년 간 우리를 착취했으니 이제는 그들이 돈을 내게 하려 한다.

Unsere Tochter möchte gern nach Europa reisen, da werden wir im Sommer sicher zur Kasse gebeten.

우리 딸이 유럽 여행을 원하니까 여름에 우리에게 틀림없이 돈을 요청할 것이다.

[für jn.] die Kastanien aus dem Feuer holen (ugs.) 위험을 무릅쓰다

Ich habe keine Lust, für euch die Kastanien aus dem Feuer zu holen.

너희들을 위해 위험을 무릅쓸 마음이 없다.

etwas auf dem Kasten/im kleinen Finger haben (ugs.) 능력이 있다

Auch die Patienten merkten, dass der neue Oberarzt etwas auf dem Kasten hatte.

새로 온 수석 전문의가 유능한 사람이라는 것을 환자들까지도 알았다.

es ist alles für die Katz (ugs.) 헛된 일이다, 쓸모없다

Drei Tage lang habe ich mich für den Vortrag vorbereitet, und jetzt ist alles für die Katz, weil der Kongress nicht stattfindet.

3일이나 강연을 준비했는데 학회가 안 열리니 허사가 되었다.

der Katze die Schelle umhängen 고양이 목에 방울 달다

Die Frage ist nur, wer hängt der Katze die Schelle um?

누가 고양이 목에 방울을 다느냐가 문제다.

die Katze aus dem Sack lassen (ugs.) 의도를 알게 하다, 비밀을 누설하다

Endlich hat der Finanzminister die Katze aus dem Sack gelassen. Die Steuern sollen wieder einmal erhöht werden.

결국 재무장관은 세금을 재차 인상할 계획을 내비쳤다.

***die Katze im Sack kaufen** (ugs.) 속아서 사다

Wir müssen das Haus erst besichtigen lassen, damit wir nicht die Katze im Sack kaufen.

속지 않으려면 우리는 우선 그 집을 봐야 한다.

Katz und Maus [mit jm./miteinander] spielen (ugs.) 불분명한 태도를 취하다

Er merkte nicht, dass die Tochter des Chefs nur Katz und Maus mit ihm spielte.

그는 사장 딸이 그에게 애매한 태도를 취하는 줄 몰랐다.

***[bis/zu/nach~] ein Katzensprung sein** (ugs.) 엎어지면 코 닿을 거리다

Mit dem Flugzeug ist es von Hannover nach Berlin nur ein Katzensprung.

하노버에서 베를린까지 비행기로는 아주 가깝다.

etw. in Kauf nehmen (단점을) 수용하다, 각오하다

Die Abfahrten sind so herrlich, dass man die langen Wartezeiten an den Liften gern in Kauf nimmt.

리프트에서 기다리는 긴 시간이 전혀 아깝지 않을 만큼 활강은 훌륭하다.

aus voller Kehle ; aus vollem Hals[e] 큰 소리로

Er war betrunken und sang aus voller Kehle Karnevallieder.

그는 술에 취해 큰 소리로 사육제 노래를 불렀다.

Es war Frühling, und die Vögel sangen aus voller Kehle.

봄이 와서 새들이 큰 소리로 지저귀었다.

jn. einen feuchten Kehricht/Dreck angehen (salopp) 상관없다, 무관하다

In meinen vier Wänden kann ich tun und lassen, was ich will. Das geht dich einen feuchten Kehricht an.

내 방에서는 내가 하고 싶은대로 한다. 그것은 네가 상관할 일이 아니다.

etw. im Keim ersticken 싹을 지르다, 초토화시키다

Der Aufstand wurde im Keim erstickt.

반란은 초동단계에서 평정되었다.

*etw. zur Kenntnis nehmen 알아두다, 인지하다

„Nehmen Sie bitte zur Kenntnis, dass das Betreten der Laborräume Unbefugten verboten ist.“

"관계자 외의 실험실 출입이 금지되어 있음을 알아두기 바랍니다!"

jn. von etw. in Kenntnis setzen 주지시키다, 알리다

Er hielt es für seine Pflicht, seine übergeordnete Dienststelle von den Vorfällen in Kenntnis zu setzen.

그는 상급 부서에 그 사건을 알리는 것이 자기의 의무라고 여겼다.

*der harte Kern

1 핵심 인물(세력)

Der harte Kern der Terroristen konnte sich lange der Verhaftung entziehen.

테러의 핵심 인물은 벌써 몸을 피할 수 있었다.

2 (scherzh.) 중심적 인물, 열렬한 사람

Zu dieser Konferenz war nur der harte Kern von Spezialisten eingeladen.

이 회의에는 굴지의 전문가만이 초대되었다.

jn. auf dem Kieker haben (ugs.) 감시하다, 관심을 갖다

Die Klassenlehrerin hatte die beiden schon lange auf dem Kieker.
담임선생은 벌써부터 그 두 학생에게 관심을 가졌다.

auf dem Kien sein (ugs.) 주의를 집중하다, 정신차리다

Der Torwart musste höllisch auf dem Kien sein, um nicht gleich noch
ein Ding ins Netz zu kriegen.
바로 또 한 골을 먹지 않기 위해 골키퍼는 정신을 바짝 차렸다.

sich bei jm. lieb Kind machen (ugs.) 아양떨다, 알랑대다

Die Kollegen fanden es widerlich, wie er sich lieb Kind beim Chef
machte.
그가 사장에게 아부하는 것을 동료들은 역겹게 여겼다.

bei jm. lieb Kind sein (ugs.) 누구의 호감을 사다

Keine drei Monate war er im Betrieb, da war er schon lieb Kind beim
Chef.
그는 입사한지 채 세 달도 안 되어 벌써 사장의 눈에 들었다.

das Kind mit dem Bade ausschütten 얻는 것 보다 잃는 것이 많다, 교각살우

Die Erfahrungen mit dem Führer waren die schlechtesten. Aber
deshalb gleich das Kind mit dem Bade ausschütten?
지도자와의 경험은 최악이었지만, 그렇다고 바로 교각살우의 우를 범할 수 있나?

das Kind/Dinge beim [rechten/richtigen] Namen nennen (ugs.) 솔직히 말하다

Keiner unter den Funktionären traute sich, das Kind beim rechten
Namen zu nennen.
간부들 가운데 그 누구도 꾸밈없이 그대로 말하려고 들지 않았다.

Ich bin froh, dass wir uns ein Herz gefasst hatten und die Dinge beim
Namen nannten.
우리가 자신감을 갖고 솔직하게 논의를 했던 것이 나는 기쁘다.

***mit Kind und Kegel** (scherzh.) 전체 식솔과 함께, 전 식구 모두

Mit Kind und Kegel rückten seine Schwiegereltern am ersten Weih-
nachtsfeiertag an.

그의 처가 부모는 전 식솔을 거느리고 크리스마스 휴가 첫날 밀어 닥쳤다.

den Kinderschuhen entwachsen 성인이 되다, 장성하다

Die Kinder jenes Ehepaars sind alle schon längst den Kinderschuhen
entwachsen.

저 부부의 자녀들은 모두 장성한지 오래됐다.

noch in den Kinderschuhen/Windeln stecken (기술적 수준이) 초보 단계이다

Die Raumfahrt steckt noch immer in den Kinderschuhen.

우주 비행은 아직 걸음마 단계에 있다.

[für jn.] Kinderspiel/keine Hexerei sein (ugs.) 쉽다, 어린애 장난이다

Im Vergleich zu der Abfahrt über den Südhang war diese Abfahrt das
reinste Kinderspiel.

남부능선 활강에 비하면 이번 활강은 정말 어린애 장난에 지나지 않았다.

auf der Kippe/Kante stehen (ugs.) 위험에 쳐하다

Als Schüler habe ich in Mathematik oft auf der Kippe gestanden.
Heute weiß ich, dass man auch ohne Mathematik erfolgreich sein
kann.

나는 학생시절에 수학에서 어려움에 처했으나, 이제는 수학 없이도 성공할 수 있
음을 알게 되었다.

Es stand noch auf der Kippe, ob die Konferenz stattfinden würde.

회담이 열릴지는 아직 불확실하다.

die Kirche im Dorf lassen (ugs.) 바른 자리 매김을 하다, 과장하지 않다

Wenn er auch den Unfall verschuldet hat, so ist er noch lange kein
Mörder. Nun wollen wir mal die Kirche im Dorf lassen.

그가 사고를 냈으나 살인자는 아니다. 이제 우리는 차분히 판단하려고 한다.

arm wie eine Kirchenmaus sein (scherzh.) 몹시 궁핍하다

Als ich die Universität besuchte, war ich arm wie eine Kirchenmaus.
나는 대학생 때 경제적으로 몹시 어려웠다.

mit jm. ist nicht gut Kirschen essen (R.) 어울리지(친해지지) 못 하다

Die Lehrkräfte merkten sehr schnell, dass mit dem neuen Direktor nicht gut Kirschen essen war.
선생들은 신임 교장과 원만하게 지내기 어렵다는 것을 곧바로 느꼈다.

mit dem Klammerbeutel/Klammersack gepudert (salopp) 제 정신이 아니다

„Du kannst doch nicht den Benzinkanister auf den Teppich stellen. Dich haben sie wohl mit dem Klammerbeutel gepudert."
"휘발유 통을 양탄자 위에 놓다니, 너 제 정신이 아닌가 보다!"

die große Klappe schwingen (salopp abwertend) 잘난 체하다, 떠벌리다

Zu Hause traut er sich kaum etwas zu sagen, aber im Betrieb schwingt er die große Klappe.
그는 집에서는 말하려 않지만 직장에서는 많이 떠벌린다.

einen Klaps/Pieps/Piepmatz/eine Macke haben (ugs.) 정신이 돌다, 미치다

Der Mann am Nebentisch schien ganz offenkundig einen Klaps zu haben.
옆 책상 남자는 분명히 정신이 이상한 사람처럼 보인다.

***sich über etw. klar/im Klaren sein** 분명히 알다, 일의 결과를 알다

Ich bin mir darüber im Klaren, dass er nicht auf meiner Seite steht.
그가 내 편이 아니라는 것을 나는 뻔히 알고 있다.

das ist [doch] klar wie Kloßbrühe (ugs.) 명백한(당연한) 일이다

Da ist es klar wie Kloßbrühe, dass ein Besuch im deutschen Supermarkt häufig Kopfzerbrechen bereitet.
독일 슈퍼마켓에 가는 것이 흔히 골머리가 아픈 일이라는 것은 명백한 사실이다.

jm. eine/ein paar kleben (ugs.) 뺨을 때리다

Sie heulte fürchterlich, weil ihr Vater ihr ein paar geklebt hatte.
아버지가 뺨을 때리자 그 여자는 대성통곡을 했다.

klein, aber oho (scherzh.) 작지만 성능이 좋은

Der neue Mittelstürmer ist klein, aber oho.
새로 기용한 센터포드는 단신이지만 잘 뛴다.

Er hatte ein koreanisches Handyphon, klein, aber oho.
그는 작지만 성능이 우수한 국산 핸드폰을 갖고 있었다.

***von klein auf** 어릴 때부터

Obwohl die Eltern ihren Kindern nie erklärten, wie und warum sie bestimmte Entscheidungen treffen, war es den Kindern von klein auf bewusst.
부모가 자녀에게 어떤 결정을 내리는 방법과 이유를 설명하지 않았지만 자녀들은 어릴 때부터 그것을 알고 있었다.

Kleinvieh macht auch Mist (R.) 티끌 모아 태산이다

Stecke das Kleingeld in dein Sparschwein, Kleinvieh macht auch Mist.
잔돈을 너의 돼지 저금통에 넣어라! 티끌 모아 태산이다.

in der Klemme sitzen (ugs.) 곤경에 처하다

Wenn mein Freund nicht für uns gebürgt hätte, dann hätten wir ganz schön in der Klemme gesessen.
내 친구가 우리 보증을 서 주지 않았으면 우리는 여지없이 곤경에 처했을 것이다.

klipp und klar (ugs.) (오해가 없도록) 분명하게

Er sagte ihr klipp und klar, dass er an einer weiteren Zusammenarbeit nicht interessiert sei.
또 계속적인 협력에는 관심이 없음을 그는 그 여자에게 분명하게 말했다.

jm. ein Klotz am Bein sein (ugs.) 짐(부담)이 되다

Sie bemühte sich um einen Platz im Altersheim, weil sie den jungen

Leuten kein Klotz am Bein sein wollte.

그 여자는 젊은 사람들에게 짐이 되지 않으려고 양로원 자리를 얻으려고 애썼다.

aus jm./etw. nicht klug/schlau werden 이해할 수 없다

Gestern hat er wieder nicht gegrüßt, ich werde aus ihm und seinen Benehmen einfach nicht klug.

어제 또 그는 인사를 하지 않았다. 나는 그와 그의 태도를 도대체 이해할 수 없다.

„Aus dieser Telefonrechnung werde ich nicht schlau! Wer aus der Familie hat denn mit Australien telefoniert?"

"전화요금 계산서를 나는 이해 할 수 없다! 식구 중 누가 호주에 국제전화를 했단 말인가?"

*Knall und/auf Fall (ugs.) 즉각, 즉석에서

Weil er im Lager geraucht hatte, wurde er Knall und Fall entlassen.

창고에서 흡연했기 때문에 그는 즉각 해고당했다.

einen Knall haben (salopp) 돌았다, 제 정신이 아니다

„Du hast wohl einen Knall, meinen Brieföffner als Schraubenzieher zu benutzen!"

"내 편지 개봉용 칼을 드라이버로 쓰다니 너 정신이 돌았구나!"

jm. eine/ein paar knallen (salopp) 뺨을 한(여러)차례 때리다

Wenn du nicht ruhig bist, kriegst du gleich eine geknallt.

조용히 하지 않으면 여지없이 뺨에 손이 한대 올라간다.

Knast schieben (salopp) 금고형을 받다

Er hat zehn Jahre Knast schieben müssen.

그는 10년 금고형을 치러야 했다.

jn. auf/in die Knie zwingen (geh.) 굴복시키다

Mit diesem neuen Modell werden wir die ausländischen Konkurrenz auf dem Gebiet der Mittelklassewagen in die Knie zwingen.

이 새로운 모델로 우리는 중형차 분야에서 외국 경쟁사를 완전히 압도할 것이다.

***[vor jm.] in die Knie gehen** (ugs.) 숙이고 들어가다, 따르다

Sie dachte gar nicht daran, vor ihren Schwiegervater in die Knie zu gehen.

시아버지에게 꼼짝 못하리라고 그 여자는 생각하지도 않았다.

etw. übers Knie brechen (ugs.) 서둘러 완결하다

Das Gericht will aber mit Blick auf die Verfassungsbeschwerde die endgültige Einstellung nicht übers Knie brechen.

재판부는 위헌 소송을 고려하여 최종 판결을 서둘러 내리지 않으려 한다.

***bis auf/in die Knochen** (ugs.) 완전히, 철저히

Nach dem Unwetter waren wir nass bis auf die Knochen.

비바람이 몰아친 후에 우리는 흠뻑 젖었다.

[einen] Kobolz schießen/schlagen 물구나무서다

Die ganz Kleinen schossen Kobolz auf der Matte.

꼬마 아이들이 매트에서 물구나무를 섰다.

den Kochlöffel schwingen (scherzh.) 음식을 준비하다, 요리하다

Wenn Vater den Kochlöffel geschwungen hatte, sah die Küche wie ein Schlachtfeld aus.

아버지가 요리를 할 때면 부엌은 마치 전쟁터처럼 보였다.

***die Koffer packen** (ugs.) 떠나다, 사직하다

Wenn es weiter so regnet, packen wir die Koffer.

비가 계속 이렇게 내리면 우리는 떠난다.

Nach dem heftigen Streit musste der neue Trainer die Koffer packen.

심하게 다툰 후 새 감독은 사직해야만 했다.

Kohldampf schieben (ugs.) 배고프다, 허기지다

Es war ein Glück, dass er Mozart mehr erträgt wie Rap, Kohldampf muss er auch bis nach der Vorstellung schieben.

그는 다행히도 랩보다 모차르트를 잘 이해했으며 공연 후까지 허기졌다.

[wie] auf [glühenden] Kohlen sitzen 아주 불안해하다

Sie saß, während die Beamten die Visa kontrollierten, wie auf glühenden Kohlen.

출입국 관리소 직원이 비자 검사를 하는 동안 그 여자는 매우 초조했다.

auf jn. nichts kommen lassen 감싸다, 옹호하다

Der Trainer lässt auf seine Spieler nichts kommen.

그 감독은 자기 선수들을 감싸고 돈다.

Du wirst sehen, dass er auf seinen Sohn nichts kommen lässt.

그가 자기 아들을 옹호하는 것을 너는 알게 될 것이다.

Komödie spielen (ugs.) 연극하다, 속이다

Ich werde hier Komödie spielen und so tun, als ob ich den Bundeskanzler nicht duzte.

나는 여기서 속이고 (독일) 수상에게 말을 놓지 않는 것처럼 처신할 것이다.

etw. auf dem Konto/Gewissen/Kerbholz haben (ugs.) (범죄를) 저지르다

Die Bande hatte mehrere Raubüberfälle auf dem Konto.

그 범죄 조직은 몇 차례 절도행위를 저질렀다.

Man nimmt an, dass er noch weitere Betrügereien auf dem Kerbholz hatte.

그는 또 다른 사기 행각을 저질렀을 것으로 추정된다.

etw. unter Kontrolle bringen/halten 제압하다(조심하다)

Der Brand in dieser größten türkischen Raffinerie nahe der Stadt Izmir konnte am Freitag unter Kontrolle gebracht werden.

이즈미 시내 근교에 있는 터키 최대 정유공장 화재는 금요일에 그 불길을 잡을 수 있었다.

Der Brand im Autobahntunnel zwischen Salzburg und Kärnten wurde erst nach einem Tag unter Kontrolle gebracht.

잘스부르크 주와 캐른튼 주를 연결하는 고속도로 터널에서 발생한 화재는 하루가 지난 후에야 진화되었다.

Solange Sie Ihre Schritte und Ihre Bewegungen unter Kontrolle halten, fällt es niemanden auf.

당신의 발걸음과 움직임만 조심하면 누구의 눈에도 띄지 않을 것이다.

Kopf und Kragen riskieren/wagen/aufs Spiel setzen (ugs.)

1 목숨을 걸다

Viele Artisten leben davon, dass sie jeden Tag Kopf und Kragen riskieren.

많은 곡예사들은 매일 목숨을 담보로 살아가고 있다.

2 (경제적) 파산의 위험에 처하다

Durch diesen hohen Kredit riskiert er Kopf und Kragen, falls die Geschäfte nicht so laufen, wie er sich das vorstellt.

생각한대로 사업이 풀려가지 않으면, 이 많은 융자금으로 인하여 그는 파산에 처한다.

darüber kann man den Kopf schütteln (이해가 안 되어) 놀랄 수밖에 없다

Über die Illusionen, die sich manche Leute machen, kann man nur den Kopf schütteln.

많은 사람들이 갖는 환상에 대해 놀랄 수밖에 없다.

jm. raucht der Kopf (ugs.) 골똘히 생각하다, (생각하느라) 지치다

Und wenn zwischen hindurch der Kopf zu sehr raucht, kann man sich im Zelt auf dem Hof bei Musik erholen.

중도에 생각하느라 지치면, 뜰에 있는 텐트에서 음악을 들으며 쉴 수 있다.

den Kopf/die Nase/die Ohren/die Flügel hängen lassen (ugs.) 의기소침하다, 고개를 떨구다

Die Zahl der Arbeitslosen ist emporgeschnellt, die Konjunktur lässt den Kopf hängen.

실업자 숫자가 급속도로 증가하여 경기가 침체되었다.

Der Mannschaftskapitän Kahn stellte aber auch klar, dass es keinen Grund den Kopf hängen zu lassen gebe.

팀 주장 칸은 의기소침할 이유가 없다는 것을 분명히 했다.

den Kopf in den Sand stecken 현실을 외면하다

Man kann nicht Frieden finden, indem man den Kopf in den Sand steckt und das Böse ignoriert.

현실을 외면하며 악을 간과하면 평화를 얻을 수 없다.

Wir bewahren Gelassenheit und stecken nicht gleich den Kopf in den Sand.

우리는 침착성을 잃지 않으며 그렇다고 현실을 마냥 도외시하지 않는다.

den Kopf unterm Arm tragen (ugs.) 심하게 아프다

Franzist ein zuverlässiger Mitarbeiter. Er holt sich erst einen Krankenschein, wenn er den Kopf unterm Arm trägt.

프란츠는 심하게 아플 때만 병가를 내는 믿음직한 직원이다.

jm. den Kopf verdrehen (ugs.) 반하게 하다

Die junge Frau ist bei der Nachbarin als Untermieterin eingezogen und nun den älteren Herren den Kopf verdreht.

젊은 여인은 이웃집에 재임대자로 들어와 중년 남자들을 반하게 했다.

*jm. den Kopf waschen (ugs.) 호되게 꾸짖다, 단호히 거부하다

Warum musstest du der Polizei den Kopf waschen?

너는 왜 경찰을 심하게 질타해야 하느냐?

Einer nach dem anderen bekommt von der Gattin nun den Kopf gewaschen.

한사람씩 차례로 부인에게 호되게 꾸지람을 들었다.

jn. [um] einen Kopf kürzer/kleiner machen (ugs.) 목을 자르다

Die historische Funktion hat Berlin noch für alle deutschen Staaten erfüllt. Wer aufmuckt, wird hier einen Kopf kürzer gemacht.

모든 독일 국가체제에서 베를린은 그 역사적 기능을 수행했다. 이점에 이의를 제기하는 사람은 여기서 목이 잘릴 것이다.

Wer sich auflehnte, wurde einen Kopf kürzer gemacht.

거부하는 사람은 목이 잘렸다.

sich einen Kopf um/über etw. machen 깊이 생각하다

Das Treffen macht dennoch Sinn, alle wichtigen Akteure an einem
Tisch sitzen und sich einen Kopf machen, wie Deutschland wieder
voran kommt.

모든 중요한 협의 당사자가 한자리에서 독일의 재도약 방안을 모색하는 모임은 의
미 있는 일이다.

Vor fünf Jahren haben wir uns einen Kopf gemacht. Jetzt verschieben
wir unsere Lebensqualität deutlich in Richtung Aldi.

5년 전에 우리는 심도 있게 생각했다. 이제 우리의 생활의 질이 뚜렷이 저가 슈퍼
마켓 알디 수준으로 가고 있다.

*sich³ [über etw.] den Kopf zerbrechen ⟨명사형 : Kopfzerbrechen⟩ (ugs.)
골머리를 앓다

Die Abiturientin zerbrach sich den Kopf über ihre Zukunft. Aber was
sie überhaupt werden wollte, blieb noch ein großes Fragezeichen.

고등학교를 졸업한 여학생은 장래 문제로 골머리를 앓았지만, 무엇이 되느냐는 아
직 큰 의문으로 남았다.

Seit Jahrzehnten zerbrechen sich Wissenschaftler deshalb den Kopf,
wie man Nebelwolken auflösen könnte.

수십 년간 학자들은 안개구름을 해체할 수 있는 방안을 모색하느라 골머리를 앓고
있다.

jm. etw. an den Kopf werfen (ugs.) 맞대놓고 말하다, 쏴 부치다

Wenn man unzufrieden ist, wirft man sich halt so Sachen an den
Kopf.

사람들은 불만이 있으면 그것을 그냥 맞대놓고 말한다.

Er soll dem Mimen einst an den Kopf geworfen haben.

그는 언젠가 연기자에게 한바탕 쏴 부쳤다고 한다.

jm. auf dem Kopf /auf der Nase herumtanzen (ugs.) 무절제하게 놀아나다

Wer sich von einheimischen Terroristen jahrzehntelang auf den Kopf
herumtanzen lässt, kann kein Großereignis veranstalten.

내국인 테러분자들이 수십 년 동안 무절제하게 마음대로 하도록 방치한 사람은 커

다란 큰 행사를 개최할 수 없다.

In der globalen Politik spielen die Araber allenfalls eine untergeordnete Rolle. Israel kann ihnen mit Hilfe der USA auf der Nase herumtanzen.
국제정치에서 아랍은 기꺼해야 차 하급 역할을 한다. 이스라엘은 미국의 도움으로 아랍 국가들에게 제멋대로 군다.

alles steht auf dem Kopf (ugs.) 모든 것이 엉망이다

Bei uns steht alles auf dem Kopf, weil ein Wasserrohr geplatzt ist!
배수관이 터져서 우리 집은 모든 것이 엉망진창이다.

nicht auf den Kopf gefallen sein (usg.) 매우 영리하다

Er hat das schwere Kreuzworträtsel gelöst. Er ist wirklich nicht auf den Kopf gefallen.
그는 어려운 크로스워드 퍼즐을 풀었다. 그는 정말 머리가 좋다.

*aus dem Kopf 외워서

Man kann die Geschichten zwar in Minuten lesen, aber dann gehen sie einem nicht mehr aus dem Kopf.
그 이야기를 몇 분 안에 읽을 수 있으나 외울 수는 없다.

Dem Maler ging diese Geschichte nicht mehr aus dem Kopf.
이 이야기를 그 화가는 외울 수 없었다.

sich³ etw. aus dem Kopf schlagen (ugs.) 포기하다

Diesen Gedanken kann man sich aus dem Kopf schlagen!
이 생각은 포기할 수 있다.

etw. im Kopf behalten 기억하다

Leider kann ich meine eigene Telefonnummer nicht im Kopf behalten.
미안하게도 나는 내 전화번호를 기억할 수 없다.

etw. noch frisch im Kopf haben 생생하게 기억할 수 있다

Die Vernehmung der Unfallzeugen soll so schnell wie möglich erfolgen, weil sie dann die Vorgänge noch frisch im Kopf haben.

목격자들이 사고과정을 생생하게 기억하고 있기 때문에 그들의 진술은 가능한 빨리 이루어져야 한다.

sich³ etw. in den Kopf setzen 계획하다

Eines kann man ihr nachsagen : Dass sie nicht durchzieht, was sie sich in den Kopf gesetzt hat.

계획한 바를 실행하지 못한다는 한 가지 점은 그 여자에 대하여 말할 수 있다.

Die Regisseurin hatte sich in den Kopf gesetzt, in unserem Haus ihr neuestes Fernsehspiel zu drehen.

그 여류 감독은 우리 집에서 자기의 최신 TV 작품을 촬영하기로 계획했다.

mit dem Kopf durch die Wand wollen (ugs.) 억지를 부리다

Die Gewerkschaft will deshalb mit dem Kopf durch die Wand und droht mit Streiks.

그 때문에 노조는 억지를 부리며 파업하겠다고 위협한다.

Der Gewerkschaftschef warnte den Kanzler davor, mit dem Kopf durch die Wand zu wollen.

노조위원장은 억지를 부리겠다고 수상에게 경고했다.

*pro Kopf/Nase

Im Jahr 2005 tranken die Deutschen pro Kopf 125 Liter Bier und 119 Liter Wein.

2005년에 독일인은 일인당 맥주 125리터와 포도주119 리터를 마셨다.

Berliner geben derzeit pro Kopf und Woche 1,96 Euro für Lotterien aus.

베를린 시민은 로또 복권 구입에 현재 매주 일인당 1.96유로를 지출한다.

Die Deutschen essen im Jahr pro Kopf 224 Eier

독일 사람들은 일 년에 일인당 224개의 달걀을 먹는다.

Etwa 50,000 Euro pro Nase kostet eine Everest-Expedition heutzutage.

에베레스트 원정에 1인당 약 5만 유로가 든다.

*jm. über den Kopf wachsen (ugs.)

1 고분고분하지 않다

Die Mutter kann am Flügel als versierte Konzertpianistin mit ihrem erstaunlichen Sohn Schritt halten, obwohl der Knabe der Mutter längst über den Kopf gewachsen ist.
아들은 자립할 만큼 성장했지만, 노련한 피아노 독주가인 어머니는 특출한 아들과 호흡을 맞출 수 있다.

2 어려움을 해결할 수 없다

Die Kosten für die Raumstation explodieren. Das Projekt wächst ihren Betreibern über den Kopf.
우주정거장 비용이 폭발적으로 든다. 그 계획은 운영자가 감당할 수 없다.

Er hat den Job als Konsultant gekündigt, denn die Arbeit ist ihm letztlich über den Kopf gewachsen.
그는 결국 일을 감당해 낼 수 없어서 컨설턴트 직업을 그만두었다.

es geht um Kopf und Kragen (ugs.) 사활이 걸린 중대한 문제다

Der Boden bebt. Es geht um Kopf und Kragen.
땅 바닥이 흔들린다. 사활이 걸린 중대사다.

***von Kopf bis Fuß**

1 머리에서 발끝까지

Der 40-jährige Mann ist von Kopf bis Fuß in Müll gehüllt. Sechs Stunden würde es dauern, die Verbände zu wechseln.
40세 남자는 머리에서 발끝까지 쓰레기로 뒤범벅이었다. 붕대를 교환하는데 6시간이 걸릴 것이다.

2 완전무결하게

Ich bin von Kopf bis Fuß für Liebe eingestellt, denn das ist meine Welt und sonst gar nichts.
사랑만이 나의 세계이며 그밖의 다른 것은 아무 것도 아니기 때문에 나는 오로지 사랑만을 생각했다.

Sie ist von Kopf bis Fuß gelähmt, sitzt im Rollstuhl, kann nicht mehr schlucken.
그 여자는 전신마비여서 휠체어를 타며 음식을 삼키지 못한다.

jn. vor den Kopf stoßen (ugs.) 마음 상하게 하다, 상처를 주다

Man dürfte die Menschen nicht ständig vor den Kopf stoßen und verunsichern.

사람들의 마음을 끊임없이 상하게 하고 불안하게 해서는 안된다.

Doch das Bündnis gegen Rechts fühlt sich vor den Kopf gestoßen.

우파에 대항하는 연대세력은 상처를 받았다고 느낀다.

Die deutsche Seite wird sich aber gut überlegen, ob sie die Franzosen vor den Kopf stößt.

독일 측은 프랑스인들에게 상처를 주는 것은 아닌지 깊이 숙고할 것이다.

jm. zu Kopf steigen 취하게 하다, 흥을 돋우다

Vielleicht war das Frischwetter den Journalisten zu Kopf gestiegen.

상쾌한 날씨가 언론인들의 흥을 돋우었다.

Wahrscheinlich ist ihr die italienische Salami zu Kopf gestiegen.

이태리 쌀라미(소시지 일종)가 그 여자의 흥을 돋운 것 같다.

Der Rum steigt zu Kopf. Man verliert den Blick auf das Wesentliche.

럼주에 취하면 본질적인 것을 파악하는 안목을 잃는다.

jm. einen Korb geben 청혼을 거절하다, 사양하다

Zuerst hat meine Frau mir ja einen Korb gegeben, aber durch meine Ehrlichkeit konnte ich sie von meinen Qualitäten überzeugen.

처음에 나의 부인이 청혼을 거절했으나, 진실성을 통해 나의 질을 그녀에게 확신시켰다.

„Nehmen Sie doch bitte noch ein Stück Kuchen. Sie dürften mir einfach keinen Korb geben, Herr Schmidt!"

"슈미트 씨, 사양하지 마시고 제발 케이크 한 조각 더 드십시오!"

***sich einen Korb holen/bekommen** 거절당하다, 퇴짜 맞다

Selbst US-Außenminister bekam von seinem indischen Kollegen jetzt einen Korb.

미국 국무장관까지도 인도 외무장관으로부터 이제는 거절당했다.

Bevor er zu kleinen Firma ging, hatte er sich bei verschiedenen grö-

ßeren Firmen der Branche einen Korb geholt.
작은 회사에 가기 전에 그는 여러 그 분야의 여러 중소규모의 회사에서 퇴짜 맞았다.

viele Körner machen einen Haufen (Spr.) 티끌 모아 태산이다

politisch korrekt 정치적으로 올바른

„Secret Ballot" ist die Art Film, die im Wettbewerb von Venedig gute Chance hat : politisch korrekt, ästhetisch gelungen.
"비밀 투표"는 베니스 영화제 경쟁부문의 유력한 예술영화다 : 정치적으로 올바르고, 미학적으로 성공한 작품이다.

politische Korrektheit 정치적 바른 태도

Zwei schwarze Studenten, die sich beleidigt fühlten, weil ein weißer Student sie als Wasserbüffel beschimpft hatte, lösten eine große Diskussion über politische Korrektheit aus.
백인 학생으로부터 물소라는 욕을 듣고 모욕감을 느낀 두 흑인 학생이 정치적 바른 태도에 대한 대 토론을 유발했다.

Er redete – mit guten Argumenten – gegen politische Korrektheit an, gegen geistige Gleichschaltung.
그는 상당한 논거를 가지고 정치적 올바른 태도, 정신적 획일화에 대항하는 주장을 했다.

auf Kosten 대가로 (치르고)

Marschall Tito hat sein Reich ebenso zusammengehalten wie die Sowietunion ihr Vielvölker-Imperium. Beides geschah auf Kosten der Menschenrechte.
옛 소련이 다민족–제국을 유지했듯이 마샬 티토는 자기 나라를 잘 결속했었다. 이 두 경우는 모두 인권을 그 대가로 치르고 이루어졌다.

auf seine Kosten kommen (ugs.) (기대가) 충족되다, 만족하다

Bei dem geplanten Fest soll möglichst jeder auf seine Kosten kommen.
가능한 모든 사람이 계획한 축제에 만족하여야 한다.

zum Kotzen sein (derb) 지겹다, 아니꼽다, 불쾌하다

Da haben wir einen finischen Film gehabt 〈Benzin im Blut〉. Und er war zum Kotzen.

우리는 핀란드 영화 〈피 속의 벤진〉을 보았다. 그 영화는 지루했다.

Es ist zum Kotzen, wie du dich benimmst.

너의 태도가 아니꼽다.

Krach schlagen/machen (ugs.) 거세게 항의하다

Wenn man uns hier noch lange warten lässt, werde ich Krach schlagen.

우리를 오래 기다리게 하면 혼을 내겠다.

*außer Kraft setzen 무효화하다

Mit den neuen Gesetzen wurde die alte Regelung außer Kraft gesetzt.

새로운 법률로 인해 지금까지의 규정은 무효화되었다.

*in Kraft setzen/treten 효력을 발생하다 〈Subs. : Inkraftsetzung〉

Das Abkommen tritt am 1. Januar in Kraft.

그 협정은 1월 1일 부로 발효된다.

Afghanistan wird seit dem Sturz des Taliban-Regimes auf der Grundlage einer vorübergehend in Kraft gesetzten Verfassung regiert.

텔레반 정권붕괴 후 아프카니스탄은 과도적인 효력을 가진 헌법의 바탕으로 통치된다.

jm. platzt der Kragen (salopp) 화를 참지 못하다

Nach den Plätzen 17 und 23 für die deutschen Eiskunstläufer platzte der Präsident endgültig der Kragen : „Wir suchen immer tausend Entschuldigungen, anstatt etwas zu leisten."

독일 피겨선수들이 17위와 23위에 입상한 후 협회 회장은 화를 참지 못했다 :

"우리는 뭔가를 달성하지는 못하고 매번 변명할 구실을 찾고 있다."

jm./jn. den Kragen/den Hals kosten (ugs.)

1 목숨을 잃다

Es kann dich den Kragen kosten, wenn du mit dem alten Wagen so schnell fährst.

낡은 차로 속력을 그렇게 내다가는 네 목숨을 잃을 수 있다.

2 극히 위험하다

Sein leichtsinniges Spekulieren an der Börse hat ihm schon einmal fast den Kragen gekostet.

경솔한 주식 투자로 그는 극도로 위험한 지경에 이른 일이 있다

jm. an den Kragen wollen (ugs.)

1 압박하다

„Es wird höchste Zeit, dass ich aus Deutchland verschwinde. Meine Gläubiger wollen mir nähmlich an den Kragen.“

"내가 독일에서 사라질 가장 적절한 때다. 채권자들이 나를 압박하려고 한다."

2 공격하다

„Der Kerl in der Bar wollte mir plötzlich an den Kragen. Er war schon ziemlich angetrunken.“

"바에 있는 녀석이 갑자기 나를 공격하려했다. 그는 상당히 취한 상태였다."

eine Krähe hackt der anderen die Augen nicht aus (Spr.) 동업자는 한통속이다

jm. in den Kram passen (ugs.) 사정에 맞다, 무방하다

Sie war sehr unfreundlich, wahrscheinlich passte ihr mein unverhoffter Besuch nicht in den Kram.

그 여자는 매우 불친절했다. 아마도 나의 달갑지 않은 방문이 그 여자를 곤란하게 했는가 보다.

*gegen jn./etw. ist kein Kraut gewachsen (ugs.) 도리가 없다

Gegen Dummheit ist kein Kraut gewachsen.

멍청한 것은 대책이 없다.

Alle Menschen scheinen, zuerst an sich selbst zu denken, dagegen ist kein Kraut gewachsen.

모든 인간은 자기를 먼저 생각하는 것은 어쩔 수가 없다.

wie Kraut und Rüben [durcheinander] (ugs.) 뒤죽박죽

Im Zimmer lagen die Spielwaren herum wie Kraut und Rüben.

방에는 장난감이 뒤죽박죽 널려 있었다.

ins Kraut schießen

1 마음에 안 들게 급히 증가하다

Die Menschheit schießt ins Kraut im Frieden, erst der Krieg schafft Ordnung.

인류의 인구는 화평할 때는 달갑지 않게 급속도로 증가하지만, 전쟁을 통해 비로소 균형이 이루어진다.

2 심하게 퍼지다(성장하다)

Der Nationalismus blüht, besser gesagt, er schoss ins Kraut.

민족주의가 꽃핀다기 보다는 지나치게 신장된다는 것이 더 적절한 표현이다.

den Krebsgang gehen 가재걸음 치다, 퇴보되다

Seit seine Geschäfte den Krebsgang gehen, hat er auch politisch Schwierigkeiten.

그는 사업이 기울면서 정치적으로도 어려움을 겪는다.

bei jm. in der Kreide stehen/sein (ugs.) 빚지고 있다

Mein Freund wollte mich schon wieder anpumpen! Dabei steht der noch bei mir mit zwanzig Euro in der Kreide.

내 친구는 또다시 나에게 돈을 빌리려 했다. 이미 그는 내게 20유로 빚이 있다.

die besseren Kreise 고위층 인사

In diesem Lokal verkehren nur die besseren Kreise, weil es so enorm hohe Preise hat.

이 음식점은 값이 워낙 비싸서 사회 고위층만 드나든다.

Krethi und Plethi (abwertend) 어중이떠중이

Sie wollte sich nicht mit Krethi und Plethi an einem Tisch setzen.

그 여자는 아무나 하고 자리를 함께 하려 하지 않는다.

kreuz und quer ; in die Kreuz und [in die] Quere 사방으로, 이리 저리로

Wir sind kreuz und quer durch Frankreich getrampt.

우리는 히치하이크로 프랑스 전국을 사방으로 여행했다.

Ich habe dieses Auto seither in vielen schlaflosen Nächten kreuz und quer durch die Stadt begleitet.

그 이후 나는 잠 못 이루는 밤에는 이 자동차에 동승하여 온 시가를 누비고 다녔다.

ein Kreuz/drei Kreuze [hinter jm.] machen (ugs.) 떠나서 기쁘다

„Wenn du erst wieder im Internat bist, werde ich drei Kreuze machen.“

"네가 다시 기숙사에 들어가면 내 속이 후련하겠다."

sein Kreuz tragen/auf sich nehmen (geh.) 자기 십자가를 지다, 고통을 감수하다

Die Frau hat vier Kinder und ist Witwe. Lange hat sie mit ihrem Schicksal gehadert, bevor sie bereit war, ihr Kreuz zu tragen.

그 여자는 자녀를 넷이나 둔 과부로서 고통을 감수하기로 작정하기 까지는 오랫동안 자신의 운명과 싸웠다.

jn. aufs Kreuz legen (salopp) 속이다, (여자와) 잠자리를 하다

Es stellt sich die Frage, ob wir aufs Kreuz gelegt wurden.

우리가 속았는지 의문이 생긴다.

Wenn wir schlau angehen, werden die Leute nie merken, wie wir sie aufs Kreuz gelegt haben.

영악하게 대처하면 우리가 그 여자와 잠자리를 한 것을 사람들이 알아채지 못할 것이다.

mit jm. auf [dem] Kriegsfuß stehen (scherzh.)

1 싸우며 지내다

Er wurde berühmt für seine ständige Weigerung und stand deswegen mit seinen Mitarbeitern permanent auf Kriegsfuß.

그는 거절 잘하기로 유명하여 동료들과 끊임없이 싸웠다.

2 제대로 잘 하지 못하다

Mit der Mathematik hat sie in der Schule immer auf dem Kriegsfuß gestanden. Deshalb hat sie ein Fach studiert, in dem sie niemals zu rechnen brauchte

그 여자는 수학을 항상 잘 하지 못해서 계산이 전혀 필요 없는 분야를 전공했다.

***unter aller Kritik** (ugs.) (질적으로) 형편없는, 나쁜

Das Fehlverhalten dieser Staaten bei der Anerkennung ihrer Ver-
pflichtungen ist unter aller Kritik.
책임 존중에 있어서 이들 국가의 반사회적 태도는 형편없다.

einen in der Krone haben (ugs.) 술에 취하다

Der 39-Jährige hatte bei der Fesstnahme kräftig einen in der Krone.
39세의 남성은 붙잡힐 때 만취한 상태였다.

eine ruhige Kugel schieben (ugs.) 일을 소일삼아 하다

Hier bei der Post kann ich mich endlich selbst verwirklichen und eine
ruhige Kugel schieben.
여기 우체국에서는 나는 자아를 구현할 수 있고 소일삼아 일도 할 수 있다.

heilige Kuh 신성불가침의 것

Naturnahe Jagdfreunde wollen die heilige Kuh der Waldgerechtigkeit
nicht schlachten.
자연 친화적 사냥꾼들은 산림 정의라는 신성불가침을 파손하려하지 않는다.

Kult sein 인기 있다, 유행하다

Er hat 98 Bücher vom Englishen ins Deutsche übertragen. Seine
Lesungen sind Kult – legendär lang, lustig und hochprozentig.
그는 98권의 영어책을 독일어로 옮겼다. 그의 번역물은 인기다. —매우 길고 재미
있고 영양가가 많다.

***sich um jn./etw. kümmern** 보살피다(관심을 갖다)

Wenn wir dem Arzt erklären, dass wir uns um dich kümmern, kann er
dich nicht fortbringen lassen.
우리가 너를 보살핀다고 말하면 의사가 너를 (병원으로) 데려가게 할 수 없을 것
이다.

Man kümmert sich oft um Dinge, die einen nichts angehen.
사람들은 때때로 자기와 상관없는 일에 관심을 갖는다.

eine brotlose Kunst 실효 없는 노력, 벌이가 안 되는 재간

> Er musste unbedingt Musiker werden, aber leider ist das ja eine brotlose Kunst.
> 그는 꼭 음악가가 되어야 했으나 그것은 밥벌이가 힘든 재간에 지나지 않는다.

das ist [doch] keine Kunst/kein Kunststück! (ugs.) 그것은 아주 간단하다

> „Einen Handstand machen kann doch jeder! Das ist doch keine Kunst!"
> "물구나무서기는 누구나 할 수 있다. 그것은 아주 쉽다."

was macht die Kunst? (ugs.) 어떻게 지내느냐?

> „Grüß dich, Helmut, was macht die Kunst?"
> "헬무트, 안녕. 어떻게 지내?"

mit seiner Kunst/Weisheit/mit seinem Latein/Verstand am Ende sein
(ugs.) 아는 것이 바닥이 나다

> Auch der Meister war mit seiner Kunst am Ende und schlug vor, den Wagen abschleppen zu lassen.
> 정비 장인도 어쩔 도리가 없어 승용차를 견인시키도록 권했다.

hoch im Kurs stehen

1 매우 값이 나가다

> Gold steht zur Zeit nicht mehr so hoch im Kurs wie früher.
> 금은 지금은 예전처럼 값이 많이 나가지 않는다.

2 인정받다, 유력하다

> In einigen Clubs stehen trinkfeste Männer hoch im Kurs.
> 몇몇 술집에서는 술이 센 남자를 알아준다.
> Kameradschaft steht unter Kommilitonen hoch im Kurs.
> 친구사이에는 동료애가 중요하다.

die Kurve kriegen (salopp) 시간에 맞추어 끝내다(도착하다)

> Wenn du mich nicht geweckt hättest, hätte ich bestimmt wieder die

Kurve nicht gekriegt.

네가 깨우지 않았더라면 나는 틀림없이 또 제시간에 도착하지 못했을 것이다.

***über kurz oder lang/lang oder kurz** 조만 간에, 가까운 시일 내에

Es lohnt sich nicht, dieses Buch zu kaufen. Über kurz oder lang kommt eine verbesserte Neuauflage heraus.

조만간 개정판이 나오니 이 책은 살 필요가 없다.

***zu kurz kommen** 등한시되다, 홀대를 받다

Sein Leben lang hatte er das Gefühl, zu kurz gekommen zu sein.

그는 평생 동안 소외당했다는 느낌을 가졌다.

den Kürzeren ziehen (ugs.) 불이익을 받다, 불리하다

Auch heute noch zieht die Frau im Arbeitsplatz meist den Kürzeren.

오늘날에도 아직 여성은 직장에서 대부분 불이익을 받는다.

binnen kurzem 짧은 기간에, 순식간에

Wir haben binnen kurzem alle Exemplare des Buches verkauft.

우리는 그 책을 순식간에 모두 팔았다.

***kurz und bündig** 간결하게

Sie hat ihm kurz und bündig erklärt, dass sie ihre Miete nicht bezahlen kann.

그 여자는 집세를 낼 수 없다고 그에게 똑 부러지게 설명했다.

kurz und klein ; kurz und gut (scherzh.) 요약하면, 다시 말해서

Wir brauchen Holz, Leim, Nägel, Farbe, kurz und gut gesagt: alles, was zum Basteln gehört.

우리는 나무토막, 접착제, 못, 물감, 요약하면 공작에 필요한 모든 것이 필요하다.

mit Kusshand (ugs.) 기꺼이, 열열이

Jeder Absolvent einer Fachhochschule wird von Handel und Industrie mit Kusshand eingestellt.

상공업계는 모든 전문대 졸업생을 흔쾌히 채용한다.

L

ein langer Laban (ugs.) 키 큰 사람, 꺽다리

Jedesmal, wenn ich im Kino sitze, habe ich so einen langen Laban vor mir!

내가 극장에 가면, 내 앞자리에는 언제나 꺽다리가 앉는다.

nichts zu lachen haben (ugs.) 쉽지 않다, 몹시 고생하다

Während seiner Militärzeit hatte er nichts zu lachen..

그는 군복무 때 몹시 고생했다.

wer zuletzt lacht, lacht am besten (R.) 마지막에 웃는 자가 최후의 승자다

Lachen ist gesund/die beste Medizin (Spr.) 웃음이 최고의 약이다

jm. vergeht [noch] das Lachen

1 말을 아끼다

Beim Thema Chemiepolitik vergeht dem Präsidenten des Bundesverband der Industrie das Lachen

화학정책 테마에 대해서는 전국 기업연합회 회장은 말을 절제했다.

2 진지해지다

Dem Clown war das Lachen vergangen. Er hielt mit dem weiß bemahlten Gesicht ein Schild vor sich : „Der Clown sagt Nein.“

그 광대는 진지했다. 하얗게 분장한 그는 "광대는 '아니다'라고 말한다"라고 쓴 표지판을 앞에 들고 있었다.

***zum Lachen sein** (abwertend) 웃기다

Komödie ist die Kunst, Leute zum Lachen zu bringen, ohne dass sie sich übergeben.

사람을 구토하게 하지 않고 웃기는 예술이 코미디이다.

Wenn du eine Frau zum Lachen bringen kannst, gehört sie dir.
네가 한 여성을 웃길 수 있으면 그 여자는 너의 사람이다.

den Laden schmeißen (ugs.) (사업을) 잘 운영하다

Seit über 20 Jahren schmeißt sie den Laden nun alleine und er ist inzwischen so gut geworden.
20년 이상 그 여자는 홀로 가게를 운영하여 그사이에 훌륭하게 발전했다.

*in der Lage sein 능력이 있다, 가능하다

Wir wollen, dass jeder, der Arbeit finden kann, in der Lage ist, Arbeit zu finden.
일 할 수 있는 사람은 누구나 일자리를 찾을 수 있기를 우리는 바란다.

Nach Einschätzung der USA ist Nordkorea in der Lage, innerhalb weniger Monate fünf oder sechs Plutonium-Bomben zu bauen.
북한은 수개월 안에 대여섯 개의 플루토늄-원자탄을 만들 능력이 있다는 것이 미국의 판단이다.

Nur Amerika ist eine Macht, die in der Lage ist, die Welt in eine neue Ordnung zu führen.
미국만이 세계를 새로운 질서로 이끌 능력이 있는 유일한 세력이다.

etw. auf Lager haben (ugs.) (유모 등을) 알고 있다, 준비해 두다

Immer hat unser Lehrer die neuesten Witze auf Lager. Wir brauchen ihn nur zu fragen. Dann erzählt er uns:
우리 선생님은 항상 최신 유모를 알고 있어서 우리가 묻기만 하면 얘기해준다.

wie ein Lamm [das zur Schlachtbank geführt wird] 순순히, 꼼짝없이

Der Ministerpräsident hatte Fragen nach seinen Ambitionen empört zurückgewiesen. Er lässt sich nicht wie ein Lamm zur Schlachtbank führen.
야심을 캐묻는 질문에 총리는 답변을 거부했다. 그는 고분고분하게 나오는 사람이 아니다.

das Land, wo Milch und Honig fließt (R.) 낙원, 젖과 꿀이 흐르는 땅

jn./etw. an Land ziehen (scherzh.) 수중에 넣다, 자기편으로 하다

Mindestens eine der jungen Damen könnte einen dicken Fisch an Land ziehen.

젊은 여성 중에 적어도 한 사람은 거물급 인사를 수중에 넣을 수 있을 것이다.

13 Millionen Euro hat das Universitätsklinikum für wissenschaftliche Projekte an Land gezogen.

1,300만 유로를 대학병원이 연구과제로 확보했다.

***sich in die Länge ziehen ; etw. in die Länge ziehen** 지연되다, 오래 끌다

Er war eine ganze Weile langweilig, denn die Zeremonie zog sich in die Länge.

식이 지연되어 그는 한참동안 지루했다.

Eine Sozialhilfeempfängerin zieht das Gespräch in die Länge, obwohl sie nichts kaufen kann.

아무것도 살 수 없는 기초생활 보호자이긴 하지만 그 여자는 상담을 오래 끈다.

langsam, aber sicher 점차, 점점

Langsam, aber sicher holte er den Sprung der anderen auf.

점차 그는 다른 사람들이 앞서 가는 것을 따라잡았다.

jm. durch die Lappen gehen (ugs.) 잃다, 도망치다

75 Millionen Euro ist uns wegen eines unbebauten Grundstücks durch die Lappen gegangen.

건물이 서지 않은 토지 때문에 우리는 7,500만 유로를 날렸다.

Keiner der verdächtigen Rauschgifthändler könnte der Polizei durch die Lappen gehen.

마약거래 혐의자들 가운데 아무도 경찰을 피해 도주하지 못할 것이다.

eine Last auf sich nehmen 어려운 일을 수행하다

Seit seinem schweren Unfall ist er gelähmt, und muss von seiner Frau versorgt werden. Es ist bewundernswert, wie sie diese zusätzliche Last auf sich nimmt, ohne zu klagen.

큰 사고로 그는 마비가 되어 부인이 돌봐야 한다. 그녀가 이 짐스러운 일을 불평없

이 해내는 모습은 놀랄만하다.

jm. zur Last fallen 부담을 주다, 부담이 되다

Meine Mutter will jetzt ins Altersheim gehen, obwohl ich ihr mehrfach gesagt habe, dass sie uns nicht zur Last fällt.
우리에게 부담이 안된다고 수차례 말했으나 어머니는 지금은 양로원에 가려 한다.

jm. etw. zur Last legen 죄의 혐의를 두다

Dem Angeklagten wird eine Vielzahl von Verbrechen zur Last gelegt.
피고는 여러 가지 범행을 저지른 혐의를 받고 있다.

„Die Zahlung geht leider zu Ihren Lasten, meine Dame.“
"계산은 부인께서 부담해야겠습니다."

etw^3. freien Lauf lassen/geben 그대로 놔두다, 방임하다

Ich weiß noch nicht, wo es hinführt, aber man sollte ihrer Kreativität freien Lauf lassen.
어떻게 될지 아직 모르지만 그 여자의 창의력을 그대로 살려야 한다.

auf dem Laufenden sein/bleiben 최신 정보에 밝다

„Du musst auf dem Laufenden sein, wenn du in dieser Branche Erfolg haben willst.“
"만일 네가 이 업종에서 성공하려면, 첨단 정보에 밝아야 한다."

jn. auf dem Laufenden halten 최신 정보를 제공하다

Er hielt erfreulicherweise seine Angestellten immer auf dem Laufenden.
그는 다행히도 사원들에게 최신 정보를 끊임없이 제공했다.

jm. den Laufpass geben (ugs.) 관계를 끊다, 갈라서다

Wenn sich der Spieler nicht an die Anweisungen des Trainers hält, dann wird ihm der Verein bald den Laufpass geben.
만일 감독의 지시를 따르지 않으면, 구단은 그 선수를 바로 내쫓을 것이다.

jm. eine Laus in den Pelz setzen (ugs.)

1 화나게 하다, 기분 상하게 하다

Mit dem neuen Gesetz hat das Parlament mehreren Interessen-
gruppen eine Laus in den Pelz gesetzt.

국회는 새로운 법률로 몇몇 이해 집단의 비위를 거슬리게 했다.

2 의심하게 하다

„Verhaltet euch ruhig, wir wollen dem Aufseher keine Laus in den
Pelz setzen.“

“너희들 조용히 행동해! 우리는 감독관의 의심을 받고 싶지 않다.”

laut werden 공공연하게 되다

Proteste wurden laut, als die neue Steuer eingeführt werden sollte.

새로운 세금이 도입하자 항의가 빗발쳤다.

von etw. läuten hören (ugs.) 〈과거 시제로만〉 소문으로만 알다

„Ich habe von dem Skandal läuteh hören, weiß aber nichts Genaues.
Bist du darüber informiert?“

“나는 그 스캔들을 소문만 들었지 정확한 것은 모르는데, 너는 알고 있느냐?”

weder leben noch sterben können 가진 것이 너무 적다

Das Stipendium vieler Studenten ist so niedrig bemessen, dass sie
davon weder leben noch sterben können.

장학금이 낮게 책정되어 많은 대학생들이 살기가 너무 빠듯하다.

seinem Leben ein Ende machen/setzen (geh. verhüll.) 생에 종말을 고하다

Sie können mit diesem Messerchen Ihrem armseligen Leben ein Ende
setzen.

이 작은 칼로 당신의 가련한 인생에 종말을 고할 수 있습니다.

sich durchs Leben schlagen (ugs.) 생계를 꾸려가다

Nach der Entlassung aus dem Gefängnis hat er sich als Klinkenputzer
durchs Leben geschlagen.

그는 출옥 후 외판원으로서 열심히 생계를 꾸려갔다.

***etw. ins Leben rufen** 설립하다, 새로 만들다

Immer mehr Hilfsorganisationen werden ins Leben gerufen, aber gegen den Hunger sind sie machtlos.

구호 기관들이 점차 많이 생기지만, 기아 문제에 대해서는 무기력하다.

***ums Leben kommen** (verhüll.) 죽다

Bei dem Verkehrsunfall sind zwei Autofahrer ums Leben gekommen und zwei weitere sind schwer verletzt.

교통사고로 운전자 두 사람이 사망하고 그 외에 두 사람은 중상을 입었다.

frei/frisch von der Leber weg reden (ugs.) 거리낌 없이 말하다

Er war froh, weil er frei von der Leber weg reden konnte, ohne Angst haben zu müssen.

그는 무서워하지 않고 거리낌 없이 말할 수 있었기 때문에 기뻤다.

die beleidigte/gekränkte Leberwurst spielen (ugs.) 토라지다

Sobald man ihn kritisiert, spielt er die beleidigte Leberwurst.

비판을 받으면 그는 뾰로통 해진다.

jm. ans Leder wollen (ugs.) 공격하다, 두들겨 패다

„Sei doch nicht so ängstlich! Hier will dir doch keiner ans Leder!"

"겁먹지 마라, 여기에는 너를 공격할 사람은 아무도 없다."

vom Leder ziehen (ugs.) 비난하다

Es hat wenig Zweck, hier vom Leder zu ziehen, solange die Betroffenen nicht anwesend sind.

당사자들이 없는 여기서 비난하는 것은 무의미하다.

leer ausgehen 홀대받다, 분배받지 못하다

Ich sehe bloss nicht ein, warum sich nur Franz amüsieren soll, während wir leer ausgehen.

프란츠만 즐기고 우리는 홀대받는 이유를 나는 이해할 수 없다.

Lehrgeld zahlen müssen 쓰라린 경험을 하다

Die Amateure des Hamburger SV mussten bei der 2:3 Niederlage gegen Bremens Amateure Lehrgeld zahlen.

함부르크 SV 아마추어 팀은 브레멘 아마추어 팀과의 경기에서 2대3으로 패하는 아픈 경험을 해야만 했다.

an Leib und Seele 육체적 정신적으로

Dort hinein bettete er den Wunsch, Elsbeths Kindlein möge ein an Leib und Seele Gesundes werden.

그는 거기로 들어가 엘스벳의 아기가 영육간에 건강하기를 기원했다.

etw. am eigenen Leibe erfahren/verspüren 몸소 체험하다

Nach dem Kriege haben viele Deutsche am eigenen Leibe erfahren, was Hunger ist.

독일 사람들은 전쟁 후 배고픔이 어떤 것인지 몸소 체험했다.

jm. auf den Leib rücken (ugs.) 압력을 행사하다, 재촉하다

Auch den Schleppermafias wollen die Konservativen auf den Leib rücken. Die Strafe für Menschenschmuggels wird von drei auf acht Jahre erhöht.

보수파들은 납치마피아 조직의 목을 죄려한다. 인신매매의 형벌이 3년에서 8년으로 강화된다.

gut bei Leibe sein 영양상태가 양호하다, 뚱뚱하다

Die beiden Männer waren recht gut bei der Leibe und machten einen eher gemütlichen Eindruck.

그 두 남자는 아주 통통해서 오히려 느긋한 인상을 주었다.

*mit Leib und Seele [dabei sein]

1 혼신을 다하여(다하다)

Er ist mit Leib und Seele beim Klavierspielen.

그는 피아노 치는데 푹 빠져 있다.

2 완전히

Für die Theologin steht der Mensch mit Leib und Seele im Mittelpunkt des Kosmos und trägt Verantwortung für seine Umwelt.

인간은 완전히 우주의 중심이며 환경에 책임이 있다는 것이 그 신학자의 입장이다.

sich³ jn./etw. vom Leibe halten (salopp) 피하다, 멀리하다

Wir sollten uns solche falschen Freunde vom Leibe halten.

우리는 그런 거짓된 친구를 멀리해야 한다.

js. Leib- und Magengericht 선호하는 음식

Rindfleisch ist mein Leib- und Magengericht.

쇠고기는 내가 제일 좋아하는 음식이다.

wie jd. leibt und lebt 생생하게, 실물과 꼭 같은

„Da auf dem Foto, das ist mein Großvater, wie er leibt und lebt."

"여기 사진의 이분이 나의 조부인데 실물과 꼭 같다."

eine Leiche im Keller haben 추악한 전력이 있다

Nach der Wende kam es dann heraus, dass er mehrere Leichen im Keller hatte.

그가 많은 부정을 저질렀다는 것이 통독 이후에 드러났다.

nur über meine Leiche! (ugs.) 내 눈에 흙이 들어가기 전에는 안돼!

Wenn ich schon mal vorn liege, wollte ich die Position nur über meine Leiche hergeben.

내가 선두를 점하게 되면 내 눈에 흙이 들어가기 전에는 그 자리를 내놓지 않겠다.

jm. js. Leid klagen 근심을 토로하다, 호소하다

In der letzten Fitnessstunde hat ihr eine Mitbewohner sein Leid geklagt.

지난번 헬스 시간에 같은 집에 사는 사람이 그 여자에게 걱정을 토로했다.

*(es) tut jm. leid 유감스럽다

„Es tut mir leid, aber ich kann nicht rückgängig machen" lautete das Schlusswort des Angeklagten bei der Verhandlung.

"유감스럽게도 나는 취소할 수 없습니다"는 것이 협의조정 때의 피고의 마지막 말이었다.

„Tut mir leid, die Hausnummer kenne ich nicht.“
"유감스럽게도 그 집 번지를 모릅니다."

jm. auf den Leim gehen/kriechen (ugs.) 속다

Jetzt bereut sie es, dass sie ihm auf den Leim gegangen ist.
지금 그 여자는 그에게 속은 것을 후회하고 있다.

Den bürgerlichen Schulfreundinnen glaubt sie aufs Wort. Rhetorikern geht sie auf den Leim.
그 여자는 평범한 학교 친구들의 말을 그대로 신뢰한다. 화술에 능한 사람들에게 그녀는 속아 넘어 간다.

aus dem Leim gehen (ugs.)

1 (가구 등이) 부서지다

Wir müssen die alten Möbel reparieren lassen, sie gehen alle aus dem Leim.
그 오래된 가구들이 모두 망가져서 수리를 맡겨야 한다.

2 (결혼, 우정이) 깨지다

Trotz aller Bemühungen ist die Ehe meines Bruders aus dem Leim gegangen. Seine Frau hat jetzt die Scheidung eingereicht.
갖은 노력에도 불구하고 내 동생은 결혼생활이 파탄이 났다. 부인이 이혼서류를 제출했다.

3 비대해지다

Martha ist im Urlaub ganz schön aus dem Leim gegangen. Das haben die italienische Spaghetti bewirkt!
마르타는 휴가동안 몸이 불었다. 이탈리아 스파게티 때문이다.

Leine ziehen (ugs.) ⟨흔히 명령문⟩ 사라지다

„Zieh Leine, du gehst mir auf die Nerven!“
"내 신경 건드리지 말고, 꺼져 버려!"

auf der Leitung stehen (ugs.) 이해력이 약하다

Bei diesem Schalterbeamten dauert es ewig, der steht auf der Leitung.
창구담당 이 공무원은 머리가 빨리 돌아가지 못해 일 처리가 한정 없이 걸린다.

etw. unter die Leute bringen (ugs.) 퍼지게 하다, 알리다

Manche Plattenfirmen versuchen, ihre Produkte mit knallharter Werbung unter die Leute zu bringen.
많은 음반 회사는 뛰어난 광고로 제품을 널리 선전하려한다.

jm. die Leviten lesen (ugs.) 꾸짖다

„Du brauchst nichts mehr zu sagen, ich habe ihm schon die Leviten gelesen."
"내가 그를 이미 꾸짖었으니 너는 더 이야기할 필요 없다."

jm. geht ein Licht auf (ugs.) 이해하다, 갑자기 깨닫다

Ich hatte nie verstanden, warum er sein Haus verkauft hat. Jetzt geht mir ein Licht auf : Er will nach Australien auswandern!
그가 집을 매각한 이유를 이해할 수 없었지만 이제는 이해가 된다 : 그는 호주로 이민가려는 것이다.

das Licht/Tageslicht scheuen 두려워하다

Er hat ein reines Gewissen und braucht das Licht nicht zu scheuen.
그는 양심적이어서, 남의 눈을 꺼릴 필요가 없다.

das Licht der Welt erblicken (geh.) 탄생하다

Goethe erblickte am 28. August 1749 das Licht der Welt.
괴테는 1749년 8월 28일에 탄생했다.

***ans Licht kommen** 공공연하게 알려지다, 발각되다

Er hat die Wahrheit über seine Vergangenheit vertuscht, aber jetzt ist sie doch ans Licht gekommen.
그는 과거에 대한 진실을 감추워 왔으나, 이제는 그것이 온 천하에 드러났다.

jn. hinters Licht führen 속이다

Der Schuldirektor fühlt sich von der Presse hinters Licht geführt. Er sei falsch zitiert worden.

교장은 발언이 잘못 인용된 보도로 언론에게 속았다고 느낀다.

Die große Schwindler unterschätzen der Studie zufolge die Zahl und die Intensität der Lügen, mit der sie selbst hinters Licht geführt werden.

연구에 따르면 굵직한 사기꾼들은 스스로도 속아 넘어가는 속임의 횟수와 강도를 대단하게 생각하지 않는다고 한다.

jn./etw. ins rechte Licht rücken/setzen/stellen 좋게 보이게 하다

Der vorsitzende Richter rückt die Vorwürfe ins rechte Licht.

재판장은 비난을 좋게 보이게 한다.

Dabei hatte er tapfer versucht, allein davonzufahren, um sein Trikot ins rechte Licht zu rücken.

트리코트를 멋있게 보이려고 그는 혼자서 용감하게 홀로 떠나려 했다.

etw. kommt gelegen 계획에 적합하다

Dieser Auftrag kommt unserer Firma sehr gelegen. Wir waren gerade auf der Suche nach einem neuen Projekt.

이 임무는 우리 회사에 잘 맞다. 마침 우리도 새로운 프로젝트를 찾는 중이었다.

*jm. liegt an etw. 무엇이 중요하다

„Du musst versuchen, gesund zu werden. Ja, sagte Franziska, wenn dir so viel daran liegt."

"그것이 내게 그처럼 중요하면 건강해지도록 노력해,라고 프란치스카는 말했다."

Die Zukunft der Kinder liegt den Eltern am Herzen.

자녀들의 장래는 부모에게 정말로 중요하다.

jn. links liegenlassen 돌보지 않다, 무시하다

Seit ich sie ein wenig kritisiert habe, lässt sie mich links liegen.

내가 그 여자를 약간 비판한 후로, 그녀는 나를 무시한다.

***in erster/zweiter Linie** 우선적으로(별로 중요하지 않게)

Der Trainer versuchte, in erster Linie die Kondition der Spieler zu verbessern.

그 감독은 우선적으로 선수들의 컨디션이 나아지게 노력했다.

An einer Lizenzvergabe war die Firma erst in zweiter Linie interessiert.

면허양도에 대하여 그 회사는 별로 관심이 없었다.

eine dicke Lippe riskieren 겁 없이 떠벌리다

Das Duo war nicht großmäulig, riskierte keine dicke Lippe, sondern zeigte fantasievolle Kombinationsspiel.

그 두 선수는 허풍쟁이가 아니며 떠벌리지 않고 환상적인 콤비 플레이를를 보여주었다.

an js. Lippen hängen 경청하다

Wie abwesend spricht der Lehrer vor sich hin, aber seine Schüler hängen an seinen Lippen, verfolgen gebannt jedes Wort.

선생은 아무도 없는 듯이 혼자말로 말하지만 학생들은 한마디 한마디를 긴장하여 귀담아 듣는다.

mit List und Tücke (usg.) 온갖 술수를 다 동원하여, 어렵사리

Sie hat es immer irgendwie geschafftt, ihren eigenen Weg zu und mit List und Tücke ihr Ziel zu erreichen.

그 여자는 항시 돌파구를 만들어 어떤 방법으로든 자기 목적을 달성할 수 있었다.

jm. Löcher in den Bauch fragen (ugs.) 끊임없이 묻다

Die Musterschüler sitzen vor ihr und fragen ihm Löcher in den Bauch.

모범생은 그 여자 앞에 앉아서 질문을 계속적으로 한다.

aus/auf dem letzten Loch pfeifen (ugs.) 기운이 다하다, 지치다

„Du musst mir unbedingt helfen, ich pfeife auf dem letzten Loch!"

"나는 지쳤으니, 꼭 네가 도와주어야 한다!"

Wir Buddenbrooks pfeifen noch nicht aus dem letzten Loch, Gott sei

Dank.

우리 부던부록크 가문은 천만다행으로 아직 쇠잔하지 않았다.

den Löffel abgeben (ugs.) 곡기를 끊다

Er musste in den Knast und anschließend den Löffel abgeben.

그는 교도소에 가고 거기서 죽어야만 했다.

sich auf seinen Lorbeeren ausruhen (ugs.) 성공에 자만하다

„Ich gratuliere zum Erfolg und hoffe gleichzeitig, dass du dich jetzt nicht auf deinen Lorbeeren ausruhst.“

"너의 성공을 축하하며 계속해서 정진하기를 바란다."

*mit jm. ist etwas los (ugs.) 무슨 (좋지 않은) 일이 있다

„Was ist bloß mit dir los? Seit drei Tagen siehst du blass aus. Bist du krank?“

"너 무슨 일이 난 것이냐? 3일 전부터 너의 얼굴이 창백해 보인다. 아픈 것이냐?"

mit jm./etw. ist nichts los 기분이 안 좋다, 쓸모없다

Mit ihr ist heute nichts los, sie fühlt sich nicht wohl.

그 여자는 몸이 좋지 않아서 오늘 기분이 안 좋다.

„Den alten Plattenspieler kannst du wegwerfen, mit dem ist nichts mehr los.“

"그 고물 전축은 이제는 쓸모없으니 버려라!"

mit jm./etw. große Los ziehen/gezogen haben 큰 행운이다, 잘 결정하다

Meine Eltern haben miteinander wirklich große Los gezogen! Seit fünfzig Jahren sind sie glücklich verheiratet.

나의 부모는 금혼을 맞았으니 참으로 큰 행운이다.

Seine Vorlesung ist sehr effektiv, mit ihm haben wir das große Los gezogen.

강의가 매우 효율적이어서 우리는 그 사람으로 결정하기를 잘했다.

im Lot sein 정상이다

In dieser Ehe ist schon seit langem nichts mehr im Lot.

이 결혼은 이미 오래 전부터 정상이 아니었다.

die Luft ist rein/sauber (ugs.) 들킬 위험이 없다

„Du kannst ruhig lauter reden, die Luft ist rein.“

“전혀 들킬 위험이 없으니 더 큰 소리로 이야기해도 좋다.”

*es ist/herrscht dicke Luft 분위기가 좋지 않다

„Sage heute noch nichts, bei uns zu Hause ist dicke Luft.“

“우리 집 분위기가 좋지 않으니, 오늘은 아무 말도 하지 마라.”

etw.^{3} Luft machen 불평을 떠들어대다, 걱정을 토로하다

Die Passagiere machten ihrem Unmut lautstark Luft.

승객들은 그들의 불평을 소리 높여 떠들어댔다.

jm. geht die Luft aus 재정적으로 끝장이 나다

Diese Firma hat einen Konkurrenten nach dem anderen aufgekauft.
Dabei ist ihr dann die Luft ausgegangen, und jetzt ist sie pleite.

이 회사는 경쟁사들을 차례로 매수하다가 재정적으로 끝장나 지금은 도산했다.

jetzt halt aber mal die Luft an! (ugs.)

1 그만 말해!

„Jetzt halt aber mal die Luft an, du bist nicht der Einzige, der Probleme hat!“

“이제 말 좀 제발 그만해라, 너 혼자만 문제가 있는 것이 아니니까!”

2 그렇게 과장하지 마!

„Du willst bloß fünf Stunden mit deinem Wagen bis nach Italien gebraucht haben? Jetzt halt aber mal die Luft an!“

“네 차로 이탈리아까지 5시간밖에 안 걸렸다고? 그렇게 과장하지마라!”

gesiebte Luft atmen (scherzh.) 감방에서 지내다

Von ihm hört man ja gar nichts mehr, atmet er etwa wieder mal gesiebte Luft?

그가 소식이 전혀 없으니, 아마도 또 감옥살이를 하는 것일까?

jm. bleibt die Luft weg (ugs.) 매우 놀라다

Mir blieb die Luft weg, als ich plötzlich meinen Deutschlehrer vor mir
sah.

독일어 선생이 갑자기 내 앞에 나타나서 매우 놀랐다.

jn. an die [frische] Luft setzen/befördern (ugs.) 내쫓다, 해고하다

Wer stört, wird an die frische Luft gesetzt.

방해하는 사람은 집밖으로 쫓아낼 것이다.

Das betrunkene Weib hatte man inzwischen an die Luft gesetzt.

만취한 그 여자는 그 사이에 집에서 쫓겨났다.

Und weshalb hat man Sie in ihrer alten Firma an die Luft gesetzt?

그런데 왜 당신은 그전 회사에서 해고되었습니까?

in der Luft hängen/schweben 미정이다, 경제적 뒤받침이 없다

Das steht noch keineswegs fest, murmelte der Inspektor und blickt in
die Runde. Seine Bemerkung hing wie ein Gewitter in der Luft.

그것은 아직 결코 확정된 것이 아니라고 수사관은 중얼거리며 좌중을 둘러보았다.
그의 발표는 뇌우처럼 아리송했다.

in der Luft liegen (ugs.) 분위기가 있다

Am Wochenende liegt ein Gewitter in der Luft.

주말에는 뇌우가 있을 것 같다.

Die Zuschauer waren begeistert. Eine Sensation lag in der Luft.

관중들이 열광했고 센세이션이 일어났다.

***[gleich/schnell/leicht] in die Luft gehen** (ugs.) 흥분[폭발]하다

Die Eltern gehen jedesmal in die Luft, wenn ihre Tochter davon
spricht.

딸이 그 말만하면 그녀의 부모는 흥분한다.

Gestern ist ein Hotel in Bagdad durch ein Selbstmordattentat in die
Luft geflogen.

어제 바그다드의 한 호텔이 자살폭탄 공격으로 폭파되었다.

sich nicht lumpen lassen (ugs.) 인색하지 않다

Aus Anlass des 50. Geburtstages seiner Frau hat er sich nicht lumpen lassen.

아내의 쉰 번째 생일을 맞아서 그는 인색하게 굴지 않았다.

Der Jubilar hatte sich nicht lumpen lassen und für einen guten Tropfen gesorgt.

기념일을 맞는 사람은 인색하지 않아서 후하게 좋은 술을 내놓았다.

Lunte riechen (ugs.) 위험을 미리 감지하다

Als er sich die unvorsichtige Bemerkung entschlüpfen ließ, roch ich Lunte.

그가 경솔한 표현을 내뱉었을 때 나는 위험을 느꼈다.

***jn./etw. unter die Lupe nehmen** (ugs.) 조사하다, 관찰하다

Das Fersehen berichtet lieber über spektakuläre Kriminalfälle und nimmt die Regierung nicht ernshaft unter die Lupe.

TV는 정부를 진지하게 관찰하기 보다는 오히려 엄청난 범죄사건을 보도한다.

Zwei Monate haben die Evaluierer die Kandidaten unter die Lupe genommen und Punkte verteilt in 16 verschiedenen Kategorien.

2개월 동안 평가요원이 후보자를 조사하여 16개 항목에 점수를 매겼다.

Unter die Lupe genommen werden jetzt die Geschäfte der Republic National Bank of New York.

이제 엄중한 수사 대상은 이 뉴욕 RNB의 업무사항이다.

***sich über jn./etw. lustig machen** 놀리다, 웃음거리로 삼다

Er macht sich über die europäischen Sehnsüchte nach einer viel-stimmigen Weltgemeinschft lustig.

다양한 목소리를 내는 세계 공동체를 추구하는 유럽적 향수를 그는 우습게 생각한다.

Wer aussieht wie ein nasser Sack, braucht sich nicht zu beklagen, dass die anderen sich über ihn lustig machen.

죽은 듯이 보이는 사람은 다른 사람들이 자기를 놀린다고 한탄할 필요가 없다.

M

***[das] macht nichts!** (ugs.) 괜찮다, 무료다

„Entschuldigen Sie bitte, das war nicht meine Absicht." – „Das macht doch nichts."

"죄송합니다. 고의가 아니었습니다." – "괜찮습니다."

„Wie viel macht das?" – „Das macht nichts."

"얼마입니까?"– "공짜입니다."

Mädchen für alles (ugs.) 무슨 일이든지 시킬 수 있는 소녀

„Was macht sie bei euch?" – „Nichts Besonderes, sie ist Mädchen für alles."

"그 여자는 너희 집에서 무슨 일을 하느냐?" – "특별한 일이 정해진 것이 아니고, 그 여자는 무슨 일이든지 하는 사람이다."

leben wie die Made im Speck (ugs.) 풍족하게 살다

Er hat im Lotto gewonnen und lebt jetzt wie die Made im Speck.

그는 복권에 당첨되어 이제는 풍족하게 산다.

jm. etw. madig machen (ugs.) 정떨어지게 하다

Durch deine ständigen Nörgelei hast du mir den ganzen Film madig gemacht, auf den ich mich so gefreut hatte.

내가 기대한 영화에 대한 흠을 네가 계속 잡아서, 영화 볼 마음이 없어졌다.

sich madig machen (ugs.) 인기가 없다, 싫증나게 하다

Er hat sich durch einige kleinerer Affären überall madig gemacht.

그는 몇 가지 사소한 사건 때문에 사건으로 어디서나 인기가 없다.

jm. hängt der Magen bis in die Kniekehlen (ugs.) 매우 배고프다

Wir sollten etwas Essbares suchen, mir hängt der Magen bis in die Kniekehlen.

내가 배고파 죽겠으니 우리는 뭔가 먹을 것을 찾아야 한다.

jm. knurrt der Magen (ugs.) 배에서 꼬르륵 소리가 나다

Ich mache mir ein paar belegte Brote. Mir knurrt nämlich der Magen.

나는 몹시 허기져서 소시지를 얹은 빵을 몇 개 만든다.

jm. schwer [wie Blei] im Magen liegen (ugs.) 걱정을 끼치다, 소화가 안 되다

Ihre berechtigten Vorwürfe liegen mir schwer im Magen.

그 여자의 정당한 비난이 나에게는 걱정거리다.

Der Gänsebraten lag mir noch am Abend wie Blei im Magen.

오리구이는 저녁때까지도 소화가 안 되었다.

[na dann] prost Mahlzeit! (ugs.) 심상치 않군!, 걱정스럽군!

„Die Sekretärin hat auch gekündigt, na dann prost Mahlzeit!"

"여비서도 사표를 냈어, 야단났군!"

jn. durch die Mangel drehen; in die Mangel nehmen ; in der Mangel haben (salopp) 조이다, 몰아가다

Das Verfahren, mit dem er in die Mangel genommen wird, hat die Kritik verdient.

그를 옥죄는 수사과정은 비판받아 마땅하다.

ein gemachter Mann sein 성공하다, 안정되게 살다

Nach einigen Jahren in den USA war er ein gemachter Mann.

미국에 온 지 몇 년 지나서 그는 성공했다.

ein geschlagener Mann sein (정치적, 경제적) 실패하다

Zuversichtlich betrat er den Verhandlungsraum, als geschlagener Mann verließ er ihn wieder.

그는 당당하게 협상장에 들어섰으나 성과 없이 그곳을 떠났다.

der kleine Mann (ugs.) 평범한 사람, 소시민

Am Ende muss doch wieder der kleine Mann die Zeche bezahlen.
결국 힘없는 시민이 책임을 져야 한다.

***der Mann auf der Straße** 일반 시민, 대중

Der Mann auf der Straße kümmert sich wenig um die Gesetze und
Verordnungen.
일반 시민은 법률이나 규정에 별로 신경을 쓰지 않는다.

seinen Mann stellen/stehen 부지런하다, 과제(의무)를 잘 완수하다

Seit die junge Frau den Betrieb allein leitete, hatte sie schon einige
Male ihren Mann stehen müssen.
기업을 독자적으로 운영하면서 그 젊은 여자는 벌써 여러 차례 일을 잘 처리했다.

Auf diese Leute ist Verlass, jeder einzelne stellt bei der Arbeit
seinen Mann.
맡은바 업무를 잘 수행하고 있는 이 사람들은 신뢰 할 수 있다.

etw. an den Mann bringen (ugs.) 팔다, 판매하다

Als Exportartikel werden Demokratie und Menschenrechte jedenfalls
nur noch schwer an den Mann zu bringen sein.
수출품으로서의 민주주의와 인권은 틀림없이 팔아먹기 어려울 수밖에 없을 것이다.

***mit Mann und Maus untergehen** (ugs.) 전원 침몰하다

Zwanzig Meilen südlich von der Insel Cheju war die „Sea Prince" mit
Mann und Maus untergegangen.
제주도 남방 20마일 해상에서 "씨프린스"호가 한 사람도 구조되지 못하고 침몰했다.

von Mann zu Mann sprechen/reden (ugs.) 진솔하게 이야기하다

„Ich glaube, mein Sohn, es ist an der Zeit, dass wir beide uns einmal
von Mann zu Mann unterhalten."
"아들아, 내 생각으로는 우리 둘이 털어놓고 이야기할 시점에 왔다고 본다."

vor versammelter Mannschaft (ugs.) 모든 사람 앞에서

Die Chefin hat ihn vor versammelter Mannschaft zur Schnecke gemacht.
그 여사장은 그를 전 사원 앞에서 심하게 꾸짖었다.

[vor jm./etw.] Manschetten haben (ugs.) 겁내다, 무서워하다

„Warum kommst du nicht mit — du hast wohl Manschetten?"
"왜 함께 가지 않으려 하느냐 – 겁을 먹은 것이냐?"

den Mantel nach dem Wind(e) hängen/kehren/drehen 대세에 따르다

Der Bürgermeister hatte es immer verstanden, sein Mäntelchen nach dem Wind zu hängen.
그 시장은 언제나 대세에 영합할 줄 알았다.

Man muss nicht, auch wenn man nach oben kommen will, den Mantel nach dem Wind hängen.
아무리 출세를 원한다 해도, 기회주의자가 되어서는 안 된다.

bis ins Mark 마음속 깊이, 몹시

Die Nachricht hatte jeden bis ins Mark erschreckt.
그 소식은 모두를 아주 놀라게 했다.

[jm.] durch Mark und Bein/Pfennig gehen (scherzh.) 극도로 불쾌하게 느끼다

Die Polizeisirene geht mir jedesmal durch Mark und Bein.
경찰차 사이렌 소리는 언제나 불쾌하게 느껴진다.

Diese Musik geht einem ja durch Mark und Pfennig!
이 음악은 정말 못 들어주겠다!

jm. den Marsch blasen (salopp) 꾸짖다, 호통치다

Wenn er nach Hause kommt, werde ich ihm ganz schön den Marsch blasen.
그가 집에 돌아오면 아주 따끔하게 혼내 주겠다.

***die Maske fallen lassen** 정체를(본색을) 드러내다

Jetzt ließen sie die Maske fallen. Sie waren immer gegen den Führer gewesen.

이제 그들은 정체를 드러냈다. 그들은 언제나 그 지도자에 반대했었다.

jm. die Maske vom Gesicht reißen 정체를 폭로하다, 가면을 벗기다

Mit einer List war es ihnen gelungen, dem Verräter die Masken vom Gesicht zu reißen.

교묘한 기지를 써서 그들은 배반자의 정체를 밝힐 수 있었다.

das Maß ist voll 그것으로 충분하다, 인내심의 한계에 달했다

„So, jetzt ist das Maß voll, komm bitte nicht wieder."

"자, 이제 참는 것도 한계가 있으니 다시는 오지 마라."

***mit zweierlei Maß messen** 편파적으로 평가하다

„Wenn du sie so positiv beurteilst, misst du aber mit zweierlei Maß."

"만일 네가 그 여자를 긍정적으로 평가한다면, 그것은 편파적 판단이다."

***über die/alle Maßen** (geh.) 각별히, 뛰어나게

„Ich bin über die Maßen erfreut, Sie gesund wiederzusehen."

"당신의 건강한 모습을 다시 뵙게 되어 기쁘기 그지없습니다."

***Maßstäbe setzen** 기준을 세우다

BMW setzt mit Arbeitsmodell Maßstäbe.

BMW는 노동시간 모델의 기준을 수립한다.

an der Matratze horchen (scherzh.) 구둘장을 지다, 자다

Sie kratzte schon mal die Kurve, um noch an der Matratze zu horchen.

그 여자는 잠을 더 자려고 살며시 빠져나갔다.

auf der Matte stehen (ugs.) 준비가 되어있다

Ich habe abends um neun Uhr einen Film abgedreht und stand am nächsten Morgen um sechs Uhr für den nächsten Film auf der Matte.

저녁 9시에 영화 한 편 촬영을 마치고 다음날 오전 6시에 다음 영화 촬영에 들어갔다.

jm. das Maul(derb)/den Mund(umg.) stopfen 입을 막다

„Wenn du nicht gleich deine frische Klappe hältst, werde ich dir persönlich das Maul stopfen.“

“만일 당장 얄팍한 입을 다물지 않으면, 내가 직접 너의 주둥아리를 막겠다.”

sich das Maul [über jn.] zerreißen (derb) 입방아를 찧다

Einige Leute zerreißen sich das Maul über das junge Paar vom dritten Stock, das unverheiratet zusammenlebt.

3층에 동거하는 젊은 남녀에 대하여 몇몇 사람이 입방아를 찧는다.

ein großes Maul haben (derb) 허풍이 심하다

Ich hatte in meiner Jugend immer ein grosses Maul.

나는 젊은 시절에 허풍이 심했다.

pünktlich wie die Maurer (ugs. scherzh.) 아주 정시에

10:15 Uhr. Der Betreuer gibt lautstark das Zeichen, pünktlich wie die Maurer stürmt das Team aufs Eis.

10시 15분. 코치가 큰 소리로 신호를 보내자 팀은 아주 정확히 정시에 빙판으로 돌진한다.

*da beißt die Maus keinen Faden ab (R.) 그것은 어쩔 도리가 없다

Er muss seine Schulden bezahlen, da beißt die Maus keinen Faden ab.

그는 빚을 갚아야지 어쩔 도리가 없다.

graue Maus (abwertend) 눈에 띄지 않는 사람, 미미한 존재

Sie ist so unscheinbar, eine richtige graue Maus.

그 여자는 정말로 눈에 잘 띄지 않는다.

bei etw. Mäuschen sein/spielen wollen (ugs.) 엿보다

Wenn der Präsident sich mit dem amerikanischen Botschafter trifft, da will mancher Jounalist gerne Mäuschen sein.

대통령이 미국 대사와 만나면 많은 언론인들이 뭔가 알아내려고 촉각을 곤두세운다.

sich mausig machen (salopp) 뻔뻔스럽게 말하다, 허세 부리다

　„Mach dich nicht mausig!"

　"잘난 체 떠벌이지 마라!"

　„Wenn du dich hier mausig machen willst, fliegst du gleich raus!"

　"여기서 허세나 부리려면 당장 꺼져라!"

weiße Mäuse sehen (ugs.) (알콜, 마약으로) 헛보이다

　Als die halbe Flasche leer war, begann Opa bereits weiße Mäuse zu sehen.

　반병을 다 비우자 할아버지는 헛보이기 시작했다.

jm. seine Meinung sagen/geigen (ugs.) 불만을 뚜렷하게 밝히다

　Einmal möchte jeder seinem Chef gründlich die Meinung sagen.

　모두가 언제가 한번은 사장에게 불만을 모두 털어놓고 싶어 한다.

es ist noch kein Meister vom Himmel gefallen (Spr.) 타고난 천재란 없는 법이다

etwas/nichts zu melden haben 영향력이 있다(없다)

　Es spielt keine Rolle, was er sagt, er hat sowieso nichts zu melden.

　그는 어쨌거나 영향력이 없기 때문에 뭐라고 하든 괜찮다.

***jede Menge** (ugs.) 아주 많이, 원하는 만큼

　Wir sind beide 15 und haben jede Menge Hobbys.

　우리는 두 사람은 15살이고 취미가 아주 다양하다.

in rauhen Mengen (ugs.) 수많은

　Japanische Autos haben in rauhen Mengen den amerikanischen Markt überschwemmt.

　수많은 일본 자동차가 미국 시장에 범람해 들어왔다.

***kein Mensch** 아무도 ~않다

　Es war kein Mensch im Saal.

그 홀에는 사람이라곤 한 명도 없었다.

Kein Mensch weiß, wohin das noch führt.
아무도 그것이 어떻게 될지 모른다.

wie der erste Mensch (ugs.) 서툴게, 당황하여

Er ist ein herzensguter Kerl, aber manchmal benimmt er sich wie der erste Mensch.
그는 선량한 사람이지만 이따금 서툴게 행동한다.

das Messer sitzt jm. an der Kehle (usg.) 금전적 어려움에 처하다

Nach seinem Lottogewinn hat er so verschwenderisch gelebt, dass ihm jetzt wieder das Messer an der Kehle sitzt.
로또에 당첨 후 그는 돈을 너무 낭비하여 지금은 다시 매우 어려운 처지다.

jn. ans Messer liefern 밀고하다, 넘겨주다

Deine Kollegen würden dich ohne Bedenken ans Messer liefern, wenn sie sich damit selbst retten könnten.
네 동료들은 자신들이 구제될 수 있다면 너를 서슴지 않고 밀고할 것이다.

*auf des Messers Schneide stehen 매우 위중하다, 백중지세다

Nach der schwierigen Operation steht das Ergebnis immer noch auf des Messers Schneide. Erst in einigen Tagen wird sich entscheiden, ob der Patient überlebt.
어려운 수술의 결과가 아직 심각하다. 며칠 후에야 환자의 생사가 결정될 것이다.

Wir haben das Spiel gewonnen, aber es stand auf des Messers Schneide.
우리는 그 경기를 이기긴 했으나 거의 백중지세였다.

jm. ins [offene] Messer laufen/rennen 불리한 처지에 놓이다

Mit dem Argument der Arbeitslosigkeit lief der Minister der Opposition ins offene Messer.
실업에 대한 논쟁때문에 야당에게 장관은 불리한 입장에 처했다.

der deutsche Michel 독일인, 독일 시민

Der deutsche Michel sieht täglich zwei Stunden fern.

독일 사람은 하루에 2시간 TV를 시청한다.

Miene machen, etw. zu tun ~할 기색을 보이다

Nachdem er das gesagt hatte, machte sie Miene, sich zu erheben und
das Zimmer zu verlassen.

그가 그 말을 하자, 그 여자는 일어나서 방을 나갈 기색을 보였다.

gute Miene zum bösen Spiel machen 싫은 내색을 보이지 않다

Sie war verärgert, versuchte aber, gute Miene zum bösen Spiel zu
machen.

그 여자는 화가 났지만, 내색하지 않으려고 애썼다.

keine Miene verziehen 태연자약하다, 표정을 짓지 않다

Ohne eine Miene zu verziehen, hörte sie den Urteilsspruch.

태연자약하게 그 여자는 판결문을 들었다.

Der Angeklagte verzog keine Miene, als die Zeugin in Tränen ausbrach.

증인이 울음을 터트려도 그 피고는 아무런 표정변화도 보이지 않았다.

alle Minen springen lassen (ugs.) 모든 수단을 강구하다

Als der Freund verhaftet worden war, ließ er alle Minen springen, um
ihn freizubekommen.

그는 친구가 체포되자 석방을 위해 백방으로 대책을 강구했다.

jn. zur Minna machen (ugs.) 욕설을 퍼붓다, 견책하다

Wenn unser Sohn heute Abend wieder betrunken nach Hause kommt,
werde ich ihn zur Minna machen!

우리 아들이 오늘 저녁에 또 취해서 집에 오면, 내가 아주 혼내 주겠다!

*in letzter Minute 마지막 순간에

Paradoxerweise bedurfte es CDU-Männern, um in letzter Minute
gemeinsam mit den Frauen den Durchbruch zu erreichen.

마지막 순간에 여성의원들과 돌파구를 찾기 위해서 역설적으로 기민당 남성 의원
들이 필요하게 되었다.

Die CDU steht hinter George Bush, das heißt, CDU ist für eine

Politik, durch die eine militärische Eskalation kaum noch in letzter Minute zu stoppen ist.

기민당은 부시 대통령을 지지한다, 그것은 곧 기민당이 군사적 강화를 최종 순간에 중단시킬 수 없는 정책을 지지하는 것을 뜻한다.

jn./etw. in Misskredit bringen 명예를 훼손하다, 평판을 나쁘게 하다

Ein Vorfall schadet nicht nur den betroffenen Vereinen, sondern bringt den Fußball an sich in Misskredit.

사고는 해당 협회에 해로울 뿐 아니라 축구 자체의 명예를 훼손시킨다.

so ein Mist!

1 무의미한 소리다!

„So ein Mist! Er lügt dir doch die Hucke voll, wenn er so etwas behauptet!"

"말도 안 되는 소리다! 그런 것을 주장하면 그는 너를 완전히 속이는 것이다."

2 화(짜증) 나다!

So ein Mist! Jetzt habe ich mir mal ein Loch in die Hose gerissen!

짜증나, 지금 내 바지에 구멍을 내었다!

etw. mitgehen lassen 훔치다

Der Mann hatte gestern Morgen den Wein mitgehen lassen und war ertappt worden.

그 남자는 어제 아침 포도주를 훔치다 붙잡혔다.

Mittel zum Zweck sein 목적을 위한 수단에 불과하다

Neutralität dürfe nicht Zweck, sondern lediglich Mittel zum Zweck sein.

중립은 그 자체가 목적이 아니라 목적을 위한 수단에 불과하다.

der goldene Mittelweg 중도, 중용

Er hat dabei weder durch sein Charisma die Oberhand behalten noch durch sene intellektuelle Kraft. Nein, er ist der goldene Mittelweg.

그는 자기의 카리스마나 지적 능력을 이용하여 우위를 견지하지 않았다. 그는 중도적 인물이다.

***mobil machen** (총)동원하다, (비상)체제로 돌입하다

> Die Fans werden mobil machen, aber wir sind auch auswärts stark.
> 팬들이 총동원 것이지만 우리도 원정경기에 강하다.

> Diplomaten machen Mobil. Frankreich versucht vielseitig eine Kampfabstimmung im Sicherheitsrat zu vermeiden.
> 외교관들이 비상체제에 돌입한다. 프랑스가 안보리의 표결을 피하려는 다각적인 노력을 한다.

> Wenn es der Friedensbewegung wirklich um den Frieden ginge, würde sie nicht nur gegen die Vereinigten Staaten und Israel mobil machen.
> 평화운동이 진정으로 평화를 중요시 한다면, 이 운동이 미국과 이스라엘만을 겨냥하여 전개해서는 안 된다.

***im Moment** 지금으로서는, 우선은

> Für die Realisierung bracucht es die Unterstützung des gesamten Stadtrats. Es hat sich nun gezeigt, dass dies im Moment nicht möglich ist.
> 실현을 위해서는 시의회 전체의 지원이 필요하다. 이는 현재로서는 불가능하다는 것이 밝혀졌다.

> Wir haben im Moment wirkllch wichtigere Dinge im Kopf — den WM-Titel holen und 2010 verteidigen.
> 월드컵 타이틀을 쟁취하여 2010년 경기에서 이를 방어하는 것이 지금으로서는 우리가 생각하고 있는 정말 중차대한 일이다.

in den Mond/in die Luft gucken (ugs.) 바라보고만 있다, 아무 소득도 없다

> Alle haben Geschenke erhalten, nur wer zu spät ankam, konnte wieder mal in den Mond gucken.
> 모두 선물을 받았으나 늦게 온 사람은 이번에도 아무것도 받을 수 없었다.

jd. kann mir im Mondschein begegnen (salopp) 나는 무관하고 싶다

> „Sie können mir im Mondschein begegnen!"
> "나를 가만히 놔두세요!"

> Sie hatte genug von seiner Verwandtschaft, sie könnten ihr alle mal im Mondschein begegnen.

친척들에게 진절머리가나서 그 여자는 그들과 영영 무관하고 싶다.

der blaue Montag (ugs.) (과음으로) 결근하는 월요일

Wenn es spät wird, ist für mich morgen auch mal blauer Montag.
시간이 늦어지면 나는 내일 출근하지 않는다.

Morgenstund[e] hat Gold im Mund (Spr.) 아침 일찍 일어나면 득도 많다

*sich Mühe geben 노력하다(=sich bemühen)

Wir haben uns viel Mühe gegeben, unsere zwei Panzer noch mehr Panzern aussehen zu lassen.
우리는 전차가 두 대보다 더 많게 보이도록 많이 노력했다.

Der Star hat kein Publikum mehr und gibt sich mitunter keine Mühe.
그 스타는 관중이 없어서 노력을 않는다.

mit Müh[e] und Not 간신히

Das Land Hessen wollte die Ausstellung nicht unterstützen. Nur mit Mühe und Not wurden zwei Sponsoren gefunden.
헷센 주는 전시회를 지원하지 않으려고 스폰서를 겨우 두 곳 구했다.

Ich kann heute nur noch mit Mühe und Not meine sechs Mitarbeiter bezahlen, zwei musste ich bereits entlassen.
나는 오늘 직원 여섯 명에게만 겨우 봉급을 지급하고 두 명은 해고했다.

das Wasser auf js. Mühle sein 득이 되다, 옹호하다

Er ist engagierter Kernkraftgegner. Jede Panne in diesem Bereich ist daher Wasser auf seine Mühle.
그는 열성적인 핵에너지 반대주의자이기 때문에 이 분야에서 발생하는 사고 하나 하나는 모두 그에게는 득이 된다.

den Mund und Augen/Nase aufreißen/aufsperren 놀라 어리둥절하다

Der Arme musste ja ganz schön oft den Mund aufreißen ziemlich weit.
그 가난한 남자는 자주 매우 놀라서 어리둥절할 수밖에 없었다.

Gähnen ist gar nicht ansteckend. Dass wir den Mund aufreißen, sobald jemand gähnt, liegt am so genannten Amalgam-Neid.

하품은 전염되지 않는다. 누가 하품을 하면 우리가 놀라는 것은 소위 아말감-질투 때문이다.

***den Mund** (ugs.) **/das Maul/die Fresse/Klappe** (derb) **halten** 〈명령형〉 침묵하다, 비밀을 지키다

In der Woche davor hatte sich der Minister heillos in Widersprüche versteckt – und seitdem den Mund gehalten.
그보다 일주일 전에 그 장관은 수습할 수 없는 모순에 빠진 후로는 침묵으로 일관했다.

Er schlägt sich an die Brust wie ein Affe, boxt mit den Fäusten ins Leere und fordert alle Welt auf, die Fresse zu halten.
그는 원숭이처럼 가슴을 치며 주먹으로 허공을 휘두르며 전 세계가 입을 다물 것을 요구한다.

Wer nicht zufrieden ist, soll die Klappe halten, wer nicht der Schäbigkeit applaudiert, wird als Schädling diffamiert.
만족하지 못한 사람은 입을 다물 것이고, 천박한 언행에 찬사를 보내지 않는 사람은 해충이라고 비난받을 것이다.

Heute muss ich im Betrieb das Maul halten und von der Reisefreiheit bleiben oft nur Kaffeefahrten übrig.
오늘 나는 직장에서 입 다물고 있어야한다. 여행이라고는 차타고 커피 마시러 갈 자유밖에는 없다.

den Mund [zu] voll nehmen (ugs.) 호언장담하다, 자랑하다

Wie es so ist im Leben, man trifft viele, die den Mund voll nehmen, wenn es ans Handeln geht, jedoch ganz schnell verschwinden.
살다보면 그렇듯이 호언장담하다가도 행동에 이르면 재빨리 사라지는 사람을 많이 만난다.

sich³ den Mund fusselig/fransig reden (ugs.) 입이 닳게 타이르다

Wie oft habe ich mir den Mund fusselig geredet, er sollte mehr lernen und sich besser vorbereiten – ohne Erfolg.
그가 더 공부하여 더 잘 준비하도록 침이 마르게 타일렀건만 소용이 없었다.

Was hätte man sich sonst den Mund fusselig reden können über das Thema des Terrors, die Vokale der Vox Populi!

테러라는 주제에 대해 "인간의 소리"라는 말 외에 무엇으로 설득할 수 있었겠는가!

jm. den Mund wässrig machen (ugs.)

1 마음이 생기도록 유혹하다

„Durch seine Reisebilder hat er mir den Mund wässrig gemacht. Ich will jetzt unbedingt auch in die Karibik!"

"여행사진을 가지고 그는 나를 유혹했다. 나도 이제 카리브에 꼭 가야겠다!"

2 입에 군침이 돌게 하다

Deine Beschreibung des Festessens in der Residenz hat mir den Mund wässrig gemacht.

관저에서의 연회음식에 대한 너의 이야기가 내 입에 군침을 돌게 했다.

sich³ den Mund/die Zunge verbrennen (ugs.) 설화를 입다

Einige möchten immerhin ein heißes Thema ansprechen, an dem sich die Verantwortlichen der Branche lieber nicht die Zunge verbrennen wollen.

그 분야의 책임자들도 오히려 설화를 입지 않으려는 논란이 분분한 주제를 아직도 몇몇 사람들은 다루려고한다.

nicht auf den Mund gefallen sein (ugs.) 입심이 좋다, 달변이다

Als Moderator einer eigenen Veranstaltung beweist der Optikmeister, dass er nicht auf den Mund gefallen ist.

시각 전문가는 자신이 주관하는 행사의 진행자로서 달변이 아니라는 것을 보여 준다.

*in aller Munde sein 널리 알려지다, 인구에 회자하다

Sein Name ist über die Grenzen hinaus in aller Munde. Mehr als 80 Schriften hat er verfasst.

그의 이름은 경계를 넘어 널리 알려져 있다. 80여 개가 넘는 글을 집필했다.

Doch wichtiger ist, dass die Randsportart Segeln in diesen Wochen in aller Munde ist.

비인기 스포츠 종목인 요트가 이 몇 주 동안 사람들의 입에 오르내리고 있는 것은 더욱 중요한 사실이다.

jm. nach dem Munde reden 맞장구치다, 동조하다

Trotzdem kann man nicht sagen, der Christdemokrat redete den Wählern nach dem Munde.

그럼에도 불구하고 기민당 당원이 유권자에게 맞장구를 친다고 볼 수 없다.

Der Ministerpräsident hat gar nicht erst versucht, den Gewerkschaften nach dem Munde zu reden.

애당초 총리는 노조에 동조하려고 시도하지도 않았다.

jm. über den Mund fahren (ugs.) 말을 가로채다, 말을 가로막다

„Arbeite du erst mal richtig du Depp!", fuhr ihm seine Freundin über den Mund.

"일이나 제대로 해, 이 바보야!"라며 여자 친구는 그의 말을 가로챘다.

Seine alte Mutter erzählt eine andere Geschichte, bevor der Sohn ihr über den Mund fährt.

아들이 말을 가로막기 전에 늙은 어머니는 또 다른 이야기를 했다.

ein gutes/flinkes/geöltes Mundwerk haben (ugs.) 말재간이 좋다

Ein Politiker muss ein gutes Mundwerk haben, sonst kann er sich im Wahlkampf nicht profitieren.

정치인은 말재간이 좋아야한다. 그렇지 못하면 선거전에서 득을 볼 수 없다.

etw. für bare Münze nehmen 맹신하다, 사실로 여기다

Er tut so, als nehme er das Zeichen des Brunnensprungs für bare Münze.

그는 온천수 분출의 징조를 맹신하는 것처럼 행동한다.

Könnten die Zuschauer Fiktion und Realität nicht auseinander halten? Wer ist schon so naiv und nimmt jeden Filmplot für bare Münze?

관객들은 허구와 현실을 구별할 수 없을까? 누가 순박하게 모든 영화 플롯을 사실로 여기겠는가?

js. Mütchen [an jm/etw.] kühlen (ugs.) 화풀이하다

Kunden, die noch unter dem Euro-Frust leiden, mögen an dem neuerlichen Preiskampf ihr Mütchen kühlen.

유로-좌절감으로 아직 고통 받는 고객들은 새롭게 대두한 가격경쟁에 화풀이를
할 수 있다.

Hasserfüllt beschließt der Kombifahrer, bei nächster Gelegenheit sein
Mütchen an einem Radfahrer zu kühlen.

노여움에 가득 찬 (승용 및 배달) 겸용 자동차 운전자들은 다음 기회에 자전거 타
는 사람에게 화풀이하기로 결정했다.

N

nach wie vor 여전히, 그전과 같이

Weil die Wirtschaft nach wie vor fußlahm ist, brechen die Steuereinnahmen weg.

경제가 여전히 제대로 안 풀리니 세수가 떨어져나간다.

Für heftigen Streit innerhalb des Regierungslagers sorgt nach wie vor die Wehrpflicht. Der Verteidigungsminster sprach sich nachdrücklich gegen die Umstellung auf eine Berufsarmee aus.

정부 내에서 여전히 병역의무는 치열한 논란이 있다. 국방장관은 직업 군인제도의 전환에 반대 견해를 확실히 밝혔다.

Die große Koalition hat nach wie vor ein hohes Ansehen. Das geht aus der Umfrage der Forschungsgruppe Wahlen hervor.

대연정은 여전히 지지를 받는다는 사실이 선거연구 팀의 여론조사 결과다.

nach und nach 점차로, 차차

Der derzeit bei rund 8 Millionen Euro liegende Finanzierungsanteil des Freistaates wird in einem Stufenplan nach und nach auf rund 14 Millionen Euro steigen.

현재 약 800만 유로인 바이에른 주 자금조달 금액은 단계별 계획에는 점차 약 1,400만 유로로 늘어날 것이다.

Gemüse, Kräuter und Beeren wurden auf den einheimischen Märkten fast verschwunden, kehren sie jetzt nach und nach in die Gärten und vor allem in die Kochtöpfe zurück.

채소, 허브와 야생딸기는 내수시장에서 자취를 감추고 요즘은 점차로 정원과 특히 요리냄비가 내수시장으로 돌아온다.

Sie werden nach und nach den gesamten Maschinenpark erneuern müssen.

그들은 전체 기계 설비를 점차 개선해 나가야 할 것이다.

das Nachsehen haben 등한시 되다, 홀대받다

> Wenn da ein Parkhaus, dort ein Biergarten und eine Straße genehmigt würden, könnte die Natur das Nachsehen haben.
>
> 여기는 주차장, 저기는 맥주 집과 도로 허가가 나면 자연은 등한시되는 것이다.
>
> Doppelt berufstätige Paare sollen steuerlich das Nachsehen haben.
>
> 두 사람이 모두 직장이 있는 부부는 세제상 홀대받게 된다.
>
> In einem Aufsatz wird behauptet, dass sich die Frauen nicht so sehr an Kriterien wie Einkommen und Aufstiegschancen orientieren und deswegen oft das Nachsehen haben.
>
> 여성은 수입과 승진기회와 같은 기준에 그다지 연연하지 않기 때문에 때로는 홀대받는다고 어떤 논문은 주장한다.

sich^3 die Nacht um die Ohren schlagen (ugs.) 잠을 못 이루다, 밤을 지새우다

> Gäste aller Altersschichten schlugen sich die Nacht um die Ohren und genossen das vielseitige Programm.
>
> 노인층 손님들은 밤을 지새우며 다양한 프로그램을 만끽했다.

***bei Nacht und Nebel** 야음을 틈타서, 아무도 모르게

> Bei Nacht und Nebel verschwand er, in einem riesigen LKW transportiert.
>
> 야음을 틈타 그는 대형 화물차에 실려 야반도주했다.

über Nacht

1 뜻밖에

> Durch einen Lotteriegewinn kann man über Nacht zum Millionär werden.
>
> 복권에 당첨되면 뜻밖에 백만장자가 될 수 있다.

2 하루아침에, 갑자기

> Über Nacht ist es Winter geworden.
>
> 갑자기 겨울이 되어버렸다.

hässlich wie die Nacht/die Sünde sein (emotional) 추하다, 박색이다

> Sie war eine großartige Komödiantin, aber hässlich wie die Nacht.

그 여자는 훌륭한 코미디언이지만 얼굴은 아주 박색이다.

jm. im Nacken sitzen 미행(추적)하다, 괴롭히다

Seit einer Viertelstunde saß ihnen ein dunkelblauer Wagen im Nacken, der sich einfach nicht abschütteln ließ.

십오분 전부터 쉽사리 따돌릴 수 없는 짙은 청색 승용차가 그들을 미행했다.

Wie soll man in Ruhe ein Projekt durchführen, wenn einem ständig die Finanzprüfer im Nacken sitzen?

세무 조사원이 끊임없이 괴롭히면 어떻게 차분히 프로젝트를 수행할 수 있겠는가?

*an der Nadel hängen (Jargon) 마약에 중독 되다

Eltern verlieren schnell die Kontrolle, wenn ihre Kinder plötzlich an der Nadel hängen.

자녀가 어느 날 갑자기 마약중독이 되면 부모는 자제력을 곧 잃게 된다.

wie auf Nadeln sitzen 억지로 참으며 (앉아) 기다리다

Er saß wie auf Nadeln, bis endlich sein Name aufgerufen wurde.

이름이 결국 호명될 때까지 그는 앉아서 꾹 참고 기다렸다.

ein Nagel zu js. Sarg sein (salopp) 누구의 골치 덩어리이다

Dieses schwererziehbare Kind war ein Nagel zu ihrem Sarg!

교육시키기 어려운 이 문제아는 그 여자의 애물 단지였다!

den Nagel auf den Kopf treffen (ugs.) 핵심을 찌르다

Ich dachte jedoch beim Lesen des Kommentars an zwei Zitate, die in diesem Zusammenahang anschaulich den Nagel auf den Kopf treffen.

나는 해설을 읽으면서 이와 관련한 뚜렷하게 핵심을 씨르는 두 개의 인용문을 생각했었다.

Der Artkel „Männer sind alle Verbrecher" hat den Nagel auf den Kopf getroffen. Besonders imponiert hat mir der letzte Absatz. „Schreib weiter so."

"남자는 모두 범죄자다"라는 기고문은 정곡을 찔렀다. 특히 마지막 단락이 내게 큰 인상을 주었다. "계속 그렇게 써라."

Mit deiner letzten Bemerkung hast du den Nagel auf den Kopf

getroffen.

너의 마지막 발언이 정곡을 찔렀다.

***etw. an den Nagel hängen** (ugs.) 포기하다

Damals hatte er sein Studium an den Nagel gehängt und auf einen Überseefrachter angeheuert.

당시에 그는 학업을 포기하고 외항선을 탔다.

jm. auf den Nägeln brennen (ugs.) 화급하다

Das Gutachten brennt dem Staatsanwalt auf den Nägeln, das muss zuerst erledigt werden.

검사로서는 감정서가 발등에 떨어진 불이기 때문에, 그것이 선결되어야 한다.

sich³ etw. unter den Nagel reißen (salopp) 훔치다

Im Flur lagen zwei Kristallspiegel, die hat er sich sofort unter den Nagel gerissen.

복도에 있던 크리스털 거울 두 개를 그는 재빨리 슬쩍했다.

jm. nicht das Schwarze unter dem Nagel/Fingernagel gönnen (ugs.) 싫어하다, 꺼리다

Nach außen hin waren sie immer freundlich zueinander, in Wahrheit aber gönnten sie sich nicht das Schwarze unter dem Nagel.

그들은 겉으로는 항상 다정하지만 실제로는 서로를 꺼려했다.

***jm. zu nahe treten** 화나게 하다, 기분 상하게 하다

Niemand sagte ein Wort, jeder hatte Angst, dem anderen zu nahe zu treten.

남의 기분을 상하게 할까 두려워 아무도 말하지 않았다.

jm. auf den Nähten knien (ugs.) 윽박지르다

Der Kohlenhändler kniete ihnen schon seit Wochen auf den Nähten, weil sie die letzte Rechnung noch nicht bezahlt hatten.

지난번 외상을 갚지 않았다고 석탄 장사는 몇 주일 전부터 그들을 윽박질렀다.

aus den / allen Nähten platzen (ugs.)

1 비대(뚱뚱)하여 옷이 안 맞다

Wenn sie den Kleinen so oft füttert, wird er bald aus allen Nähten platzen.

그 여자가 아이들에게 그렇게 자주 먹이면 곧 뚱보가 되어 옷이 안 맞을 것이다.

2 미어터지다

„Die Taucherrüstung bleibt hier, der Koffer platzt sowieso schon aus allen Nähten.“

"가방이 이미 꽉 찼으니 잠수 장비는 여기에 그대로 두자."

sich einen Namen machen 유명하다, 이름이 나다

Er war damals schon über fünfzig Jahre alt und hatte sich als Arzt bereits einen schönen Namen gemacht.

당시 그는 벌써 쉰 살이 넘어 이미 의사로서 명성이 나 있었다.

einen Narren/Affen an jm./etw. gefressen haben (ugs.) 매우 좋아하다, 반하다

Vom ersten Tag an hatte der alte Kapellmeister einen Narren an seinem Enkelkind gefressen.

첫날부터 늙은 악장은 자기 손자를 아주 좋아했다.

Sie hat an ihren Kindern einen Affen gefressen.

그 여자는 자녀를 무척 예뻐한다.

An dem Münchner Libero hat der Bundestrainer einen Affen gefressen.

뮌헨 출신 공수양용 선수를 국가대표팀 감독은 어지간히 좋아한다.

*[von jm./etw.] die Nase voll haben (ugs.) 질색이다, 지긋지긋하다

Die Menschen haben im Moment die Nase voll von Politik.

지금 현재로는 사람들이 정치를 지긋지긋해한다.

Die Leute haben die Nase voll von den Lügen und der Korruption der Regierung. sagt der Abgeordnete von Labour Party.

국민들이 정부의 속임수와 부패에 진절머리가 난다고 노동당 국회의원이 말한다.

Viele in dieser Konsumgesellschaft haben die Nase voll von den

Angeboten.

이 소비사회의 많은 사람들은 상품공급에 학을 뗀다.

Leipzig ist die einzig wahre Buchmesse. Frankfurt, das ist doch nur noch Abzocker. Davon habe ich allmählich die Nase voll.

라이프찌히는 유일무이한 진짜 도서박람회 도시다. 푸랑크푸르트는 교활하게 돈만 버는 박람회라는 것에 나는 갈수록 진절머리가 난다.

die Nase/den Kopf hoch tragen 뻐기다, 콧대가 높다

Vor ein paar Jahren hatte sie noch im Hinterhof gespielt, jetzt wohnte sie in einem Luxusappartment und trug sie Nase hoch.

그 여자는 몇 해 전에만 해도 뒷채에 살았으나 이제는 고급 아파트에 살며 우쭐대었다.

So gab es am Dienstag neben der Primadona noch mindestens eine weitere Schauspielerin, die Grund hatte, den Kopf hoch zu tragen.

화요일에 프리마돈나 외에도 내로라 할만한 여배우가 적어도 한명은 더 있었다.

die Nase vorn haben (ugs.) 우월(우수)하다, 앞서다

Beim Primärenergieeinsatz und also auch in der Effizienz, bei Kosten und bei Umweltaspekten hat Gas die Nase vorn.

일차 에너지이용과 효율성, 비용과 환경의 관점에서도 가스가 우월하다.

Man freut sich ja immer, wenn Frauen in der einen oder anderen Angelegenheit die Nase vorn haben, wie es so schön heißt. So haben Frauen in Sachen Multitasking die Nase vorn.

만약에 여성이 어떤 분야에 우월하다면 말 그대로 반가운 일이다. 여성은 여러 가지 다중 작업 분야에서 우월하다.

sich³ die Nase begießen (ugs.) 술을 많이 마시다

Ist das eine Freude, dich wiederzusehen – heute Abend sollten wir uns zusammen die Nase begießen!

너를 다시 만나니 대단히 기쁘다 – 오늘 저녁 함께 코가 비틀어지게 마셔야지!

seine Nase in etw./alles [hin]einstecken (ugs.) 쓸데없이 참견하다(만사에 끼어들다)

Ich brauche keinen Ehemann, der seine Nase in meine Angelegenheiten steckt.

내 일에 사사건건 간섭하는 남편은 필요없다.

Du sollst deine Nase nicht in Dinge stecken, von denen du nichts verstehst.

네가 전혀 모르는 일에 참견해서는 안 된다.

seine Nase in die Bücher stecken (ugs.) 연구(공부)하다

Wenn er nicht gerade seine Nase in dicke Bücher steckte, dann widmete er sich kleinen weißen Bällen.

연구를 하지 않을 때면, 그는 골프에 몰두했다.

jm. eine Nase drehen (ugs.) (기만하여) 조롱하다

Die angekündigte Neuwahl gilt als populärste Entscheidung seiner Amtszeit. Der Kanzler hat internen wie externen Gegnern nochmal eine Nase gedreht.

공고된 재선거는 그의 임기 중 내린 가장 인기 있는 결정이다. 수상은 내부와 외부의 반대자들을 다시 한번 우습게 만들었다.

jm. eine lange Nase machen (ugs.) 조롱하다

Viele asiatische Gäste kommen extra, um die Nackten zu sehen. Und denen wird nun eine lange Nase gedreht.

나체 구경을 하려고 아시아인들이 일부러 몰려오지만, 조롱만 당한다.

*[immer] der Nase nach (ugs.) 똑바로, 직통으로(=immer gerade aus)

„Entschuldigung, wie komme ich am besten zum Rathaus?" – „Nichts einfacher als das, immer der Nase nach, dann stehen Sie in gut zehn Minuten direkt davor."

"실례합니다, 시청에 갈 수 있는 좋은 방법을 알려 주십시오!" – "똑바로 가는 것이 제일 쉬운 방법입니다. 10분 안에 그곳에 도착할 수 있습니다."

jn. an der Nase herumführen (ugs.) 속이다, 우롱(조롱)하다

Er darf nicht glauben, er könne den Krieg abwenden, wenn er die Inspektoren nur geschickt an der Nase herumführt.

그는 사찰단을 교묘하게 속이면 전쟁을 피할 수 있으리라 생각해서는 안 된다.

Als die Seuche anderer Provinzen und dann die Hauptstadt erreichte,
fälschten die Behörden die Zahlen. Infizierte wurden versteckt, selbst
eine internationale Expertengruppe der WHO an der Nase herumgeführt.

다른 성(城)의 유행병이 수도에까지 번지자 당국은 숫자를 고쳤다. 감염자를 숨긴
것을 WHO의 전문가단도 속아 넘어갔다.

Ausgestattet mit einer Zahnspange und einer reichlichen Portion
Haargel gelang es ihm, seine Mitschüler und die Lehrer an der Nase
herumzuführen.

치열교정 틀과 머릿기름을 듬뿍 발라 단장을 하고 그는 동료 학생들과 교사들을 조
롱할 수 있었다.

auf der Nase liegen (ugs.) 아프다, 병나다

Der Opa drehte sich nach der Quelle des Geräusches um, stolperte
und lag auf der Nase.

할아버지는 소음 나는 곳으로 몸을 돌리다 걸려 넘어져 병이 났다.

auf die Nase fallen (ugs.) 실패하다, 좌절하다

Im vergangenen Frühjahr hat er schöne Gewinne versprochen. Er ist
damit böse auf die Nase gefallen.

금년 초에 상당한 수익을 약속했으나 그것은 좌절되었다.

Mit diesem optimistischen Weltbild sind sie ja auf die Nase gefallen,
sobald sie Kinder bekamen.

아이가 생기자 그들의 낙관적 세계관은 좌절되었다.

Wir haben Angst vor der Strukturdebatte, mit der wir furchtbar auf
die Nase gefallen sind. Weil wir so viel Angst haben, konzentrieren
wir uns auf lauter kleine Maßnahmen.

엄청난 좌절을 경험한 구조에 대한 논쟁을 우리는 두려워한다. 너무 두려운 나머
지 우리는 아주 간단한 조처에만 전념하고 있다.

jm. etw. auf die Nase binden (ugs.) 누설하다, 이야기해 주다

Ich bin durchaus meinungsstark, ich muss das aber nicht jedem sofort
auf die Nase binden.

나도 주관이 뚜렷하지만, 그렇다고 그것을 아무에게나 쉽게 말하지는 않는다.

jm. etw. unter die Nase reiben (ugs.) 질타하다, 듣기 싫은 소리를 하다

Jetzt aber scheint die Zeit gekommen, dem Tormann Kahn kräftig unter die Nase zu reiben, dass er es war, der Deutschland den Weltmeistertitel verloren hatte.

골키퍼 칸에게 독일이 세계 신수권을 놓친 사람이 바로 자신인 것을 따끔하게 질타할 때가 온 것 같다.

jm. etw. vor der Nase wegschnappen(ugs.) (다른 사람에) 앞서 차지하다(사다)

Irgendjemand könnte einem in diesem Augenblick den schönsten Baum vor der Nase wegschnappen.

누군가가 이 순간에 그 훌륭한 나무를 먼저 차지할 수 있다.

Irgendwie haben sie Angst, ihnen wird die Möglichkeit eines Krieges noch vor der Nase weggeschnappt.

그들은 전쟁 가능성을 빼앗길까봐 겁을 내고 있다.

Aber jemand ist ihr zuvorgekommen und hat ihr das Bild vor der Nase weggeschnappt.

누군가가 그 여자 앞으로 먼저 와서 사진을 먼저 사버렸다.

***naselang ; alle naselang** (ugs.) 지속적으로, 계속해서

„Störe mich bitte nicht alle naselang mit deinen dummen Fragen!"
"제발 어리석은 질문으로 나를 끊임없이 방해하지 말아라!"

Sie konnte nicht konzentriert arbeiten, weil sie alle naselang mit etwas anderem behelligt wurde.

그 여자는 다른 일로 계속해서 괴로움을 당했기 때문에 일에 전념할 수 없었다.

in der Natur der Sache liegen 본질이다, 본질에 속하다

Kleinere Reibereien liegen in der Natur der Sache, wenn so verschiedene Charaktere in einer Gruppe zusammenarbeiten.

상이한 성격을 가진 사람들이 같은 그룹에서 함께 일하게 되면 사소한 마찰이 생기기 마련이다.

sich³ etw. nicht nehmen lassen 기어이 하고자 하다

Er ließ es sich nicht nehmen, die Pferde selbst zu versorgen.

그는 말들을 꼭 직접 돌보려고 했다.

hart im Nehmen sein (ugs.) 끈질기다, 힘세다

Er hat nach dem schweren Unfall schon wieder mit dem Training begonnen. Der Bursche ist unwahrscheinlich hart im Nehmen.

그는 심한 사고 후에 이미 다시 연습에 들어갔다. 이 사내는 엄청나게 강단이 있다.

das muss jm. der Neid lassen (ugs.) 인정해 주어야 한다

Klavier spielen kann er hervorragend, das muss ihm der Neid lassen.

그의 빼어난 피아노 연주 솜씨는 인정해야 한다.

zur/auf die Neige gehen (geh.) (여분, 시간단위가) 끝나가다, 쇠하다

Das Tafelöl war längst auf die Neige gegangen.

식용유 여분이 떨어진지 오래되었다.

Dieses Jahrhundert geht zur Neige.

금세기도 다 지나간다.

***nicht nein sagen können** 마음씨 좋다, 너무 순진하다

„Du kannst dich ruhig mit deiner Bitte an sie wenden, sie kann nicht nein sagen.“

"그녀는 거절을 못하니 너의 청을 주저 말고 부탁해 보아라."

etw. auf einen [gemeinsamen] Nenner bringen 일치시키다

Es war nicht leicht, die verschiedenen Interessen auf einen Nenner zu bringen.

다양한 관심사를 하나로 묶기가 쉽지 않았다.

die Nerven liegen blank 신경이 곤두서다

Als sie sah, dass ihr Auto abgeschleppt worden war, hätten die Nerven blank gelegen.

자동차가 견인되는 것을 보자 그 여자는 신경이 곤두섰다.

Nicht nur in den Führungsetagen liegen die Nerven blank, auch die Arbeiter an der Basis dünnhäutig geworden.

지도자 계층에서만 신경이 곤두선 것이 아니라 하위 층 노동자들도 예민하게 되

었다.

***den Nerv haben, etw. zu tun** (ugs.) ~할 용기가 있다

Der betrunkene Autofahrer hatte noch den Nerv, jede Schuld an dem Unfall abzustreiten.

그 음주 운전자는 사고에 대한 책임을 전적으로 부인할 만큼 배짱이 좋았다.

jm. den [letzten] Nerv rauben/töten (ugs.) 귀찮게 하다, 화나게 하다

Die Kinder rauben mir langsam den letzten Nerv!

아이들이 점차 나에게 귀찮게 군다.

die Nerven verlieren 자제력을 상실하다

Verlöre Schröder die Nerven, würden die Truppen hinter ihm auseinander stießen und sich in die geliebte Programmarbeit flüchten.

쉬레더 수상이 자제력을 잃으면 그를 지지하는 무리들이 서로 분산되어 선호하는 프로그램 작업으로 몸을 숨길 것이다.

[vielleicht] Nerven haben (ugs. emotional) 별난 생각을 하다, 뻔뻔스럽다

Er hat Nerven – stellt sich einfach auf unseren Parkplatz!

그 사람은 염치도 좋지 – 우리 주차장에 무작정 버티고 서 있으니!

Nerven haben wie Drahtseile/Stricke (ugs. emotional.) 인내심이 강하다

Die Männer von der Bergwacht hatten Nerven wie Drahtseile, sie schafften den Abstieg mit beiden Verletzten.

산악 구조요원들은 뛰어난 인내심으로 부상자 두 명과 함께 하산할 수 있었다.

Nerven zeigen (ugs,) 신경질적으로 되기 시작하다

Wegen der hohen Niederlage kritisierte er seine Mannschaft, die Nerven zeigte und schlecht gerungen hat.

참패와 관련하여 팀이 신경질적이 되어 잘 싸우지 못했다고 그는 비판했다.

Die allerbesten Chances zu einem Treffer hatten zwei eingewechselte Spieler, die frei vor dem gegnerischen Tor Nerven zeigten.

가장 좋은 득점 기회는 상대 골문에서 자제력을 잃은 교체된 두 명의 선수에게 있었다.

***jm. auf die Nerven gehen/fallen** (ugs.) 아주 귀찮게 하다

Der Hund ging den Nachbarn mit seinem Gejaule ganz schön auf die Nerven.

그 개의 짖어 대는 소리는 이웃 사람들에게 커다란 부담이 되었다.

sich [mit etw.] in die Nesseln setzen (ugs.) (무엇 때문에) 궁지에 처하다

Mit dem offenen Brief an den Parteivorsitzenden hatte der Abgeord-nete sich ganz schön in die Nesseln gesetzt.

국회의원은 당 총재에게 보낸 공개서한 때문에 상당한 어려움에 처해 있었다.

das eigene/sein eigenes Nest beschmutzen 자기 가족(그룹)을 험담하다

Sie beschmutzt das eigene Nest, wenn sie ihre Eltern so kritisiert.

그 여자가 부모를 비판하면 결국 누워서 침 뱉는 격이다.

jm. ins Netz gehen (ugs.)

1 속다, 야바위 당하다

Besonders alte, alleinstehende Frauen sind dem Betrüger häufig ins Netz gegangen.

특히 나이든 독신 여성이 사기꾼들에게 흔히 속아넘어갔다.

2 걸려들다, 붙잡히다

Bei der Kontrolle am Freitagabend sind der Polizei zwölf Alkohol-sünder ins Netz gegangen.

금요일 밤 단속에서 12명의 음주 운전자가 경찰에 적발되었다.

mir nichts, dir nichts (ugs.) 간단하게, 손쉽게

Du kannst doch nicht mir nichts, dir nichts deine Stellung kündigen!
너는 그렇게 쉽게 사표를 던지면 안돼!

für nichts wieder nichts 허사다, 허탕이다

Jetzt bin ich für nichts und wieder nichts hergekommen, weil die Bibliothek heute geschlossen ist.

오늘 휴관이기 때문에 내가 오늘 도서관에 온 것은 허탕만 친 꼴이다.

vor dem Nichts stehen 모든 것을 잃어버리다

Nach dem Krieg standen viele vor dem Nichts.
전쟁이 끝난 후에 많은 사람이 가진 것을 모두 잃었다.

***nie und nimmer** 결코 ~ 아니다

„Deine Eltern werden nie und nimmer dulden, dass du ohne Abitur von der Schule abgehst.“
"네가 대학 입학 자격증 없이 학교를 그만두는 것은 부모가 결코 용납하지 않을 것이다."

Nie und nimmer werde ich mein Geheimnis verraten!
결코 나는 나의 비밀을 발설하지 않을 것이다!

jm. an die Nieren gehen (ugs.) 흥분하게 하다, 뭉클하게 하다

Der plötzliche Tod des jungen Ehepaares ist allen sehr an die Nieren gegangen.
젊은 부부의 갑작스러운 죽음은 모든 사람을 매우 뭉클하게 했다.

Dieser Film geht auch den abgebrühtesten Zuschauern an die Nieren.
이 영화를 보면 아주 둔감한 관객들도 흥분하게 된다.

***noch und noch/nöcher** (ugs. scherzh.) 대량으로, 매우 많이

Meine Kopfschmerzen sind seit Tagen unerträglich. Ich schlucke Tabletten noch und noch.
나는 며칠 전부터 두통이 심해져서 알약을 대량으로 복용한다.

Er hat Geld noch und nöcher.
그는 돈이 매우 많다.

in Not und Tod 극도의 곤경에

Hitler hatte die Welt in den Krieg und Abermillionen in Not und Tod gestürzt.
히틀러는 세계를 전쟁으로 내몰고 수백만을 극도의 곤경에 빠뜨렸다.

Die Eltern werden nie ihre Kinder verlassen, doch die Kinder haben unsere Eltern in Not und Tod zurückgelassen.

부모는 자녀들을 버리지 않을 것이나, 자녀들은 심한 어려움에 처한 부모를 방치했다.

Not macht erfinderisch (R.) 이가 없으면 잇몸으로 먹는 법이다

in der Not frisst der Teufel Fliegen (R.) 굶으면 못 먹을 것이 없다

aus der Not eine Tugend machen 전화위복이 되게 하다

Der Clown machte aus der Not eine Tugend und baute sein Gipsbein in seine Nummer eins.

그 광대는 깁스를 한 다리를 오히려 전화위복의 계기로 삼았다.

***mit genauer/knapper Not** 겨우, 간신히

Mit knapper Not erreichten sie die letzte Straßenbahn.

아슬아슬하게 그들은 마지막 전차를 탔다.

jd. hat es gerade nötig (ugs.) ~할 적임자가 아니다

„Du hast es gerade nötig, über die anderen Autofahrer zu schimpfen, du fährst auch nicht gerade rücksichtsvoll.“

"너는 다른 운전자를 욕할 입장이 아니다. 너 또한 신중하게 운전하지 않으니까."

keine Notiz von jm./etw. nehmen 주의를 기울이지 않다, 무시하다

Sie nahm kein Notiz von ihm, als er plötzlich auftauchte.

그가 갑작스럽게 나타났을 때 그 여자는 그를 무시했다.

Den ganzen Abend hat er versucht, sich an die Blondine am Nebentisch heranzumachen, aber sie hat überhaupt keine Notiz von ihm genommen.

저녁 내내 그는 옆자리의 금발 여인에게 접근을 시도했으나 정작 그녀는 그에게 관심을 보이지 않았다.

***im Nu** 재빠르게, 아주 빨리

Im Nu waren alle Brötchen aufgegessen.

순식간에 빵을 모두 먹어 버렸다.

***null und nichtig** 무효인

Das Gericht erklärte den Vertrag für null und nichtig.

재판부는 그 계약을 무효로 판결했다.

***[die] Nummer eins** (ugs.) 제1인자, 넘버원

Nicht nur wirtschaftlich, auch kulturell will China die Nummer eins werden. Aus Sicht der Regierung in Peking geht beides Hand in Hand.

경제는 물론이고 문화적으로도 중국은 제1인자가 되려한다. 중국정부는 양자가 동반하는 것으로 보는 입장이다.

eine Nummer/ein paar Nummern zu groß für jn. sein (ugs.) 힘겹다, 힘에 부치다, 버겁다

„Ein tolles Auto, aber ist es nicht eine Nummer zu groß für euch?"

"멋진 자동차이긴 하나 너희들이 감당하기에는 힘들지 않겠느냐?"

Dieser Auftrag ist ein paar Nummern zu groß für die Firma.

이 주문은 그 회사로서는 버겁다.

auf Nummer Sicher gehen (ugs.) 안전하게 하다

Der Polizeipräsident wollte auf Nummer Sicher gehen und wartete auf den Bescheid der Staatsanwaltschaft.

경찰서장은 안전을 위하여 검찰의 결정을 기다렸다.

„Ruf erst an, ob sie zu Hause ist, ich möchte auf Nummer Sicher gehen."

"확실하게 하고 싶으니 우선 그 여자가 집에 있는지 전화해 봐라."

ein Nürnberger Trichter 만사형통의 학습 보조 수단

Eine Videoanlage ist auch kein Nürnberger Trichter, lernen musst du den Lehrstoff schon selbst.

비디오는 만사형통의 학습 보조 수단이 아니므로 교재 공부는 너 스스로 해야 한다.

eine harte Nuss [für jn.] sein (ugs.) 어려운 문제다

Die letzte Frage im Radioquiz war wirklich eine harte Nuss.

라디오 퀴즈의 마지막 문제는 정말로 어려웠다.

Er sollte jemanden auffindig machen, der vor 15 Jahren nach Südamerika ausgewandert war, das war auch für einen guten Detektiv eine harte Nuss!

그는 15년 전에 남아메리카로 이민 간 사람을 찾아내야 하는데, 그것은 뛰어난 탐정에게도 어려운 일이었다.

*[keinen] Nutzen haben 이용하다(이용하지 않다), 이득을 얻다(얻지 않다), 유익(무익)하다

Ich weiß gar nicht, warum da immer unbedingt Bücher angeschafft werden, von denen kein Mensch Nutzen hat!

아무도 이용하지 않는 서적을 꼭 구입해야하는 이유를 나는 알 수 없다.

So hat die Mafia doppelt den Nutzen. Erst hat sie am Bau kräftig verdient, und dann profitiert sie vom Wassernotstand.

마피아는 건축에서 한몫 단단히 벌고, 또 한해 때도 이익을 남겨 이중으로 이익을 본다.

In den arabischen und anderen islamischen Ländern hat das Volk von den Religions — und Islamparteien den geringsten Nutzen.

아랍과 이슬람 국가에서는 종교 정당과 이슬람 정당은 국민에게 거의 무용지물이다.

Im Grunde ist Fasten nur für den gut, der damit Geld verdienen will. Heilfasten hat keinen nachgewiesenen gesundheitlichen Nutzen.

단식은 원래 돈을 벌려는 사람에게나 좋지 치유단식이 건강상 유익하다는 것은 입증된 바 없다.

jm. Nutzen bringen 이익을 보다

Man kann doch nicht alles und jedes danach beurteilen, ob es einem Nutzen bringt.

만사를 이익을 기준으로만 판단할 수는 없다.

Saudiarabien und Kuwait machten deutlich, dass sie nicht zu der Embago-Politik zurückkehren würden, da diese ihnen mehr Schaden als Nutzen gebracht hat.

사우디와 쿠웨이트는 이익보다는 손해를 가져온 무역봉쇄 정책으로 회귀하지 않을 것임을 분명히 했다.

[für jn.] von Nutzen sein (누가) 사용할 수 있다

Ist dieser Staubsauger noch für irgendjemanden von Nutzen oder

können wir den wegwerfen?
이 진공청소기를 누군가 사용할 수 있을까, 아니면 그냥 버려버릴까?

weder Nutzen noch Schaden [bei etw.] haben 이익도 손해도 없다

Und um weder Nutzen noch Schaden zu haben, lohnt es sich nicht zu arbeiten.
이익도 손해도 없는 바에야 일할 필요가 없다.

aus etw. Nutzen ziehen 이용하다, 활용하다

Berlin zieht Talente aus aller Welt zum Nutzen der Stadt.
베를린은 전 세계적인 인재를 시를 위해 활용하고 있다.

Irland hat selbst den allergrößten Nutzen aus der EU-Mitgliederschaft gezogen und weigert sich, diese Vorteile mit den noch ärmeren Ländern in Osteuropa zu teilen.
아일랜드는 유럽연합 회원국 자격을 최대로 이용하면서도 이 장점을 동유럽의 빈곤한 나라와 공유하기를 거부한다.

*sich nützlich machen 돕다

Sonntags machte er sich in der Küche nützlich.
그는 일요일에 부엌일을 도와준다.

Auch die jüngeren Schwestern versuchen, sich im Haushalt nützlich zu machen.
어린 여동생들도 가사를 도우려고 노력한다.

O

auf jn./etw. Obacht geben/haben 유의하다, 중요시하다

Man kann nicht auf alles Obacht haben, was im Kinderzimmer geschieht.

아이들 방에서 일어나는 일을 모두 알 수는 없다.

Das Beste sei, sich an die Weisung der Mutter zu halten, die Menschen nicht nach irem Äußeren zu beurteilen, sondern auf den Charakter Obacht zu geben

사람을 외양으로 판단하지 말고 성격을 중요시하라는 어머니의 지침을 지키는 것이 최선이리라.

jn. von oben bis unten mustern (umg.) 머리에서 발끝까지 살펴보다

Der Personalchef musterte den Bewerber von oben bis unten und schüttelte dann ablehnend den Kopf.

인사부장은 지원자들을 머리부터 발끝까지 쳐다보고는 머리를 좌우로 흔들었다.

alles von oben nach unten kehren (ugs.) 뒤죽박죽 내던지다

Nach der Rückkehr aus dem Urlaub fanden wir in der Wohnung alles von oben nach unten gekehrt. Wir hatten Besuch von Dieben erhalten.

휴가에서 돌아오니 우리 집이 온통 뒤죽박죽인 것을 알았다. 집에 도둑이 든 것이었다.

***die Oberhand gewinnen/haben/behalten** 우위를 차(유)지하다, 압도하다

Es wird sich bald zeigen, wer in dieser Firma die Oberhand hat.

이 회사에서 누가 영향력이 있는지 곧 밝혀질 것이다.

Der Titelverteidiger geriet einige Male in Bedrängnis, konnte aber schließlich die Oberhand behalten.

그 챔피언은 몇 차례 수세에 몰렸지만 결국 타이틀을 방어했다.

Oberwasser bekommen/kriegen (ugs.) 유리한 위치를 점하다

Überraschend schnell hatte der Parteivorsitzende wieder Oberwasser bekommen.

놀라울 정도로 빠르게 그 당 총재는 다시 유리한 위치를 점했다.

der Ofen ist aus (salopp) 끝나다, 더 이상 어떻게 할 수 없다

Lange genug hatten sie Geduld mit ihm gehabt, jetzt war der Ofen aus.

지겹게 오랫동안 그 여자는 그를 인내해 왔지만 이제는 모든 것이 끝났다.

hinterm Ofen hocken (ugs.) 방에서만 죽치고 있다, 세상을 등지다

Es hatte ihm nie gelegen, hinterm Ofen zu hocken, er musste Menschen um sich haben.

그는 방 안에만 처박혀 있을 성격이 아니었다. 그는 자기 주위에 사람을 끌게 해야 했다.

***des Öfteren** 종종, 자주

Er war schon des Öfteren wegen seiner Unpünktlichkeit ermahnt worden.

그는 지각으로 인하여 이미 여러 차례 주의를 받았다.

oben ohne 젖가슴을 드러내고

Einige Frauen zeigten sich oben ohne am Strand.

여자 몇 명이 노 브래지어로 백사장에 모습을 나타냈다.

***ohne Weiteres** 즉석에서, 간단히, 갑자기

Das ist aus humanitären und völkerrechtlichen Gründen aber nicht so ohne Weiteres möglich.

그것은 인도주의와 국제법상으로 간단하지 않은 일이다.

Wenn du drin bist, dann kommst du nicht so ohne Weiteres aus.

네가 거기에 몸담고 있는 한, 살아가기가 쉽지 않다.

Roche ist heute im weltweiten Vitamin-Markt die Nummer 1, und die Kartellbehörden dürften eine weitere Konzentration nicht so ohne

Weiteres hinnehmen.

로슈 제약은 오늘날 비타민 세계시장에서 1위지만 카르텔 감독청은 더 이상의 기업집중은 쉽게 수용하지 않을 것이다.

nicht [so/ganz] ohne sein (ugs.) 예상외로 위험하다

Am Seil richtg zu bremsen, das ist gar nicht so ohne. Ich bin geübt in solchen Dingen.

등산용 밧줄을 제대로 제동하기는 의외로 위험하나, 나는 그런 일에 숙달 돼있다.

ganz [Auge und] Ohr sein (ugs.) 귀를 기울이다

Die Schüler waren ganz Ohr, als eine andere Art von Geschichts-unterricht auf ihrem Stundenplan stand.

다른 식의 역사수업이 시간표에 들어있자 학생들은 귀를 기울였다.

jm. klingen die Ohren (scherzh.) 귀가 간지럽다

Dem Kanzler müssen die Ohren geklungen haben.

수상은 틀림없이 귀가 간지러웠을 것이다.

lange Ohren machen (ugs.) (호기심에) 차 엿듣다

Als sie bemerkten, dass man am Nebentisch lange Ohren machte, wechselten sie das Thema.

옆자리에서 엿듣는 것을 알고서 그들은 화제를 바꾸었다.

*die Ohren spitzen/aufmachen (ugs.) 주의 깊게 엿듣다, 경청하다

Er hatte sich an den Nebentisch gesetzt und spitzte die Ohren.

그는 옆 테이블에 앉아서 엿들었다.

ein offenes Ohr für jn. haben 청을 들어주다

Für die Behinderten hat der Bürgermeister stets ein offenes Ohr.

그 시장은 장애자들의 요청을 항상 잘 들어준다.

die Ohren steif halten (ugs.) 〈명령문〉 용기를 잃지 않다

„Halt die Ohren steif, und lass dich nicht unterkriegen!"

"용기를 잃지 말고 굴복하지 마라!"

tauben Ohren predigen 성과를 못 걷다, 쇠귀에 경 읽기다

Mit seinen Aufrufen zum Energiesparen predigte der Minister tauben Ohren.

에너지를 절약하자는 장관의 호소는 아무런 성과도 거두지 못했다.

***seinen Ohren nicht trauen** (ugs.) 귀를 의심하다

Der Buchhalter traute seinen Ohren nicht, als man ihm seine Entlassung angekündigt.

해고 통지를 듣자 경리 직원은 깜짝 놀랐다.

jm. eins/ein paar hinter die Ohren geben[bekommen] (ugs.) 따귀를 때리다(맞다)

Erwachsen geworden, was heißt das? Ist man erst erwachsen, wenn man anderen ein paar hinter die Ohren geben darf?

성인이 된다는 것이 무슨 의미인가? 다른 사람에게 따귀를 때릴 수 있으면 성인이 된 것인가?

Ich habe von meiner Oma, einer ganz bezaubernden Frau, die mich nie zuvor geschlagen hat, eins hinter die Ohren bekommen.

그전에는 때린 일이 없는 아주 매력적인 할머니로부터 나는 따귀를 맞았다.

noch feucht/nicht trocken hinter den Ohren sein (ugs.) 아직 어리다, 경험이 없다, 머리에 피도 안 마르다

Doch unter den Lenkern müssen sich wohl oder übel auch einige kindische Leichtmatrosen befinden, die noch feut hinter den Ohren sind.

조타수 중에는 원하든 안하든 아직 귀 뒤에 피도 안 마른 유치한 순 선원도 있어야 한다.

„Was weißt du denn schon von unseren Problemen, du bist ja noch feucht hinter den Ohren!"

"머리에 피도 마르지 않은 네가 어떻게 우리들 문제를 벌써 알 수 있겠느냐!"

***ein [feines] Ohr für etw. haben** (ugs.) (예민한) 감각을 갖다

Als Arzt hat man ein feines Ohr dafür, ob der Patient einem die

Wahrheit sagt.
의사는 환자가 사실대로 이야기하는가에 대한 예민한 감각을 갖고 있다.

jm. sein Ohr leihen (geh.) 귀 기울이다, 경청하다

„Sie sollten ihm wenigstens für einige Minuten Ihr Ohr leihen.“
“적어도 몇 분 동안이라도 그의 말을 경청해 주서야 됩니다.”

jm. die Ohren voll blasen/schwätzen (ugs.) 장광설로 괴롭히다

Es kann einem schon auf die Nerven gehen, wenn einem die Politiker
ständig die Ohren voll schwätzen.
정치인이 끊임없이 장광설을 늘어놓으면 누구든 신경질이 날 수 있다.

jm. die Ohren/Hammelbeine langziehen (ugs.) 꾸짖다, 나무라다

„Euch Faulenzern werde ich die Ohren noch langziehen! Holt die
Hefte heraus: Wir schreiben ein Diktat!“
“게으름뱅이 너희들은 혼 좀 나봐라! 모두들 공책을 꺼내라, 받아쓰기를 하겠다!”

sich aufs Ohr hauen/legen (usg.) 잠자리에 들다

Nach dem Nachtdienst war die Krankenpflegerin war fürchtlich müde
und haute sich aufs Ohr.
야근 후 그 간호보조원은 엄청나게 피곤하여 잠자리에 들었다.

*auf den/seinen Ohren sitzen (ugs.) 듣지 않다

„Sitzst du auf deinen Ohren? Du sollst den Tisch decken!“
“식탁 차리라는 소리가 들리지 않느냐?”

nichts für fremde Ohren sein (ugs.) 은밀한 것이다, 남이 들어서는 안된다

„Was ich Ihnen zu sagen habe, ist nichts für fremde Ohren. Kommen
Sie bitte mit in mein Büro.“
“당신께 말씀드리려는 것은 비밀이니 제 사무실로 가시지요.”

sich³ etw. hinter die Ohren/die Löffel schreiben (ugs.) 〈흔히 명령형〉 명심하다, 잊지 않다

„Bei uns gibt es keinen Platz für Faulenzen, das kannst du dir hinter die Löffel schreiben.“

“여기서는 게으름뱅이는 필요 없다는 것을 너는 잊지 마라!”

jm. in den Ohren liegen (ugs.) 귀찮게 굴다

Sie lag mir ewig damit in den Ohren, sie gab keine Ruhe.
그 여자는 끝없이 귀찮게 하며 나를 가만히 두지 않았다.

mit den Ohren schlackern (ugs.) 놀라서 말을 잃다(어쩔 줄 모르다)

Du wirst mit den Ohren schlackern, wenn ich dir das Neuerst von deiner verflossenen Freundin erzähle!
옛 애인의 최근 소식을 너에게 전하면 깜짝 놀랄 것이다!

*jn. übers Ohr hauen (ugs.) 속이다

„Der Kerl hat mich übers Ohr gehauen – mein Geld ist weg!“
“그 친구가 나를 속였다–돈이 없어졌어!”

bis über die Ohren in der Arbeit sein/in Schulden sitzen/stecken/ verschuldet sein (ugs.) 온통 일속에 파묻혀 있다(빚더미에 앉아 있다)

Es ist bekannt, dass der Bürgermeister bis über die Ohren ver-schuldet war.
시장이 빚을 잔뜩 지고 있는 것은 다 알려진 사실이다.

von einem Ohr zum anderen strahlen/grinsen/lachen 희색이 만면하다, 미소 짓다, 웃다

Eine Weile schaute er den Kindern zu, dabei lachte er von einem Ohr bis zum anderen.
잠시 아이들을 바라보면서 그는 입이 귀에 닿도록 웃었다.

*jm. zu Ohren kommen 알려지다, 밝혀지다

„Es ist mir zu Ohren gekommen, dass du Lügen über mich verbreitest.“
“네가 나에 관해 거짓말을 퍼뜨리고 있다는 사실을 내가 알게 되었다.”

Öl auf die Wogen gießen 진정시키다, 흥분을 가라앉히다

Es gelang dem Hausherrn schließlich, Öl auf die Wogen zu gießen und

die Streithähne zur Vernunft zu bringen.
그 집주인은 마침내 흥분을 가라앉히고 그 싸움꾼들을 진정시킬 수 있었다.

*Öl ins Feuer gießen 사태를 더욱 악화시키다, 불난 데 부채질하다

Mit seinen gutgemeinten Vorschlägen hat er im Grunde nur Öl ins Feuer gegossen.
그의 선의의 제안은 본질적으로 사태를 악화시켰을 뿐이었다.

*jm./etw. zum Opfer fallen 희생되다, 제물이 되다(geopfert werden)

In Saudi-Arabien und Tschetschenien fielen fast hundert Menschen Selbstmordanschlägen zum Opfer.
사우디아라비아와 체첸에서 거의 백 명의 인명이 자살테러로 희생되었다.

Die Antiquitätenhändlerin war einem Verbrechen zum Opfer gefallen.
그 골동품상 여주인은 범행의 희생물이 되었다.

*in Ordnung (ugs.)

1 고장나지 않은, 잘 돌아가는

Die Waschmaschine war noch völlig in Ordnung.
그 세탁기는 여전히 아주 잘 돌아간다.

2 정직한, 옳은

Die Entscheidungen des Einsatzleiters waren absolut in Ordnung.
작전 지휘관의 결정은 절대적으로 옳았다.

3 유능한, 호감이 가는

Der neue Lehrer ist schon in Ordnung.
새로 부임한 그 선생님은 매우 유능하다.

4 알았다!

„Hilfst du uns?" – „In Ordnung, ich komme gleich."
"우리를 도와줄 수 있겠니?" – "알았어! 곧 간다."

*etw. in Ordnung bringen (ugs.)

1 정돈하다, 정상화하다

Wird es Paris gelingen, die Staatsfinanzen bis zu Beginn der Währungs-

union in Ordnung zu bringen?
프랑스는 유럽 통화 동맹 출범까지 국가 재정을 정상화할 수 있을 것인지?

2 해결하다, 청산하다
Der Anwalt wird versuchen, die Angelegenheit in Ordnung zu bringen.
변호사가 그 사건을 해결하려고 노력할 것이다.

in Ordnung gehen (ugs.) 처리되다

„Ihre Bestellung geht in Ordnung, der Auftrag ist schon bearbeitet."
"당신의 주문은 처리되고, 계약서는 이미 작성되었습니다."

[wieder] in Ordnung kommen (ugs.) (다시) 원상태를 회복하다, 정리되다

Sie hofft, dass die Sache mit der Versicherung in Ordnung kommt.
그 여자는 보험에 관계된 일이 잘 처리되기를 바란다.

jn. zur Ordnung rufen 질서 유지를 요청하다

Der Bundestagspräsident musste mehrere Abgeordnete zur Ordnung rufen.
국회의장은 몇 명의 국회의원에게 질서를 유지하도록 경고할 수밖에 없었다.

ein/kein Organ für etw. haben (ugs.) 관심이 있다(없다)

Der alte Justizrat hatte kein Organ für moderne Musik.
그 연로한 법률고문은 현대음악에 대한 관심이 없었다.

[dastehen] wie die Orgelpfeifen 키순으로 (서다)

Die Kinder standen wie die Orgelpfeifen neben ihrer Mutter da.
그 아이들은 키순으로 어머니 옆에 서 있었다.

höheren Ort[e]s 상급 부서에서

Diese Sache muss höheren Orts entschieden werden.
이 일은 상부에서 결정해야 한다.

*am angegebenen Ort(=a.a.O.) 앞에 제시한 문헌에서

Sie finden das Zitat a.a.O.

그들은 인용문을 상기한 문헌에서 찾는다.

*an Ort und Stelle 현장에서, 곧 바로

Aber es ehrte den Trainer, dass er noch an Ort und Stelle geständig war.

트레이너가 즉석에서 자백한 것은 그에게 명예스러운 일이었다.

Eine verwirrte Japanerin hatte trotzdem nach dem Lösegeld gesucht und sich dann an Ort und Stelle umgebracht.

혼미한 일본 여인은 그럼에도 불구하고 몸값을 요구하다가 현장에서 자살했다.

Gnadenlos schlägt der Zollstempel auf der Quittung zu, weil es wir an Ort und Stelle kassiert haben.

우리가 그 자리에서 계산을 치렀기에 세관도장이 영수증에 찍힌다.

*vor Ort 현장(현지)에서

Ausflug nach „Abu Simbel" kann nur vor Ort gebucht werden.

"아부심벨" 관광은 현지에서만 예약이 가능하다.

Den Wasserstoff für die Fahrzeuge erzeugt die Tankstelle direkt vor Ort.

주유소는 차량용 수소를 현장에서 만든다.

Digitalen Bilder können gleich vor Ort aufgenommen werden.

디지털 사진을 바로 현장에서 찍을 수 있다.

Das Gericht stützt sich dabei vorwiegend auf einen Videofilm, den zwei der Männer kurz vor Weihnachten vor Ort gedreht hatten.

법원은 두 남자가 성탄 전에 현장에서 찍은 비디오 필름을 주된 근거로 삼았다.

das stille Örtchen (verhüll.) 뒷간

Der Baustadtrat eröffnete feierlich den neugestalten Platz mitsamt dem unterirdischen WC-Center. Ob er das stille Örtchen gleich einweiht?

시건설 참사는 지하 화장실을 포함한 새로 조성한 광장을 성대하게 개장했다. 그가 그 뒷간을 처음으로 사용할까?

Otto Normalverbraucher (ugs.) 일반 소비자

Shopping ist für Otto Nomalverbraucher keine Sache des Alltags, das leistet man im Urlaub oder sonst zu besonderen Gelegenheiten.

쇼핑은 일반소비자에게는 일상적인 것이 아니다. 휴가나 그 외의 특별한 때에 하는 것이 쇼핑이다.

P

[sein] Päckchen zu tragen haben (ugs.) 걱정거리가 있다

Gesundheitlich hat er ebenfalls eine schweres Päckchen zu tragen.
그는 건강상 심각한 걱정거리가 있다.

jn. auf die Palme bringen/treiben; auf der Palme sein (ugs.) 화나게 하다(화내다)

Solche Äußerungen brachten die SPD auf die Palme.
그런 말은 사회당을 화나게 했다.

Er wird von Mitschülern als ruhiger durchaus intelligenter junger Mann beschrieben. Aber er war kein guter Schüler und schnell auf der Palme.
친구들은 그를 차분하고 지적인 학생으로 말했지만 그는 모범생은 아니고 곧 잘 화를 내는 성격이었다.

Papier ist geduldig (R.) 기록된 것이라고 모두 맞는 것은 아니다

[nur] auf dem Papier stehen/existieren 유명무실하다, 서류상으로(만) 존재하다

All diese Gesetze stehen nur auf dem Papier. In Praxis hat immer die Direktion das letzte Wort.
이 모든 법은 종이에 쓰여 있을 뿐이고 실제의 최종 권한은 항상 간부진이 갖는다.

Die Partnerschaft existiert nur noch auf dem Papier.
파트너 관계는 서류상으로만 존재한다.

etw. zu Papier bringen (geh.) 작성하다, 기록하다

Auch wird niemand das Wort Bestechung in den Mund nehmen, geschweige denn zu Papier, nun gar Zeitungspapier bringen.
어느 누구도 매수라는 단어를 입에 올리지 못할 것이다, 하물며 기록하거나 신문

에 보도할 수 있겠는가.

Gegen Atomkraft hat er schon geschrieben, aber ab und an bringt er auch Gefühlvolles und Lusitiges zu Papier.

그는 원자력에 반대하는 글을 쓰기는 했지만 때로는 다감하고 재미있는 것도 쓴다.

kein Pappenstiel sein (ugs.) 실행이 어렵다, 하찮은 것이 아니다

Mit diesem kleinen Gehalt fünf Kinder großzuziehen, das ist kein Pappenstiel!

이 적은 봉급으로 다섯 아이를 키운다는 것은 어려운 일이다.

Natürlich sind 3,65 Milliaden Euro für Straßen und Schienen kein Pappenstiel.

도로와 철도에 투자된 365만 유로는 물론 매우 큰 금액이다.

keinen Pappenstiel wert sein (ugs.) 아무런 가치도 없다

Sein Eheversprechen ist keinen Pappenstiel wert. Er war schon häufiger verlobt!

그의 결혼 약속은 아무 소용이 없다. 그는 벌써 여러 번 약혼한 일이 있다.

jm. in die Parade fahren 적극 반대(거부)하다

Sie hatte als Einzige den Mut, dem Bürgermeister energisch in die Parade zu fahren.

그 여자는 시장에게 적극적으로 반대할 용기가 있는 유일한 사람이었다.

das Paradies/den Himmel auf Erden haben (geh.) 지상 낙원(천국)이다

Für Sie als Golfer muss es doch das Paradies auf Erden sein oder?

골프를 치는 당신에게는 지상낙원이 아니겠소?

Sie verspricht dem Mann, denn sie will wenigstens für Stunden den Himmel auf Erden haben.

단 몇 시간이라도 화평하기를 원하기 때문에 그 여자는 그에게 약속한다.

für jn./etw. Partei ergreifen 편들다

Die EU hat nicht für einen Kandidaten Partei ergriffen, sondern für die Demokratie.

유럽연합은 한 사람의 후보자가 아니라, 민주주의를 옹호했다.

über den Parteien stehen 중립을 지키다, 편을 들지 않다

Er setzt sich für ein demokratischen Irak ein, indem er über den Parteien stehen will.

그는 중립을 지킴으로써 민주적 이라크를 위해 혼신을 다한다.

eine gute Partie liefern (Sport) 좋은 경기를 하다

Die Mannschaft lieferte nach nervösem Beginn eine gute Partie.

신경질적인 초반이 지나고 나서는 그 팀은 좋은 경기를 했다.

*mit von der Partie sein (ugs.) 함께하다, 동참하다

Da sich die beiden Mannachaften für das Viertelfinale qualifizierten, wird das Team am Sonntag ebenfalls mit von der Partie sein.

그 두 팀이 준결승에 진출했기 때문에 그 팀은 일요일 경기에 동참할 것이다.

Mit von der Partie ist auch der jüngste Sieger, der 2003 den Pokal für den höchste Wertung gewann.

2003년 최고 평점으로 우승배를 최연소자로 차지한 주인공도 역시 참여한다.

*blinder Passagier 불법승차 자

Er stieg kurzerhand in die Straßenbahn, wo er als blinder Passagier warmes Plätzchen fand.

그는 표도 없이 얼른 전차에 올라 따뜻한 자리에 앉았다.

mit Pauken und Trompeten (ugs.)

1 무참하게, 매우 절망적으로

Er ist im Staatsexamen mit Pauken und Trompeten durchgefallen.

그는 국가고시에 보기 좋게 낙방했다.

2 성대하게

Mit Pauken und Trompeten wird Prinzessin Veronika um 11:11 Uhr in die Turnhalle einziehen.

베로니카 공주는 11시 11분에 성대하게 체육관에 입장할 것이다.

*Pech haben 운이 없다, 재수 없다

Erst wenn die Großen Kiga verlassen und die Schule besuchen, dürfen die Kleinsten kommen. Wer zum Beispiel im Januar geboren wurde, hat Pech gehabt.

큰 아이들이 유치원 마치고 학교에 들어간 다음에야 아주 어린 아이들이 유치원에 올 수 있다. 예를 들면 1월에 출생한 아이는 운이 없다.

Pech hatte er bei der deutschen Meisterschaft, die ihm außer einem Laufsieg nur technische Ausfälle bescherte.

탁월한 주력 외에는 기술 부재만 보여준 그는 독일 선수권대회에서 운이 없었다.

jm. auf die Pelle rücken (salopp) 접근하다, 졸라대다

Wenn die Politiker nicht zu uns kommen, rücken wir ihnen eben auf die Pelle.

정치인들이 오지 않으면 우리가 그들을 귀찮게 졸라대면 된다.

jm. auf den Pelz rücken (ugs.) 재촉하다, 억누르다

Er mag es nicht, wenn ihm die Öffentlichkeit immer näher auf den Pelz rückt.

세상 사람들이 갈수록 목을 조이며 재촉하는 것을 그는 싫어한다.

*in Pension gehen 은퇴(퇴직)하다

Da im kommenden Schuljahr auch rund 250 Lehrer in Pension gehen, befürchtet man eine Verschlechterung der Unterrichtsversorgung.

다음 학년도에 약 250명의 교사의 은퇴로 수업운영의 악화가 염려되고 있다.

Er hatte hier als Polizist eine wichtige Rolle gespielt und wenig später in Pension gegengen war.

이 곳에서 그는 경찰로 중요한 역할을 하다가 얼마 후 퇴직했다.

persönlich werden (ugs.) 인신공격을 하다, 모욕하다

Wir wollen Personen, die dann doch nicht zu persönlich werden.

우리는 인신공격을 하지 않는 인물을 원한다.

jn. in die Pfanne hauen (salopp) 이기다, 심하게 비판하다

Heute haben die gegnerischen Mannschaft regelrecht in die Pfanne gehauen : Wir haben 6:0 gewonnen.

우리는 오늘 상대팀을 완전하게 이겼다 : 우리 팀이 6대0으로 승리했다.

Die Pfanne gehauen wird keiner beim Förderband.

컨베이어 벨트에서는 누구도 심한 꾸지람을 듣지 않는다.

mit Pfeil und Bogen 무장하고,

Der Bogensport leidet in Deutschland unter einem schlechten Image. Für Zuschauer gestaltet sich der Wettkampf mit Pfeil und Bogen nähmlich eher unspektakulär.

양궁경기는 독일에서 좋은 이미지를 못 얻고있다. 무장한 채 겨누는 경기가 관중이 보기에는 떠들썩하지 않게 진행되기 때문이다.

keine zehn Pferde können jn. von etw. abbringen 요지부동이다, 의견을 바꾸지 않다

Davon können mich keine zehn Pferde abbringen.

나는 견해를 바꾸지 않을 것이다.

aufs falsche/richtige Pferd setzen (ugs.) 잘못(잘) 판단하여 행동하다

Ein bestimmter Teil der Verwandtschaft hat dort schon immer aufs falsche Pferd gesetzt.

일부 친척들은 곧잘 잘못 생각하여 처신했다.

Amerikas gewiefter Finanzinvestor und einer der reichsten Männer der Welt hat scheinbar wieder einmal auf das richtige Pferd gesetzt.

노련한 미국 투자자와 세계적 갑부 중 한 사람이 또 상황을 제대로 파악한 것 같다.

ein heißes Pflaster sein (ugs.) 살기 위험한 곳이다

Es war ein heißes Pflaster also, auf dem Hitler zu reden sich vorgenommen hatte.

그곳은 히틀러가 연설할 예정이었던 위험한 곳이었다.

auf dem Pflaster liegen/sitzen (ugs.) 실업자가 되다

Nach dem Kugelhagel lagen 27 angeschossene Menschen auf dem Pflaster.

주먹만한 우박이 내린 후에 우박을 맞은 27명이 실업자 신세가 되었다.

js. [verdammte] Pflicht und Schuldigkeit [sein] (emotional) 당연한 의무

(이다)

Es ist unsere verdammte Pflicht und Schuldigkeit, in Zeiten der Verwirrung der Begriffe Sport als Idee und Lebensschule zu propagieren.

개념이 혼란한 시기에는 스포츠를 아이디어와 평생교육으로 선전하는 것은 우리의 당연한 의무이다.

jn. in die Pflicht nehmen (geh.) 의무를 지게 하다

Außerdem würden die Vorschriften furchtbar gerne die Männer bei der Kindererziehung in die Pflicht nehmen.

그 밖에 그 규정은 남편에게 자녀교육에 관한 의무를 상당히 지게할 것이다.

Die ganze Mannschaft fühlt sich in die Pflicht genommen, nachdem im Auswärtsspiel erneut alles schief gelaufen war.

원정경기에서 만사가 또 잘 안 풀린 이후에는 팀 전체가 부담감을 느꼈다.

in der Pipeline sein 확보하다, 진행 중이다

Mehrere Fondsgesellschaften haben noch gute Produkte in der Pipeline und warten nur auf einen günstigen Moment, um auf den Markt zu kommen.

상당수 펀드회사가 좋은 상품을 확보하고 출시할 호기만 기다리고 있다.

Von den Fluthilfen selbst gebe es noch keine Spur, weil sich das Geld noch in der Pipeline zwischen dem Bund und der sächsischen Landesregierung befinde.

자금이 아직 연방정부에서 작센 주정부로 이관 중에 있기 때문에 홍수 구호품은 아직 그림자도 보이지 않는다.

auf der Piste (Jug.) 돌아다니다

Nachdem Miss Germany im Streit mit ihm ihr Krönchen abgegeben hatte, war sie nicht auf der Piste.

미스 독일이 그와의 불화로 왕관을 반납하고 난후에는 바깥출입을 않았다.

auf die Piste gehen 이 술집 저 술집 다니다, 여행하다

Nicht alle Diskos würden Ausländer reinlassen, und viele hätten auch gar kein Geld, am Wochende auf die Piste zu gehen.

많은 외국인들이 무일푼으로 주말에 술집에 드나들기 때문에 모든 디스코텍이 외국인 출입을 허용하는 것은 아니다.

jm. die Pistole auf die Brust setzen (ugs.) 강요하다, 압력을 가하다

Doch er ist gewissermaßen von den Veranstaltern die Pistole auf die Brust gesetzt worden.

그는 주최자로부터 어느 정도의 압력을 받았다.

Regierung und Opposition drücken lieber beide Augen zu, anstatt dem Telekom-Vorstand endlich die Pistole auf die Brust zu setzen.

텔레콤 사장에게 한번쯤 압력을 가하기는커녕 정부와 야당은 오히려 눈감아 주고 있다.

wie aus der Pistole geschossen (ugs.) 즉각, 총알 같이

Auch bezüglich der Waffe kam die Ausrede wie aus der Pistole geschossen. Die Waffe will der 36-jährige gefunden haben in der Stadt.

총기에 대해서도 36세 피의자는 시내에서 구했다고 즉각적으로 변명했다.

„Was willst du mal werden, wenn du groß bist?" Während mancher grölen, kommt bei den anderen die Antwort wie aus der Pistole geschossen.

"커서 뭐가 되고 싶으냐?" 물으면 많은 아이들은 소리지르기만 하는 반면에 다른 아이들은 총알같이 대답한다.

*auf den Plan treten 등장하다, 출현하다

In den beiden großen Parteien treten die Gegner dieser Koalition offen auf den Plan

이 연정에 공개적인 반대론자들이 두 큰 정당에서 등장하고 있다.

Der Laden steht leer. Interessenten sind bei der Stadt schon mal auf den Plan getreten.

가게는 텅 비어있고, 도시 주변에 구매를 원하는 사람들은 나타난다.

platt sein (ugs.) (예상 밖의 일에) 깜짝 놀라다, 아연실색하다

Ich bin gezwungen, die Mannschaft zu verheizen. Die Fehler kommen nicht von ungefähr, wenn die Spielerinnen platt sind.

나는 팀을 닦달할 수밖에 없었다. 여자 선수들이 아연실색한 것은 그럴만한 이유
가 있다.

*Platz nehmen (geh.) 자리에 앉다

In Jeans und T-Shirt saß er auf der Bühne, neben ihm hatten seine
Frau und seine Tochter Platz genommen.

그가 진 바지와 티셔스 차림으로 무대에 앉아 있고 그 옆에 그의 부인과 딸이 자리
를 잡았다.

Die Damen, vermutlich Arbeitskolleginnen, mustern mich eingehend,
während sie am reservierten Nebentisch Platz nehmen.

직장 동료로 보이는 여자들은 예약된 옆 탁자에 앉아서 나를 유심히 살펴본다.

*jm. Platz machen 자리를 양보하다

Erwachsene werden gebeten, den Hörsaal zu verlassen und den
Kindern Platz zu machen.

어른들이 강연장을 비워 아이들에게 자리를 양보하기를 요청받았다.

Er will offenbar noch in diesem Jahr Platz für seinen Nachfolger machen.

그는 금년 내로 후임자를 위해 자리를 내놓으려한다.

*pleite gehen/sein (ugs.) 파산하다, 지불 능력이 없다

Er muss sparen, wenn er nicht pleite gehen will.

파산하지 않으려면 그는 아껴 써야한다.

Im Jahr 2005 sind mehr Firmen in Deutschland pleite gegangen,

2005년에는 더 많은 독일에 있는 회사가 도산했다.

Die Stunde der Wahrheit schlägt immer dann, wenn das Unternehmen
pleite ist.

기업이 도산할 때면 항상 진실이 드러나는 순간이 온다.

dümmer, als die Polizei erlaubt (ugs.) 매우 멍청한

„Du hast ihm 10 Euro geliehen! Du bist dümmer als die Polizei erlabt!
Das Geld siehst du niemals wieder!"

"그에게 10유로를 빌려주었다니, 너도 참 멍청하다! 그 돈 돌려받기는 틀렸다!"

***von Pontius zu Pilatus laufen** (ugs.) 이리저리 뛰어다니다

Sie läuft von Pontius zu Pilatus, um mir zu helfen.
그 여자는 나를 도우려고 백방으로 뛰어다닌다.

auf verlorenem Posten kämpfen/stehen 승산 없는 싸움을 벌이다

Knapp sechs Monate kämpfte er als Chef der israelischen
Arbeitspartei auf verlorenem Posten.
거의 6개월간 그는 이스라엘 노동당 당수로서 승산 없는 싸움을 했다.

Die 81-jährige kämpft auf verlorenem Posten, gibt aber nicht auf.
81세 노파는 가망 없는 투쟁을 하지만 포기하지 않는다.

Ein Premierminister, der sich gegen 90 Prozent seiner Bevölkerung
stellte, dürfte auf verlorenem Posten stehen.
국민의 90%가 지지하지 않는 총리는 승산 없는 싸움을 하는 것 같다.

jn./etw. an den Pranger stellen 공개적으로 낙인찍다(비판하다)

So kann er den Rathauskapitän erneut an den Pranger stellen.
이렇게 그는 시장을 또 한번 공개적으로 비판할 수 있다.

Die Hersteller fühlen sich zu Unrecht an den Pranger gestellt.
생산자들은 부당하게 낙인을 찍혔다고 느낀다.

***um keinen Preis** 결코 ~아니다

Um keinen Preis wäre ich mit ihm noch einmal auf das Schiff
gegangen.
절대로 그와 함께 다시는 배에 가지 않았을 것이다.

Sie nimmt sich vor, um keinen Preis zu schreien – ganz egal, was
passieren wird.
그 여자는 결코 소리 지르려하지 않는다. – 무슨 일이 일어나든 관계없이.

etw. auf die Probe stellen 시험하다, 시련을 겪게 하다

In einigen Fällen sind die einzelnen Aufgaben allerdings zu lang
geraten, was die Geduld der jungen Spieler auf die Probe stellen
kann.

어떤 경우에는 개별 임무를 너무 장황하게 설명해서 젊은 선수들의 인내심의 한계
를 느낄 지경이다.

Jeder kann hier sein Glück versuchen und seine Geschicklichkeit auf
die Probe stellen.
누구나 여기서는 행운을 기대하고 자기의 재주를 시험할 수 있다.

Geduld der Anwohner wird auf die Probe gestellt, wenn ein Bagger im
Mai bei Grabungsarbeit eine Gasleitung beschädigt.
5월에 터닦기 공사 때 굴착기가 가스관을 손상시키면 주민들의 인내심은 한계에
이를 것이다.

*auf Probe 시험적으로, 임시로

Der 30-jährige hatte nach seiner Ausbildung zum Außenhandels-
kaufmann, auch ohne Abitur, auf Probe sein Stumdium beginnen
dürfen.
30세인 그 남자는 무역상 교육을 받은 후 아비투어 없이도 시험적으로 대학공부를
시작할 수 있게 허락 받았다.

Junge Autofahrer könnten neben dem „Führerschein auf Probe" noch
schärfer vor allem länger kontrolliert werden.
젊은 운전자들은 "임시 운전면허증"을 받을 뿐만 아니라 단속이 더욱 강화되고 특
히 단속기간도 연장될 수 있다.

*zur Probe 연습하기 위해

Wer Lust hat mitzumachen, auch als Gast, kommt zur Probe.
참여할 마음이 있으면 손님 자격으로도 연습하러 온다.

Interessierte können zur Probe ein Instrument anblasen und sich über
dic Handhabung informieren.
관심을 가진 자는 연습으로 악기를 불고 다루는 법을 알아볼 수 있다.

des Pudels Kern 요점

Er hat mit seiner Aussage in der letzten Sitzung des Pudels Kern
getroffen.
그의 지난번 회의 발언은 통해 문제의 요점을 적시했다.

jm. den Puls fühlen (ugs.) 의향을 떠보다, 상태를 살피다

Der Deutsche Fußball-Bund(DFB) hat neulich den Puls der Regionalisten gefühlt und nur sehr schwache Lebenszeichen von den 36 Klubs erhalten.

독일 축구협회는 지역리그 팀을 진단하여 36개 팀이 매우 빈약하다는 결과를 얻었다.

das Pulver nicht erfunden haben (ugs.) 아주 똑똑하지는 않다

Dass Europäer das Pulver nicht erfunden haben, weiß jedes Schulkind.

유럽 사람이 아주 머리가 좋지 않다는 것은 초등학생이면 다 아는 사실이다.

sein Pulver verschossen haben (ugs.) 기력(말밑천)이 바닥나다

Fast die gesamte Mannschaft hat in der Schlussphase ihr Pulver verschossen

팀의 모든 선수 전체가 기력을 모두 소진했다.

Er hat voreilig all sein Pulver verschossen. Auf die Gegenargumente der anderen Partei hat er nunmehr nichts Neues mehr zu erwidern.

그는 너무 빨리 밑천이 바닥났다. 상대방의 이의에 새로운 대응을 할 수 없었다.

auf Pump (ugs.)

1 돈을 빌려, 빚내서

Er kauft auf Pump. Sieben von zehn Neuwagen geleast.

그는 빚을 내어 물건을 구매한다. 신형 차 10대중 7대가 임대차다.

2 할부로, 외상으로

Kauf auf Pump wird im Alter schwer. Experten beklagen Praxis der Banken.

노년에 할부 구매는 어렵다고 전문가들은 은행의 실태를 지적한다.

Ein Boom auf Pump – das ist das Problem in Großbritanien.

할부 붐 – 이것이 영국의 문제다.

der springende Punkt (ugs.) 문제의 핵심, 요점

Die lediglich mündliche Absprache ist nach Ansicht der Richter der springernde Punkt.

구두로 이루어진 타협이 판사의 견해로는 문제의 핵심이다.

***ein wunder Punkt** 예민한 문제, 급소, 아픈 데

Der Streit um Ausbildungsunterhalt ist ein wunder Punkt bei vielen Eltern und ihren Kindern im Studium.

교육비 논쟁은 많은 학부모나 대학에 재학 중인 자녀들에게 예민한 문제다.

Abgaben sind ein wunder Pukt in einem Land, das nach fast vier Jahrzehnten wieder das Finanzamt einzuführen versucht.

국세청이 거의 40년 만에 다시 도입하려는 주에서는 세금 문제가 약점이다.

ohne Punkt und Komma reden (ugs.) 쉴 새(끝)없이 말을 늘어놓다

Das Mädchen in pinkfarbenen Tennisröckchen redete vor dem Publikum ohne Punkt und Komma.

핑크색 테니스 치마를 입은 소녀는 관중 앞에서 끝없이 말을 늘어놓았다.

bis in die Puppen (ugs.) 오래오래, 오랫동안

Morgen ist Feiertag. da kann ich endlich bis in die Puppen schlafen.

내일은 공휴일이기 때문에 오랜만에 실컷 늦잠 잘 수 있겠다.

jm. geht die Puste aus (ugs.)

1 기력이 다하다

Doch glaubten Trainer und Vereinseigner, ihrem Star würde nun sicher bald die Puste ausgehen, und so ließen sie ihn fallen.

트레이너와 구단주는 스타 선수가 곧 바로 기력이 소진되리라고 생각하고 그를 선수명단에서 탈락시켰다.

2 재정이 고갈되다, 경제적으로 배겨내지 못하다

Der Buchhändler ist nicht der Einzige, dem die Puste ausgeht oder zumindest auszugehen droht,

그 서점주인은 경제적으로 버텨내지 못하거나 적어도 그럴 위험에 당면한 유일한 사람은 아니다.

auf den Putz hauen (ugs.)

1 자랑하다

Er wedelte mit dem Eintrittsbillett und brüllte, er wollte auf den Putz
hauen.

그는 입장권을 흔들어대며 자랑하고 싶어 소리 질렀다.

2 열정적으로 떠들어대다

Als Bundessprecherin des grünen Jugendverbands hat sie in Stel-
lungnnahmen mächtig auf den Putz gehauen.

그 여자는 녹색당 청년연맹 대변인으로서 의견표명에 있어서 대단히 열정적이었다.

Q

***jm./etw. in die Quere kommen** (ugs.)

1 방해하다, 계획을 차질 내다

Chirak besitzt auch Spielraum, aber nur, weil Deutschland den Amerikanern in der Uno nicht mit einem Veto in die Quere kommen kann.

독일이 유엔에서 비토권을 통해 미국을 방해할 수 없기 때문에 지락 대통령은 운신의 폭을 갖는다.

Ein in der arabischen Welt einflussreicher Kanal könnte den Strategien im Pentagon im Kriegsfall gehörig in die Quere kommen.

아랍권에 상당한 영향력을 가진 비선이 전시에는 미 국방성의 전략에 차질을 초래할 수 있다.

2 우연히 마주치다, 길을 가로막다

Im Wald kommen sich Hunde, Pferde, Jäger und Spaziergänger ständig in die Quere.

숲에서는 개, 말, 사냥꾼과 산책하는 사람들이 항시 마주친다.

Im Tunnel sahen die Reisenden dann, was passiert war. Ein Leerzug mit sechs Wagen war ihrer U-Bahn in die Quere gekommen.

굴 안에서 여행객들은 무슨 일이 일어났는지 목격하였다. 객차 6량인 빈 기차가 그들이 딘 지하철을 가로막았다.

[mit jm.] quitt sein (ugs.)

1 (월부금 등을) 지불하다

„Das war die letzte Rate für das neue Auto. Jetzt sind wir mit dem Händler quitt.“

"이것이 새 자동차 마지막 월부금이었다. 이제 우리는 완불했다."

2 복수하다

„Erst hat er mir eine runtergehauen und dann habe ich ihn dafür
verprügelt. Jetzt sind wir quitt!"
"먼저 그가 나를 때리고 나서 내가 그를 두들겨 팼다. 우리는 복수했다!"

3 절교하다

„Jetzt hat er schon wieder mein Fahrrad ausgeliehen, dabei bin ich
mit dem schon längst quitt!"
"그는 또다시 내 자전거를 빌려간다, 이제 그와는 절교다!"

R

[an jm.] Rache nehmen 보복하다 (= an jm. rächen)

Die Soldaten nahmen grausame Rache an den gefangenen Rebellen.
군인들은 반란군 포로들에게 무자비하게 보복했다.

Für den Verrat hat er später an seinem Freund furchtbare Rache genommen.
그는 배반에 대한 응징으로 친구에게 나중에 무시무시한 복수를 감행했다.

den Rachen nicht voll [genug] kriegen [können] (slaopp) 만족하지 못하다, 항상 더 가지려고 하다

Er ist mit seinem Leben ganz zufrieden, aber sie kann den Rachen nicht voll genug kriegen.
그는 자기 생활에 충분히 만족하지만 그 여자는 결코 만족할 수 없다.

ein Rad schlagen

1 옆으로 재주넘기하다

Er schlug vor Freude ein Rad.
그는 기뻐서 옆으로 재주를 넘었다.

2 꼬리(날개)를 활짝 펴다

Als der Pfau ein Rad schlug, klickten Dutzende von Fotoapparaten.
공작이 꼬리를 활짝 펴자 십여 개의 사진기 셔터가 눌러졌다.

***unter die Räder kommen/geraten** (ugs.)

1 (경제적, 도덕적으로) 완전히 파멸하다

Hintergrund dieser Entscheidung ist sicherlich, dass der Bund als Eigentümer der Bahn Angst hatte, dass der Chef unter die Räder kommt.

이번 결정의 배경은 사장이 경제적으로 파멸할 것을 국철 소유주인 연방이 두려워
한 것이 확실하다.

Die Fabrik geriet in den späten Zwanzigern unter die Räder der
Weltwirtschaftskrise. und wurde aufgekauft und in eine Aktien-
gesellschaft umgewandelt.
그 공장은 1920년대 후반에 세계적인 경제위기에 파산후 매각되어 주식회사로 바
뀌었다.

2 (스포츠) 패배를 감수하다

Der Spitzenreiter kam im Spitzenspiel am Samstag gleich mit 0:5
unter die Räder.
그 일급 기수는 토요일 정상급 선수간의 경기에서 0대5로 패배를 당했다.

den Rahm/das Fett/die Sahne/die Crème abschöpfen (ugs.) 최상의 것을
차지하다, 최대의 이익을 도모하다

Bei der Steuerreform hatten die Großfirmen den Rahm abgeschöpft.
세제개혁에서 큰 회사들이 가장 큰 득을 보게 되었다.

Bei den alpinen Wettbewerben hat Österreich wieder einmal das Fett
abgeschöpft.
알파인 스키 대회에서 오스트리아는 또다시 정상을 차지했다.

den Rahmen sprengen 일상(통상)을 벗어나다, 뜻밖의 사건이다

Das Erscheinen des Bürgermeisters schien den Rahmen des Kinder-
festes zu sprengen.
어린이 축제에 시장이 참석하는 것은 이례적인 것으로 보였다.

im Rampenlicht [der Öffentlichkeit] stehen 세인의 주목을 받다

„Als ein Politiker. der im Rampenlicht der Öffentlichkeit steht, können
Sie sich solche Eskapaden nicht erlauben."
"세인의 주목을 받는 정치인인 당신은 그와 같은 경솔한 행동을 해선 안됩니다."

*am Rande liegen 별로 중요하지 않다

Über die Probleme. die am Rande liegen, können wir später sprechen.
그다지 중요하지 않은 문제들에 대해서는 나중에 이야기할 수 있을 것이다.

außer Rand und Band geraten/sein (ugs.) 멋대로 하다, 방종하다

Die Konservativen denken, das Land gerät außer Rand und Band und hoffen, wenn es vom Militär bestimmt wird, wird es wieder auf einen richtigen Weg kommen.

보수주의자들은 나라가 제멋대로라고 생각하여 군부가 통치하여 나라가 정상화되기를 소망한다.

Manche Studienanfänger sind außer Rand und Band und denken, sie könnten den ganzen Tag im Bett liegen.

많은 대학신입생들은 자유분방하여 하루 종일 침대에서 나뒹굴어도 된다고 생각한다.

mit jm. zu Rande kommen (까다로운 사람과) 어울릴 줄 안다

Wer mit dem Chef nicht zu Rande kommt, hat er es in dieser Firma nicht leicht.

사장과 잘 어울릴 줄 모르는 사람은 이 회사 생활이 쉽지 않다.

mit etw. zu Rande kommen (난제를) 잘 해결하다

Die Schüler kamen mit der Aufgabe nicht zu Rande.

그 학생들은 과제를 잘 해결하지 못했다.

jm. den Rang ablaufen 우월(능가)하다

Er hat seinen Konkurrenten den Rang abgelaufen.

그는 경쟁자들을 압도했다.

alles, was Rang und Namen hat 저명인사

Alles, was Rang und Namen hat, wird zur Eröffnung der Ausstellung erscheinen.

사회 저명인사들이 전람회의 개막식에 참석할 것이다.

*von Rang ; ersten Ranges 최고의, 최대의

Das Treffen der beiden Politiker war ein Ereignis ersten Ranges.

두 정치인의 회동은 최대의 사건이었다.

da/hier ist guter Rat teuer 좋은 생각이 떠오르지 않다

„Wenn ich nur wüsste, was ich ihm schenken soll, da ist wirklich guter Rat teuer."

"그에게 무엇을 선물해야 할지 정말 좋은 생각이 떠오르질 않아."

Rat schaffen/werden 방법을 강구하다 (방법이 생기다)

„Hab keine Angst, da wird schon Rat."

"걱정하지 마라, 무슨 방법이 있겠지!"

jm. mit Rat und Tat zur Seite stehen/beistehen 돕다, 협조하다

Ich betrachte ihn als meinen besten Freund, weil er mir immer mit Rat und Tat zur Seite steht.

그는 항상 나를 도와주기 때문에 나는 그를 제일 좋은 친구라고 생각한다.

jn./etw. zu Rate ziehen (geh.) 자문을 구하다(무엇을 참조하다)

In dieser Sache muss ich meinen Rechtsanwalt zu Rate ziehen.

이 일에 대해서는 변호사에게 자문을 구해야만 되겠다.

Wer nicht weiterweiß, darf ein Wörterbuch zu Rate ziehen.

더 이상 모르는 사람은 사전을 참조해도 무방하다.

sich^3 nicht zu raten noch zu helfen wissen 속수무책이다

Die Mieter wussten sich bald nicht mehr zu raten noch zu helfen und wandten sich schließlich an einen Rechtsanwalt.

세입자들은 곧 더 이상 어찌할 바를 몰라 결국은 변호사에게 문의했다.

das will/möchte ich dir [auch] geraten haben! 다짐해 두고자 한다!

„Wir bringen den Schaden an deinem Auto gleich morgen wieder in Ordnung." – „Das will ich euch auch geraten haben!"

"우리는 네 자동차 손상을 내일 당장 수리해 주겠다." – "나는 그 점을 너희들에게 분명히 해 두고 싶다."

die/eine eiserne Ration 비상식량, 하루치 양식

Diese drei Schachteln sind unsere eiserne Ration.

이 세 개의 상자가 우리의 비상식량이다.

jm. Rätsel aufgeben 어려운 문제를 내다, 수수께끼를 내다

Und er zeichnet das Bild eines über alle Maßen rastlosen glücklosen Lebens, das mehr Rätsel aufgibt, als in einem Menschenleben zu lösen sind.

그의 그림은 인간 생애에 해결 가능한 것보다 더 많은 문제를 제기하는 극도로 불안하고 불행한 삶을 묘사하고 있다.

die Ratten verlassen das sinkende Schiff (Spr.) 운세가 기울면 신뢰할 수 없는 사람들은 떠난다

in Rauch [und Flammen] aufgehen 타서 완전히 없어지다

Der Hof seiner Eltern war noch in den letzten Kriegstagen in Rauch und Flammen aufgegangen.

그의 부모의 농가는 전쟁 말기에 화재로 완전히 잿더미가 되었다.

im Raum stehen 처리(해결)되야 한다

Zwei Probleme stehen noch im Raum, die Verhandlungen müssen fortgeführt werden.

두 가지 문제가 아직 남아 있어서, 협상은 계속되어야 한다.

Wo wir die Gäste alle unterbringen werden, steht noch im Raum.

우리가 어디에 모든 손님들을 묵게 할 것인지가 해결되야 한다.

js./die Rechnung geht [nicht] auf 예상한 결과를 얻다(못 얻다)

Der 1. Fußballclub(FC) spielte mit Manndeckung, und die Rechnung ging auf.

그 1위 축구팀은 맨투맨 작전으로 소기의 성과를 얻었다.

So wie du dir das vorstellst, wird das eine Rechnung, die nicht aufgeht.

그것은 네가 예상한 바와 같은 결과를 얻지 못할 것이다.

die Rechnung ohne den Wirt machen (ugs.) 김칫국부터 마시다, 착각하다

„Wenn ihr glaubt, ihr könnt so einfach mein Auto benutzen, dann habt

ihr die Rechnung ohne den Wirt gemacht!"
"너희들이 내 자동차를 그리 쉽게 사용할 수 있다고 생각하면 김칫국부터 마신 것
이다."

*etw.[3] Rechnug tragen 고려(참작)하다, 순응하다

Die Arbeitgeber müssen der Tatsache Rechnung tragen, dass die
Lebenshaltungskosten in diesen Jahren erheblich gestiegen sind.
지난 몇 년 사이 생계비가 많이 상승했다는 점을 사용자들은 고려해야 된다.

etw. in Rechnung stellen/ziehen 참작(고려)하다

Man muss bei solchen Projekten auch die klimatischen Gegebenheiten
in Rechnung stellen.
그런 프로젝트의 경우 기후적 여건도 고려해야한다.

*nach dem Rechten sehen 이상이 없는지 확인하다

Ich muss schnell nach Hause, um dort nach dem Rechten zu sehen,
die Kinder waren den ganzen Nachmittag allein.
오후 내내 아이들만 집에 있었기 때문에 내가 빨리 가서 별일 없는지 확인해야
한다.

Wie ein freundlicher Nachbar, der vorbeikommt und nach dem
Rechten sieht, ist er mir vorgekommen.
그는 지나가는 길에 들려보는 절친한 이웃처럼 내게 느껴졌다.

Am Morgen des siebenten Tages seiner Wachheit verließ ihn Peter für
eine dreiviertel Stunde, um auf dem Hof nach dem Rechten zu sehen.
잠을 못잔지 칠 일째 날 아침에 페터는 농장을 살펴보느라 그의 곁을 45분간 떠나
있었다.

alles, was recht ist (R.)

1 (ugs.) 옳기는 하지만

Alles, was recht ist, aber das geht zu weit.
올바른 것은 사실이지만, 그것은 너무 지나치다.

2 인정하다

Alles, was recht ist, als Mozartinterpret ist er immer noch einer der

Besten.

그는 여전히 가장 훌륭한 모차르트 해설가 중 한사람이라는 것은 누구나 인정한다.

tue recht, scheue niemand! (Spr.) 바르게 행동하고 아무도 두려워마라!

was dem einem recht ist, ist dem anderen billig (Spr.) 올바름에는 차이가 없다

Recht sprechen 판사로 일하다, 판결을 내리다〈Subs. : Rechtsprechung(판결, 판례)〉

Zwanzig Jahre lang hatte er in dieser Stadt Recht gesprochen, bis seine politische Vergangenheit durch Zufall bekannt geworden war.
정치적 과거가 우연히 밝혀지기까지 그는 20년 동안 이 도시에서 판사로 활동했다.

Es gehörte auch zu den Aufgaben des Indianerhäuptlings, Recht zu sprechen.
판결을 내리는 것은 인디언 추장의 임무에 속했다.

von Rechts wegen 법률적으로, 마땅히, 본래는

Bürgerkriegsflüchtlinge erhalten schon von Rechts wegen kein Asyl, weil Artikel 16 des Grundgesetzes nur für die individuelle Verfolgung und nicht im Falle der Masssenvertreibung in kriegerischen Auseinandersetzungen gilt.
내전 피난민들은 법적으로 망명이 불가능하다. 헌법 18조는 전투적 분쟁에서 대량 추방의 경우가 아니라 개인적으로 수배를 받을 경우에만 유효하기 때문이다.

Wenn der Leser nach diesem von Rechts wegen kaum zumutbaren Stoff süchtig wird, dann mag das vielleicht auch an erregender Beobachtungsfeinheit der Autorin liegen.
독자들이 법적으로 알아내기 어려운 이 물질에 중독 되면, 이는 어떤 저자가이 자극적인 관찰의 섬세성에도 그 원인이 찾을 수도 있다.

gleiche Rechte, gleiche Pflichten (R.) 권리에는 의무도 수반 된다

was Recht ist, muss Recht bleiben (R.) 옳은 것은 마땅히 옳아야 한다

mit/zu Recht 응당, 당당히

Die Wirtschaftsinstitute beklagen zu Recht die vorherrschende Finanzpolitik auf Zuruf.

경제연구소들은 강력한 재정정책을 응당 소리 높여 탓할만하다.

Ein Völkerrecht, das Massenmorde duldet, sobald sie nur innerhalb nationaler Grenzen geschehen, hat mit Recht – geschweige denn Menschenrecht – nichts zu tun.

특정 국가 내에서 저질러진 대량학살을 묵인하는 국제법은 응당 아무 것도 할 수 없다 – 하물며 인권이 무엇을 할 수 있겠는가.

An allen Ecken und Enden posaunt man von der Notwendigkeit der Gleichstellung der Geschlechter, und mit Recht.

도처에서 양성평등의 필요성을 부르짖고 있다, 당연지사다.

„Das Leben ohne Musik ist ein Irrtum", so sagt Nietsche zu Recht.

"음악 없는 인생은 오류다."라고 니체는 지당한 말을 한다.

Regierung und Oppositionsparteien haben – zu Recht – den Widerstand gegen den Rechtsextremismus zur Gemeinschaftsaufgabe aller Bürger erklärt.

정부와 야당들은 – 당연히 – 극우주의에 대항하는 것을 모든 국민의 공동과제로 선언했다.

*Recht haben 맞다, 옳다

„Wir sind sehr sicher, dass wir Recht haben." heißt es intern.

"우리가 옳다고 확신 한다"라고 내부적으로 이야기하고 있다.

„Verkehrsprojekt WM 2006 weitergehend gesichert" meldet die Deutsche Presse Agentur dpa. Bei den Kollegen von der Associate Press(AP) heißt : „Verkehrsprojekt für Fußball WM 2006 gestrichen." Wer nun Recht hat? Leider muss man sagen : beide irgendwie."

"2006 월드컵 교통대책은 상당히 확정되었다"라고 DPA 통신이 전한다. 반면 AP 통신은 "2006 월드컵 교통대책은 취소되었다."라고 전한다. 어느 보도가 맞을까? 어쩌면 두 보도가 모두 옳다고 말해야할 것이다.

Der Richter hat schon Recht, wenn er feststellt, dass diese Frage(ob Tragen eines Kopftuchs für eine Lehrerin im Schuldienst der Verfassung entspricht) Staat und Gesellschaft von Grund auf beschäftigt und auch weiter beschäftigen wird.

여 교사가 근무 중 히잡을 쓰는 것이 합헌적인지는 국가와 사회가 근본적으로 앞으로도 계속 다루어야할 문제라는 재판장의 판결은 옳다.

jm. Recht geben 옳다고 인정하다

Die Gerichte geben den Versicherungsunternehmen auch Recht, wenn sie in solchen Fällen den Ersatz des Schadens verweigern.
그런 경우에는 손해보상을 거절할 수 있다고 법원은 보험사의 손을 들어준다.

Die Banken selber sagen, dass langfristig die Börsenkurse – trotz Schwankungen – immer nach oben gehen. Und die Statistiken geben ihnen Recht.
장기적으로 증권지수는 – 흔들림에도 불구하고 – 점차 상승한다고 은행들은 말한다. 통계지수가 이를 뒷받침해 주고 있다.

zur Rechten 오른편에

Kein Wald, kein Baum verbirgt mehr den Blick auf die Kette der Vulkankegel zur Linken, auf den Ozean zur Rechten.
숲 하나, 나무 한 그루도 왼쪽의 원추형 화산과 오른쪽의 대양의 조망을 해치지 않는다.

Sie saß zu seiner Rechten.
그 여자는 그의 오른편에 앉아있다.

[nicht] der Rede wert sein 중요하다(하지 않다), 언급 할만 하다(하지 않다)

Die Unterschiede in den Berechnungen sind nicht der Rede wert.
금액 산정상의 차이는 중요하지 않다.

Die paar Hautabschürfungen waren wirklich nicht der Rede wert.
몇 곳의 피부상처는 정말 대수롭지 않았다.

der langen Rede kurzer Sinn (R.) 요약하면

Der langen Rede kurzer Sinn: Ich habe keine Lust, heute ins Kino zu gehen.
간단히 말해서 나는 극장에 갈 마음이 없다.

*von etw. kann [keine] Rede sein (ugs.) 말이 있다(말도 안 된다, 거짓이다)

Kurz vor der Sommerpause sei noch davon die Rede gewesen, dass der Nachtragshaushalt von 4 Millionen Euro ausweisen werde.

여름휴가 직전까지도 4백만 유로의 추가예산이 든다는 말이 있었다 한다.

Die Vernetzung ist aber noch nicht ausreichend, so dass von einer hundertprozentigen Nutzung noch nicht die Rede sein kann.
네트워크가 아직 충분히 안 갖추어져서 백퍼센트 이용이라고는 아직 말할 수 없다.

Im Kanzleramt ist bereits offen die Rede von einer strategischen Allianz zwischen Russland, den USA und der Europäischen Union, die weit über die Bekämpfung des Terrorismus hinausreichen könnte.
수상 집무처 주변에서는 테러와의 전쟁을 훨씬 뛰어 넘는 러시아 및 미국과 유럽 연합의 전략적 동맹 이야기가 이미 공공연하게 떠돌고 있다.

Von einem Missverständnis kann gar keine Rede sein! Es handelt sich ganz klar um einen Ladendiebstahl.
오해라는 것은 거짓이다. 이것은 분명한 가게 절도다.

Schon deshalb ist die Wehrpflicht ist nicht mehr zu halten, von Wehrgerechtigkeit kann keine Rede sein.
바로 이런 이유에서 병역의무제도는 더 이상 유지될 수 없고, 병역의무의 정당성 은 더더욱 거짓이다.

„Ich soll dir Geld leihen? Davon kann gar keine Rede sein! Zahl erst mal deine alten Schulden zurück!"
"나에게 돈을 빌려달라고? 절대 안 빌려준다! 그전 빚이나 먼저 갚아라!"

jm. Rede und Antwort stehen 해명(변명)하다

Am Lesertelefon der „Berliner Zeitung" standen gestern Experten zum Thema Rente Rede und Antwort.
"베를린 신문"의 "독자전화"란에서 어제 전문가들이 연금 문제에 대해 설명하였다.

Wer sich für Aufgaben im Management interessiert, kann sich auf einer Informationsveranstaltung der Fachhochschule für Wirtschaft Berlin darüber informieren. Morgen stehen Absolventen, Dozenten und Interessierten Rede und Antwort.
경영 문제에 관심이 있으면 벨린 상경대학의 홍보행사에서 알아볼 수 있다. 내일 졸업생, 교수와 관심있는 사람들에게 설명을 한다.

Am 23. Januar wird das Ministerium im Haushaltsausschuss des Bundestages Rede und Antwort stehen.
1월 23일 정부 부처는 국회의 예결산위원회에서 답변할 예정이다.

Das „Walker Hill Hotel" in Seoul glich in den vergangenen Tagen einem Taubenschlag. In der Herberge über dem Han Fluss, in der Titelverteidiger Frankreich logierte, wimmelte es von Journalisten. In der Lobby standen die Spieler des angeschlagenen Titelverteidigers Rede und Antwort.

서울 워커힐 호텔은 지난 며칠동안 비둘기장 같았다. 지난 대회 우승팀인 프랑스 선수단이 머무는 한강위에 위치한 숙소는 기자들로 붐볐다. 로비에서는 패배한 지난 대회 우승팀 선수들이 해명하느라 정신이 없었다.

jm. in die Rede fallen 말을 가로막다

Ich mag es nicht, wenn du mir dauernd in die Rede fällst.
네가 계속해서 내 말을 가로막는 것을 좋아하지 않는다.

Der Anwalt war dem Zeugen immer wieder in die Rede gefallen und wurde vom Gerichtsvorsitzenden dafür gerügt.
변호사는 계속해서 증인의 발언을 가로막아서 재판장으로부터 견책을 받았다.

jn. zur Rede stellen 해명을 요구하다

Ich habe sie schließlich wegen der Verleumdung zur Rede gestellt.
나는 결국은 그들에게 명예훼손에 대하여 해명할 것을 요구했다.

Reden ist Silber, Schweigen ist Gold (Spr.) 웅변은 은이고 침묵은 금이다

gut reden haben 쉽게 말하다

„Ich soll mich beherrschen? Du hast gut reden, das ist leider gar nicht so leicht für mich."
"진정하라고? 말하기는 쉽지만, 나는 그것이 결코 그렇게 쉬운 일은 아니다!"

aus dem/vom dem Regen in die Traufe kommen 갈수록 태산이다, 설상가상이다

Wenn sie ihn heiratet, kommt sie aus dem Regen in die Traufe.
그 남자와 결혼하면 그 여자는 더욱 더 곤경에 빠진다.

Er gehört zu den Menschen, die immer vom Regen in die Traufe kommen.
항상 갈수록 태산인 사람들 부류에 그는 속한다.

in Reih' und Glied 대오를 갖추어

Die Insassen des Lagers waren in Reih und Glied auf dem Hof versammelt.

이 수용소 죄수들은 질서정연하게 운동장에 집합했다.

In Reih' und Glied marschierten die Truppen durch die Stadt.

부대가 대오를 갖춰 시가를 행진했다.

die Reihe ist an jm. 누구의 차례가 왔다

„Wir haben getan, was wir konnten ; die Reihe ist jetzt an euch, die Entscheidung herbeizuführen."

"우리는 할 수 있는 것을 다했다. 이제 너희들이 결정할 차례이다."

*an der Reihe sein ; an die Reihe kommen 순서(차례)가 되다

„Wer ist jetzt an der Reihe?"

"이제 누구의 차례이냐?"

„So jetzt kommen Sie an die Reihe, machen Sie bitte den Oberkörper frei!"

"이제 당신 차례이니, 상의를 벗으십시오!"

aus der Reihe tanzen (ugs.) 제멋대로 하다, 질서를 지키지 않다

„Das konnte ich mir denken, dass sie Schwierigkeiten macht, sie tanzt gern aus der Reihe."

"그 여자가 말썽을 부린다는 것을 생각할 수 있었어. 그 여자는 곧잘 제멋대로 행동하니까."

Der Verlag ist mit der Veröffentlichung dieses Buches mutig aus der Reihe getanzt.

그 출판사는 이 책을 출간함으로써 과감하게 독자적인 길을 걸었다.

in die Reihe bringen (ugs.) 수리하다, 고치다

„Wenn ich nur wüsste, wer mir mein Fahrrad wieder in die Reihe bringt!"

"내 자전거를 수리할 수 있는 사람을 알면 얼마나 좋을까!"

sich³ einen Reim/Vers auf etw. machen (ugs.) 이해하다, 파악하다

„Auf dieses Mahnschreiben kann ich mir einfach keinen Reim machen. Wir haben die Rechnungen doch alle pünktlich bezahlt!"

"우리는 모든 고지서를 모두 제때에 완납했는데 왜 이 독촉장이 왔는지 나는 도저히 이해할 수 없다."

etw. ins Reine bringen 해명하다, (문제를) 정리하다

Ich werde sie morgen anrufen, damit wir die Sache endlich ins Reine bringen.

우리가 이 일을 해명하기 위해서 내일 그 여자에게 전화하겠다.

Er versuchte alles, um die peinliche Angelegenheit wieder ins Reine zu bringen.

그는 난처한 일을 정리하기 위해서 모든 노력을 기울였다.

mit jm. ins Reine kommen/im Reinen sein 의견이 일치되다(일치하다)

Ich bin mit der Firma, was das Gehalt betrifft, noch nicht im Reinen.

월급에 관한 한, 나는 회사측과 아직 합의를 보지 못했다.

ein totes Rennen 무승부 경기

Wenn es ein totes Rennen gibt, wird die Siegprämie geteilt.

경기가 무승부로 끝나면 우승 상금은 나누어 분배된다.

Eine kriegerische Auseinandersetzung zwischen Atommächten kann nur als totes Rennen enden.

핵 강국 간의 군사적 대립은 결국 무승부로 끝날 수밖에 없다.

das Rennen machen (ugs.) (승부에서) 이기다

Die Frage lautete nunmehr, ob Hindenburg oder Hitler das Rennen machen würde.

이제는 힌덴부르크 아니면 히틀러가 이길 것인가 하는 것만이 문제였다.

auf/in Rente gehen (ugs.) 은퇴하다, 연금 생활을 시작하다

Mein Vater geht nächstes Jahr auch in Rente.

우리 아버지는 내년에 은퇴한다.

Einige ziehen sich bleibende Schäden zu und gehen mit 40 in Rente.
몇몇 사람은 치명적 상해를 입어 나이 마흔에 은퇴한다.

jm./etw. den Rest geben (ugs.) 최후의 일격을 가하다, 완전히 파괴하다

Die Nachricht von Explosion in der Fabrik hat ihm den Rest gegeben.
공장 폭발 소식은 그에게 결정적 타격을 주었다.

Dass schließlich auch noch die Ölwanne undicht wurde, hat dem Motor den Rest gegeben.
결국 기름받이 통이 꼭 들어맞지 않아서 모터를 완전히 망가뜨렸다.

sich den Rest holen (ugs.) 병이 악화되다

„Mit deiner Halsentzündung solltest du lieber nicht segeln gehen, sonst holst du dir noch den Rest!"
"인후염에 걸렸으면 요트 타러 가지 않는 게 좋을 것이야. 그러다간 더욱 악화된다고!"

Als sie mit nassen Haaren zum Eislaufen ging, hat sie sich den Rest geholt.
젖은 머리로 스케이트 타러가서 그 여자의 병세가 한층 심해졌다.

***nicht mehr zu retten sein** (ugs.) 어쩔 도리가 없다, 완전히 정신 나간 짓을 하다

„Dein Freund ist nicht mehr zu retten, der hat sich jetzt schon das dritte Motorrad gekauft!"
"벌써 세 번째의 오토바이를 사다니, 네 친구는 더 이상 구제 불능이야!"

sich vor etw./jm. nicht [mehr] retten können 피할 수가 없다

Als Bundeskanzler Merkel in Leipzig ankam, konnte sie sich von Bewunderern nicht retten.
메르켈 독일 수상이 출신지인 라이프찌히에 도착하자 환호하는 시민들에 둘러싸여 움직이기 힘들었다.

***nicht ganz richtig sein** (ugs.) 완전히 정상은 아니다, 약간 미치다

Ihr Mann war damals schon nicht mehr ganz richtig.
당신의 남편은 그 당시 이미 약간 제정신이 아니었다.

„Hör auf mit dem Unsinn, du bist wohl nicht ganz richtig?"

"헛소리 집어치워. 너 혹시 약간 돌은 것 아니냐?"

etw.[3] einen Riegel vorschieben 방해하다

Der Machtantritt Hitlers schob solchen Absichten einen Riegel vor.
히틀러의 집권은 그런 계획을 방해했다.

sich am Riemen reißen (ugs.) 정신을 가다듬다, 분발하다

Aber ich muss mich am Riemen reißen, ich kann mich nicht zur Komplizen eines Betrugsmanövers machen.
내가 정신을 가다듬어야 한다. 내가 사기수법의 공범자가 될 수는 없다.

Wir sollten uns doch am Riemen reißen und das Angebot einstellen.
우리가 더욱 분발하여 공급을 중단해야한다.

nichts auf den Rippen haben (ugs.) 야위다, 뼈만 남았다

Das Kind hat ja nichts auf den Rippen, das muss erst mal richtig aufgepäppelt werden.
그 아이는 너무 야위어서 우선 제대로 기운을 차리도록 해야한다.

sich[3] etw. nicht aus den Rippen/der Haut schneiden/schlagen können

(ugs.) (돈이) 없어서 줄 수 없다

„Wovon soll ich dir denn einen Pelzmantel kaufen! Du weißt doch selbst, dass wir nicht genug Geld dafür haben. Ich kann es mir doch nicht aus den Rippen schneiden."
"무슨 돈으로 모피코트를 사주라는 말이냐, 그럴 돈이 없다는 것을 너도 잘 알고 있지! 나는 줄 돈이 없다."

Risiko eingehen : das Risiko laufen 위험을 무릅쓰다(=riskieren)

Das heißt für die deutschen Streitkräfte: Torando-Flüge über dem Kosovo auch bei Tageslicht, Attacken der Alliierten gegen Panzer und Artilleriestellungen. „Wir gehen zunehmend größere Risiken ein" berichtet der Außenminister.
이는 독일 군이 주간에도 코소보 상공에 토란도 전투기 출격과 전차와 포진지 공격을 한다는 것을 뜻한다. "우리는 점차 더 큰 위험부담을 안고 있다."라고 외무장관은 보고하고 있다.

ein Ritter ohne Furcht und Tadel (iron.) 멋진 사나이

Ist denn kein Ritter ohne Furcht und Tadel unter uns, der die beiden alten Damen ins Konzert begleitet?

두 노부인을 연주회까지 모시고 갈 멋진 사람이 우리들 중에 없단 말인가?

ein Ritter von der traurigen Gestalt (bildungsspr.) 처량하고 가련한 남자

Da stand er nun, verzweifelt und zitternd vor Kälte, ein Ritter von der traurigen Gestalt.

절망하고 추위에 떨며 그는 마치 물에 빠진 생쥐 꼴로 거기에 서 있었다.

wie ein schwankendes Rohr im Wind 바람에 흔들리는 갈대처럼

Wie ein schwankendes Rohr im Wind änderte sie ihre Meinung mindestens einmal pro Tag.

마치 바람에 흔들리는 갈대처럼 그 여자는 적어도 하루에 한 번 변덕을 부렸다.

schimpfen wie ein Rohrspatz (ugs.) 흥분해서(격렬하게) 욕하다, 험담하다

Sie schimpfte wie ein Rohrspatz, wenn die Kinder von ihrer Marmelade genascht hatten.

아이들이 자기 잼을 찍어 먹을 때면 그 여자는 큰소리로 욕을 해댔다.

in die Röhre sehen/gucken (ugs.)

1 결국 아무 소득이 없다

Wer sich nicht beeilt, guckt nachher in die Röhre.

서두르지 않는 사람은 나중에는 결국 아무 소득도 없을 것이다.

2 텔레비전을 시청하다

Sie haben wieder einmal den ganzen Samstagabend in die Röhre geguckt.

그들은 또다시 토요일 저녁 내내 텔레비전을 시청했다.

von der Rolle sein (ugs.) 접촉이 없다, 감당하지 못하다

Seit ein paar Wochen ist sie völlig von der Rolle; sie hat den Tod ihrer Mutter immer noch nicht überwunden.

그 여자는 어머니의 죽음을 아직 극복하지 못하고 몇 주일 전부터 아주 접촉이 없다.

***bei etw. eine große/bescheidene Rolle spielen** 중요한(미미한) 역할을 하다

Die Frage, welche Rolle er im Wahlkampf spielen werde, müsse noch vor dem nächsten Parteitag geklärt werden.

그가 선거전에서 어떤 역할을 할지는 다음 당 전당대회 전에 정해질 것이다.

In den unterentwickelten Ländern Asiens und Afrikas spielt vorläufig der Hunger die entscheidende Rolle.

아시아와 아프리카 저개발 국가에서는 기아문제가 우선은 결정적인 문제다.

Der Privatdetektiv hat bei der ganzen Sache eine etwas undurchsichtige Rolle gespielt.

그 사설 탐정가는 그 일 전체에 조금은 보이지 않게 관여하였다.

seine Rolle gut spielen 책무를 잘 수행하다

Früher hätte man es ihm nicht zugetraut, aber er spielt seine Rolle als Familienvater wirklich gut.

그 전에는 아무도 그를 믿지 않았지만, 지금은 아버지로서의 임무를 잘 하고 있다.

aus der Rolle fallen 무례하게 행동하다

Es tut mir leid, dass ich auf deiner Party so aus der Rolle gefallen bin.

너의 파티에서 그렇게 무례하게 행동해서 미안하다.

ins Rollen kommenn (ugs.) 시작하다

Wenn die Untersuchung erst einmal ins Rollen gekommen ist, kannst du sie nicht mehr aufhalten.

조사가 일단 시작되면 너는 그것을 중지시킬 수 없다.

etw. ins Rollen bringen (ugs.) 진행(작동) 시키다, 발단이 되다

Die Recherchen zweier Journalisten hatten den Fall ins Rollen gebracht.

두 언론인의 조사가 그 사건의 발단이 되었다.

***Rom ist [auch] nicht an einem Tage erbaut worden** 로마는 하룻밤에 이루어진 것이 아니다, 대기만성이다

„Sei doch nicht so ungeduldig, Rom ist auch nicht an einem Tage
erbaut worden.“

"로마도 하룻밤에 건설된 것이 아니니 그렇게 초조해 하지 말라."

Roma und Sinti 집시, 집시 족

Die italienische Regierung hat die Roma und Sinti aus den Balkan-
ländern wieder heimgeschickt.

이태리 정부는 발칸 제국에서 온 집시를 다시 자기 나라로 돌려보냈다.

[nicht] auf Rosen gebettet sein (geh.) 넉넉하게(어렵게) 살다

Er gehört zu einer Generation, die in ihrer Jugend nicht auf Rosen
gebettet war.

그는 청년기에 어렵게 살았던 세대에 속한다.

[sich³] die besten/größten/dicksten Rosinen [aus dem Kuchen] [heraus]picken /[heraus]klauben(ugs.) 제일 좋은 것을 취하다, 실속을 차리다

Als die öffentliche Versteigerung begann, hatten sich einige Händler
bereits die größten Rosinen herausgepickt.

경매가 시작되었을 때 몇몇 업자들이 최고품을 이미 차지했었다.

auf dem hohen Ross sitzen ; sich aufs hohe Ross setzen (ugs.) 거드름을 피우다

„Du hast keinen Grund, sich aufs hohe Ross zu setzen.“
"자네가 거드름을 피울 이유가 없다고 본다."

hoch zu Ross (scherzh.) 말을 탄, 위풍당당한

Auch die Polizei, hoch zu Ross, konnte gegen die aggressiven
Demonstranten nichts ausrichten.

기마경찰도 공격적인 데모대에 맞설 수가 없었다.

dem Rotstift zum Opfer fallen 취소되다, 지워지다

Der geplante Erweiterungsbau ist leider dem Rotstift zum Opfer
gefallen.

건물 확장 계획은 유감스럽게도 취소되었다.

Rotz und Wasser heulen (salopp) 대성통곡하다

Man zerbrach mir den Stab der Papierfahne, ich heulte Rotz und Wasser!

사람들이 나의 종이 깃발의 깃대를 부러뜨려서 나는 큰 소리로 울었다.

den Rubikon überschreiten (geh.) (돌이킬 수 없는 일을) 감행하다

„Diese Beleidigung war zuviel : Jetzt ist der Rubikon überschritten! Verlassen Sie sofort mein Haus und lassen Sie sich hier nie mehr blicken!"

"이 모욕적인 언행은 너무 심했다 : 이제 돌이킬 수 없는 짓을 했다! 당장 내 집을 떠나고 여기에는 나타나지마라!"

sich/jm. den Rücken freihalten/decken 안전을 도모하다(안전하게 하다)

Durch den Vertrag, der spätere Ersatzansprüche ausschließt, will die Firma sich den Rücken freihalten.

사후 배상권리가 배제된 계약을 통해 그 회사는 안전을 도모하고자 했다.

jm./etw. den Rücken kehren/wenden

1 회피하다

Wort-und grusslos wendete er ihr den Rücken zu und verschwad im Dunkel.

말도 인사도 없이 그는 그 여자를 외면하고 어둠 속으로 사라졌다.

2 탈퇴하다

Immer mehr Gläubige wenden den etablierten Kirchen den Rücken, um die Kirchensteuer zu sparen.

점점 많은 신자늘이 교부금를 내시 않으려고 기싱 교회를 딜되한다.

3 떠나다

Wenn die Arbeitslosigkeit weiter zunimmt, werden wir wohl Europa den Rücken kehren und nach Australien auswandern.

실업이 증가하면 우리는 유럽을 떠나서 호주로 이민 갈 것이다.

jm. den Rücken stärken/steifen (ugs.) 용기를 북돋우다, 조력하다

Die Gewerkschaften haben der Bürgerinitiative nicht gerade den

Rücken gestärkt.

노조는 시민운동연합을 제대로 밀어주지 않았다.

[fast] auf den Rücken fallen (ugs.) 깜짝 놀라다

Als meine Losnummer aufgerufen wurde, bin ich fast auf den Rücken
gefallen.

나는 추첨번호를 듣고 깜짝 놀랐다.

***jm. in den Rücken fallen** (갑자기) 돌아서다, 배반하다

Wenn aber die Vereinten Nationen sich zum Handeln entschließen,
darf Deutschland dem Sicherheitsrat nicht in den Rücken fallen.

유엔이 협상을 확정하면 독일은 안전보방이사회를 거역하면 안 된다.

Auch die Grünen fielen dem Finanzminister in den Rücken.

녹색당도 재무장관에게서 돌아섰다.

Er diskutiert jetzt oft im Internet mit amerikanischen Veteranen. Die
verfluchten Deutschen fallen uns in den Rücken.

그는 요즘 자주 인터넷상에서 미국 베테랑들과 토론을 한다. 망할 놈의 독일인들
이 우리를 배반한다.

Der Fußballspieler fiel damit dem Trainer in den Rücken.

그 일로 축구선수는 트레이너를 배반했다.

***jn./etw. im Rücken haben** (ugs.) 배후에 두다, 지원을 받다

Wer dort auch nur ein paar Tagen verbracht hat, weiß, dass es viel
angenehm ist, die Sonne im Rücken zu haben.

거기서 단 며칠만 지낸 사람은 등 뒤에 햇빛을 받는 것이 아주 편안하다는 것을 알
게 된다.

Die Türkei ist beiden Ländern militärisch überlegen und hat mit den
USA einen starken Verbündeten im Rücken.

터키는 군사적으로 두 나라를 능가하며 미국과 강한 동맹관계라는 배경을 갖고
있다.

jm./etw. das Rückgrat brechen

1 좌절시키다

Die ständigen Nörgeleien seines Vorgesetzten haben ihm das Rückgrat gebrochen.
상급자의 끊임없는 트집이 그를 좌절시켰다.

2 파멸시키다

Dieser Firma hat jahrelange falsche Einschätzung der Marktlage das Rückgrat gebrochen.
시장현황을 수년간 잘못 판단하여 이 회사가 파멸했다.

*auf jn./etw. Rücksicht nehmen 참작하다(=berücksichtigen), 아끼다〈Sub. : Rücksichtnahme〉

Die Konferenzteilnehmer forderte er auf, keine Rücksicht auf jene zehn Prozent der Bürgerinnen und Bürger zu nehmen, die sich der Politik der Bundesregierung verweigert.
그는 회의 참석자들에게 연방정부의 정책을 거부하는 10%의 국민에 절대로 연연하지 말 것을 요구했다.

Kinder dürfen in der Wohnung selbstverständlich spielen. Hierbei muss jedoch Rücksicht auf Mitbewohnerinnen genommen werden.
아이들은 집안에서 노는 것은 당연하나, 이 경우에 한 집에 사는 사람들을 배려해야한다.

Beethoven nimmt keine Rücksicht auf technische Schwierigkeiten oder gar Unvermögen der Musiker.
베토벤은 기술적 어려움이나 연주자들의 제한된 능력의 한계까지도 전혀 고려하지 않는다.

mit jm. Rücksprache nehmen/halten (Papierdt.) 상의(의논)하다

Er hatte mit seiner Chefredakion Rücksprache gehalten, die angekündigte, rechtliche Schritte zu prüfen.
예정된 법적 조처를 검토할 것을 그는 편집위원회와 논의했다.

am Ruder sein/bleiben (ugs.) 권력을 장악하다, 지배하다, 주도하다

Er ist am Ruder. Er ist nicht nur Medienberater des Senates, sondern auch Unternehmersberater.
그가 권한을 장악하고 있다. 그는 상원의 언론고문일 뿐 아니라 경영고문이다.

Der Parteichef kann kaum erkennen, dass das „Selbstbewusstsein" der grünen Partei nichts anders als der Wille ist, auf jeden Fall am Ruder zu bleiben.

녹색당의 "자의식"은 바로 반드시 주도권을 갖겠다는 의도라는 것을 그 당 대표는 인식할 수 없다.

Ruhe ist die erste Bürgerpflicht! 평온(정숙)이 시민의 첫 번째 의무!

die Ruhe weghaben 여유를 갖다, 서두르지 않다

Der Polizist hatte die Ruhe weg, unbeeindruckt nahm er sein Protokoll auf.

경찰은 서두르지 않고 담담하게 조서를 꾸몄다.

***Ruhe geben**

1 조용히 하다

Die Kriegsgegner in Berlin geben keine Ruhe. Erneut Friedensmarsch zum Brandenburger Tor am Sonnabend.

베를린의 반전주의자들은 조용히 있지 않는다. 토요일에 새로이 부란덴부르크 문으로의 평화행진이 예정되어 있다.

2 진정하다

Wir werden erst Ruhe geben, wenn der Fall restlos aufgeklärt ist.

그 일이 완전하게 해명되어야 우리는 진정될 것이다.

die ewige Ruhe finden 영면하다

Der koreanischer Ex-Präsident Choi, der von der politischen Affäre den Mund gehalten hatte, fand vor paar Tagen die ewige Ruhe.

정치적 사건에 입을 열지 않았던 최 전 대통령이 며칠 전에 영면했다.

jm. keine Ruhe lassen/geben 불안하게하다, 떠들어대다

An allen aktuellen Militärfronten des US-Präsidenten wird es stiller. Und das ist es ja, was ihm und dem Verteigungsminister so gar keine Ruhe lässt.

미국 대통령의 현재의 모든 전선은 조용해진다. 바로 이 때문에 그와 국방장관이 불안하다.

Eine Subtanz wie Aluminiumsulfat kann keinesfalls negative Aus-wirkungen auf die Gesundheit haben. Weil die Betroffenen keine Ruhe gaben, wurde vor anderthalb Jahren eine neue Untersuchung eingeleitet.

알미늄 황산염과 같은 물질은 결코 건강에 나쁜 영향을 주지 않는다. 당사자들이 떠들어대서 1년 반전에 새로운 검사가 실시되었다.

*jm. seine Ruhe/ jn. in Ruhe lassen 귀찮게 하지 않다

Sie würden irgendwann den Spaß daran verlieren und mich in Ruhe lassen.

그들은 언젠가는 재미가 없어서 나를 귀찮게 하지 않을 것이다.

Die Theater vergehen zwar recht langsam, lassen einen aber nicht in Ruhe.

연극은 느리게 진행되어 관중을 괴롭게 한다.

Die USA müssen verstehen, dass unser einziger Feind das Aya-tollah-Regime ist. Vielleicht haben sie uns deshalb bislang in Ruhe gelassen.

우리의 유일한 적은 아야톨라 정부라는 것을 미국은 이해해야 된다. 아마도 그래서 미국이 우리를 지금까지 그냥 놔두었을 것이다.

jn. aus der Ruhe bringen 불안하게 하다

Man darf sich in einer solcher Situation nicht aus der Ruhe bringen lassen.

그런 상황에서는 불안해해서는 안 된다.

sich zur Ruhe setzen 은퇴하다, 연금 생활에 들어가다

Er hatte immer gehört, dass die Leute sagen, wenn ich alt bin, setze ich mich zur Ruhe.

늙으면 은퇴하겠다고 사람들이 말하는 것을 그는 항상 들어왔다.

*die Runde machen (ugs.) (소문 등이) 널리 알려지다

Seither jedenfalls machen Gerüchte die Runde, er könne an die Spitze der Partei zurückkehren.

어쨌든 그 이후에 그가 당의 당수로 복귀 할 수 있으리라는 소문이 돌았다.

Immer häufiger macht unter den Anlegern in Deutschland nähmlich Wort von einer drohenden Deflation die Runde.

독일 투자자 사이에서는 디플레이션 임박설이 점차 더 빈번하게 돌고 있다.

Ein Gerücht macht die Runde, dass zwei amerikanische Piloten mit einem Fallschirm über Bagdad heruntergekommen seien.
두 명의 미군 조종사가 낙하산을 타고 바그다드 상공으로 탈출했다는 소문이 돌고 있다.

etw./jn. über die Runden bringen (ugs.) 성공적으로 마무리하다

Er musste sich und die seinen mit schlecht bezahlten Lehraufträgen über die Runden bringen.
그는 적은 강사료로 자신과 가족을 잘 추스려야만 했다.

Wir waren einfach zu dumm. Wir hätten nur fünf Minuten über die Runden bringen müssen.
우리가 너무 둔했다. 단 5분만 잘 마무리 지었어야 했다.

Zumindest reichte das Selbstvertrauen erneut nicht, um einen Vorsprung(2:0) über die Runden zu bringen.
2대0 우세로 경기를 성공적으로 끝내기 위해서는 여하튼 자신감만으로는 역시 부족했다.

mit eiserner Rute/eisenem Besen [regieren] (geh.) 무자비하게(통치하다)

Die Menschenrechtsorganisation amnesty international kritisiert Nordkorea als ein Land, das mit eiserner Rute regiert und wo eine abweichende Meinung mit Folter Gefängnis und Tod bestraft wird.
인권단체인 국제사면기구는 북한을, 다른 사상을 가진 사람들을 고문, 감옥살이와 사형에 처하는 무자비하게 통치하는 나라로 비판하고 있다.

S

[mit jm.] gemeinsame Sache machen (공모하여) 비열한 짓을 하다

Einer der Magistratsbeamten hat mit den Bodenspekulanten gemein-same Sache gemacht.

시청 직원 한 명이 땅 투기꾼과 결탁하여 비열한 짓을 했다.

sich seiner Sache sicher sein 확신하다

Der Held war sich seiner Sache sicher. Während die Teamkollegen gebannt auf die Entscheidung des Videorichters warten, war für ihn alles klar.

영웅은 확신했다. 팀 동료들은 긴장하며 비디오 판정관의 결정을 기다렸지만 그에게는 모든 것이 분명했다.

Er kennt die Gebiete nur durch seine Fahrten, wenn er Freunde in den Siedlungen besucht. Aber er ist sich seiner Sache sicher.

그는 친구를 방문하느라 그 지역을 차로 지나가 본 적만 있지만 그곳을 안다고 확신하고 있다.

***[nicht] bei der Sache sein** (ugs.) 집중하다(집중하지 않다)

Das klingt nach allemeinen Einleitunen und ist doch schon ganz nah bei der Sache.

그것은 일반적인 서론으로 들리지만 본질에 가까웠다.

Die Absolventen sind mit gänzlich anderer Leistungsbereitschaft bei der Sache als im Hochschulorchester.

졸업생들은 대학오케스트라와는 완전히 다른 능력을 발휘하여 집중했다.

Die Trainer verweigerten ihm, dass er mit hundert Prozent Einsatz bei der Sache war.

트레이너들은 그가 백퍼센트 혼신을 다해 집중했다고 여기지 않았다.

„Wir haben die Geduld verloren und waren nicht bei der Sache", kommentiert er die entscheidende Spielpassage.
"우리는 인내심을 잃고 집중하지 않았다."라고 결정적인 경기 국면을 설명한다.

zur Sache gehen (Sport) 전력투구하다

Die Piloten hielten sich zurück, erst in der Schlussviertelstunde ging es zur Sache.
자동차 레이서들은 앞으로 나서지 않다가 마지막 15분에야 전속력으로 주행했다.

Bevor es zur Sache geht, nehmen wir einen Kaffee im Atrium.
일에 전력투구하기 전에 우리는 안마당에서 커피를 마신다.

mit Sack und Pack (ugs.) 전 재산을 갖고

Das Designlabor geht mit Sack und Pack ins ehemalige Verwaltungsgebäude.
디자인 실험실은 몽땅 옛 행정부서 건물로 옮겨간다.

Ich habe selbt gesehen, dass Besucher mit Sack und Pack wieder abgezogen sind.
방문객들이 모두 챙겨서 철수하는 것을 내가 직접 보았다.

dünn gesät sein 드물다, 희귀하다

Insektfreundliche Grünanlagen sind in dieser Stadt dünn gesät.
곤충 친화적 녹지는 이 도시에서 찾아보기 드물다.

sage und schreibe (ugs.) 실제로, 사실로

Besonders ernüchtert hat mich eine Frau, die sage und schreibe zwei Stunden im Laden verbrachte.
가게에서 실제로 2시간을 보낸 한 여성이 특별히 나를 긴장하게 했다.

Die Wartezeit auf eine Sprechstunde des Arztes trägt sage und schreibe ein Jahr.
그 의사와의 상담 대기시간은 실제로 1년이 걸린다.

[jm.] [etw.] zu sagen haben (ugs.) 결정권을 갖다, 좌우하다

Was immer er seiner Partei zu sagen hat, wie auch immer er seine Agenda 2010 den Genossen zu verkaufen versucht, er wird die Partei kaum dazu überreden können.

그가 당을 좌지우지하고 당원들에게 자신의 2010년 아젠다를 아무리 선전하여도
당을 설득하지는 못할 것이다.

sich nichts mehr zu sagen haben (ugs.) 함께 아무 것도 할 수 없다

Die beiden haben sich nichts mehr zu sagen.

두 사람은 함께 할 수 있는 것이 아무 것도 없다.

***[jm.] etwas/nichts zu sagen haben** (ugs.)

1 중요하다(대수롭지 않다)

Goethe hat uns auch heute noch etwas zu sagen.

괴테는 오늘날에도 우리에게 중요하다.

Sie ist eine kleine Hausfrau, die sieben Kinder zur Welt gebracht hat
und nichts zu sagen hat.

그 여자는 일곱 자녀를 출산한 평범한 주부이다.

2 영향력이 있다(없다)

Als ehemaliger Bundeskanzler hat Helmut Schmidt natürlich auch
heute noch etwas zu sagen.

전 독일 수상인 헬무트 슈미트는 물론 오늘날에도 아직 영향력이 있다.

Solange ich in diesem Club etwas zu sagen habe, wird es keinen
Konkurs geben.

내가 이 구단에서 권한을 행사하는 한 도산은 없을 것이다.

sich nichts sagen lassen (ugs.) 고집이 세다, 반항적이다

„Unser Sohn lässt sich einfach nichts sagen! Ich weiß gar nicht, was
ich machen soll!"

"우리 아들은 고집이 너무 세다! 내가 어떻게 해야 할지를 도저히 모르겠다!"

sich³ von jm. nichts sagen lassen (ugs.) (충고, 명령 등을) 수용하지 않다

Der Jugendliche hat ja durch seine Herkunftskultur gelernt, dass er
sich als Mann von einer Frau nichts zu sagen lassen braucht.

그 청년은 남자로서 여자의 말을 수용할 필요가 없다는 것을 출생지 문화에서 배
웠다.

sich[3] etw. nicht zweimal sagen lassen (ugs.) 바로 수락하다

Man bot ihr eine Stelle als Geschäftsführerin an, und sie ließ sich das natürlich nicht zweimal sagen.

영업부장 자리를 제의받고 그 여자는 물론 즉시 받아들였다.

***wie gesagt** 이미 말한 바와 같이

Das ist wie gesagt alles erst provisorisch geregelt.

그것은 이미 언급한 대로 모두 우선 임시로 조정되었다.

nicht gesagt sein 확실하지 않다

Dass das Lokal geschlossen wird, ist gar nicht einmal gesagt.

그 술집이 폐점하는 것은 전혀 확실하지 않다.

lass dir das gesagt sein! (ugs.) 명심해라!

„Ich werde mich nie wieder für dich einsetzen, wenn du so undankbar bist, lass dir das gesagt sein!"

"그처럼 감사할 줄 모르면, 앞으로는 너를 위해 나서지 않겠다. 명심해라!"

unter uns gesagt 우리끼리 말인데, 믿고 하는 말인데

Er soll ja einen guten Ruf als Chirurg haben, aber – unter uns gesagt – ich finde nicht, dass er besonders gute Resultate erzielt.

그는 외과의사로 명성이 있다지만 – 우리끼리 말이지만 – 그가 특별히 훌륭한 성과를 거두었다고는 생각하지 않는다.

das Sagen haben (ugs.) 전권을 갖고 있다, 결정을 내리다

Wer im neuen Staat das Sagen haben soll, ist für die Studenten auch klar.

누가 새로운 나라에서 전권을 가져야하는 가를 대학생들은 잘 알고 있다.

Die Bundesregierung hat also in diesem Fall in letzter Konsequenz das Sagen.

연방정부는 이러한 경우에 최종적인 결정권한을 갖는다.

wie Sand am Meer (ugs.) 무수히 많이

Nette Menschen gibt es wie Sand am Meer. Dennoch ist es nicht
einfach, jemanden zu finden, den man auch heiraten würde.

좋은 사람은 무수히 많지만 결혼할 상대를 찾기는 쉽지 않다.

jm. Sand in die Augen streuen 속이다

Wenn er etwas anders behauptet, versucht er, der Öffentlichkeit Sand
in die Augen zu streuen.

그가 뭔가 다른 주장을 한다면, 그것은 대중을 속이려는 속셈이다.

auf Sand gebaut sein 극히 불확실하다

Alle herrschenden Klassen des alten Reiches waren gestürzt, en-
teignet und vertrieben – und dennoch war die neue Sowjetmacht auf
Sand gebaut.

구 제국의 지배계급은 붕괴되고 몰수당하고 추방되었다 – 그래도 새로운 소련 권
력은 매우 불확실하다.

im Sande verlaufen (ugs.) 수포로 돌아가다

In der Nacht waren Zeugen die drei junge Männer aufgefallen. Eine
sofortige Fahndung verlief im Sande.

밤에 세 젊은 남자가 목격자의 눈에 띄어서 곧바로 추적했으나 물거품이 되었다.

in den Sand setzen ; auf Sand sitzen/setzen 실패하다

Wenn die schwarz-rote Koalition die Gesundheitsreform in den Sand
setzt, kann ein ganzes Stück Demokratie ins Rutschen kommen.

보수딩(기독민주당 I 기독사회당)–사회당 연립정부가 보건정책개혁이 실패하면 민
주주의 전체가 미끄러져 내릴 수 있다.

Es wurde zwar in eine große PR-Strategie dieser Koalition investiert,
aber das dort beschlossene Investitionsprogramm wurde in den Sand
gesetzt.

이 연립정부의 대대적 홍보 전략에 투자는 이루어졌으나 거기서 결정된 투자계획
은 실패했다.

In dieser Position sitze ich erstmal auf Sand. Ich sehe nämlich keine

Möglichkeit, in diesem Betrieb eine Karriere zu machen.
이 자리에서 최초로 실패하여 이 기업에서 경력을 쌓을 가망이 없다.

sang- und klanglos ; ohne Sang und Klang (ugs.) 조용히, 은밀하게

Das Parkverbotschild vor der Post war eines Tages sang- und klanglos verschwunden.
우체국 앞의 주차금지 표지판은 어느 날 소리도 없이 사라졌다.

*jn./etw. satt haben (ugs.) 싫증나다, 지겹다

Diesen Kerl mit seiner ständigen Angeberei habe ich gründlich satt!
끊임없이 허풍만 떠는 이 녀석에게 나는 진절머리가 난다!

jn. aus dem Sattel heben 막강한 자리에서 밀어내다

Die Oppositionspartei glaubt offenbar nicht daran, Rot-Grün bald aus dem Sattel heben zu können.
야당은 사회당과 녹색당 연립정부를 금방 밀어낼 수 있다고 믿지 않는다.

fest im Sattel sitzen 기반이 확고하다

Gewöhnlich sitzen Politiker, die sich zu solchen Erklärungen genötigt sehen, nicht mehr besonders fest im Sattel.
그런 해명이 필요한 정치인들은 일반적으로 그 기반이 그다지 확고하지 못하다.

In Thüringen sitzen die Nazis schon längst fest im Sattel.
튜링겐 주에는 오래전부터 나치가 기틀을 확실히 잡고있다.

unter aller Sau (derb) 형언할 수 없이 나쁜

Mein Verhalten ist unerklärbar. Es war unter aller Sau.
나의 태도는 설명할 수가 없는 엄청나게 나쁜 행동이었다.

jn./etw. zur Sau machen (derb) 처절하게 비난하다, 모욕하다

Der Trainer hatte den Mittelstürmer vor versammelter Mannschaft zur Sau gemacht.
감독은 센터포드를 전체 선수들 앞에서 신랄하게 나무랐다.

in Saus und Braus leben (ugs.) 호화 생활을 영위하다

Die deutschen Rentner leben auf Mallorcar in Saus und Braus.
그 독일의 연금 생활자들은 스페인 마요르카에서 호화롭게 산다.

***[es ist] schade um jn./etw.** 아깝다, 안됐다

Schade um den Jungen, aus ihm hätte noch etwas werden können.
장래가 촉망되는데 그 젊은이가 아깝게 되었다.

Um das schöne Kleid ist es schade, das kann man nicht mehr reinigen.
그 좋은 옷이 세탁을 할 수 없으니 아깝다.

***Schaden nehmen** (geh.) 손해(손실)를 입다

Es kam in der Vergangenheit immer wieder zu Ausbrüchen der Geflügelpest, ohne dass Menschen darunter Schaden nehmen.
과거에도 조류독감이 발생했지만 인명피해를 입은 사례는 없었다.

Dabei darf die Stoßrichtung der Reformen keinen Schaden nehmen.
그 과정에서 개혁 추진방향이 손상되어서는 안 된다.

Moskauer Handelskammer ließ durchblicken, im Kriegsfall würden mindestens 200 Firmen Schaden nehmen.
모스크바 상공회의소는 전쟁이 터지면 적어도 200여 개의 회사가 손실을 입을 것임을 시사했다.

***zu Schaden kommen** 피해(손해)를 보다

Die Raketen sind vom Gazastreifen aus auf Israel abgefeuert worden. Es ist niemand zu Schaden gekommen.
가자지역에서 이스라엘로 로켓트 포가 발사되었으나 사상자는 발생하지 않았다.

Wenn Personen zu Schaden gekommen sind, muss immer der Notruf 112 gewählt werden.
인명피해가 발생하면 항상 112로 신고해야한다.

Wenn der Busfahrer einschläft, und es kommen Menschen zu Schaden, ist die Kausalität jedem klar.
버스기사가 졸아서 인명피해가 발생하면, 누구나 그 인과관계를 명백히 알 수 있다.

In der Region sind Erdbeben nicht gewöhnlich. Menschen kommen dabei meist nicht zu Schaden.

그 지역에서 지진발생은 흔한 일이 아니며, 대개 인명피해는 없다.

ein räudiges Schaf steckt die ganze Herde an (Spr.) 미꾸라지 한 마리가 온 웅덩이 물을 흐린다

das schwarze Schaf sein 별난 사람이다, 국외자이다

Ein hochbegabter Kunstvermittler und breiter Politdemagoge war von Anfang an das schwarze Schaf in der Regierung.

재주가 뛰어난 예술중개업자이며 선동정치가는 그 정부의 별난 사람이었다.

sein Schäfchen ins Trockene bringen/scheren (ugs.) 큰 벌이를 하다, 크게 한 몫보다, 이익을 확보하다

Die türkische Regierung machte deutlich, dass die arabischen Nachbarn lediglich versuchen, jeder für sich ihre Schäfchen ins Trockene zu bringen.

인접 아랍국들이 모두 자국의 이익 확보만을 추구한다고 터키정부는 지적했다.

jm. zu schaffen machen 괴롭히다, 애를 먹이다

Die Talfahrt an den Börsen hat dem Allianz auch zum Start ins Jahr 2007 zu schaffen gemacht.

주식시장의 하강으로 보험회사 알리안츠는 2007년 신년 개장에 애를 먹었다.

Was uns zu schaffen macht, sind die steigenden Kosten an Rohstoffmärkten, Ölpreis auf lange anhaltend hohem Niveau.

우리를 괴롭히는 것은 원자재시장의 고비용과 장기간 지속되는 고유가이다.

mit etw. nichts zu schaffen haben 관계를 갖다(갖지 않다)

Er vesuchte, das Gericht davon zu überzeugen, dass er hat mit der Brandtstiftung nichts zu schaffen habe.

자신이 방화와는 무관하다는 것을 그는 법정에서 설득하려고 애를 썼다.

Mit Klassenkampf, dem 1. Mai und roten Fahnen haben sie nichts zu schaffen.

그들은 메이데이의 계급투쟁과 붉은 깃발과는 아무런 상관이 없다.

für/zu etw. wie geschaffen sein 적격이다, 안성맞춤이다

Er ist kräftig und wie geschaffen für den Nahkamf.

그는 힘이 세고 근접전에 적격이다.

Das Schloss und zwei zugehörige Bettenhäuser waren wie geschaffen für die Hochschule.

성과 두 채의 부대 숙소건물은 대학에 안성맞춤이다.

sich in Schale werfen/schmeißen (ugs.) 우아(화려)하게 차려입다

Ich schmeiße mich nicht prinzipiell gerne in Schale.

나는 화려하게 차려 입는 것을 원칙적으로 좋아하지 않는다.

Das Haus hat sich schwer in Schale geworfen: äußerlich unbewegt wie eh und je, herrscht im Inneren leuchtende Aufregung.

그 집은 심하게 꾸며졌다. 외부는 예나 다름없었지만 내부는 흥분의 빛이 가득했다.

schalten und walten 마음대로 처리(행동)하다

Der Chef konnte jahrelang schalten und walten, wie er wollte.

사장은 일년 내내 자기 하고 싶은 대로 일을 처리한다.

Die Eigenkapitaldecke war mit 40 Prozent mehr als solide, ich konnte schalten und walten, wie ich wollte.

자기자본 비율이 40%로 튼튼하여 내 마음대로 할 수 있었다.

jn./etw. in den Schatten stellen 압도(능가)하다

Viele Parteimitglieder und Funktionäre waren allerdings irritiert, zumal der Aufwand die Feiern zum 100. Geburtstag von Karl Marx in den Schatten stellte.

특히 칼 마르크스 탄생 100주년 축하가 비용문제로 희석되었기 때문에 많은 당원과 간부들은 곤혹스러웠다.

***in js. Schatten stehen** 그늘에 가려 빛을 못 보다

Unter diesen Umständen stand das Team nun wieder die ganze Zeit im Schatten.

이 상황에서는 팀은 다시 내내 빛을 보지 못했다.

Das erste Gastspiel des irakischen Sängers stand ganz im Schatten

der Ereignisse am Golf.
이라크 가수의 첫 번째 해외공연은 골프 지역의 사태로 빛을 못 보았다.

Er ist etwas über 70 Jahre alt, und er hat immer im Schatten anderer
gestanden.
그는 70세를 넘긴 노인이어서 다른 이들에 가려 빛을 못 보았다.

eine Schau abziehen/machen (ugs.) 돋보이게 하다, 과시하다

In Berlin könnten wir eine richtige Schau abziehen. Die Leute kämen
zu Tausenden, was in den Betrieben der Tourismusbranche für neue
Jobs sorgen würde.
베를린에서 우리는 정말로 사람들 눈에 띄게 돋보일 수 있다. 수 천 명이 이 곳에
오면 관광분야의 업체에서는 새로운 일자리가 마련되는 것이다.

sich^3 von jm./etw. eine Scheibe abschneiden [können] (ugs.) 모범으로 삼다

Höhe Herren könnten sich von ihm eine Scheibe abschneiden.
높은 사람들은 그를 모범으로 삼을 수 있다.

Davon kann sich jeder Deutscher noch eine Scheibe abschneiden.
모든 독일인은 그것을 모범으로 삼을 수 있다.

nach Schema F (ugs.) 틀에 박힌 대로, 기계적으로

Er ist ein Lehrer, der seinen Unterricht nicht nach Schema F abspult,
sondern immer Abwechselung in den Unterricht bringt.
그는 수업을 기계적으로 때우지 않고, 항상 수업에 변화를 주는 선생이다.

jn. seinem Schicksal überlassen 운명에 내맡기다, 돌보지 않다

Er brüllte seine Verlobte an, sie möge gehen und ihn seinem Schicksal
überlassen.
그는 자신을 운명에 맡기고 가버리라고 약혼녀에게 호통을 친다.

Gleizeitig wollen Richter und Staatsanwaltschaft wissen, wie die
Entscheidung zu Stande kam, den Tanker auf hohe See zu schleppen,
um ihn dort seinem Schicksal zu überlassen.
유조선을 공해상으로 예인하여 결국 방치한 결정이 어떻게 내려졌는가를 판사와
검찰 양측이 알고자한다.

mit allen Schikanen (ugs.) 모든 부대품을 갖춘

Der erste Preis beim Radioquiz war eine Stereoanlage mit allen Schikanen.

라디오 퀴즈의 일등상은 모든 부대품을 갖춘 오디오 세트였다.

jn. auf den Schild heben 지도자로 결정하다

Die Wähler erwarten Mut, Ehrlichkeit und Klarheit, als Grundlage für ihre Entscheidung, ob dabei alle in der Union tatkräftig mithelfen, die Angela Merkel jetzt auf den Schild gehoben haben.

안겔라 메르켈 수상을 지도자로 내세운 기민당과 기사당 당원 모두의 적극적 협력의 여부는 용기와 정직성과 투명성을 바탕으로 한 수상의 결단을 유권자들은 기대하고 있다.

keinen Schimmer [vom Dunst einer Ahnung] haben (ugs.) 전혀 알지 못하다

Ich hatte keinen Schimmer vom Dunst einer Ahnung, dass ihr heute Abend kommen wolltet.

너희들이 오늘 저녁에 오려는 것을 나는 전혀 알지 못했다.

__*etw. auf die Schippe nehmen__ (ugs.) 놀리다, 조롱하다

Dabei greift er Alltagssituationen auf und nimmt die Gattung Mensch auf die Schippe.

작품에서 그는 일상적 상황을 테마로 삼아 인간이라는 족속을 조롱한다.

Das die unsterbliche Liebe preisende Werk vonGlucks nimmt die Mächtigen dieser Welt auf die Schippe.

불멸의 사랑을 찬미하는 그르크스의 오페라 작품은 이 세상의 강자들을 희화하고 있다.

Schlag auf Schlag 속속, 잇달아, 끊임없이

Bei Peugeot geht es Schlag auf Schlag. Hier ein nCabrio, dort ein Kombi – ein neues Modell nach dem anderen betritt die Bühne.

푸조 자동차는 속속 나아가고 있다. 이번에는 엔카브리에, 다음에는 콤비 – 신 모델이 끊임없이 등장하고 있다.

Fitness Schlag auf Schlag: Sie hatten das neue Progrmm getauft, das
sie exklusiv für die Fitnesskette entwickelten hatten.
헬스 시리즈를 위해 독점 개발한 새 프로그램을 그들은 "체계적 신체관리"라고 명
명했다.

ein Schlag ins Kontor sein (ugs.) 날벼락 같은 일이다

Er äußerte sich besorgt über die Auswirkungen der Affäre. Das ist ein
Schlag ins Kontor.
사건의 영향에 대하여 우려에 쌓여 그는 이야기했다. 그것은 날벼락 같은 일이다.

***mit einem Schlag** (ugs.) 갑자기, 단번에, 별안간

Mit einem Schlag fiel allein die Häflte der Exportproduktion nach
Osteuropa weg. 5,000 von jährlich 10,000 Fahrzeugen.
별안간 동유럽으로 수출하는 생산량의 절반이 감소했다. 연간 차량 만대에서 5천
대로.

Sollten die Reformpläne wirklich umgesetzt werden, wird es mit
einem Schlag in diesem Lande ca. drei Millionen am Exitenzminimum
lebende Arme mehr geben.
개혁안이 실제 실행된다면, 우리나라에는 최저생활비로 살아가는 극빈자가 약 3백
만 명이 갑자기 더 발생한다.

***Schlagzeilen machen** (ugs.) 대서특필되다, 센세이션을 일으키다

Sie hat so viele Schlagzeilen gemacht, die kleine Stadt an der Mulde,
die vor der Flut kaum jemand kannte.
홍수가 나기 전에는 거의 알지도 못했던 물대 강변에 있는 작은 도시가 대서특필
되었다.

Der Fall machte in den vergangenen Wochen mehrfach Schlagzeilen.
Die Frauen wollen sich zu Fremdsprachenkorrespondentinnen fort-
bilden lassen.
그 경우는 지난주에 수차례 센세이션을 일으켰다. 여성들이 외국어특파원 교육을
받으려고 한다.

***Schlange stehen** 장사진을 이루다(치고 있다)

Am Wochenende stehen hier frisch vermählte Brautpaare Schlange.

Ihr Lieblingsmotiv ist ein Schimmel mit rotem Sattel.

주말에는 이곳에 신혼부부가 장사진을 이룬다. 인기 모티브는 빨간 안장의 백마이다.

Drei Stunden vor Öffnung der Vorkaufsstellen standen die Fans Schlange für die Tickets für Spiel am Sonntag.

일요일 공연 표를 사려는 팬들이 예매소 업무개시 세 시간 전부터 장사진을 쳤다.

Zu diesen Zeiten stehen dort die Kleinbauern und-bäuerinnen mit ihren Milchkannen Schlange. Meist sind die Männer Mitglieder der Milchkooperativen.

이 시간쯤에는 저기에 장사진을 이루는 소규모 축산농가의 우유 통을 든 농부들은 대부분 우유협동조합의 회원이다.

schlau wie ein Fuchs/Füchse sein 여우처럼 교활하다

Die Wölfe schlugen weiter auf den Weiden zu, waren dabei aber schlau wie Füchse, denn die Jäger bekamen keinen einzigen Wolf vor die Flinte.

늑대는 초지에서 거침없었고 여우처럼 교활하여 사냥꾼이 한 마리도 맞추지 못 하였다.

Ich bin schlau wie ein Fuchs und stärker als ein Ochse. du bist schneller als ein Pferd.

나는 여우처럼 영악하며 황소보다 힘이 세고, 너는 말보다 빠르다.

aus jm./etw. nicht schlau/gescheit werden (ugs.) 알지(이해하지) 못하다

Andreas hat mir regelmäßig geschrieben. Aber ganz schlau wurde ich nicht daraus, was er eigentlich tat.

안드리아는 나에게 정기적으로 편지를 써 왔으나 그가 과연 무슨 일을 하고 있는지 알 수 없었다.

Aus deinen Worten werde ich nicht schlau.

너의 말을 나는 이해할 수가 없다.

*nicht schlecht (ugs.) 매우, 심하게

Als er die Nachricht von seinem Heimatland hörte, staunte er nicht schlecht.

고국의 뉴스를 듣자 그는 매우 놀랐다.

***schlecht und recht ; mehr schlecht als recht** 어렵게, 겨우겨우

Seine Großmutter lebt mehr schlecht als recht von ihrer knappen Rente.

그의 할머니는 빠듯한 연금으로 근근히 살고 있다.

den Schleier [des Geheimnisses] lüften 비밀을 폭로하다

Am Wochenende werden die Anwälte den Schleier des Geheimnisses lüften und das Testament eröffnen.

주말에 변호사들은 비밀을 폭로하고 유언장을 공개할 것이다.

den Schleier des Vergessens/der Vergessenheit über etw. breiten 용서하고 잊어버리다

Sie wollten den Schleier der Vergessenheit über die Streitigkeiten breiten und gemeinsam eine Flasche Wein leeren.

그들은 다툼을 잊고 함께 술 한잔을 하고 싶었다.

***jm. auf die Schliche kommen** (ugs.) 계략을 알아내다

Die Touristen kommen der Tarnung der Fledermäuse auf die Schliche.

관광객들은 박쥐들의 위장을 알아챘다.

Die verstaubten Professoren sind zu weltfremd, um den Studenten auf die Schliche zu kommen.

고루한 교수들은 세상물정에 너무 어두워서 학생들의 계략을 알아채지 못했다.

hinter Schloss und Riegel (ugs.) 감옥에

Der Autor erinnert, dass jemand seinen Körper hinter Schloss und Riegel brachte.

작가는 누군가가 자기 몸을 감옥으로 데려간 것을 기억한다.

mit jm. Schluss machen 헤어지다, 관계를 끊다

Er kam im August heim, kurz nachdem seine Freundin mit ihm Schluss gemacht hatte.

애인과 결별한 직후인 8월에 그는 고향에 돌아왔다.

***mit etw. Schluss machen** 그만두다, 중단하다

Wir müssen Schluss machen mit der Taktik, die schlechten
Nachrichten scheibchenweise zu verkaufen.

나쁜 소식을 조금씩 팔아넘기는 수법을 우리는 중단해야한다.

Es muss Schluss gemacht werden mit allen Regelungen, die heute
Ältere auf dem Arbeitsmarkt behindern und Frühverrentung fördern.

오늘날 노동시장에서 노인을 방해하고 명퇴를 촉진하는 모든 규정을 폐지해야한다.

Mit den mexikanischen Verhältnissen in der Hansestadt muss Schluss
gemacht werden.

북독 도시(Bremen, Hamburg Lübeck 중 하나)에서 멕시코와 같은 상황이 일어나
는 것은 종식되어야한다.

***aus etw. Schluss/Schlüsse ziehen** 결론을 내리다

Bislang lassen sich weder aus den kolportierten Vorwürfen noch aus
Songs häppenweise servierter, zum Teil verwirrender Verteidigung
klare Schlüsse ziehen, wie weit dieses Engagement tatsächlich ging.

떠도는 비난뿐 아니라 약간 혼란한 간헐적인 옹호를 근거를 바탕으로 이번의 개입
이 실제로 어느 정도였는지 아직까지 뚜렷한 결론이 나지 않는다.

Schluss mit lustig! 중단하라!, 장난 그만둬라!

Dann war aber auch schon Schluss mit lustig, denn das Zahlenwerk
für 2006 und 2007 bietet nicht viel Anlass zum Optimismus: Das
Defizit wird weiter ansteigen.

2006년과 2007년의 통계가 지속적으로 적자증가를 나타내기 때문에 낙관적인 시
기는 이미 끝났다.

Schmiere stehen (salopp) 망보다

Wer sich an der Affäre beteiligt, hat Schmiere gestanden bei einem
Skandal.

사건에 연류한 사람은 스캔들이 일어났을 때 망을 보았다.

Einer von diesen Schmiere stehenden Hundehaltern steht an einem
Sonntag vor meiner Haustür.

개를 데리고 망보는 사람들 중 한사람이 어느 일요일 나의 대문 앞에 서있다.

jn. schmoren lassen (ugs.) 방치하다

Der Trainer ließ seinen Mittelfeldspieler eine Stunde lang auf der Ersatzbank schmoren. Dies dürfte ein Fehler gewesen sein.

트레이너는 미드필드 선수를 한 시간 동안 벤치에 앉혀놓았다. 이것이 잘못이었던 것 같다.

jn./etw. in den Schmutz ziehen 손상시키다, 모략하다

Ein großer Sänger wird in den Schmutz gezogen. Er führte kein geheimnisvolles Doppelleben, und er ist äußert korrekter Mensch.

훌륭한 가수는 모략을 당했다. 그는 비밀에 싸인 이중생활자가 아닌 극히 바른 사람이다.

Der Name Potsdam wird durch eine ständige Demonstration des antidemokratischen Ungeistes in den Schutz gezogen.

포츠담이라는 지명은 반민주적 광신주의의 상시적 데모로 상처를 입었다.

Schnee von gestern/vorgestern ; Schnee im letzten Jahr (ugs.) 아무 관심 없는 일

Er hat Fantastisches geleistet, aber das ist Schnee von gestern: jetzt ist er nicht mehr der richtige Mann.

그는 환상적인 것을 이루어냈지만 그것은 아무도 관심이 없는 일이다. 그는 이제는 적임자가 아니다.

Das interessiert uns schon lange nicht mehr und ist für uns Schnee von vorgestern.

그것은 우리의 관심을 끌지 못 한지 오래고 우리에게는 무관심한 일이다.

aus dem Schneider [heraus]sein (ugs.) 난관을 벗어나다

Erst wenn wir ins Halbfinale kommen, sind wir für diese Saison aus dem Schneide.

준결승에 진출해야만 비로소 우리가 이번 시즌에 고비를 벗어나게 된다.

jm. ein Schnippchen schlagen (ugs.) 추적을 피하다

Der Heiratsschwindler hat der Polizei schon zweimal ein Schnippchen geschlagen.

혼인 사기꾼은 벌써 두 차례나 경찰의 추적을 벗어났다.

einen guten Schnitt machen (ugs.) 이득을 보다, 이익을 남기다

Der Händler macht einen guten Schnitt : Bei jedem verkauften Stück verdient er fast die Hälfte.

판매되는 상품 하나하나에 거의 50%를 벌기 때문에 소매상은 이득을 보는 것이다.

jm. schnuppe/schnurz sein (ugs.) 상관 없다, 전혀 관심 없다

Ich habe keinen Nachnamen. Das ist mir, wenn ich ehrlich bin, auch schnurz.

나는 성씨도 없다. 솔직히 말하면, 나는 그것에 전혀 관심이 없다.

zu schön, um wahr zu sein (ugs.)

1 기대를 능가하는

Wir haben im Lotto gewonnen? Das ist zu schön, um wahr zu sein.

우리가 복권에 당첨되었다고? 그것은 기대 이상이다.

2 실현 가능성이 없는

Ich werde wohl nie einen Studienplatz in Medizin zugeteilt bekommen. Das wäre zu schön, um wahr zu sein.

나는 의과대학의 입학허가를 받지 못할 것이다. 그것은 실현되기 어렵다.

jm. in den Schoß fallen 쉽게 얻다, 저절로 굴러 들어오다

Die UNO ist die Bühne, Geisel und Waffe zugleich. Es wurde davor gewarnt, der Bundesregierung in den Schoß zu fallen.

유엔은 무대이자 동시에 인질이며 무기이다. 독일정부가 유엔을 쉽게 장악하는 것을 경고했다.

Er wird einfach abwarten, bis ihm die Unabhängigkeit wie eine reife Pflaume in den Schoß fällt.

독립이 다 익은 자두처럼 거저 얻어질 때까지 그는 기다리기만 할 것이다.

jn. in die/seine Schranken weisen/verweisen 물리치다, 약화시키다

Mit neuer Aufstellung und verbesserter Einstellung hat die deutsche Fußball-Nationalmannschaft Schottland in die Schranke gewiesen und ist jetzt nur noch einen Punkte von der Direkt-Qualifikation für die

Europameisterschaft 2008 entfernt.

새로운 진용과 개선된 선수배치에 힘입어 독일 축구 국가대표팀은 스코트랜드를
제압하고 1점만 추가하면 2008년의 유럽 선수권대회에 자력으로 출전하게 되었다.

Islamische Fundamentalist muss nicht erst dann in die Schranken
gewiesen werden, wenn er terroristisch wird.

이슬람 원리주의자가 폭력적으로 나올 경우에만 국한하여 제재를 받아야할 일이
아니다.

zum Schreien sein (ugs.) 우습다, 우스꽝스럽다

Dein Onkel ist ja zum Schreien, wenn er seine eigenen Gedichte
vorträgt.

너의 삼촌이 자작시를 낭송하는 모습은 정말 우스꽝스럽다.

den ersten Schritt tun 먼저 착수(시작)하다, 첫 걸음을 내딛다

Sie will sich schon wieder mit ihrem Bruder vertragen, aber er muss
den ersten Schritt tun.

그 여자는 남동생과 다시 사이좋게 지내려 하나 그가 먼저 화해를 청해야 한다.

*mit jm./etw. Schritt halten

1 보조를 맞추다

Wir müssen langsamer gehen, die Kinder können nicht mit uns Schritt
halten.

아이들이 못 따라오니, 우리가 좀 더 천천히 걸어야 한다.

Eins und zwei und eins und zwei. Er versucht mit ihrer Stimme zu
halten. Der Schweiß tropfte ihm von der Stirne und in den Kaffee.

하나 둘, 하나 둘. 그는 그녀의 구령에 보조를 맞추려고 했다. 그의 이마에서 흘러
내린 땀방울이 커피에 떨어졌다.

2 필적하다, 대등하다

Bald wird die Firma mit der ausländischen Konkurrenz nicht mehr
Schritt halten.

곧 회사는 외국 경쟁 업체에 필적하지 못하게 된다.

Schritt für Schritt 점차적으로, 서서히

Die Jungtiere werden Schritt für Schritt an die neue Umgebung gewöhnten.

새끼 동물은 새로운 환경에 서서히 적응할 것이다.

auf Schritt und Tritt 도처에, 지속적으로

Auf Schritt und Tritt begegneten den Forschern Spuren früheren Lebens.

탐험가들은 도처에서 옛 삶의 흔적을 발견했다.

von echtem Schrot und Korn 강직한, 성실한

Der neue Bürgermeister ist ein Mann von echtem Schrot und Korn.

신임 시장은 정직하고 성실한 인물이다.

***wissen, wo jn. der Schuh drückt** (ugs.) 걱정(고민)을 알다

Sie wusste genau, wo ihren Sohn der Schuh drückte.

그 여자는 아들의 애로 사항을 훤하게 알았다.

jm. [die Schuld an] etw. in die Schuhe schieben (ugs.) 책임을 전가하다

Die Geschichte mit der frisierten Spesenabrechnung konnten sie ihr nicht in die Schuhe schieben.

그들은 조작된 송료계산의 책임을 그 여자에게 전가할 수 없었다.

Im darauffolgenden Jahr starb er, und man beeilte sich, auch dies den Jesuiten in die Schuhe zu schieben.

그 다음해에 그가 죽자, 이 일을 예수회에 그 책임을 돌리는데 급급했다.

jm. nichts schuldig bleiben 역공(반격)하다

In der sehr heftig geführten Diskussion sind die Kontrahenten einander nichts schuldig geblieben.

매우 격렬하게 진행된 토론에서 쌍방은 서로 상대를 역공했다.

Der Titelverteidiger griff stürmisch an, aber der Herausforderer blieb ihm nichts schuldig.

챔피언은 저돌적으로 공격했으나 도전자도 즉각 반격했다.

Schule machen 학파를 형성하다, 성과를 거두다

Diese Lehre hat in Amerika rasch Schule gemacht.
이 학설은 곧 미국에서 학파를 형성했다.

Das Engagement der Bürgerinitiative hat Schule gemacht.
시민 운동 연합의 참여는 상당한 성과를 거두었다.

aus der Schule plaudern (ugs.) 내부 일을 알리다

Sie hat in einem Zeitungsinterview aus der Schule geplaudert.
그 여자는 신문 인터뷰에서 내부 일을 발설했다.

Schulter an Schulter 함께, 공동으로

Wir werden Schulter an Schulter dafür kämpfen, dass diese neue Straße nicht gebaut wird!
이 새 도로가 나지 않도록 우리는 힘을 합쳐 공동투쟁을 벌일 것이다!

***jm. die kalte Schulter zeigen** (ugs.) 냉랭하게 대하다, 무시하다

Sie hatte ihm den ganzen Abend die kalte Schulter gezeigt.
그 여자는 저녁 내내 그에게 냉랭하게 대했다.

***etw. auf die leichte Schulter/Achsel nehmen** (ugs.) 가볍게 여기다

Mein Rechtsanwalt warnte mich davor, das Verfahren gegen mich auf die leichte Schulter zu nehmen.
나의 변호사는 나에 대한 소송을 가볍게 여기지 말라고 경고했다.

jn. über die Schulter ansehen 깔보다, 멸시하다

Ihr ganzes Leben lang war sie von der Familie ihres Mannes über die Schulter angesehen worden.
그 여자는 일생 동안 시댁 식구에게 멸시를 받았다.

jm. fällt es wie Schuppen von den Augen 갑자기 깨닫다

Als ich mich zur Ruhe gelegt hatte, fiel es mir plötzlich wie Schuppen von den Augen : Ich hatte mich den ganzen Tag über in Hinsicht auf das Datum getäuscht.

쉬려고 누웠을 때, 내가 하루 종일 날짜를 착각했다는 것을 갑자기 알았다.

einen Schuss machen (fam.) 많이 성장하다

Der Junge hat einen ganz schönen Schuss gemacht; der neue Anzug
ist ihm fast schon wieder zu klein.

소년은 아주 많이 자라서 새 양복이 벌써 다시 작아졌다.

weit/fern vom Schuss sein (ugs.) 안전한 지역(상태)에 있다

Sie konnte nicht ermessen, welche Schwierigkeiten er hatte, sie war
die ganze Zeit fern vom Schuss.

그녀는 내내 안전한 지역에 있었기 때문에 그가 겪은 어려움을 가늠할 수 없었다.

Man wollte für ein paar Monate nach Berlin gehen, bis sich alles
beruhigt hatte. Dabei sei man weit vom Schuss.

모든 것이 잠잠해질 때까지 몇 달간 안전한 지역이라는 베를린에 가고자 했다.

Schusters Rappen (scherzh.) 걸어서, 도보로

Er ließ den Wagen in der Garage und kam auf Schusters Rappen ins
Büro.

그는 승용차를 차고에 두고 걸어서 사무실로 갔다.

es regnet Schusterjungen (salopp) 폭우가 쏟아지다

Die Freilichtaufführung musste abgebrochen werden, weil es

Schusterjungen regnete.

폭우가 쏟아졌기 때문에 야외 공연은 중단될 수밖에 없었다.

etw. in Schutt und Asche legen 잿더미로 만들다

Die schwedischen Reiter legten die Stadt in Schutt und Asche und
misshandelten die Einwohner.

스웨덴의 기마병들은 도시를 잿더미로 만들고 주민들을 괴롭혔다.

*jn. in Schutz nehmen 변론하다, 보호하다, 방어하다(=jn. schützen)

Er versuchte vergeblich, seinen Freund gegen die Verleumdungen der
Nachbarn in Schutz zu nehmen.

그는 이웃의 비난으로부터 친구를 옹호하려 했지만 허사였다.

Er brauchte sie nicht vor antisemitischen Vorurteilen in Schutz zu nehmen, sie waren überhaupt nicht schutzbedürftig.
그는 반 유태인 선입견으로부터 그들을 감싸줄 필요가 없었다, 그들은 전혀 보호를 필요로 하지 않았다.

sich³ [nur] keine Schwachheiten einbilden (ugs.) 지나친 망상에 사로잡히다
„Wir können nach dem Theater bei uns noch eine Tasse Kaffee trinken, aber bilde dir bloß keine Schwachheiten ein!"
"연극이 끝난 후 우리 집에서 커피 한 잔 마실 수도 있지만, 너무 큰 기대는 하지 말아라!"

eine Schwalbe macht noch keinen Sommer (Spr.) 제비 한 마리를 보고 봄이 왔다고 말할 수는 없다

im Schwange sein 일상적이다, 유행이다
Dieser alte Brauch ist heutigen Tages kaum mehr im Schwange.
이 옛 풍습은 이제는 거의 찾아보기 힘들다.

mit etw. schwanger gehen (scherzh.) 골똘히 생각하다, 머리 속으로 생각하다
Mit diesen Gedanken gehe ich schon lange schwanger, und jetzt will ich sie in die Tat umsetzen.
나는 이것을 오래 골똘히 생각했으니 이제는 실천에 옮기겠다.

kein Schwanz (salopp) 아무도 ~아니다
Den ganzen Abend hat sich kein Schwanz in der Kneipe sehen lassen.
저녁 내내 학생 주점에는 개미 새끼 한 마리도 보이지 않았다.

den Schwanz einziehen/einkneifen (salopp) 약해지다, 용기가 없다
Als es dann wirklich darauf ankam, kniffen die meisten sofort den Schwanz ein und hielten den Mund.
정작 그것이 문제가 되자, 대부분은 금방 용기를 잃고 입을 다물었다.

bis/dass [jm.] die Schwarte kracht (ugs.) 녹초가 되도록, 분골쇄신하여
Sie mussten trainieren, dass die Schwarte kracht.

그들은 열심히 훈련하지 않으면 안되었다.

Hier wird gearbeitet, bis die Schwarte krachte.
이 곳에서는 녹초가 되도록 일한다.

*schwarz auf weiß (ugs.) 문서로, 확실하게

Hier im Wörterbuch kannst du schwarz auf weiß nachlesen, dass ich Recht habe!
너는 내가 맞다는 것을 여기 이 사전에서 확실하게 확인할 수 있다!

etw. schwarz [in Schwarz] malen/sehen (ugs.) 비관적으로 묘사하다(보다)

Die Opposition malte im Wahlkampf die wirtschaftliche Lage schwarz.
선거 유세에서 야당은 경제 상황을 아주 비관적으로 표현했다.

Der Bericht sieht die Situation im Erdbebengebiet schwarz.
보도는 지진발생 지역의 상황을 비관적으로 전하고 있다.

ins Schwarze treffen 적중하다, 정답을 알다

Mit seinem Verdacht hat der Kommisar auf Anhieb ins Schwarze getroffen.
수사반장의 심증은 곧 제대로 적중했다.

Auch mit seiner dritten Antwort traf der Kandidat ins Schwarz.
그 응시자는 세 번째 대답에서 정답을 제대로 맞추었다.

jm. den Schwarzen Peter zuschieben/zuspielen 악역을 남에게 떠맡기다

Es nützt nichts, wenn wir uns innerhalb des Betriebs den Schwarzen Peter gegenseitig zuschieben.
회사 내에서 우리가 싫은 일을 서로 떠넘기는 것은 아무 수용이 없는 일이다.

*von jm./etw. ganz zu schweigen 물론이고, 말할 것도 없이

Ein guter Jahrgangschampagner eine schönere Farbe hätte und sich die Bläschen länger hielten, ganz zu schweigen von seinen cremigen Buckett, erklärte er.
질 좋은 해의 샴페인은 크림향기는 물론이고 색이 더 곱고 거품이 더 오래 간다고 그는 설명했다.

sich in Schweigen hüllen 침묵하다, 입을 다물다

Wer eigentlich was geplant hat, bleibt bis gestern Abend unklar. Das offizielle Berlin hüllt sich in Schweigen.

누가 무슨 계획을 했는지는 어제 밤까지 알려지지 않았다. 베를린 당국은 침묵하고 있다.

***jn./etw. zum Schweigen bringen** 침묵하게 하다, 입을 다물게 하다

Die Amerikaner wollen uns(Al Jazira) zum Schweigen bringen, während sie anderswo größter Advokat der freien Meinungsäußerung auftreten.

미국은 다른 곳에서는 자유로운 의사표명의 위대한 옹호자 행세를 하면서도 우리 (알자지라 방송)의 입을 막고자 한다.

Erst während der Schwangerschaft hat sich das Opfer seinen Eltern offenbart. Zuvor war es mit Drohungen zum Schweigen gebracht worden.

임신 중에야 비로소 피해자는 부모에게 털어놓았다. 그때까지는 협박 때문에 입을 못 열었다.

kein Schwein (salopp) 아무도 ~아니다

„Deine Schrift kann doch kein Schwein lesen!"

"너의 필체는 아무도 읽을 수가 없구나!"

***Schwein haben** (ugs.) 행운을 잡다

Bei seinem Autounfall hat er noch Schwein gehabt, dass er nicht ins Röhrchen pusten musste.

자동차 사고 당시 그는 운 좋게도 음주 측정을 않아도 되었다.

im Schweiße seines Angesichts (scherzh.) 비지땀을 흘리며

Im Schweiße meines Angesichts schleppte ich die Koffer in den dritten Stock.

나는 땀을 뻘뻘 흘리며 가방을 4층으로 질질 끌고 갔다.

ein zweischneidiges Schwert sein 장점도 있지만 단점도 있다

So ein Exklusivvertrag ist ein zweischneidiges Schwert, ich würde mir

das noch einmal überlegen.
그런 독점계약은 장점도 있지만 단점도 있어서, 나는 다시 한번 생각해 보겠다.

***etw./jn. in Schwung bringen** (ugs.) 활기를 불어넣다, 분위기를 고조시키다

Er hat damals die Firma trotz aller Schwierigkeiten wieder in Schwung gebracht.
그는 당시 온갖 난관에도 불구하고 회사를 다시 소생시켰다.

Mit einem Gläschen Sekt wollte sie die Gäste in Schwung bringen.
샴페인 한 잔으로 그 여자는 손님들의 분위기를 고조시키려 했다.

in Schwung kommen (ugs.) 활기를 띠다

Im Winter wurde an der Baustelle kaum gearbeitet, aber jetzt scheint die Arbeit wieder richtig in Schwung zu kommen.
겨울에는 건설현장에 일이 없었지만 이제는 공사가 제대로 활기를 찾을 것 같다.

zur See fahren 어부가 되다, 선원이 되다

Großvater fährt schon seit zwölf Jahren nicht mehr zur See.
할아버지는 이미 12년 전부터 고기잡이를 그만 두었다.

Er war Ingenieur gewesen und zur See gefahren.
그는 엔지니어로 선원이 되었다.

eine Seele von Mensch/von einem Menschen (ugs.) 마음씨 좋은 사람

Der alte Pastor war gewiss eine Seele von einem Menschen.
그 연로한 신부는 확실히 매우 마음씨가 좋은 분이었다.

jm. aus der Seele sprechen/reden (ugs.) 동감하는 것을 말하다

Mit seiner Predigt am Aschermittwoch hat der Pfarrer vielen aus der Seele gesprochen.
주임 신부는 예수 수난절 재의 수요일에 많은 사람이 동감하는 바를 설교했다.

sich³ etw. von der Seele reden/schreiben 말(글)을 통해 마음이 가벼워지다

Es hat ihr gut getan, sich endlich all ihren Kummer von der Seele reden zu können.
그 여자의 모든 근심을 마침내 토로할 수 있었던 것은 그녀에게 좋았다.

sich[3] die Seele aus dem Leib schreien (ugs.) 크게 소리치다

Sie zitterte vor Angst, der Hund raste davon, und das Baby schrie sich die Seele aus dem Leib.

그 여자는 무서움에 떨고, 개는 사납게 날뛰고 아기는 크게 소리쳤다.

zwei Seele, ein Gedanke (R.) 일심동체

die Seele einer Sache sein 전문가, 달인

Er ist die Seele des Geschäfts.

그는 사업의 달인이다.

seinen Segen zu etw. geben (ugs.) (어쩔 수 없이) 동의하다

„Ihr wollt heiraten, obwohl ihr euch erst seit einem Monat kennt? Na, meinetwegen! Ich gebe meinen Segen!"

"사귄지 한 달뿐이 안 된 두 사람이 결혼하겠다고? 글쎄! 그래, 허락한다!"

***sich bei jm. sehen lassen** (ugs.) 방문하다

Sie hatte sich seit drei Monaten nicht mehr bei ihren Eltern sehen lassen.

그 여자는 세 달째나 부모를 방문하지 않았다.

sich sehen lassen [können] 훌륭하다, 의젓하다

Ihre Leistungen in Mathematik können sich wirklich sehen lassen.

그 여학생의 수학 성적은 정말 훌륭하다.

sich mit etw. sehen lassen können 자랑할 만하다

Mit ihrem Abiturzeugnis kann sie sich sehen lassen.

그 여자는 고등학교 졸업증명서를 자랑할 만하다.

jm. geht ein Seifensieder auf (ugs.) 갑자기 깨닫게 되다

Als sie ihren Mann am späten Abend mit der kleinen Blonden aus der Bar kommen sah, ging ihr ein Seifensieder auf.

남편이 어느 날 저녁 늦게 금발 처녀와 함께 바에서 나오는 것을 보자, 그 여자는 갑자기 뭔가를 깨달았다.

***js. schwache Seite sein** (ugs.) 취약한 분야이다

In Englisch ist er ganz gut, aber Physik ist seine schwache Seite.
그는 영어는 매우 잘하지만 물리에는 약하다.

***js. starke Seite sein** (ugs.) 강점이다

Seine starke Seite ist eine schier unerschütterliche Geduld.
그의 강점은 대단한 불굴의 인내력이다.

etw. auf die Seite legen/etw. auf der Seite haben (ugs.) 저축하다(저축되어 있다)

Trotz ihrer knappen Rente hatte sie ein paar hundert Euro auf die Seite legen können.
빠듯한 연금에서도 그 여자는 몇 백 유로를 저축할 수 있었다.

Als der Ruhm verblasste, hatte sie so viel Geld auf der Seite, dass sie sich eine Boutique kaufen konnte.
그 여자의 명성이 잠잠했을 때는 브띠끄를 살만큼 많은 돈이 저축되어 있었다.

etw. auf die Seite schaffen/bringen (ugs.) 은밀히 빼돌리다

Sie hatten nach und nach fast zwanzig Säcke mit Holzkohle auf die Seite geschaffen.
그들은 하나씩 하나씩 거의 20포대의 목탄을 빼돌렸다.

jn. auf die Seite schaffen (salopp) 죽이다, 해치우다

Die Bande zögerte nicht, unliebsame Mitwisser auf die Seite zu schaffen.
범죄 조직은 못마땅한 비밀을 아는 사람들을 주저없이 해치웠다.

jn. auf seine Seite bringen/ziehen 후원자로 확보하다

Mit großzügigen finanziellen Angeboten hatte der Konzern bereits einige Abgeordneten auf seine Seite gebracht.
막대한 재정 지원을 통해 그 재벌은 이미 몇 명의 국회의원을 자기 세력으로 포섭했다.

jn. von der Seite/von hinten ansehen/anschauen 얕잡아 보다, 함부로 대하다

Warum sieht er seine Kollegin denn so von der Seite an? – Wahrscheinlich ist er neidisch, weil sie die Aufmerksamkeit der Leute ganz auf sich zieht.

왜 그는 동료 여성을 함부로 대할까? – 다른 사람 관심을 그 동료 여성이 독차지 하기 때문에 그가 아마도 질투가 난 것 같다.

Mit unseren Nachbarn haben wir schon langen Streit. Wir sehen uns nur noch von hinten an.

우리는 이웃과 오래전부터 싸우고 있어서 서로를 얕잡아본다.

***jm. [mit Rat und Tat/beratend] zur Seite stehen/springen ; sich auf js. Seite stellen** (전심으로) 돕다, 지원하다

Ich betrachte ihn als meinen besten Freund, weil er mir immer mit Rat und Tat zur Seite beisteht.

그는 항시 나를 전심으로 도와주기 때문에 가장 좋은 친구라고 여긴다.

Bei der Niederschlagung der Demonstrationen in Kwangju im Mai 1980 stand Chun sein Freund General Roh Tae Woo zur Seite.

1980년 5월 광주의 데모 진압 때 노태우 장군은 친구인 전씨를 도왔다.

Wäre der Passant dem Polizisten nicht zur Seite gesprungen, hätte der Einbrecher leicht entkommen können.

그 행인이 경찰을 돕지 않았더라면 그 강도는 쉽게 도망칠 수 있었을 것이다.

ein älteres/höheres Semester sein (scherzhaft) 젊지 않다

Seine Schwester ist ja mittlerweile auch schon ein älteres Semester.

그의 누이는 이제는 이미 젊은 나이가 아니다.

seinen Senf dazugeben [müssen] (ugs.) 참견하다

Wo käme ich denn hin, wenn ich zu jedem gesellschaftlichen Problem meinen Senf dazugeben müsste?

내가 사회문제에 일일이 참견하고 나서면 나는 어떻게 되겠느냐?

einen langen Senf machen (ugs.) 장광설을 늘어놓다

„Mach keinen langen Senf, pack deine Sachen, und komm mit!"

"장광설은 집어치우고 짐을 싸서 따라와라!"

jetzt/nun ist [aber] Sense! (salopp) 이제 그만!, 끝!

„Nun ist Sense mit der Debatte!"

"이제 토론은 그만두자!"

***auf lange/weite/kuze Sicht** 긴(넓은, 짧은) 안목으로

Es ist jedoch eine gewisse Reife nötig, um zu erkennen, dass gegenseitiger Respekt auf langer Sicht wichtiger ist, als einen kleinen Sieg im Ehekrieg zu erringen.

부부싸움에서 작은 승리를 쟁취하는 것보다 상호간의 존중이 긴 안목으로 보면 더 중요하다는 것을 깨달으려면 어느 정도의 성숙도가 필요하다.

etw. mit keiner Silbe erwähnen 완전히 입을 다물다

Sie hat mit keiner Silbe erwähnt, dass sie schon längst verheiratet ist.

그 여자는 이미 기혼이라는 사실을 입도 뻥긋 안했다.

jm. steht der Sinn nach etw. ~할 용의가 있다

„Mir steht jetzt nicht der Sinn nach langen Diskussionen."

"나는 지금 길게 토론할 마음이 없다."

seine fünf Sinne zusammennehmen/zusammenhalten (ugs.) 정신 집중하다

Er musste seine fünf Sinne zusammennehmen, um die schwierige Berechnung fehlerfrei durchführen zu können.

어려운 계산을 착오 없이 하려고 그는 정신을 집중해야 했다.

sich etw. aus dem Sinn schlagen 원하는 바를 포기하다

Das Mofa kannst du dir aus dem Sinn schlagen, wenn dein Zeugnis nicht besser wird.

너의 성적이 오르지 않으면 오토바이를 포기해야 할 것이다.

***jm. aus dem Sinn kommen** 잊다

Ihre ursprünglichen Pläne waren ihr mittlerweile ganz aus dem Sinn gekommen.

그 여자는 자기의 본래 계획을 그 동안에 완전히 잊었다.

jm. durch den Sinn fahren/gehen (잊었던 일이) 불현듯 생각나다

Als er in den Wagen stieg, fuhr ihm durch den Sinn, dass er seine Mutter noch anrufen musste.

차에 올랐을 때, 어머니에게 전화해야 한다는 생각이 그에게 불현듯 떠올랐다.

Es ging ihr durch den Sinn, dass sie ihn mal anrufen müsste.

그에게 전화해야 한다는 생각이 그 여자에게 갑자기 떠올랐다.

*etw. im Sinn haben 의도하다, 마음먹다

„Ich habe nicht im Sinn, gegen Sie irgendwelche Schritte zu unternehmen.“

“당신의 뜻을 거스르는 그 어떤 조처도 취할 의도가 없습니다.”

einen sitzen haben (salopp) 취하다, 술을 마시다

Wenn sie einen sitzen hat, erzählt sie jedem von ihren Eheproblemen.

그 여자는 거나하게 취하면 누구에게나 자기 부부간의 문제를 늘어놓았다.

kein Sitzfleisch haben (ugs.)

1 진득이 머물지 못하다

„Karl war eine knappe Viertelstunde da; du weißt doch, er hat kein Sitzfleisch.“

“칼은 한 곳에 진득하게 머물지 못하는 것 잘 알지! 그는 딱 15분 거기에 있었어.”

2 참을성(인내심)이 부족하다

„Der Junge hat einfach kein Sitzfleisch — schon wieder hat er seine Hausaufgaben nur halb gemacht!“

“아이가 지구력이 약해서 숙제를 또 건성으로 해치웠어!”

jm. die Socken ausziehen (ugs.) 견디기 어렵다

Diese Musik zieht einem ja die Socken aus.

이 음악은 들어주기 힘들다.

***sich auf die Socken machen** (ugs.) 급히 떠나다, 출발하다

Wir müssen uns auf die Socken machen.
우리는 급히 떠나야 한다.

jm. auf den Socken/Fersen sein (ugs.) 추적하다

Er hatte nicht viel Zeit, die Polizei war ihm wieder mal auf den Socken.
경찰이 다시 추적하고 있어서 그는 시간이 없다.

[glatt/ganz/völlig] von den Socken sein (ugs.) (몹시) 놀라다

Die Frau hat eine Stimme, da bist du glatt von den Socken!
그 부인의 노래 솜씨에 너는 놀랄 것이다!

sich jm. an die/sich an js. Sohlen heften (ugs.) 옆에 바짝 따라붙다

Zwei Leibwächter in Zivil hatten den Auftrag, sich dem Delega-
tionsleiter an die Sohlen zu heften.
두 명의 사복 경호원이 대표단 단장의 근접경호 임무를 맡았다.

auf leisen Sohlen 조용히, 눈치 채지 않게

Die Großmutter war auf leisen Sohlen ins Kinderzimmer gehuscht und
hatte ein kleines Geschenk auf den Nachttisch gelegt.
할머니는 조용히 손자 방으로 들어가서 침대 옆 탁자에 작은 선물을 놓아두었다.

für etw. Sorge tragen ~을 도모하도록 배려하다

Die Hilfsaktion „Nachbar in Not" will dafür Sorge tragen, dass alle
Vertriebenen in Zelten sicher unterbracht und versorgt und auch
medizinisch betreut werden.
"곤경에 처한 이웃"라는 모금 캠페인은 모든 추방당한 사람들을 텐트에서 안전하
게 자고, 먹고 또 진료도 가능하게 하고자 한다.

***um jn./etw. in Sorge sein** (걱정으로) 겁을 먹다

Die Leute im Makedonien sind sehr in Sorge um die Flüchtlinge aus
Kosovo.
마케도니아 주민들은 코소보에서 오는 피난민으로 매우 겁을 먹고 있다.

Franziska merkte nicht, wie sehr der Junge ihretwegen in Sorge war.
자기 때문에 그 청년이 몹시 걱정하는 것을 알지 못했다.

***jm. spanisch vorkommen** (ugs.) 의심스럽다, 수상하게 보이다
Der Zeuge sagte, dass das Verhalten des Fremden ihm gleich spanisch
vorgekommen sei.
그 낯선 사람의 행동이 일견에 수상쩍게 보였다고 증인은 말했다.

Spaß muss sein! (R.) 재미도 있어야지! 농담일 뿐이야!

ein teurer Spaß sein (ugs.) 많은 경비가 지출된다
Alte Autos zu sammeln ist ein teurer Spaß.
오래된 자동차를 수집하는 데는 돈이 많이 든다.

sich einen Spaß daraus machen, etw. zu tun ~하는 악취미가 있다
Der Prüfer machte sich einen Spaß daraus, die Kandidaten zu verunsichern.
그 시험관은 수험생들을 불안하게 만드는 악취미가 있었다.

***keinen Spaß verstehen**
1 유머가 없다, 고지식하다
„Wer sagt denn, dass Finanzbeamte keinen Spaß verstehen?"
"세무 공무원이 고지식하다고 도대체 누가 그래?"
2 철저하다
Wenn es um Rauschgift geht, versteht die Polizei keinen Spaß.
마약에 관한 한 경찰은 단호하다.

besser den Spatz in der Hand als die Taube auf dem Dach (Spr.) 남의
돈 천냥이 내 돈 한푼만 못하다

das pfeifen die Spatzen von den Dächern (ugs.) 다 알고 있다, 이제는 비밀이
아니다
Dass sämtliche Grundstücke an dieser Straße von einem Ölscheich
aufgekauft worden sind, das pfeifen doch schon die Spatzen von den

Dächern.

이 거리의 모든 토지가 한 아라비아 석유 상에게 팔렸다는 것은 다 아는 사실이다.

mit Speck fängt man Mäuse (Spr.) 미끼가 좋으면 잘 잡힌다

Rechtzeitig vor den Wahlen hat die Regierung Steuersenkung angekündigt. – mit Speck fängt man Mäuse.

정부는 때맞추어 선거전에 세금 인하를 고지했다. –미끼가 좋아야 효과를 보는 법이다.

die Spendierhosen anziehen/anhaben (scherzh.) 인심이 후하다

Gestern Abend hatte der Chef die Spendierhosen angezogen.

사장이 어제 저녁 크게 한턱 냈다.

ein Spiel mit dem Feuer 불장난

Der Besitz von Atomwaffen gleicht dem unkalkulierbaren Spiel mit dem Feuer.

핵무기 보유는 예측할 수 없는 불장난과 같다.

das Spiel zu weit treiben 한계를 넘다, 도를 지나치다

Als die Ganoven das Spiel zu weit trieben, kam ihnen die Polizei auf die Schliche.

깡패들이 도를 지나치자 경찰은 그들을 추적했다.

*das Spiel verloren geben 중도에 포기하다

Er war bekannt dafür, dass er niemals das Spiel verloren geben würde.

그는 결코 중노에서 포기하지 않는 것으로 유명했다.

ein falsches Spiel mit jm. treiben 속이다, 거짓으로 거래하다

Jahrelang hat er ein falsches Spiel gespielt und das Vertrauen der Geschäftsführung dadurch missbraucht.

수년 동안 그는 속임수를 쓰며 회사 수뇌부의 신뢰를 악용했다.

***etw. aufs Spiel setzen** 모험하다, 내기하다

Wie kann man so einfach seine ganze Existenz auf Spiel setzen!
어떻게 그렇게 쉽게 자신의 전 존재를 걸 수 있는가?

auf dem Spiel stehen 위험에 직면해 있다

Bei dieser Operation steht sein Leben auf dem Spiel.
이 수술에 그의 생명이 걸려 있다.

jn./etw. aus dem Spiel lassen 끌어들이지 않다, 좋을 대로 내버려두다

Der Staatsanwalt hat zugesichert, die Familie des Angeklagten aus
dem Spiel zu lassen.
검사는 피고인의 가족을 끌어들이지 않겠다고 보장했다.

jn./etw. ins Spiel bringen 끌어들이다, 관련 지우다

Die Presse wollte in der Frage der Schulpolitik keine zusätzlichen
Emotionen ins Spiel bringen.
언론은 교육정책 문제에 다른 정서를 끌어 들이려 하지 않았다.

den Spieß umdrehen/umkehren (ugs.) 역습하다, 공세로 전환하다

Jetzt werden wir den Spieß umdrehen und selbst Anzeige erstatten!
이제는 우리가 역공으로 고소까지도 할 것이다.

Spießruten laufen (ugs.) 벌 받다

„Heute stellt Otto seinen Eltern seine Verlobte vor. Da wird sie
Spießruten laufen müssen.“
"오늘 오토가 약혼녀를 부모에게 소개하면, 그녀는 애를 먹게 될 것이다."

***etw. auf die Spitze treiben** 극단에 이르게 하다

Mit seinen letzten Äußerungen hat er seine Unverschämtheit auf die
Spitze getrieben.
마지막 발언으로 그는 뻔뻔함의 극치를 보여주었다.

jm. bleibt die Sprache/die Spucke weg ; jm. verschlägt es die Sprache

(ugs.) 말문이 막히다, 할 말을 잃다

> Bei so viel Dummheit bleibt einem doch glatt die Sprache weg.
> 어처구니없는 바보짓을 보면 말문이 막힐 수밖에 없다.

> Ihm blieb die Spucke weg, als er seinen Klassenlehrer erkannte.
> 담임선생을 알아보자 그는 놀라 어안이 벙벙했다.

> Dem Richter verschlug es die Sprache, als die Angeklagte plötzlich ihre Bluse auszog.
> 피고인이 갑자기 블라우스를 벗자, 판사는 너무 놀라서 말문이 막혔다.

jm. die Sprache verschlagen/rauben (geh.) 몹시 놀라게 하다, 어리둥절하다

> Es raubte mir die Sprache, als ich das Foto von meinem tot geglaubten Bruder sah.
> 죽은 줄 알았던 동생의 사진을 보았을 때 나는 너무 어리둥절했다.

die Sprache auf etw. bringen ~관한 화제를 꺼내다

> „Wer hatte gestern eigentlich die Sprache auf das Thema Rentenversorgung gebracht?"
> "도대체 누가 어제 연금혜택 테마를 꺼내었느냐?"

*etw. zur Sprache bringen 언급하다, 거론하다

> Auf der kommenden Konferenz werden wir auch das Rohstoffproblem wieder zur Sprache bringen müssen.
> 다음 회담에서 우리는 원자재 문제도 다시 거론해야 할 것이다.

*zur Sprache kommen 논의(언급)되다

> Leider sind die wirklichen Probleme der Behinderten in der letzten Diskussion gar nicht zur Sprache gekommen.
> 장애자의 실제적 문제는 지난번 토의에서는 유감스럽게도 전혀 논의되지 않았다.

für sich selbst sprechen 더 이상의 말이 필요 없다

> „Zweimal hat er ein Studium abgebrochen – das spricht doch für sich!"
> "두 차례나 그는 대학학업을 중단했다 – 더 이상 말할 필요가 없다!"

die Spreu vom Weizen trennen/scheiden/sondern (geh.) 옥석을 가르다

Es ist nicht leicht, bei so vielen Bewerbungen die Spreu vom Weizen zu trennen.

이렇게 많은 지원서들 중에서 옥석을 가르는 것은 쉽지 않다.

[große] Sprüche machen/klopfen (ugs.) 자랑하다, 허풍떨다

„Willst du mit mir gehen, oder willst du weitersaufen und große Sprüche machen?"

"나와 함께 갈 것이냐, 아니면 계속 마시며 허풍이나 떨거냐?"

keine großen Sprünge machen können (ugs.) 자금이 여유가 없다

Die Firma kann im Augenblick keine großen Sprünge machen, der Auftragseingang ist seit Monaten rückläufig.

수개월 전부터 주문이 감소하여 그 회사는 현재 자금사정이 좋지 않다.

immer auf dem Sprung[e] sein (ugs.) 항시 바쁘다(분주하다)

„Wie du immer unruhig gewesen bist, immer auf dem Sprung. Heute dieser Einfall, morgen ein anderer."

"오늘은 이 생각, 내일은 저 생각으로 너는 항상 불안하고 분주하다."

sich auf die Sprünge machen (ugs.) 서둘러 출발하다

„Mach dich auf die Sprünge, es ist schon nach acht!"

"서둘러 출발해라, 벌써 8시가 넘었어!"

jm. auf die Sprünge helfen (ugs.) 계속해서 돕다

Der Prüfer versuchte, dem Kandidaten durch eine Zusatzfrage auf die Sprünge zu helfen.

시험관은 보충 질문을 통해 그 수험생을 계속 도우려고 했다.

＊jm./etw. auf die Spur kommen 적발하다

Er als Polizeimeister hätte einem solchen Komplott längst auf die Spur kommen müssen.

그는 경찰서장으로서 그런 음모를 진즉 적발했어야 했다.

[mit etw.] Staat machen (ugs.) 인상을 남기다, 과시하다

Mit so einem abgeschabten Anzug konnte er keinen Staat mehr
machen.

그처럼 남루한 양복으로 그는 깊은 인상을 줄 수 없었다.

den Stab über jn. brechen (geh.) 저주(단죄)하다, 비판하다

Er hatte vorschnell den Stab über seinen alten Freund gebrochen und
wollte es irgendwie wieder gutmachen.

경솔하게 오랜 친구를 비판했으나 어떻게 해서든 그는 화해하려 했다.

wider/gegen den Stachel lecken/löcken (geh.) 반항하다, 저항하다

Die Schriftstellerin wollte mit ihren Werken bewusst provozieren,
gegen den Stachel löcken, um die Menschen aufzurütteln.

여류작가는 사람들을 일깨우기 위해 작품을 통해 의식적으로 선동하여 저항하려
했다.

vom Stamme Nimm sein (scherzh.) 욕심이 지나치다, 탐욕적이다

„Auch wenn du es nicht gern hörst : Deine ganze Verwandtschaft ist
vom Stamme Nimm, und zwar ausnahmslos!"

"듣기 싫겠지만, 너의 친척들은 하나같이 모두 욕심이 많아!"

zu Stande kommen/bringen 성사되다(성사시키다)

Auch die Servicekleidung in einem islamischen Staat musste gecheckt
werden. Statt üblichen knielange Röcke werden die Mädchen lange
schwarze Hosen tragen. Zu Stande kam der aufregende Einsatz.

이슬람 국가에서는 서빙복도 검사를 받아야했다. 서빙하는 여자들은 일상의 무릎
길이 치마대신에 검은 바지를 입을 것이다.

jm. eine Standpauke halten (ugs.) 비난하다

Sie hat ihrem Mann eine Standpauke gehalten, als er erst spät in der
Nacht nach Hause kam.

그 여자는 남편이 밤늦게야 집에 돌아오자 심하게 질책했다.

eine Stange Geld (ugs.) 거액, 거금

Das wird die Firma eine Stange Geld kosten.

그 일에 회사는 거금이 들 것이다.

***jm. die Stange halten**

1 (ugs.) 보호하다, 지지하다

„Ihr beiden wart die einzigen, die mir damals noch die Stange gehalten haben.“

“너희 두 사람이 그 당시 나를 지지했던 유일한 사람이었다.”

2 경쟁하다

Es schien so, als ob der Berner Hammerwerfer seinem amerikanischen Konkurrenten die Stange halten könnte.

베른 출신 투포환 선수는 미국의 라이벌과 경쟁할 수 있을 것처럼 보였다.

bei der Stange bleiben (ugs.) 포기하지 않다, 일을 계속하다

Der Teamchef dankte allen Freiwilligen dafür, dass sie bis zum Schluss bei der Stange geblieben waren.

단장은 모든 자원 봉사자들이 끝까지 힘을 합쳐 일해준 것에 대하여 감사했다.

jm. bei der Stange halten 완결하도록 하다, 고무하다

Will Herr Bush seine Waffenbrüder bei der Stange halten oder sie gar auf ein neues Abenteuer Richtung Iran einstimmen?

부시는 동맹국들의 임무를 완수시키려는 것인가, 아니면 이들을 이란에 관련한 새로운 모험에 동참시키려는 것인가?

jm. den Star stechen (ugs.) 일깨워 주다, 깨우쳐 주다

„Irgend jemand muss deiner Großmutter den Star stechen – sie glaubt immer noch, dass ihr das Haus gehört, in dem sie wohnt.“

“너의 할머니는 지금 살고 있는 집이 자기 것으로 생각하고 계신데 누군가가 할머니를 일깨워 주어야 한다.”

sich für jn./etw. stark machen (ugs.) 적극적으로 지원하다

Beinahe wäre er entlassen worden, aber dann hat sich Betriebsrat für ihn stark gemacht und die Entlassung verhindern.

하마터면 그는 해고될 뻔했으나 근로자 협의회가 그를 적극적으로 지원하여 해고를 막았다.

Vor allem die jüngeren Parteimitglieder hatten sich für Neuwahlen stark gemacht.

누구보다도 청년 당원들이 재선거에 전력투구했다.

＊Staub aufwirbeln (ugs.) 불안을 조장하다, 물의를 일으키다

Es scheint eine politische Affäre zu sein, die vor einigen Jahren viel Staub aufgewirbelt hat.

그것은 수년 전에 많은 물의를 일으켰던 정치 스캔들인 것 같다.

sich aus dem Staube machen (ugs.) 자취를 감추다, 도망치다

„Macht euch aus dem Staub, da kommt der Hausmeister!"

"도망쳐, 저기 경비가 온다!"

es jm. stecken (ugs.)

1 꾸짖다, 훈계하다

„Nachdem er ohne Grund meine Freundin beleidigt hatte, habe ich es ihm einmal gehörig gesteckt!"

"그가 내 여자친구를 모독한 후에, 나는 그를 따끔하게 혼냈다!"

2 몰래 말하다

„Obwohl es zunächst unter uns bleiben sollte, hat sie es gleich ihrer Freundin gesteckt – jetzt weiß es das ganze Dorf!"

"원래 우리만의 비밀이어야 하는데 그 여자가 살며시 친구에게 말을 하여 이제는 마을에는 모르는 사람이 없다!"

ein/sein Steckenpferd reiten (scherzh.) 취미에 도취하다, 단골 화제를 되풀이하다

Er ritt ein wenig sein altes Steckenpferd, nämlich das Problem von der Berufung der Frau zur Kunst überhaupt.

그는 자신의 단골테마인 여성의 예술적 타고난 소질에 관한 문제를 약간 되풀이했다.

aus dem Stegrief sprechen/vortragen/singen 즉흥 연설(강연, 노래) 하다

Da ich meinen Konzeptzettel leider zu Hause vergessen habe, muss ich meine kleine Rede aus dem Stegrief halten.

생각을 적은 메모를 집에 두고 왔기 때문에 나는 짧은 즉흥연설을 할 수밖에 없다.

zu jm. stehen (위험, 난관에서) 돕다

„Was auch passiert, stehe ich zu dir!"

"무슨 일이 일어나더라도 내가 너를 도와주마!"

jm. gestohlen bleiben können (geh.) 상관없다, 무관하다

Wenn es der Wirtschaft nicht nutzt, kann Brüssel uns gestohlen bleiben, lautete ein gängiger Standpunkt.

경제에 도움이 안 되면 부루셀이 어떻게 되든 우리에게는 상관이 없다는 것이 지금의 입장이다.

Das ist nur einer der vielen Gründe, warum mir das Weihnachtsfest gestohlen bleiben kann.

그것은 성탄축제가 나하고는 무관한 많은 이유 가운데 하나에 불과하다.

der Stein des Anstoßes (geh.)

1 걸림돌

„Jetzt bist du schon wieder durch dein grobes Verhalten unangenehm aufgefallen. Macht es dir wohl Spaß, ein ewiger Stein des Anstoßes zu sein?"

"거친 행동 때문에 이제 너는 다시 불쾌하게 느낌을 주었다. 영원한 걸림돌의 존재가 재미있느냐?"

2 화근

Zum Glück, denn wenig später war der Stein des Anstoßes, war der merkwürdige Thron von der Polizei konfisziert und vernichtet worden.

다행으로 경찰이 기이한 왕관을 압류하여 없애버린 일이 얼마 후에 화근이 되었다.

jm. fällt ein Stein vom Herzen (ugs.) 근심을 덜게 되다, 마음이 가벼워지다

Der Krieg ist vorbei, und der Union fällt ein Stein vom Herzen – und das wahrlich nicht allein, weil da eine Diktatur am Ende ist.

종전이 되고 유럽연합이 근심을 덜게 된 것은 독재가 끝났기 때문만은 아니다.

den Stein ins Rollen bringen (ugs.) 발단(도화선)이 되다

Der Artikel in der Abendzeitung hat den Stein erst ins Rollen gebracht.

석간에 난 그 기사가 최초의 도화선이 되었다.

***bei jm. einen Stein im Brett haben** (ugs.) 총애를 받다, 호감을 사다

Das Mädchen hatte bei seinen künftigen Schwiegereltern einen dicken Stein im Brett.

그 아가씨는 장래 시부모의 대단한 호감을 샀다.

keinen Stein auf dem anderen lassen 완전히 파괴하다, 초토화하다

Die schwere Artillerie hatte im Dorf keinen Stein auf dem anderen gelassen.

중화기 부대가 마을을 초토화 시켰다.

jm. Steine in den Weg legen 어려움을 주다, 방해하다

Wir hatten abgesprochen, dass wir ihr keine Steine in den Weg legen, wenn lukratives Angebot kommt.

돈벌이가 될만한 제의가 들어오면 우리는 그 여자를 방해하지 않기로 합의했다.

***an Stelle etw.^{2}** ~ 대신으로

Diese Modeschau findet eigentlich an Stelle eines Ausfluges statt.

이 패션쇼는 원래 야유회 대신에 열리는 것이다.

An Stelle eines rauschenden Festes haben sich die Mitglieder etwas Besonders ausgedacht.

떠들썩한 축제대신에 회원들은 뭔가 특별한 것을 생각해냈다.

An Stelle des Antisemitismus-Vorwürfe ist eine klarer Trennstrich notwendig.

"반 시온주의 비난" 대신에 분명한 선을 긋는 것이 필요하다.

***auf der Stelle** 그 자리에서, 즉시

Der Wagen kam draufhin von der Fahrbahn ab und prallte gegen einen Baum. Die junge Frau und zweijärige Tochter waren auf der

Stelle tot.

그러자마자 승용차는 차선을 벗어나 나무에 부딪쳤다. 젊은 여자와 두 살 된 딸이 그 자리에서 사망했다.

auf der Stelle treten (ugs.) 답보 상태이다, 진척이 없다

Unter Honecker hatte die Nationalökonomie völlig auf der Stelle getreten.

호네커 체제하에서 국내경제는 전혀 진척을 이루지 못 했다.

nicht von der Stelle kommen 진척이 없다

Seit fünf Jahren hat sich beruflich nichts getan − keine Versetzung, keine Beförderung, keine Gehaltserhöhung. Irgendwie kommt es mir vor, als würde ich nicht von der Stelle kommen.

5년 전부터 직업면에서 전보, 승진, 봉급인상 중에서 아무 것도 이루어진 것이 없다. 아무런 발전이 없다는 생각을 나는 떨쳐버릴 수 없다.

zur Stelle sein 도착(당도)하다

Die Urlauber überstanden die Kollision unverletzt, wenngleich ziemlich verschrekt. Sie mussten warten, bis ein Ersatzbus zur Stelle war, mit dem sie ihre Urlaubsfahrt dann fortsetzen konnten.

휴가객들은 충돌로 상당한 충격을 받았으나 다치지는 않았다. 그들이 휴가 길을 계속할 수 있는 대체버스가 도착하기까지 기다려야만 했다.

auf sich [allein/selbst] gestellt sein (ugs.) 자력으로 해내다

Auch in diesen zwei Tagen ist der Arbeitsanfall erheblich, insbesondere auch weil die Laborantin auf sich selbst gestellt ist und die Verantwortung noch größer ist.

이번 이틀간에 작업이 매우 폭주했다. 그 이유는 특히 그 실험실 여성 담당자는 혼자 힘으로 해내느라 책임은 더욱 가중되었기 때문이다.

Die Nachfrage war so groß, „dass wir auch 40 oder 50 Jugendliche hätten aufnehmen können", so Meyer Sepp, der beim Unterrichten auf sich allein gestellt ist.

수요가 많아서 "우리는 40명 또는 50명의 청소년을 받아들일 수 있을 정도였다." 라고 교육을 혼자서 담당했던 마이어 젭은 말했다.

jm./etw. seinen Stempel aufdrücken 영향력을 행사하다

Er drückte 11 Jahre lang der Firma seinen Stempel auf.

그는 11년 동안 회사에서 영향력을 행사했다.

Sein Vater hatte in den dreißig Jahren seiner Herrschaft dem Land seinen Stempel aufgedrückt.

권좌에 있던 1930년대에 그의 아버지는 나라에 영향력을 발휘했었다.

Es gibt keine Gesundheitreform, der die Union nicht ihren Stempel aufgedrückt hat.

기민당과 기사당의 영향력을 안 받은 보건개혁안은 하나도 없다.

die Sterne vom Himmel holen wollen (geh.) 불가능한 것을 이루려 시도하다

Nicht erst die Sterne vom Himmel holen lassen, sondern das Geld gleich in der Tasche haben, war ernüchternde Resümee.

불가능한 것을 먼저 하게할 것이 아니라, 당장 주머니에 돈이 있어야 한다는 것이 냉정한 결론이었다.

in den Sternen geschrieben stehen 전혀 불확실하다

Wie es in den Sternen geschrieben stand, verhielten die Mitglieder. Ohne Diskussion entschieden sie sich für die von Vorstand und Fraktion gemachte Empfehlung.

회원들은 매우 불확실한 태도를 취했다. 토론도 없이 의장과 분과에서 마련한 제안에 찬성했다.

nach den Sternen greifen (geh.) 불가능한 것을 얻으려 하다

Die deutschen Handballer wollen bei der Europameisterschaft nach den Sternen greifen.

독일 핸드볼 팀이 유럽선수권대회에서 무리한 욕심을 내려한다.

Also nicht nach den Sternen greifen, wenn Machbares so nahe liegt.

가능한 것이 가까이 있으면 도저히 불가능한 것을 붙잡으려하지 마라.

***jn. im Stich lassen** 곤경에 빠뜨리다, 돌보지 않다

Elias gehorchte dem Freund aus naiver Dankbarkeit dafür, dass ihn ein Mensch in den bittersten Stunden seines Lebens nicht im Stich gelassen hatte.

엘리아스는 자기 생애에서 가장 어려울 때 돌보아 준 것에 순수히 감사하는 마음으로 친구의 뜻에 따랐다.

Tatsächlich war in Hannover nicht zu entdecken, dass die Spieler willentlich ihren Vorgesetzten in Stich gelassen hätten.

선수들이 고의로 상급자를 곤경에 빠뜨렸다는 것을 하노버에서는 사실 알 수 없었다.

etw. im Stich lassen 포기하다, 방치하다

Wegen des Waldbrandes mussten wir unsere ganze Ausrüstung im Stich lassen.

산불로 인하여 우리는 모든 시설을 포기할 수밖에 없었다.

Stielaugen machen/bekommen/kriegen (ugs.) 탐욕스럽게 눈길로 보다

Die Kinder werden Stielaugen kriegen, wenn sie die Torte sehen.

아이들이 케이크를 보면 매우 먹고 싶을 것이다.

den Stier bei den Hörnern fassen/packen 대담하게 맞서 싸우다

Die 42-jährige packte den Stier bei den Hörnern und geht von sich aus in die Öffentlichkeit.

42세 여인은 대담하게 맞서서 스스로 공개석상에 나타난다.

*in aller Stille 아무도 몰래, 조용히, 쥐도 새도 모르게

Wir werden im Herbst das Thema Rosengartenausbau in aller Stille beerdigen.

장미정원 확장 문제를 우리는 가을에 조용하게 사장시킬 것이다.

Die Hochzeit soll in aller Stille ohne Königin Elizabeth II gefeiert werden.

결혼식은 여왕 엘리자벳 2세가 참석하지 않은 가운데 조촐하게 거행된다고 한다.

jm./etw. die Stirn bieten 대놓고 대항하다

Die 17-jährige, die Silbe gewann, hat enorm an sich gearbeitet und allen Kritikern die Stirn geboten.

은메달을 획득한 17세 소녀는 엄청나게 연습하며 모든 비판자들에게 맞섰다.

Regelmäßig „Vitaminspritzen" in Form Obst und Gemüse in der kalten Jahreszeit einfach auf den Speiseplan. Nur so kann man den Erkältungsattaken in Herbst und Winter die Stirn bieten.
추운 계절에는 과일과 채소를 통한 규칙적 "비타민 보충"을 식단에 반드시 포함. 그래야만 가을과 겨울철 감기공세에 대적할 수 있다.

***über Stock und Stein** 온갖 역경을 헤치고
Es war, als führe einer mit einer Luxuslimousine über Stock und Stein, unbekümmert um Lack-oder Unterbodenschäden.
마치 리무진을 타고 라크나 밑바닥 손상은 염두에 두지 않고 험난한 길을 헤치고 질주하는 것 같았다.

etw. unter Strafe stellen 형벌로 위협하다
Die islamisch – konservative Regierung der Türkei will Ehebruch unter Strafe stellen – und geht dabei Kollisionskurs mit der EU.
이혼을 형벌에 처하려는 터키의 이슬람-보수 정권이 유럽연합과 마찰을 빚고 있다.

am gleichen/selben Strang ziehen 같은 목표를 추구하다
Ungewiß ist auch, ob der jugoslawische Präsident und der designierte serbische Regierungschef auch wirklich am gleichen Strang ziehen.
유고의 대통령과 취임할 세르비아의 총리가 실제로 같은 목표를 지향할지는 불확실하다.

wenn alle Stränge/Stricke reißen (ugs.) 불가피한 경우에는
„Wenn alle Stränge reißen und du wirklich kein Hotelzimmer bekommst, kannst du auch ein paar Tage bei uns übernachten."
"네가 호텔빙을 못 구히고 다른 방법이 없을 경우에는 우리집에 며칠 머물 수 있다."

über die Stränge/Schnur schlagen/hauen (ugs.) 방자하게 행동하다
Die Jugend hat das Recht, auch einmal über die Stränge zu schlagen.
젊은 사람은 한 번쯤 도를 지나친 행동을 할 권리가 있다.

***auf die Straße gehen** (ugs.) 시위하다, 데모하다
Tausend Schüler und Studenten wollen an diesem Mittwoch gegen die Sparpolitik auf die Straße gehen.

학생과 대학생 천 명이 오는 수요일 긴축정책에 반대 시위를 하려고 한다.

Jetzt geht genau dieses Jugend auf einmal in Massen auf die Straße gehen. Die Eltern müssen einem System zustimmen, gegen das sie auf die Straße gehen.

이제 바로 이 청소년들이 집단적으로 갑자기 시위에 나설 것이다. 그들이 반대 시위하는 제도를 부모들이 동의해야한다.

*jn. auf die Straße werfen/setzen (ugs.) 해고하다

Der Arbeitgeber kann ab einem bestimmten Zeitpunkt nicht mehr einfach jemanden auf die Straße setzen.

사용자는 어떤 특정한 시점부터는 무작정 근로자를 해고할 수 없다.

*auf der Straße liegen (ugs.) (돈, 성과 등을) 쉽게 얻다

Ich mache mir keine Sorge über die Zukunft. Für den Fleißigen liegt das Geld doch auf der Straße.

나는 미래를 걱정하지 않는다, 부지런한 사람은 돈을 벌기가 쉽기 때문이다.

auf der Straße sitzen/stehen (ugs.) 실직하다

Bescheiden und genügsam saßen die jungen Menschen noch lange bei minus 10 Grad auf der Straße.

젊은 사람들이 영하 10도의 추위에 초라한 모습으로 자족하며 길에 나앉아 있다.

Man geht damit nicht das Risiko ein, dass demnächst hunderttausende ältere Arbeitnehmern auf der Straße stehen.

수 만 명의 고령 노동자가 실업자가 되는 모험을 하지 않는다.

*auf der Strecke bleiben (ugs.) 실패하다, 포기하게 되다

Der politischer Auftrag, die eigentliche Botschaft, nämlich eine bessere Welt für die Kinder zu schafften, bleibt zu oft auf der Strecke.

정치적 사명, 즉 어린이들을 위한 보다 나은 세상을 조성하라는 고유한 메시지는 흔히 실현되지 못하고 있다.

jn./etw. zur Strecke bringen 체포하다(죽이다)

Er hat unzähligen Schießsreien überlebt, massenweise Verbrecher zur Strecke gebracht.

그는 엄청난 총격전을 이겨내고 범법자들을 대량으로 체포했다.

Im vergangenen Jahr wurden im Bereich des Münchner Forstamts 560
Wildschweine zur Strecke gebracht.

작년에 뮌헨 산림관리 사무소 지역에서 야생 멧돼지 560마리가 사살되었다.

jm. einen Streich spielen 속이다, 곤경에 빠뜨리다

Da hat den Teilnehmern eine unliebsame Grippewelle einen Strich
gespielt.

달갑지 않은 유행성 감기가 유행하여 참가자들을 난처하게 만들었다.

Aber da hat uns das Wetter einen Strich gespielt.

날씨가 이번에 우리를 곤경에 빠뜨렸다.

einen Streit vom Zaun brechen 싸움을 걸다, 보복하다

Auf jeden Fall legt er Wert auf gute Zusammenarbeit mit der
Landwirtschaft vor Ort und will auf keinen Fall einen Streit vom
Zaun brechen.

반드시 그는 현지 농업과의 협력을 중시하며 결코 싸움을 걸지 않을 것이다.

Ich will keinen ideologischen Streit vom Zaun brechen.

나는 절대로 사상논쟁을 하지 않겠다.

wenn zwei sich streiten, freut sich der Dritte (Spr.) 둘이 싸우면 제삼자가 어

부지리를 얻다(=der lachende Dritte)

jm. einen [dicken] Strich durch die Rechnung machen (ugs.) 계획을 방

해하다, 좌절시키다

Allenfalls könnte der Abbau der Beschäftigung zum Stillstand
kommen, sofern nicht ein weiter steigender Eurokurs den Ex-
porteuren einen Strich durch die Rechnung mache.

유로화의 환율상승이 수출업체들에게 부정적으로 작용하지만 않으면, 아마도 고용
감소는 멈출 수 있을 것이다.

Auch diesmal könnten die Kosten dem Präsidenten einen Strich durch
die Rechnung machen.

이번에도 비용이 대통령의 계획을 좌절시킬 수 있다.

einen dicken Strich unter etw. ziehen/machen (ugs.) 청산하다, 끝내다

„Machen Sie einen dicken Strich unter eine unergiebige Beziehung!"
부질없는 관계를 말끔히 청산하시오!

Nach der deutsch-tschechischen Versöhnungserklärung 1996, die einen dicken Strich unter das gesamte Unrecht der Vergangenheit gezogen hatte, wollte auch Österrreich in einem Dialog mit Tschechien aufarbeiten.

1996년 과거의 모든 과오를 청산한 독일과 체코간의 화해선언 후에 오스트리아도 체코와의 회담에서 이를 성사시키려 했다.

auf den Strich gehen (salopp) 몸을 팔다, 매춘하다

Manchamal gibt es so etwas wie einen guten Freund, der unter Umständen drogenabhängig sein und auf den Strich gehen kann.

성실한 사람도 때로는 마약에 중독되어 매춘할 수도 있다.

jm. gegen/wider den Strich gehen (ugs.) 심기에 거슬리다

Sie eröffneten ihren Kommunalwahlkampf und demonstrierten gegen einige Gemeinderatsentscheidungen, die den Jugendlichen erheblich gegen den Strich gegangen sind.

그들은 지자제 선거전을 개시하고 청소년들의 마음에 들지 않는 몇 개의 지방의회의 결정에 반대시위를 했다.

nach Strich und Faden (ugs.) 철저하게, 근본적으로

Alle Männer sollen ihre bessere Hälften unterhalten und nach Strich und Faden verwöhnen.

모든 남성들은 부인을 부양하고 철저히 비위를 맞추어야한다.

unter dem Strich 결론적으로, 이해득실을 따져본 결과

Unter dem Strich bleibt beim CSU-Modell damit immer noch eine Einkommensteuerentlastung von 15 Milliarden Euro — neun Milliarden weniger als beim CDU-Konzept.

결론적으로 기사당 소득세경감 모델은 그래도 기민당 체안보다 90억 유로 적은 150억 유로다.

Ein radikale Steuerreform wird nur akzeptiert, wenn unter dem Strich weitere Entlastungen heraus können.

극단적 세제개혁은 결과적으로 여타의 경감이 가능할 경우에만 수용할 수 있다.

jm. einen Strick aus etw. drehen (고의로) 해를 입히다

Der Warnruf wurde geflissentlich überhört. Jetzt will die Opposition Labour daraus einen Strick drehen .

경고하는 소리를 고의로 간과하고 이제는 야당이 노동당에게 해를 입히려 한다.

zum Strick greifen 목매달아 죽다

Er hat Selbstmord begangen. In seiner Verzweiflung hat er zum Strick gegriffen.

그는 자살했다. 절망하여 그는 스스로 목을 매달았다.

sich an jeden Strohhalm klammern 지푸라기라도 붙잡다

Kein Wunder, dass sich Schlusslicht Lustenau vor den heutigen 90 Minuten beim LASK an jeden Strohhalm klammert!

리그 꼴등인 루스터나우 팀이 라스크와의 오늘 90분 경기를 앞두고 지푸라기라도 잡으려는 것은 당연하다!

Einige Spieler machen in der Öffentlichkeit Stimmung gegen mich — dann sollen sie sich an einen anderen Strohhalm klammern.

몇몇 선수가 공개적으로 나에게 반대하는 분위기를 조성하면서, 다른 사람에게 필사적으로 매달릴 것이다.

in Strümpfe ausharren 참아내다

Die Leute mussten eine ganze Weile in Strümpfe ausharren, weil die Zeremonie sich in die Länge zog.

식이 지연되기 때문에 사람들은 한참을 기다리며 참아 내야만 했다.

große Stücke auf jn. halten (ugs.) 높이 평가하다, 존중하다

In der Führung der Partei halten sie große Stücke auf sie.

당 지도부에서는 그 여자를 존중했다.

Auf den Mann hielt der verstorbene Unternehmer damals übrigens große Stücke.

작고한 사업가는 그 남자를 당시에 상당히 높이 평가했다.

***aus freien Stücken** 자발적으로, 자기 발로

Die rund 2.600 Ausländer hatten die Möglichkeit, selbstbewusst und aus dem freien Stücken heraus mit Politikern in Kontakt zu treten.
약 2,600명의 외국인이 의식적이고 자발적으로 정치인들과 접촉에 들어갈 가능성이 있었다.

Aus gutem Grund und aus freiem Stücken hielten sich Minister bei derartigen öffentlichen Aktionen zurück.
그런 공적 행사에 장관들은 상당한 이유가 있어 스스로 소극적이었다.

zwischen zwei Stühlen sitzen 곤란한 입장에 처하다

Ganz wichtig für den Teamchef ist, dass die Spieler nicht zwischen zwei Stühlen sitzen. Das würde sie verunsichern.
감독에게 아주 중요한 것은 선수들이 난처한 처지에 처하지 않아야 된다는 점이다. 그러면 선수들이 불안하게 할 것이다.

mit Stumpf und Stiel 완전히, 철저히

Unser Ziel muss es sein, die Regierung im Irak mit Stumpf und Stiel zu zerstören.
이라크 후세인 정부를 완전히 붕괴하는 것이 우리의 목표임이 틀림없다.

besser eine Stunde zu früh als eine Minute zu spät (R.) 일분 늦기보다 한 시간 일찍 오는 편이 낫다

die Stunde der Wahrheit 진실이 입증되어야하는 순간

Für den deutschen Trainer schlägt in der WM-Qualifikation die Stunde der Wahrheit.
독일 감독에게는 세계선수권대회 출전권 쟁탈전이 진면목을 보여줄 순간이다.

die Stunde Null 새로이 시작하는 (역사적) 시점이다

Für die irakischen Polizisten vor dem Rekrutierungsbüro der US-Streitkräfte in Bagdad ist es die Stunde Null.
바그다드 미군 병력 집결소 앞의 이라크 경찰들에게는 새로운 출발의 시점이다.

js. Stunde kommt noch 누구의 능력 발휘 기회가 올 것이다

> Im Moment kann ich nichts gegen ihn unternehmen, aber meine Stunde kommt noch!
>
> 당장은 그에 대항하여 아무 것도 할 수 없지만, 나에게도 기회가 도래할 것이다!

die beiden haben sich gesucht und gefunden (R.) 두 사람은 천생연분이다

die Suppe auslöffeln [die man sich eingebrockt hat] (ugs.) 결과를 스스로 책임지다

> Die Arbeitgeber werden tarifpolitisch die Suppe auslöffeln müssen, die sie sich durch die Zustimmung zur Verlängerung der Öffnungszeiten eingebrockt haben.
>
> 사용자 측은 영업시간 연장으로 인한 결과를 임금정책에 반영해야 할 것이다.
>
> Der Abgeordnete soll die Suppe auslöffeln, die er eingebrockt hat.
>
> 그 국회의원은 자신이 저지른 잘못을 스스로 책임져야한다.

jm. die Suppe versalzen (ugs.) 일을 무산시키다, 초를 치다

> Das waren massig kleine Probleme, die mir heftig die Suppe versalzen haben.
>
> 이것이 나에게 심하게 초를 친 사소한 문제들이다.
>
> Jetzt wollen wir den anderen die Suppe versalzen.
>
> 이제 우리는 다른 사람들의 일을 무산시키려고 한다.

jm. in die Suppe spucken (salopp) 일을 망치다

> Wir waren nur die dritte Kraft und haben ab und zu den anderen in die Suppe gespuckt.
>
> 우리는 제3세력이었기 때문에 때로는 다른 팀의 일을 망치기도 했다.

ein Haar in der Suppe/in etw. finden (ugs.) 흠 잡다

> Es kann sein, dass jemand ein Haar in der Suppe findet. Gretchenfrage ist, ob durch das Fahrverbot das Gleichheitsgrundsatz verletzt wird.
>
> 흠을 잡을 수는 있지만, 난처한 문제는 차량운행금지가 평등권을 침해하는지의 여

부다.

etw. in Szene setzen 무대위에 올리다, 실행하다

Bei der Präsentation eines neuen Produktes kommt es vor allem
darauf an, es geschickt in Szene setzen.

신제품의 프레젠테이션에서 중요한 것은 무엇보다도 신제품을 능숙하게 시현하는
것이다.

sich in Szene setzen 드러내다, (효율적으로) 행사하다

Die großen Kulturinstitutionen können sich ebenso in Szene setzen,
wie die kleine Vereine oder Privatpersonen — unterm Strich bietet sich
allen gemeinsam die Chance.

작은 협회나 개인과 마찬가지로 큰 문화기관도 스스로를 드러낼 수 있다 — 결
론적으로 말하면, 모두에게 똑같이 기회가 있다.

Zuletzt aber konnte sich der 24-jährige Fußballer aus Italien nicht in
Szene setzen.

이탈리아 출신 24세 축구선수는 최근에 실력을 보여주지 못했다.

T

***Tag der offenen Tür** 개방의 날

Am letzten Tag der offenen Tür zählte allein die städtische Feuerwehr mehr als fünf tausend Besucher.

개방의 날 마지막 날에 소방서만 해도 5000여 명이 방문했다.

***Tag für Tag** 매일매일

Tag für Tag treffen neue Flüchtlinge in den Lagern des Rotes Kreuzes ein.

피난민이 적십자 수용소로 매일매일 새로이 들어오고 있다.

***Tag und Nacht** 쉬지 않고, 밤낮으로

Weil Produktionsstraßen fast Tag und Nacht genutzt werden können, reicht es, kleinere oder weniger große Maschinen anzuschaffen.

생산라인을 거의 쉴 틈 없이 이용할 수 있기 때문에 중소규모의 기계 구매로 충분하다.

verschieden wie Tag und Nacht 완전히 다른

Der eine der Brüder ist still und verschlossen, der andere ein richtiger Draufgänger – ein Unterschied wie Tag und Nacht!

형제 중 하나는 조용하고 내성석이고 나른 하나는 징말 대담히다   완전히 다르다!

etw. an den Tag legen 보여주다, 인식시키다

Nicht alle legen natürlich den gleichen Eifer an den Tag, sich rund um die Uhr mit Kriegsberichten voll zu saugen.

24시간 내내 전쟁보도에 완전히 빠지는 열성을 모두가 보인 것은 물론 아니다.

etw. an den Tag bringen 발견하다, 폭로하다

Das Blättern in diesem Buch bringt es an den Tag: Profis sind mit vollem Magen auch nicht kreativer als andere Menschen.

이 책을 읽으면, 전문가도 배가 뜨뜻하면 일반인보다 창의적이지 않다는 것을 밝혀준다.

Entweder bringt der Ausschuss da einiges an den Tag, ansonsten werden das die Gerichte klären, falls er gegen seine Entlassung klagt.

위원회가 몇 가지 사항을 밝혀내거나, 그가 해고를 제소할 경우에는 법원이 그것을 해명하게 될 것이다.

an den Tag kommen 공개되다, 드러나다

Er gibt sich erleichtert, dass jetzt die Wahrheit an den Tag kommt.

이제 진실이 밝혀져서 그는 기분이 홀가분하다.

Straftaten, die zum Teil Jahre zurückliegen, kommen nun an den Tag.

부분적으로는 수년 된 범죄행위가 이제 드러난다.

in den Tag hinein reden (ugs.) 되는대로 말하다

„Er hat dir versprochen, dass du seine Golfausrüstung einmal ausborgen kannst? Vergiss es! Er redet viel in Tag hinein."

"그의 골프 장비를 빌려준다는 약속을 너에게 했다고? 잊어버려! 그는 되는대로 말하니 믿을 수 없다."

von Tag zu Tag ; Tag für Tag (시간이) 갈수록

Die Arbeit fällt mir von Tag zu Tag schwerer. Ich glaube, ich sollte ein paar Tage Urlaub machen.

일이 갈수록 더 힘들어 나는 며칠 휴가를 해야 될 것 같다.

*von einem Tag auf den anderen 순식간에, 하루아침에, 갑자기

Nach dem Brand hat man von einem Tag auf den anderen mit praktisch leeren Händen dagestanden.

화재가 난 후에 사람들은 갑자기 사실 빈털터리 신세가 되었다.

Damals mußten viele Firmen von einem Tag auf den anderen Reklametafeln und Neonschilder abbauen.

당시에는 많은 회사들이 하루아침에 광고판과 네온간판을 철거해야만 했다.

auf seine/ihre/meine alten Tage 늙어서도

Auf seine alten Tage hat er noch einmal eine junge Frau geheiratet.
그는 늙어서도 젊은 여자와 재혼했다.

ans Tageslicht kommen 알려지다, 발견되다

Der wahre Grund wird sicher nie ans Tageslicht kommen. Doch jetzt versucht werden, das Theater zu retten.
진실된 이유는 틀림없이 결코 알려지지 않을 것이다. 지금은 극단 회생을 시도하는 것이다.

*an der Tagesordnung sein 다반사다, 흔한 일이다

Ruhig verläuft ein Lokalderby im Fußball nie, Auseinandersetzung zwischen den Fans sind an der Tagesordnung.
축구 라이벌전은 팬들 사이의 대립은 다반사여서 조용히 진행되는 일이 없다.

Durch die Verkehrslawine ist die Lebensqualität stark beeinträchtigt und Status zu den Hauptverkehrszeiten sind an der Tagesordnung.
교통대란으로 생활의 질이 심하게 타격을 입고 출퇴근시간의 교통상황은 항상 마찬가지다.

*auf der Tagesordnung stehen 예정되어 있다

Der Balkankrieg überschattet alle anderen Themen, die eigentlich auf der Tagesordnung standen.
발칸전쟁은 본래 예정된 모든 다른 테마를 희석시키고 있다.

Die Bemühungen zur EU-Steuerharmonisierung stand auf der Tagesordnung des EU-Finanzministertreffens am Wochenende in Wien.
주말 빈에서 열리는 유럽연합 재무장관회의에서는 유럽연합 세금조정을 위한 협의가 예정 되어있다.

Der Bebauplan wird zur Zeit erarbeitet und soll voraussichtlich in der nächsten Sitzung des Stadtrates am 17. März auf der Tagesordnung stehen.
현재 수립중인 건설계획은 3월 17일에 열리는 다음 시의회에서 논의될 예정이다.

per Taille 외투를 입지 않고

Bei diesen frühlingshaften Temperaturen kann man schon per Taille gehen.

이런 봄 같은 기온에는 외투를 입지 않고 외출할 수 있다.

ein Tanz auf dem Vulkan/Seil 경솔(위험)한 처신

Sorglos lebte der Adel noch im Jahr der Revolution in den Tag hinein – ein Tanz auf dem Vulkan, der ein blutiges Ende nehmen würde.

그 귀족은 혁명이 일어난 날까지도 근심 없이 평안하게 살았으니, 그야말로 비참한 최후를 맞을 경솔한 처신이다.

Die Politik des Außenministers geriet zu einem Tanz auf dem Seil, aber mit seinem diplomatischen Geschick hat er alle Schwierigkeiten gemeistert.

외무장관 정책이 위험한 곡예를 했지만 외교수완을 발휘하여 어려움을 극복했다.

sich[3] die [eigenen] Taschen füllen (ugs.) 사복을 채우다

Der Staat füllen sich die Taschen bei Autofahrern, ohne den kleinsten Finger für sie zu rühren.

자동차 운전자를 위해 손가락 하나 까딱 안하고 국가는 자기 잇속만 채운다.

jm. auf der Tasche liegen 빌붙어 지내다, 더부살이하다

Arbeitslosen liegen dem Arbeitsamt schwer auf der Tasche.

실업자들은 노동청에 심하게 의존하여 산다.

Die Studentin bewirbt sich bei der Botschaft und bekommt das Stipendium. Endlich liegt sie den Eltern nicht mehr auf der Tasche.

그 여대생은 대사관에 신청하여 장학금을 받아 부모에게 더부살이를 하지 않게 된다.

***[für etw.] tief in die Tasche greifen [müssen]** (ugs.) 돈을 많이 지출하다

Zum Beginn des Schuljahres werden die Eltern für ihre Kinder und deren Schulbücher tief in die Tasche greifen müssen.

학년 초에는 자녀들과 그들의 교재비로 학부모들은 많은 돈을 지출해야만 할 것이다.

Jugendiche in Deutschland greifen vor allem für Mode und Telefonitis tief in die Tasche.
독일 청소년들은 무엇보다도 유행과 지나친 전화사용에 지출이 많다.

*etw. [schon] in der Tasche haben (ugs.)

1 확실히 확보하다, 수중에 있다

Wer noch keinen Lehrvertrag in der Tasche hat, muss nach Alternativen Ausschau halten.
아직 도제 취업 계약서가 없는 사람은 다른 대안을 기대해야만 한다.

2 소유하고 있다

Wer arbeitet, hat mehr in der Tasche.
일하는 사람은 가진 것이 더 많다.

Damals hatten 16,000 Bürger ein rotes Parteibuch in der Tasche.
당시에 시민 16,000명이 공산당 당원이었다.

jn. auf frischer Tat ertappen 현장에서 붙잡다

Zwei Männer waren im Alter von 31 und 33 Jahren auf frischer Tat ertappt worden.
나이가 31세와 33세인 두 남자가 현장에서 붙잡혔다.

Die Bandemitglieder wurden von der Polizei teilweise auf frischer Tat ertappt und festgenommen.
조직 폭력배의 일부는 경찰에 의해 현장에서 붙잡혀 체포되었다.

*etw. in die Tat umsetzen 실행에 옮기다, 실현시키다

Der neue Antrag sollte Mitte Januar in die Tat umgesetzt werden.
새로운 요청안은 1월 중순에 실행에 옮겨진다.

Nachdem die Ergebnisse der Studie den Bremer Boden zum Beben brachten, werden jetzt die ersten Maßnahmen der Bildungsreform in die Tat umgesetzt.
연구결과가 브레멘을 뒤흔든 후인 이제야 교육개혁의 첫 번째 조처들이 실행된다.

*in der Tat 사실상, 정말로(=tatsächlich)

Die UNO sind in der Tat die einzige Organisation auf der Welt, die

eine für alle Staaten verbindliche Konfliktregelung ermöglicht.
유엔은 모든 국가에 대하여 구속력을 갖는 분쟁조정을 가능하게 하는 이 세계의
사실상 유일한 기구이다.

Sie sind in der Tat kühl denkende Realisten, ihre geographische
Analyse diktiert ihnen eine gesunde Vorsicht.
그들은 실로 냉정하게 사고하는 현실주의자이며 지리적 상황이 그들에게 건전한
신중성을 요구하고 있다.

irgendwo geht es [zu] wie im Taubenschlag (R.) 사람의 왕래가 빈번한 곳
이다

„Wer ist denn jetzt schon wieder gekommen? Bei euch geht es ja zu
wie im Taubenschlag!"
"누가 지금 또 왔어? 너희 집은 정말 사람들이 자주 드나드는 곳이구나!"

etw. aus der Taufe heben (ugs.) 조직(창설)하다

Gestern wurde in der Vorstandetage ein neues Projekt aus der Taufe
gehoben.
회장단 차원에서 새로운 프로젝트가 어제 성안되었다.

sich³ sein[en] Teil denken (ugs.) 나름대로 생각해 보다

Ich bin sicher im Zweifel und denke mir mein Teil über ihre
abenteuerlichen Zukunftspläne.
나는 물론 회의에 잠겨 그 여자의 위험한 미래 구상에 대하여 나름대로 생각하고
있다.

auf dem Teppich bleiben (ugs.) 현명하게 처신하다, 과대평가 하지 않다

Sicher hat sie bei den Schulaufführungen immer viel Erfolg gehabt, aber
sie sollte trotzdem auf dem Teppich bleiben — eine gorße Schauspielerin
ist sie noch lange nicht!
그 여자는 학교 공연에서는 항상 대단히 성공적이었으나 자만해서는 안 될 것이다
－그녀는 아직은 빼어난 연극배우는 아니다!

etw. unter den Teppich kehren (ugs.) 눈 가리고 아옹하다, 흐지부지 넘기다

Das ist keine kleine Affäre mehr, die man unter den Teppich kehren kann, das ist ein handfester Skandal!

그것은 적당히 넘길 수 있는 결코 소소한 사건이 아니고 명백한 스캔들이다!

das Terrain sondieren (bildungsspr.) 가능성을 타진하다, 사정을 살피다

Vielleicht können wir in Frankreich einen Markt für unseren Schnell-
kochtopf finden ; wir sollten auf alle Fälle mal nach Paris fahren und
das Terrain sondieren.

아마도 우리는 프랑스에서 압력솥 시장을 확보할 수 있을 것이다. 우리는 아무튼
파리로 가서 가능성을 모색해야 한다.

sein Testament machen können (ugs.) 혼이 나다

„Derjenige, der mir jeden Morgen die Zeitung aus dem Briefkasten
klaut, kann sein Testament machen, wenn ich ihn erwische!"

"매일 아침 우편함에서 신문을 빼 가는 놈이 잡히면 혼줄이 날것이다!"

jm./jn. teuer zu stehen kommen 나쁜 결과를 초래하다, 역효과를 나타내다

Und die Bereitschaft der spanischen Regierung, so schnell wie möglich
der Nato beizutreten, kann das Land teuer zu stehen kommen.

가능한 한 빨리 나토에 가입하려는 스페인 정부의 자세는 국가에 좋지 않은 결과
를 가져올 수 있다.

jn. reitet der Teufel (ugs.) 경솔(위험)하게 처신하다

Diesen Menschen reitet der Teufel, jetzt rennt er doch tatsächlich
noch einmal in das brennende Haus hinein!

이 사람의 행동은 경솔하다, 화염에 쌓인 집에 정말 또다시 뛰어 들다니!

*den Teufel an die Wand malen (ugs.) (말로 이하여) 화를 자초하다, 부정 탈

짓을 하다

„Hörst du das Telefon? Jetzt sagen die Lehmanns bestimmt auch noch
ab! – Mal nicht den Teufel an die Wand ; dann können wir das
Gartenfest gleich ganz abblasen."

"전화 벨 소리 들려? 이제 레만 가족은 분명히 거절할 거야! 화를 자초하지 말라
지. 그럼 우리는 가든파티를 즉각 취소할 수 있다."

***auf Teufel komm raus** (ugs.) 전심전력으로, 힘껏

Es hat keinen Sinn, auf Teufel komm raus Aufträge anzunehmen, wenn man nicht genügend freie Kapazität hat.

충분한 여유 공간이 없으면 전력을 다하여 주문을 받는 것은 소용이 없다.

zum Teufel gehen/sein (ugs.)

1 실행할 수 없다

Wenn es so weiterregnet, ist unser schöner Plan zum Teufel. Dann werden wir halt morgen den Berg nicht besteigen.

비가 이처럼 계속 내리면 우리 계획은 실행할 수 없으니, 내일 등산은 할 수 없을 것이다.

2 고장 나다

Meine Uhr ist zum Teuful. Eine Reparatur hätte sich nicht mehr gelohnt.

내 시계가 고장나 수리를 맡겼는데 소용이 없었다.

3 없어지다

„Hast du gerade mal was zu schreiben? Mein Kugelschreiber ist nämlich zum Teufel!"

"내 볼펜이 없어져서 그런데, 필기도구 가진 것 있느냐?"

jn. zum Teufel wünschen (salopp) 없어지기를 바라다

Die Situation änderte sich schlagartig, als die Schülerin ihre Lehrer zum Teufel wünschte.

선생들이 살아지기를 그 여학생이 원했을 때, 상황은 순간적으로 바뀌었다.

jn. zum Teufel jagen/schicken (salopp) 쫓아내다, 몰아내다

„Schicken Sie die Reporter zum Teufel, ich will jetzt niemanden sehen!"

"기자들을 내보내시오. 지금은 아무도 만나고 싶지 않소!"

Theater spielen 연극을 꾸미다, 시치미 떼다

Jeder wusste, dass er Theater spielte, er konnte sich gar nicht weh getan haben.

전혀 아프지 않은 그가 연극을 꾸민다는 것을 누구나 알았다.

Sie hat immer wieder versucht, in ihrem Alltag Theater zu spielen.
그 여자는 항시 일상생활에서 사실과 달리 연극을 꾸미려고 했다.

Thema [Nummer] eins (ugs.) 성 문제

„Ich habe echte Freunde in den Kreisen gefunden, die meine Interessen pflegten. Dort gibt es auch anderen Gesprächsstoff – und nicht
nur 'Thema 1'."
"나는 주위에서 관심이 같은 진정한 친구들을 찾았다. 이곳에는 다른 이야기거리
들도 있다 – 섹스뿐만이 아니고!"

graue Theorie sein (bildungsspr.) 이론에 불과하다, 탁상공론이다

Sie schreiben soviel über die Liebe. Aber ich habe den Eindruck, dass
vieles davon graue Theorie ist.
그들은 사랑에 관해서 글을 많이 쓰지만 그 중 많은 것은 이론에 불과하다는 인상
을 받았다.

ein hohes/großes Tier (ugs.) 저명인사, 거물

Ein großes Tier schleppt sich die Allee entlang.
한 저명인사가 가로수를 따라 거닐고 있다.

in der Tinte/Tunke sitzen (ugs.) 곤경에 처하다

Wenn morgen der Fluglotsenstreik beginnt, sitzen einige Touristen
ganz schön in der Tinte.
내일 비행기 승무원 파업이 시작되면 일부 관광객들은 정말 곤경에 처하게 된다.

*[mit etw.] reinen Tisch machen (ugs.) (미결인 일을) 끝내다, 해명하다

Heute werde ich einmal reinen Tisch machen und fragen, was man
mir vorzuwerfen hat.
나는 오늘 일단 해명을 하고 나를 비난하는 것이 무엇인지를 물어볼 것이다.

am runden Tisch 동등한 자격으로

Bezirksamt, Anwohner und Gewerbetreibende wollen am runden Tisch
über die Zukunft der Straße diskutieren.
구청, 주민 그리고 자영업자가 동등한 자격으로 그 도로의 장래에 대하여 토론하

고자 한다.

***unter den Tisch fallen** (ugs.) 무시되다

Die Interessen der kleineren Staaten sind bei dem internationalen Abkommen wieder einmal unter den Tisch gefallen.

국제 협약은 약소국가들의 이익을 다시 한번 무시했다.

vom Tisch sein/kommen/müssen (ugs.) 처리되다, 종결하다

Damit ist das Thema allerdings nicht vom Tisch.

이것으로 그 문제가 종결지어진 것이 아니다.

„Sorgen Sie dafür, dass das alles vom Tisch kommt, und zwar noch vor den nächsten Aufsichtsratssitzung!"

"다음 이사회 전까지 모든 것이 마무리되도록 해 주세요!"

Diese ungangenehme Sache muss so schnell wie möglich vom Tisch.

이 달갑지 않은 일이 가능하면 빨리 결론지어져야 한다.

zu Tisch bitten/gehen/rufen 식탁으로 청하다(오다, 청하다)

„Darf ich zu Tisch bitten?"

"식사 하십시오!"

***den Tod finden** (geh.) 죽음을 맞이하다, 유명을 달리하다

Zahllose Forscher und Abenteurer hatten in dieser Dschungelhöhle bereits den Tod gefunden.

이미 수많은 연구가와 탐험가들이 이 정글 동굴에서 죽음을 맞이했다.

weder Tod noch Teufel fürchten 아무것도 두려워하지 않다

Viele Länder wurden früher von tollkühnen Männern erobert, die weder Tod noch Teufel fürchteten.

옛날에는 아무것도 두려워하지 않는 아주 용감한 남자들이 많은 나라를 점령했다.

toi-toi-toi (ugs.) 행운이 있기를!

„Du hast morgen die mündliche Prüfung? Toi-toi-toi!"

"내일 너의 구두시험이 있지? 행운을 빈다!"

Tomaten auf den Augen haben (ugs.) 뻔한 것을 보지(인식하지) 못하다

Was war los mit ihm, hatte er Tomaten auf den Augen oder vielleicht gar ein Brett vor dem Kopf?

그가 웬일이지? 눈에 뭐가 씌었었거나 아니면 아마 앞뒤가 꽉 막혔던 것 아닐까?

der Ton macht die Musik (R.) 말 한마디로 천 냥 빚을 갚을 수 있다

„Du hättest mir auch etwas freundlicher mitteilen können, der Ton macht die Musik, mein Lieber!"

"좀 더 친절하게 내게 알려줄 수 있었으련만, 말 한마디로 천 냥 빚을 갚을 수 있는 것인데!"

der gute/feine Ton 바른 행동, 선량한 태도

Lautes Aufstoßen gilt nach wie vor als eindeutiger Verstoß gegen den guten Ton.

큰 소리로 트림하는 것은 예나 지금이나 여전히 바른 몸가짐은 아니다.

den Ton angeben

1 선도하다

In Fragen der Mode gibt immer noch Paris den Ton an.

유행 분야는 아직도 프랑스의 파리가 선도하고 있다.

Die kleine Firma aus dem Schwarzwald gibt mittlerweile in der ganzen Branche den Ton an.

슈발츠 숲의 작은 회사가 그사이 모든 부문을 주도하고 있다.

2 힘이 있다

Mein Bruder gab zu Hause den Ton an, und ich spielte in der Küche.

집안에서는 형이 막강한 힘이 있고, 나는 부엌에서 놀았다.

alle[s] in einen Topf werfen (ugs.) 모두 싸잡아 취급하다, 뒤섞다, 혼동하다

Man darf die jüngen Leute nicht alle in einen Topf werfen, es gibt auch sehr anständige darunter.

젊은 사람들 중에는 매우 건실한 이들도 있기 때문에 그들을 모두 도매금으로 싸잡아 매도하면 안 된다.

[kurz] vor Toresschluss 마지막 순간에

Kurz vor Toresschluss werden die kritischen Stimmen zur Förderalismusreform lauter und zahlreicher.

최종 순간에 연방제개혁에 대한 비판적 여론이 높아지고 늘어나고 있다.

Wer als Notnagel kurz vor Toresschluss eingeladen wird, ist als Gast nicht wirklich gern gesehen.

최종 순간에 대타로 초대된 사람은 손님 대접을 제대로 받지 못한다.

jn. auf Touren bringen (ugs.) 자극하다

Zwei, drei Schnäpse können ihn schon auf Touren bringen.

소주 두서너 잔이면 그는 흥이 난다.

in einer Tour (ugs.) 계속적(지속적)으로

Die Kinder wollen in einer Tour neue Spielwaren haben.

아이들은 끊임없이 새로운 장난감을 갖고자 한다.

jn. auf Trab bringen (ugs.) (일을) 독려하다, 재촉하다

Unser neuer Mitarbeiter ist aber sehr langsam. – Ich werde ihn schon auf Trab bringen.

우리 신입 사원은 일 처리가 매우 늦어서 내가 좀 독려할 것이다.

Selbst bei der entscheidenden Abstimmung mussten einige Funktionsmitglieder erst auf Trab gebracht werden.

중대한 표결을 할 때에도 몇몇 간부들을 신속히 처리하도록 독려해야만 했다.

auf Trab/auf dem Sprung sein (ugs.) 부산떨다, 서두르다

Er ist kein angenehmer Gast – immer auf Trab und in Erwartung eines wichtigen Telefonats!

항상 부산을 떨며 중요한 전화연락을 기다리는 그는 편안한 손님이 아니다.

zum Tragen kommen 작용하다, 영향을 주다

Es sind oft unbewusste Faktoren, die bei der Entscheidung des Käufers zum Tragen kommen.

때로는 구매자의 결정에 영향을 미치는 무의식적인 요소들이 있다.

im Tran (ugs.)

1 정신없이

Jetzt habe ich im Tran meine Armbanduhr mit der Wäsche in die Waschmaschine gestopft!

지금 나는 정신없이 손목시계를 빨래와 함께 세탁기에 집어넣었어!

2 취한, (술, 마약으로) 멍한

Jeden Morgen kommt er noch völlig im Tran im Büro an und braut sich erst einmal einen starken Kaffee.

매일 아침 그는 잠이 덜 깨 멍한 채 사무실에 도착하여 일단 진한 커피를 끓인다.

***in Tränen ausbrechen** 울음을 터트리다

Fast immer erlebt sie dankbare Reaktionen am Ende der Leitung. Einer ist auf ihren Zuspruch hin in Tränen ausgebrochen.

거의 언제나 그 여자는 고마운 반응을 진행이 끝날 때 체험한다. 그녀가 격려의 말을 하자 한 사람이 울음을 터트렸다.

Es ist für sie in Tränen auszubrechen, sobald sie endllich vor ihrem Star stehen.

마침내 그들 앞에 스타가 나타나자마자 그들은 울음이 터져 나온다.

auf die Tränendrüse drücken (salopp abwertend) 감상적으로 만들다

Wenn der Staat die Bekämpfung der unsinnigen Ausgaben erfolgreich macht, dann kann er bei seinen Angestellten auf die Tränendrüse drücken.

국가가 무모한 지출을 성공적으로 추방하면, 공무원들을 감동시킬 수 있다.

jm. hängen die Trauben zu hoch/jm. sind die Trauben zu sauer (R.)

불가능한 것을 바라지 않은 것처럼 자위하다

Träume sind Schäume (Spr.) 꿈은 물거품이다

Der Mensch erreicht und überschreitet auch die Schwellen zwischen Traum und der Wirklichkeit. Träume sind Schäume.

인간은 꿈과 현실 사이의 문턱을 넘나든다. 꿈은 물거품이다.

das fällt mir nicht nicht im Traume ein; ich denke nicht im Traum daran

◼1 거부하다

„Ich soll dir meinen Wagen borgen? Das fällt mir nicht im Traume ein!"

"너에게 자동차를 빌려달라고? 단연코 거절하겠다."

◼2 전혀 있을 수 없다

Nicht im Traum hätte ich an eine solche Möglichkeit gedacht.

그런 가능성은 전혀 있을 수 없다.

sich[3] etw. nicht/nie träumen lassen (ugs.) 전혀 생각하지 않다, 뜻밖이다

Dass es die beste PR-Aktion seines Lebens werden würde, hätte er sich nie träumen lassen.

생애 최고의 홍보행사가 되리라고는 그는 전혀 생각하지 못했다.

*auf dem Trockenen sitzen/sein

◼1 (ugs.) 재정난으로 어려운 상황이다

Nach dem Misserfolg mit dem neuen Modell sitzt die Firma finanziell ziemlich auf dem Trockenen.

새 모델이 실패한 후 그 회사는 재정적 어려움에 시달리고 있다.

◼2 (scherzh.) 술잔이 비다, 술이 떨어졌다

„Gib mal die Flasche rüber, mein Freund hier sitzt schon seit zehn Minuten auf dem Trockenen."

"여기 내 친구가 10분전부터 잔이 비었으니 술병 좀 이리 넘겨 줘!"

steter Tropfen höhlt den Stein (Spr.) 낙숫물이 맷돌을 뚫는다

Er riet, den Betreiber nach dem Motto „ein steter Tropfen hölt den Stein" fortwährend auf den Missstand anzusprechen.

"낙숫물이 맷돌을 뚫는다"는 모토에 따라 경영자에게 지속적으로 폐해에 대한 의견을 요구하라고 그는 조언했다.

ein Tropfen auf den heißen Stein sein (ugs.) 너무 적다, 새 발의 피

Eine Million Euro ist nur ein Tropfen auf den heißen Stein, wenn es darum geht, ein so gigantisches Industrieunternehmen zu sanieren.
그런 거대한 산업체의 금융구제에는 백만 유로는 새 발의 피다.

[wohl] nicht [ganz/recht] bei Trost sein (ugs.) 제 정신이 아니다

Du bist wohl nicht bei Trost, leg sofort das Messer, wie kannst du so etwas machen?
어서 칼을 내려놓아라, 그런 짓을 하는 것이 제정신이 아니지!

***im Trüben fischen** (ugs.) 혼란 틈에 사욕을 취하다

Auf keinen Fall nach der Art des Vorgängers, sagt er. Am rechten Rand im Trüben zu fischen, das lehnt er ab.
절대로 전임자의 방법을 따르지 않을 것이라고 그는 말했다. 법석통에 사욕을 취하기를 그는 거부한다.

In den Nachrichten blickt man nicht mehr durch. Bekümmert und etwas beleidigt fischt man im Trüben.
뉴스에서는 알아 낼 수가 없지만, 근심과 모욕감을 느끼며 혼란을 틈 타 사욕을 챙긴다.

Trübsal blasen (ugs.) 슬픔에 잠겨 있다

Wir sind noch immer der Herr über unser eigenes Schicksal. Es gibt keinen Grund, Trübsal zu blasen.
우리는 여전히 우리 운명을 극기하고 있으니 슬픔에 잠겨있을 이유가 없다.

einen Trumpf in der Hand haben 유리한 수단(장점)을 가지다

Unter allen Bewerbern hat dieser den Trumpf in der Hand, dass er schon lange in derselben Branche arbeitet und deshalb gewisse Erfahrungen mitbringt.
전체 지원자 중에서 이 사람이 같은 분야에서 오래 일하여 상당한 경험을 가지고 있는 장점을 가지고 있다.

Sollte AUA mit Delta/Air France ein Geschwader bilden, hat die Lufthasa einen Trumpf in der Hand, den sie erst gar nicht ausspielen muss, und zwar das Stillhalteabkommen im deutsch-österreichischen Verkehr.

오스트리아 항공이 델타항공 및 에어프랑스와 제휴한다면, 루프트한자는 쓸 필요가 없었던 수단 즉, 독일-오스트리아 간 항공 지불유예라는 수단을 가지고 있다.

ein rotes/das rote Tuch für jn. sein ; wie ein rotes Tuch auf jn. wirken (ugs.) 화나게 하다, 자극하다

Die neuen Ladenschlussgesetze sind ein rotes Tuch für die Gewerkschaften.

가게 폐점 시간을 규정한 새 법안은 노조를 자극했다.

in trockene(n) Tücher(n) bringen /kommen/packen 완결하다

Die Stadt will die geplante Hallenbadsanierung nun endlich in trockene Tücher bringen.

시당국은 예정된 실내수영장의 보수를 마침내 끝내려한다.

Die Politikerin forderte dagegen, die bisherigen Verhandlungen zur Reform müssten noch vor der Wahl in „trockene Tücher" kommen.

개혁에 관한 지금까지 협상을 선거 이전에 완결해야 한다고 그 여류 정치가는 요구했다.

Durch einen 3:1 Heimsieg hat die Mannschaft vor Saisonende endgültig alles in trockene Tücher gepakt.

그 팀은 홈경기에서 3대1로 승리하여 시즌종료 전에 모든 것을 달성했다.

***[es] mit jm./etw. zu tun haben** 관계가 있다

Ich wusste damals nicht, dass ich es mit einem verheirateten Mann zu tun hatte.

나는 그 당시 내가 유부남과 사귀는 줄을 몰랐다.

Tanzen hat eben mehr mit Erotik zu tun als mit Musikalität.

춤은 음악성보다는 성애와 관련이 있다.

***mit jm./etw. nichts [mehr] zu tun haben wollen** 회피(무관)하려 하다

„Mit diesen Leuten will ich nichts zu tun haben!"

"나는 이 사람들과 무관하고 싶다!"

das Tüpfelchen auf dem i 마무리 손질, 화룡점정

Auf der Turmebene sollen nur ein paar Sitzgelegenheiten zum Ausblick über die Dächer der Niebelungenstadt einladen. Das Tüpfchen auf dem i ist das Dachgeschoss, das von einer Glaskuppel gekrünnt wird.

타워에 몇 개의 좌석을 설치하여 니벨룽겐 도시의 전경을 조망할 수 있도록 한다는 것이다. 그 화룡점정은 유리로 장식한 꼭대기 층이다.

jm. die Tür/die Bude einrennen (ugs.) (끊임없이 찾아다니며) 괴롭히다

Die Polizei hat zugeschaut, dass uns fast die Tür eingerannt wird, und der Innensenator spricht von einem ruhigen 1. Mai.

우리가 괴로움을 당하는 것을 경찰은 보았으나 내무위원회는 조용한 노동절이라고 주장한다.

Sponsoren haben ihr jedenfalls nach dem weltmeisterlichen Auftritt keineswegs die Bude eingerannt.

스폰서들은 세계참피언이 된 이후로는 어쨌든 그 여자를 귀찮게 찾아다니지 않았다.

etw³. Tür und Tor öffnen 장려(촉진)하다

Aber ansonsten will die Behörde dem Einkaufsglück Tür und Tor öffnen.

그런 경우 외에는 당국은 경품판매를 장려하려 한다.

Kinder öffnen Weihnachten Tür und Tor.

어린이들은 성탄을 대환영한다.

offene Türen einrennen 다 된 일로 수고하다

„Da rennen Sie offene Türen ein. Gerade eben habe ich meiner Sekretärin den entsprechenden Brief diktiert.“

"지금 막 그런 내용의 편지를 여비서가 받아 적도록 했으니 당신은 다 된 일을 가지고 수고하는 것입니다."

[bei jm.] offene Türen finden 환영받다

Mit seinem Charme fand er bei reichen Witwen jederzeit offene Türen.

매력이 있는 그는 돈 많은 과부들에게 언제나 환영받았다.

***hinter verschlossenen Türen** (밀실에서) 은밀히, 비밀리에

Prozessentscheidende Beweismittel sollten nicht hinter verschlossenen Türen erhoben werden.

재판에 결정적인 증거물은 비밀리에 제출되어서는 안 된다.

Die Technische Universität München verhandelt bereits hinter verschlossenen Türen über ein „Stipendien-und Beitragsmodell."

뮌헨 공과대학교는 이미 은밀하게 "장학금 및 등록금 모델"을 협상 중이다.

mit der Tür ins Haus fallen (ugs.) 생각을 서둘러 들이대다, 말을 함부로 뱉다

Die 46-jährige zieht eine positive Bilanz nach 100 Tage Amtszeit. Sie wolle nicht mit der Tür ins Haus fallen, sondern eine Vertrauensbasis aufbauen.

46세의 여성 공직자는 취임 100일 후 긍정적인 평가를 내렸다. 그 여자는 성급하게 밀어 붙이기보다는 신뢰의 바탕을 구축하고 싶다고 말했다.

***etw. steht vor der Tür** 다가오다

Weihnachten stand vor der Tür, und sie hatte noch kein einziges Geschenk.

크리스마스는 코앞에 다가오는데 그 여자는 선물을 하나도 못 받았다.

zwischen Tür und Angel (ugs.) 서둘러, 황급히

Jede Spezialistin kauderwelscht nähmlich der Betroffenen zwischen Tür und Angel ein paar lateinische Worte ins Ohr.

전문가들은 누구나 당사자의 귀에 황급히 몇 마디 라틴어를 지껄인다.

Im Mittelpunkt der Novellen also steht weniger das Lesen, denn das Leben zwischen Tür und Angel.

단편소설의 초점은 독서에 있는 것이 아니라 독자들의 황급한 생활에 있다.

***jn. vor die Tür setzen** 쫓아내다, 해고하다

Ich habe also gar keine Wahl, als mehr als die anderen zu arbeiten, damit meine Firma mich nicht vor die Tür setzt.

회사에서 해고당하지 않으려고 나는 다른 사람보다 더 일하는 수밖에 없다.

Sechs Stimmen reichen also aus, um den Direktor jederzeit vor die

Tür zu setzen.

여섯 표만 확보하면 언제든지 소장을 쫓아낼 수 있다.

Der Kanzler selbst war es schließlich, der nur ein paar Minuten gebracht hat, um seinen Arbeitsminister vor die Tür zu setzen.

수상 조차도 노동부 장관 해임 결정에 단 몇 분밖에 걸리지 않았다.

Die heiße Form bedeutet, dass bewußt Beschäftigte, die nicht direkt Streik involviert sind, vor die Tür gesetzt werden. Das greift die Gewerkschaft vor allen finanziell an, weil sie für die Ausgesperrten Streikgeld zahlen muss.

강경 조치는 직접 파업에 참여하지 않은 노동자들도 의도적으로 해고시킨다는 것을 의미한다. 노조는 해고자에게 파업수당을 지불해야하기 때문에 이 조치는 노조를 무엇보다도 재정적으로 공략하는 것이다.

fit wie ein Turnschuh (몸이) 매우 가뿐한

Hier war ich Student und fit wie ein Turnschuh.

내가 여기 있던 때는 대학생이었고 몸도 가뿐했었다.

„Ich bin fit wie ein Turnschuh und kenne mich mit Krankheiten nur wenig aus", sagt die 74 jährige Frau.

"몸 컨디션이 아주 좋아서 병이라는 건 모르고 살아"라고 74세의 노파가 말했다.

Sie werden die „jungen Alten" genannt, zwar im Ruhestand(=i.R), aber immer noch fit wie ein Turnschuh.

그들은 은퇴했으나 아직 신체적으로 매우 정정하기에 "젊은 노인"이라 불린다.

Tüten kleben/drehen (ugs.) 콩밥 먹다

Sie haben ihn schließlich doch noch erwischt, jetzt muss er fünf Jahre Tüten kleben.

그는 마침내 붙잡혀서 이제 5년 동안 콩밥 먹어야 한다.

nicht in die Tüte kommen (ugs.) 있을 수 없다, 용인 못 하다

„In diesem Alter geht man noch nicht mit Jungs aus, das kommt gar nicht in die Tüte."

"아직 그 나이에는 사내들과 사귀어서는 안 된다. 그것은 절대로 있을 수 없다."

U

das kleinere Übel wählen 차선을 택하다

Wenn es schon ein Betriebsausflug geben muss, dann wollen wir das kleinere Übel wählen und statt eines Fußmarsches eine Fahrt mit dem Autobus machen.

회사 소풍을 가야한다면 차선을 택하여 걸어서가 아니라 버스를 타고 가고싶다.

***ein notwendiges Übel** 필요악

Das Zahlen von Steuern ist ein notwendiges Übel.

납세는 필요악이다.

***über und über** 완전히, 온통

Als wir ankamen, war unser Ferienhaus über und über mit Schnee bedeckt.

우리가 도착했을 때 별장은 눈으로 완전히 덮여 있었다.

das Übergewicht bekommen/kriegen (ugs.) 균형을 잃다

Halt den Kleinen gut fest, Kinder bekommen leicht das Übergewicht.

사내아이를 꼭 붙들어라. 아이들은 곧잘 균형을 잃는다.

***über etw. Überlegungen anstellen** 숙고하다(=sich überlegen)

Wir sollten mal ernst über das umweltschädliche Golf Überlegungen anstellen.

환경을 해치는 골프에 대해 우리는 정말 진지하게 생각해 봐야 한다.

feindliche Übernahme 적대적 인수

Das Rennen ist eröffnet. Vodafone will Mannesmann für 120 Milliarden Euro übernehmen. Die erste feindliche Übernahme hier zu Lande wäre auch bislang noch im erfolgreichen Gang.

경쟁은 시작되었다. 항공사 포다폰은 만네스만 회사를 24억 유로에 인수하려한다. 이 나라에서의 첫 번째 적대적 인수 작업은 현재까지는 성공리에 진행되고 있다.

*von etw. überzeugt sein 확신하다

Ich bin davon überzeugt, dass der Einsatz historischer Instrumente besonders die revolutionäre Seite von Beethovens Genie deutlicher werden lässt.

역사적 악기를 연주에 동원함으로써 특히 베토벤이 지닌 천재성의 혁신적 측면이 더욱 뚜렷하게 부각되리라고 나는 확신한다.

*jm. bleibt nichts [anderes] übrig, [als] 다른 방안이 없다

Es bleibt mir ja nichts anderes übrig, als mit nach Berlin zu ziehen, wenn wir zusammenbleiben wollen.

우리가 함께 있으려면 함께 내가 베를린으로 이사하는 수밖에는 없다.

für jn. etwas/nichts übrig haben 호감을 약간 가지다(전혀 안 가지다)

Er hat für seine Schwiegermutter nichts übrig gehabt.

그는 장모에게 호감을 전혀 가지고 있지 않다.

für etw. etwas/nichts übrig haben 관심이 약간 있다(전혀 없다)

Die meisten Leute haben für experimentelles Theater nichts übrig.

대부분의 사람들은 실험극에는 관심이 전혀 없다.

ein Übriges tun 마무리로 하다

„Sie haben uns schon sehr geholfen; Sie könnten jetzt ein Übriges tun und uns den Weg zum Bahnhof beschreiben."

"기왕 많이 도와 주셨으니 이제 마지막으로 역으로 가는 길을 알려주십시오."

im Übrigen 그 외에(=übrigens)

„Das ist mein letztes Wort, und im Übrigen werden Sie demnächst von meinem Anwalt hören."

"이것이 나의 마지막 말이고 그 외에는 곧 내 번호사가 당신에게 알려줄 것이요."

vom anderen Ufer sein (ugs.) 동성연애자이다

> Er ist wahrscheinlich vom anderen Ufer.
> 그는 아마도 동성연애자인 것 같다.

js. Uhr ist abgelaufen (dichter.) 수명이 다하다

> Man sah ihm an, dass seine Uhr bald abgelaufen ist.
> 그가 명이 다한 것을 알 수 있었다.

wissen, was die Uhr/die Glocke geschlagen hat 실제 상황을 알다

> Ich habe heute mit deinem Klassenlehrer gesprochen und weiß jetzt endlich, was die Uhr geschlagen hat
> 오늘 너의 담임선생과 이야기를 통해 상황이 실제로 어떠했는지를 이제 안다.

irgendwo gehen/ticken die Uhren anders (~ 에는) 기준이 다르다

> Nicht in Bayern sondern in Bremen gehen die Uhren anders. Dort stimmt man, völlig atypisch, gegen den Bundestrend ab.
> 바이에른 주가 아닌 브레멘 주는 다르다. 브레멘 주는 전체의 경향과는 반대로 완전히 다르게 투표한다.

***rund um die Uhr** (ugs.) 상시, 24시간

> Die Zentrale ist rund um die Uhr besetzt.
> 본부는 24시간 운용되고 있다.

> Als die Zeit dann knapp wurde, haben wir rund um die Uhr gearbeitet.
> 시간이 촉박해지자 우리는 24시간 일했다.

ohne Umschweife 단도직입적으로

> Er sagte sofort und ohne Umschweife, was er von mir wollte.
> 그는 즉각 단도직입적으로 내게 원하는 바를 말했다.

***viele [keine] Umstände machen** 요란하게 일을 벌이다(벌이지 않다)

> „Wenn er nicht immer so viele Umstände machte, sähe es mit seiner Karriere besser aus!"

"그가 요란하게 일을 벌이지 않으면 그의 경력이 좋게 보일 텐데!"

„Machen Sie wegen mir bitte keine Umstände. Ich trinke genau dasselbe wie Sie : Kaffee oder Tee, das ist mir egal!"

"저 때문에 별도로 준비하지 마세요. 당신과 똑같은 것을 마시겠어요. 커피든 차든 아무 것이라도 괜찮습니다!"

in anderen/gesegneten Umständen sein (verhüll.) 홀몸이 아니다, 임신 중이다

Kurz nach der zweiten Fehlgeburt war sie schon wieder in anderen Umständen.

두 번째 유산 직후에 그 여자는 다시 임신했다.

*unter Umständen 경우(형편)에 따라서는

Unter Umständen bin ich bereit, eine Notlüge zu gebrauchen.

나는 경우에 따라 어쩔 수 없는 거짓말이라도 할 각오가 되어 있다.

*unter keinen Umständen 결코 ~ 아니다

Über diese Dinge darf unter keinen Umständen etwas in der Presse erscheinen.

이 일에 대해서 언론에 결코 어떤 것도 보도되어서는 안된다.

*und so weiter(=usw.)/und so fort

1 기타, 등등

Führerschein, Wagenpapiere und so fort gehören nicht ins Hand-schuhfach.

운전 면허증, 자동차 서류 등은 운전석 오른편 서랍에 넣지 않는다.

2 통상대로, 예상대로

Dann kommt die übliche Verfolgungsjagd und so weiter, und so weiter, und am Schluss siegt wie immer die Gerechtigkeit.

그 다음에는 통상적 검거선풍이 뒤따르고 결국은 으레 정의가 승리한다.

und tschüs 끝이다, 모두 끝나다

Die Touristen schleppen, was die Arme tragen : Schnapps, Zigaretten und Wurst. Die Augen des Zöllners kreisen : Gesicht, Paß, rechte Tüte, linke Tüte und tschüs.

관광객은 군인들이 흔히 들고 다니는 술, 담배, 소시지 등을 가지고 입국한다. 세관원은 눈으로 대충 훑어본다. 얼굴, 여권, 오른쪽 비닐봉투, 왼쪽 비닐봉투, 자, 끝!

Für jeden sechsten deutschen Touristen gilt mitterweile : Spanien, Mallorca und tschüs.
독일 관광객 여섯 사람 중 한 명은 여행지로 스페인과 마이요카만 원한다.

Undank ist der Welt Lohn. (Spr.) 배은망덕이 세상사다

Ihre besten Jahre hat sie diesem Mann geopfert, jetzt lässt er sie einfach sitzen – ach, Undank ist der Welt Lohn.
그 여자는 한창 때를 이 남자에게 헌신했는데 이제 와서 그가 그녀를 저버리다니 – 아, 배은망덕이 세상사다!

nicht von ungefähr 우연이 아닌, 그럴만한 이유에서

Seine schlechte Note in Geographie kommt ja wohl nicht von ungefähr.
그의 지리 성적이 나쁜 것은 아마도 그럴만한 이유가 있을 것이다.

ins Unglück/in sein Verderben rennen (ugs.) (의식하지 못한 채) 불행으로 치닫다

Das kann man doch nicht mit ansehen, wie die beiden ins Unglück rennen!
두 사람이 불행으로 치닫는 것을 가만히 보고만 있을 수 만은 없는 일이다!

zu allem Unglück 설상가상으로, 엎친 데 덮친 격으로

Zu allem Unglück hat er sich auch noch den Arm gebrochen.
설상가상으로 그는 팔까지 부러졌다.

Er hatte diesem Schwindler zu allem Unglück auch noch sein Auto geliehen.
그는 이 사기꾼에게 엎친 데 덮친 격으로 자동차까지 빌려주었다.

*zu js. Ungunsten 누구에게 불리하게

Der Richter entschied zu Ungunsten des Angeklagten.
판사는 피고에게 불리하게 판결했다.

jn. unmöglich machen 웃음거리로 만들다, 망신시키다

Sie hat ihn doch in der ganzen Stadt unmöglich gemacht, als sie gegen ihn vor Gerichte gezogen ist.

그를 상대로 소송을 제기했을 때 그 여자는 온 장안이 떠들썩하게 그를 망신시켰다.

sich unmöglich machen 체면(신용)을 잃다

Er hat sich in seinem ganzen Bekanntkreis unmöglich gemacht.

그는 자기를 아는 사람들 사이에서 망신을 당했다.

Unrat wittern 위험을(화를) 느끼다

Ich witterte schon lange Unrat und bekam diesen Verdacht nach den Enthüllungen auch bestätigt.

벌써부터 나는 위험성을 감지했는데 이 느낌은 진상 규명 후에 사실로 확인까지 되었다.

***Unrecht haben** 틀리다, 옳지 않다

Man soll auch mal zugeben können, dass man Unrecht hatte.

옳지 않았다고 시인할 줄도 알아야 한다.

jm. Unrecht tun 부당한 일을 하다

„Verzeihen Sie mir, Herr Kim, dass ich Ihnen damals Unrecht getan habe!"

"김 선생님, 당시에 당신에게 부당한 일을 한 것을 용서해 주시오!"

Unschuld vom Lande (spött.) 촌티 나는 처녀(소녀)

In diesem alten Film spielt die bekannte Schauspielerin eine Unschuld vom Lande.

이 옛날 영화에서 그 유명한 여배우가 촌티 나는 소녀 역을 맡고 있다.

bei jm. unten durchsein (ugs.) 신용을 다 잃다, 끝장나다

Seit der blöden Bemerkung ist er bei mir unten durch.

못된 발언을 한 다음부터 그는 나에게 볼장 다 본 사람이다.

nichts unversucht lassen 갖은 수단을 동원하다

Die Polizei hat nichts unversucht gelassen, Zeugen für den Überfall zu finden.

경찰은 이 습격의 목격자를 찾기 위해 온갖 수단을 다 동원했다.

fröhliche Urständ feiern (scherzh.) (관습이) 되살아나다, 다시 대두되다

Die alten Bräuche auf dem Lande feierten plötzlich fröhliche Urständ.

농촌의 옛 관습이 갑자기 되살아났다.

V

nicht zu verachten sein (ugs.) 환영할 만하다

Die Berichte von der sportlichen Seite der letzten Woche waren nicht zu verzichten.

지난 주 스포츠 면 보도기사는 환영할 만했다.

***etw. für verantwortlich machen** 책임을 묻다

Der Abgeordnete machte eine Medienkampagne für die entstandene Lage verantwortlich.

그 국회의원은 발생한 상황에 대한 책임을 대중매체의 캠페인에 돌렸다.

Die EU und die Nato zeigen sich betroffen. Israel machte Europa indirekt mitverantwortlich für die Attentate.

이스라엘은 간접적으로 유럽에게 암살에 대한 책임의 일부를 지웠다. 유럽연합과 나토는 당황스러워한다.

***sich mit jm. in Verbindung setzen** 접촉(연락)하다

Der Anwalt versuchte vergeblich, sich mit den beiden Zeugen des Unfalls in Verbindung zu setzen.

변호사는 두 명의 사고 목격자와 연락을 했으나 허사였다.

sich um etw. verdient machen 기여하다, 이바지하다

Er hat sich um die Herstellung der Lehrbücher und Lehrvideos sich verdient gemacht.

그는 학습용 교재와 비디오 출간에 공로를 세웠다.

***jm. zur Verfügung stehen** 마음대로 사용하다, (자금, 예산 등이) 책정되다

Viele Patienten sterben, weil nicht rechtzeitig ein Organ zur Verfügung steht.

장기가 적절한 때에 장기를 이용할 수 없어서 많은 환자가 죽어간다.

In den vergangenen 20 Jahren hatten circa 40 Millionen Euro der Kunst im öffentlichen Raum zur Verfügung gestanden.
지난 20년간 약 4천만 유로가 공공장소의 예술작품에 사용되었다.

Die Abgeordneten von CSU erwartet vom Parteichef eine klare Auskunft darüber, ober als Kanzlerkandidat zur Verfügung steht.
사민당 의원들은 당수가 수상후보가 될 의지가 있는지 확실히 밝혀주기를 기대하고 있다.

Pro Schüler und Jahr stehen etwa 25 Euro für Lernmittel zur Verfügung.
교재비용으로 학생 한 명에 매년 약 25유로가 책정되어 있다.

Für die Biobauern steht mehr Geld zur Verfügung als je zuvor.
유기농 농가에 그 어느 때보다 많은 자금이 책정되어있다.

***jm. etw. zur Verfügung stellen** 지원하다, 책정하다(=verfügen)

China will Afghanistan eine Finanzhilfe in Höhe von 5,2 Millionen Euro zur Verfügung stellen.
중국은 아프카니스탄에 520만 유로에 달하는 재정지원 자금을 내놓으려한다.

Übers Jahr gerechnet ergeben sich daraus Mehreinnahmen, die wir einem gemeinnützigen Zweck zur Verfügung stellen wollen.
일년 후에 계산해보니 초과수입이라는 결과가 나왔다. 우리는 이것을 공익적 목적에 쓰려고 한다.

Seitdem befasst sich der Sportausschuss vom Bundestag verstärkt mit dem Dopingthema. Die Bundesregierung hat mittlerweile zwei Millionen Euro zur Verfügung gestellt.
그 이후 국회의 스포츠 분과위원회가 도핑문제를 다루고 있다. 그간에 연방정부는 2백만 유로를 책정했다.

50 Prozent der Konstruktionsmittel stellt die Europäischen Union als Darlehen zur Verfügung.
유럽연합은 설계자금의 50%를 융자금으로 책정한다.

sich³ etwas/nichts vergeben 체면을 깎기다(지키다)

Man will nicht zeigen, dass man sich etwas vergibt.

사람들은 자기 체면이 깎기기를 원하지 않는다.

Die führenden Politiker würden sich nichts vergeben, wenn sie nicht dauernd beide Hände in Hosentaschen hätten.
계속 두 손을 바지주머니에 넣고 있지 않으면 유수한 정치인들이 체면을 지키는 것이다.

*jm. etw. nicht/nie vergessen 항상 감사하다

Er hat es mir felsenfest versprochen, ich werde ihm nie vergessen!
그는 나에게 그것을 철석같이 약속했기 때문에, 나는 그에게 늘 감사할 것이다.

etw. aus dem Verkehr ziehen 〈대개 수동형으로〉 유통(운행) 정지시키다

Vier Busse wurden angezeigt, einer sogar vorübergehend aus dem Verkehr gezogen.
버스 네 대는 입건되고, 한 대는 임시로 운행정지 당했다.

Die inffizierten Blutprodukte wurden umgehend aus dem Verkehr gezogen.
감염된 혈액은 즉각 유통이 금지되었다.

auf jn./etw. ist kein Verlass 믿을 수 없다, 불신 받다

„Auf dich ist kein Verlass! Heute willst du dieses. Morgen willst du das.“
"오늘은 이것, 내일은 저것을 원하니, 너는 믿을 수가 없구나!"

Auf diese Koaltionsregierung ist kein Verlass.
이 연립정부는 신임을 할 수 없다.

nicht/nie um etw. verlegen sein (대답에) 막힘이 없다

Überhaupt ist er ein kluger Gesprächspartner, der um verschmitzte Antwort nie verlegen ist.
어쨌든 그는 영악한 대답이 막히지 않는 영리한 대화상대다.

Er ist ein Führer, der auch im Notfall nie um eine rhetorisch und inhaltlich einwandfreie Antwort verlegen ist.
그는 위급한 경우에도 수사적으로나 내용적으로 완벽한 대답을 할 수 있는 지도자다.

***nichts zu verlieren haben** 잃어버릴 것이 없다, 무엇이든지 할 수 있다

Ich sage meine Jungs immer, dass sie nichts zu verlieren haben.
나는 자녀들에게 무엇이든지 할 수 있다고 항상 말하고 있다.

Uns macht stark, dass wir nichts zu verlieren haben.
우리는 잃을 것이 없다는 점이 우리를 강하게한다.

Wenn Menschen nichts zu verlieren haben, greifen sie eher viel zur Gewalt.
인간은 무엇이든지 할 수 있으면 곧잘 폭력을 사용한다.

jn./etw. verloren geben 포기하다

Es wurde gerannt, geköpft und kein Ball wurde verloren gegeben.
달리고 헤딩하고 공 하나도 포기하지 않았다.

Die Bemühungen, Ausgleich zu realisierren, scheiterten. Somit musste das Team dieses Spiel knapp verloren geben.
무승부를 이루려는 노력이 좌절되어 그 팀은 이 경기를 포기해야만 했다.

dem Vernehmen nach 소식통에 의하면

Dem Vernehmen nach hat die Mannschaft den Wechsel des Trainers verdaut.
소식통에 의하면 그 팀은 감독교체의 어려움을 극복했다고 한다.

Dabei handelt es sich dem Vernehmen nach in allen Fällen um UBS.
소식통에 따르면 어느 경우든 스위스 UBS 은행이 문제라고 한다.

Vernunft annehmen ; zur Vernunft kommen 사리를 분별하다, 이성을 회복하다

Kleinkinder können Vernunft annehmen und müssen erst lernen, ein Nein auszuhalten.
어린아이들은 사리판단을 할 수 있으면 "NO!"를 받아 들이는 것을 배워야한다.

Die eigene Mutter sperrte ihre Tochter in ihrer Kammer ein, weil sie nicht zur Vernunft kam.
사리분별을 못한다고 친어머니가 딸을 방안에 가두었다.

verraten und verkauft sein (ugs.) 배반당하다, 버림받다

Er fühlte sich verraten und verkauft, als seine Freundin bei Nacht und Nebel davon gelaufen war.

여자 친구가 아무도 몰래 도망치자 그는 배신감을 느꼈다.

Die Bürger wären von der Politik verraten und verkauft, sollte die EU nicht einlenken und sich an die vereinbarte Verträge einhalten.

만일 유럽연합이 방침을 바꾸어 합의된 협정을 준수하지 않으면, 주민들은 정치에 배신당하는 것이다.

verrückt spielen (ugs.)

1 절제 없이 행동하다

Wir dürfen jetzt nicht im Kopf verrückt spielen.

이제 우리는 분별없이 행동해서는 안 된다.

2 정상이 아니다

In den letzten zwei Wochen hat das Wetter verrückt gespielt.

지나간 두 주일간은 날씨가 정상이 아니었다.

Selbst wenn die Welt verrückt spielt, irgendwie bleibt sie auch immer rund.

세계가 정상이 아니지만 어쨌든 여전히 둥글다.

jn./etw. in Verruf bringen 비난받다, 악평을 받다, 신용을 잃다

Das letzte Jahr hat man Hunde oftmals zu Unrecht in Verruf gebracht.

지난해에 개들이 여러 차례 부당하게 비난의 대상이 되었다.

Bandenköpfe, Schießerrelen, Morde und Anschläge haben Macao in Verruf gebracht.

범죄단체 두목, 총기난사, 살인 및 음모가 마카오를 악평이 나게 했다.

*jn. mit etw. versorgen 누구에게 (필요한 것을) 공급해주다

Die reiche Frau versorgte ihre Kinder mit Taschengeld.

그 부유한 부인은 자녀들에게 용돈을 대주었다.

Die Alleinstehende konnte sich mit Nahrungsmitteln versorgen.

자녀와 홀로 사는 그 여자는 식료품을 구입할 수 있었다.

Die Lebensversicherung sichert dich und die Kinder ab. Ein Mann ist dazu da, seine Familie zu versorgen, schrieb er in dem Brief an die Frau.

생명보험은 당신과 자녀들의 장래를 보장하는 것이다. 남편이란 가족을 먹여 살리기 위해 존재하는 것이라고 그는 부인에게 보낸 편지에 썼다.

*den Verstand verlieren 미치다, 제정신이 아니다

Die Israelis meinen, dass in Jerusalem jeder früher oder später den Verstand verliert.

예루살렘에서는 누구나 조만간 미치게 된다고 그 이스라엘 사람들은 말한다.

Ich musste damals wirklich den Verstand verloren haben, wie konnte ich so einfach das zugeben.

어떻게 그렇게 쉽게 그것을 시인할 수 있었는지, 당시에 내가 정말 제정신이 아닌 것이 틀림없어.

*jm. etw. zu verstehen geben 암시(시사)하다

Er gab zu verstehen, das Ergebnis sei in keinem Fall eine Niederlage für die Vorsitzende.

그 결과가 의장의 패배는 결코 아니라고 그는 시사했다.

Er hat zu verstehen gegeben, neue Sanierungsschritte seien unmöglich.

새로운 개선조처는 불가능하다고 암시했다.

Die Nato und die EU haben der Türkei zu verstehen gegeben, dass die Republik Zypern auch dann in die EU aufgenommen werde, wenn er sich weiter stur stelle.

만일 계속 고집을 부리면 싸이프러스도 유럽연합에 가입될 것임을 나토와 유럽연합은 터키에게 암시했다.

Vertrauen ist gut, Kontrolle ist besser (R.) 신뢰도 좋지만 확인이 더 좋다

*jm. [js.] Vertrauen/Glauben schenken 신뢰하다

Sollten die Wähler ihm ihr Vertrauen schenken, könnte er sich auch bei den Parlamentswahlen endlich die nötige Mehrheit verschaffen.

유권자가 그를 신임해주면 총선에서도 결국 필요한 과반수 의석을 확보할 수 있을

것이다.

Die Wohnung in Venedig ist mittlerweile, wenn man ihr Glauben schenken kann, unbewohnbar.
그 여자의 말대로라면, 베니스에 있는 집은 그 사이에 사람이 살 수 없게 되었다.

Die Chefin schenkte dem Neuling ihr volles Vertauen.
그 여자 사장은 그 신입사원을 절대적으로 신뢰했다.

***mit etw. vertraut sein** 잘 알다, 숙지하다

Es fällt vielen Kosovo-Flüchtlingen schwer, mit der sozialen Orientierung in der neuen Umgebung vertraut zu sein.
새로운 환경에서 사회적 방향감각을 제대로 갖는 것은 많은 코소보 난민에게 어려운 일이다.

***sich mit etw. vertraut machen** 익히다, 익숙해지다

Sie konnten sich mit den Lehrkräften vertraut machen.
그 여자는 교사들과 익숙해질 수 있었다.

Die jüngen Skifahrer wurden zuerst einmal mit der Technik vertraut gemacht, die bei Slalom und Riesenslalom wichtig ist.
젊은 스키어들은 먼저 회전과 대회전에서 중요한 기술을 배웠다.

Die Inhalte des Unterrichts umfassen Übungen, die Kinder mit dem Wasser vertraut zu machen.
수업 내용에는 아이들을 물에 익숙하게 하는 연습이 포함되어 있다.

mit offenem Visier kämpfen (bildungsspr.) 당당하게 맞서다

Wer bereit ist, mit offenem Visier zu kämpfen, mit dem setzen wir uns gerne auseinander.
당당히 맞설 준비가 된 사람과 우리는 기꺼이 논의한다.

Bereits beim ersten inhlatlichen Abklopfen des Regierungsprogramms wird klar, dass nicht mit offenem Visier gekämpft wird.
정부계획을 내용적으로 처음 살펴볼 때 이미 당당하게 대처하지 않는 것이 분명했다.

[mit etw.] den Vogel abschießen (iron.) 성과를 거두다, 업적을 세우다

Es gelingt ihm immer wieder, tolle Veranstaltung zu organisieren, mit diesem Turnier hat er aber den Vogel abgeschossen.

그는 늘 좋은 행사를 계획할 수 있어서 이번 순회경기에서도 업적을 세웠다.

In einem Moment beutete ein bulgarischer Profi 60,000 Euro, er hat aber den Vogel abgeschossen.

순식간에 불가리아 프로급 절도범은 6만 유로를 터는 성과를 올렸다.

Mit der Währung des Bundespräsidenten, natürlich eine Regierung zu bilden, die im Ausland Ansehen hat, hat er den Vogel abgeschossen.

외국에서 인정받는 정부를 구성할 연방대통령직을 유지하게 되어 그는 성과를 거두었다.

jm. den Vogel zeigen (ugs.) (엄지를 머리에 대며) 제 정신이 아님을 표현하다

Viele Autofahrer von der Normalspur haben mich angehupt und mir den Vogel gezeigt.

주행차선의 운전자들이 나에게 경적을 울리며 엄지를 머리에 대며 미쳤다고 했다.

Der Spieler schüttelte den Kopf und zeigte dem Schiedsrichter den Vogel.

그 선수는 머리를 좌우로 흔들고 심판에게 엄지를 머리에 대며 제정신이 아니라고 했다.

*voll sein

1 배부르다, 많이 먹었다

Wenn der Bauch nach einem guten Essen voll ist, geht man gut nach einer Stunde schwimmen.

식사를 잘 하고 배가 부르면 한 시간은 지난 후에 수영하러간다.

2 꽉 들어차다, 만원이다

Ich bin felsenfest überzeugt, dass das Fußballstadion am Wochenende voll sind.

주말에 축구 경기장이 관중으로 꽉 찰 것이라고 확신한다.

aus dem Vollen leben 아주 풍요롭게 살다

Jahrelang haben die beiden aus dem Vollen gelebt, aber jetzt sind die Rücklagen aufgezehrt.

수년 동안 두 사람은 아주 풍성하게 살았으나 이제는 예비자금을 다 써버렸다.

aus dem Vollen schöpfen 효과적으로 이용(사용)할줄 알다

Er als Solist darf hier aus dem Vollen schöpfen.
그는 독주자로서 이곳을 마음껏 사용하여도 된다.

jn./etw. für voll nehmen 중요하게 보다, 가치 있게 여기다

Er ist zu konservativ und hat uns in der damaligen Koalition nicht voll genommen.
그는 너무 보수적이고 그 당시 연정에 참여한 우리를 중시하지 않는다.

Das hatte ich anfangs gar nicht für voll genommen.
나는 그것을 처음에는 전혀 중요시하지 않았다.

in die Vollen gehen (ugs.) 혼신을 다하다

Dem Einmarsch mit Musik folgt die Begrüßung durch den Bürgermeister, bevor die jungen Sportler in die Vollen gehen.
전력을 다할 경기에 앞서 젊은 선수들이 음악에 맞추어 입장한 후에 시장이 인사 말을 한다.

***im/zum Voraus** 미리, 사전에

Die genaue zeitliche Belastung ist im Voraus schwierig abzuschätzen.
정확한 시간 소요는 미리 예측하기가 어렵다.

Die Artikel müssen im Voraus Nummer, Größe und Preis angeschieben werden.
물품은 번호, 크기 및 가격이 사전에 기입되어야 한다.

Benutzer können ihre Geburtagsgrüße und E-Mail Adresse im Voraus eingeben.
이용자는 생일 축하인사와 e-메일 주소를 미리 입력할 수 있다.

***im Vordergrund stehen**

■ 중심을 이루다, 매우 중요하다

Nach dem Fall der Mauer stand ein andere Fremdsprache, Englisch im Vordergrund.
장벽이 무너진 후에 지금까지와는 다른 외국어인 영어가 중심이 되었다.

Jetzt startet man in die zweite Etape, in der acht Reformvorhaben im Vordergrund stehen sollen.

이제 8개의 개혁 프로그램이 중심들 이루고 있다는 두 번째 단계로 출발한다.

2 앞자리에 서다

Die Königin von England steht bei Staatsakten immer im Vordergrund, aber sie verfügt über keine reale Macht mehr.

영국 여왕은 국가 의식석상에서는 반드시 맨 앞자리를 차지하지만, 실권은 가지고 있지 않다.

jn./etw. auf Vordermann bringen (ugs.) 규율을 지키도록 하다, 정리하다

Der Trainer muss die Jungs auf Vordermann zu bringen.

트레이너가 젊은 선수들이 규율을 지키도록 해야 한다.

Das ehemalige Waldstadion wurde in den vergangenen Monaten komplett auf Vordermann gebracht.

그전에 숲 구장이 지난 몇 개월 동안에 완전히 정돈되었다.

bei jm./etw. vorstellig werden (Papierdt.) 민원을 제출하다, 이의신청하다

Er will in dieser Sache im laufenden Monat beim Bundesamt für Polizei vorstellig werden.

그는 이 일을 이달 중에 연방 경찰청에 민원을 제기하려 한다.

Er wird daher mit einer hochkräftigen Delegation beim neuen Minister vorstellig werden.

그는 고위급 대표단과 더불어 신임 장관에게 이의신청을 할 것이다.

Bereits im Mai ist man mit diesem Ansuchen bei der Stadt vorstellig geworden.

벌써 5월에 이것을 요청하는 민원이 시에 제출되었다.

jm./etw. Vorwurf machen 비난하다(jm. vorwerfen)

Er hat sich vielleicht auf mich verlassen, dass ich den Zweikampf gewinne. Da kann man ihm keinen Vorwurf machen

일대일 양자대결에서 이길 것이라고 그는 아마도 나를 믿었던 것이다. 누구도 그를 비난할 수 없다.

Den nationalen Regierungen muss der Vorwurf gemacht werden, die

EU-Verfassung zu schlecht verkauft und zu sehr eigene politische Interessen verfolgt haben.

유럽연합-헌법을 불리하게 팔아버리고 지나치게 자신들의 정치적 이익만을 추구했다고 회원국 정부들은 비난을 받아 마땅하다.

W

sich/einander die Waage halten 대등하다, 균형을 이루다

Vorteile und Nachteile der neuen Regelung dürften einander die Waage halten.

새 규정의 장점과 단점이 서로 대동소이하다.

etw. in die Waagschale werfen 수단으로 투입(사용)하다

Der Spieler will seine internationale Erfahrung für uns in die Waagschale werfen.

그 선수는 국제무대의 경험을 우리 팀을 위해 발휘하고자 한다.

Ich werde in die Waagschale werfen, dass ich mit Hauptsitz und Produktion nach Hamburg gehe.

본부 및 생산설비와 함께 내가 함부르크로 옮기는 것을 감행할 것이다.

sein ganzes Gewicht in die Waagschale werfen (이루기 위해) 전력을 다하다

Für den Sieg der WM wurf der Vorsitzende des Verreins sein ganzes Gewicht in die Waagschale.

세계 선수권대회 우승을 차지하기위해 협회 회장은 전력을 기울였다.

***jm./etw^3 gewachsen sein** (우월한 사람과) 대등하다

Was Physik betrifft, ist der Schüler den Studenten gewachsen.

물리에 있어서는 그 학생은 대학생과 버금가는 수준이다.

die Waffen strecken (geh.) 포기하다, (상대에게) 항복하다

Wenn Gebühren verlangt werden, muss ich die Waffen strecken.

사용료를 요구하면 나는 포기할 수밖에 없다.

Erst im Winter 1989 wird sie politisch aktiv. Zu diesem Zeitpunkt hatte das alte System längst die Waffen gestreckt.

1989년 겨울에서야 그 여자는 정치적으로 활동했다. 그 시점까지는 낡은 체제는
이미 무너졌다.

wer nicht wagt, der gewinnt nicht ; frisch gewagt ist halb gewonnen
(Spr.) 도전하지 않으면 얻는 것도 없다 ; 시작이 반이다

abwarten/sehen, wie der Wagen läuft (ugs.) 사태의 진전을 지켜보다
Wir wollen erst einmal sehen, wie der Wagen läuft, bevor wir in das
Unternehmen unser Geld investieren.
그 기업에 우리 자금을 투자하기 전에 우선 상황의 진전을 지켜보려고 한다.

jn. an den Wagen/Karren fahren (ugs.) 공격하다, 거칠게 대하다
„Mir ist nicht klar, warum er mir ständig an den Wagen fährt. Meines
Erachtens habe ich ihm noch nie etwas getan!"
"왜 그가 계속해서 나를 공격적으로 대하는지 알 수가 없다. 내 생각으로는 나는
그에게 아무 짓도 하지 않았다."

sich nicht vor js. Wagen/Karren spannen lassen 이용당하지 않다
Das möchte ich mich selbst entscheiden, denn ich lasse mich nicht
gern von seinen Karren spannen.
그에게 이용당하기 싫어서 그것은 내가 스스로 결정하고 싶다.

wer die Wahl hat, hat die Qual (Spr.) 선택은 괴로운 일이다

*erste/zweite/dritte Wahl (Kaufmannsspr.) 일등(이등, 삼등)품
Erste Wahl sind Produkte mit dem EU-Label angegebenen Effi-
zienzkalasse A.
일등품은 효율성 A라고 쓰인 유럽연합 라벨이 있는 제품들이다.

Nach Meinung der Analysten ist die Dresdner Bank nur zweite Wahl
für Allianz.
분석가의 의견으로는 드레스덴 은행은 보험사 알리언츠를 대신한 차선책이다.

Der Spieler fand sich nur noch auf der Ersatzbank wieder. Weshalb er
nicht mehr erste Wahl war, weiß er heute noch nicht.
그 선수는 벤치에만 모습을 다시 나타냈다. 주전 선수로 기용되지 않은 이유를 그

는 지금도 모른다.

***nicht wahr?** (ugs.) 그렇지!

> „Hier ist es gemütlich, nicht wahr?"
>
> "여기는 분위기가 편안하다, 그렇지!"
>
> „Darauf haben wir uns auch schon den ganzen Morgen wie wild gefreut, nicht wahr!"
>
> "그 일로 우리는 아침 내내 미친 듯이 좋아했었지!"

Wahrheit liegt in der Mitte (Spr.) 진리는 중용에 있다

***in Wahrheit** 실제로는, 사실은, 원래는

> In Wahrheit wollte das Paar die beide Söhne und das Mädchen loswerden.
>
> 사실 그 부부는 두 아들과 딸로부터 벗어나고자 했다.
>
> In Wahrheit versucht der Finanzminister, seinen Haushalt mit allerei Tricks schöner zu rechnen.
>
> 재무장관은 실제로는 국가의 살림을 온갖 잔재주를 동원하여 미화시키려 한다.
>
> „Sie reden hier zwar nett, aber in Wahrheit sind Sie an keiner Stelle eine wirkliche Hilfe, um Verbraucherschutzpolitik umzusetzen."
>
> "당신은 여기서 말은 잘 하지만, 실제로는 소비자보호정책 실천을 위해서는 그 어디에서도 실질적 도움이 되지 않습니다."
>
> „Es geht Ihnen gar nicht um die Türkei oder die EU. In Wahrheit geht es um eine Neuauflage des ausländerfeindlichen Wahlkampfes."
>
> "당신에게 중요한 것은 터키나 유럽연합이 아닙니다. 사실은 이것은 외국인에 적대적인 선거전을 다시 벌리자는 것입니다."

wie man in den Wald hineinruft, so schallt es heraus (R.) 뿌린 만큼 거둔다

> Es geht vor allem darum, den direkten Kontakt zur Bevölkerung zu stärken. Denn wie man in den Wald hinruft, so kommt es auch zurück.
>
> 국민과의 직접 접촉이 무엇보다도 중요하다. 뿌린 만큼 거두기 때문이다.

jn. an die Wand drücken (ugs.) 무참히 궁지에 몰다

Den steckte sie, was politisches Wissen betraf, in die Tasche, den drückte sie auch als Redner glatt an die Wand.

그 여자는 정치식견에서 그를 능가하고, 연설가로서도 그를 여지없이 궁지에 몰아넣었다.

die Wände haben Ohren (Spr.) 낮말은 새가 듣고 밤말은 쥐가 듣는다

sich gewaschen haben (ugs.) (부정적으로) 심하다, 매우 인상적이다

Handelskette Billa bot das Waschmittel derart günstig an. Es war ein Angebot, das sich gewaschen hat.

슈퍼체인점 "빌라"는 세재를 아주 싸게 공급했는데, 이는 너무 심한 판매였다.

schmutzige Wäsche waschen (abwertend) 지저분한 일을 들춰내다

Es wurde im Wahlkampf keine schmutzge Wäsche gewaschen.

선거전에서 스캔들을 들춰내지는 않았다.

das Wasser steht jm. bis zum Hals/bis zur Kehle 빚이 많다, 재정적 곤경에 처해 있다

Das Wasser steht dem Chef bis zum Hals. Finanzlage der „Gespa" spitzt sich.

사장의 빚이 목까지 찼다. "게스파"의 재정형편이 극단적으로 악화되고 있다.

jm. nicht das Wasser reichen können (ugs.) 수준에 못 미치다

Die Frauen können den Männern in dieser Disziplin immer noch nicht das Wasser reichen

이 학문분야에서는 여성이 아직도 남성의 수준을 못 따라온다.

Die Investmentfonds können den Sparbüchern zwar noch nicht das Wasser reichen.

투자펀드는 아직은 예금통장의 수준에 못 미친다.

jm. läuft das Wasser im Munde zusammen (ugs.) 군침 흘리다, 몹시 탐내다

Sie hat ihren Kochherd in Betrieb genommen, sie brät sich Zucker in einer Pfanne. Das Wasser läuft ihr im Munde zusammen dabei, obwohl es schon sehr angebrannt riecht.

그 여자는 레인지를 켜고 프라이팬에 설탕을 볶는다. 이미 타는 냄새가 심하게 났지만 그녀는 군침이 흐른다.

nahe am Wasser gebaut haben (ugs.) 눈물이 많다

Ich habe nahe ziemlich am Wasser gebaut. Ich bin überhaupt nicht gut darin, meine Gefühle zu verbergen.
나는 감정을 잘 감추지 못하여, 눈물이 상당히 많다.

ins Wasser fallen (ugs.) 실현되지 못하다, 허사가 되다

Buchstäblich ist das gestrige Testspiel ins Wasser gefallen.
글자그대로 어제의 테스트 경기는 물거품이 되었다.

Der Saisonstart ist mangels Schnee mehr oder weniger ins Wasser gefallen.
눈 부족으로 스키 시즌 개막이 어느 정도 허사가 되었다.

ein Schlag ins Wasser [sein] (ugs.) 실패하다

Die Razzia der Polizei war leider ein Schlag ins Wasser. Jemand muss die Diebe gewarnt haben, denn niemand wurde erwischt.
경찰의 추적전은 안타깝게도 실패했다. 아무도 붙잡지 못한 것은 누군가 절도단에게 정보를 흘린 것이 틀림없다.

mit allen Wassern gewaschen sein (ugs.) 만사에 훤하다, 산전수전 모두 겪었다

Er hat große Fachkompetenz und ist mit allen Wassern gewaschen.
그는 대단한 전문능력을 가지고 있으며 만사에 훤하다.

Sie ist noch jung, aber doch mit allen Wassern gewaschen.
그 여자는 젊지만 산전수전 다 겪었다.

sich über Wasser halten 어렵사리 살게 하다(겨우겨우 살아가다)

Er ist kein Stipendiat, er muss sich aus eigenen Kräften über das Wasser halten.
그는 장학생이 아니기 때문에 자력으로 어렵게 살아 갈 수밖에 없다.

Manche Kollegen müssen sich als Taxifahrer über Wasser halten.
많은 동료 택시기사들은 겨우겨우 연명할 수밖에 없다.

wie ein Wasserfall/ein Buch reden (ugs.) 수다 떨다

> Sie redet wie ein Wasserfall, wenn sie etwas getrunken hat.
> 술을 약간 마시면 그 여자는 끝도 없이 수다 떤다.

jm. auf den Wecker/Nerven fallen/gehen (ugs.) 귀찮게 굴다, 부담이 되다

> Die nette Frau geht dem jungen Mann gehörig auf den Wecker.
> 그 상냥한 여자는 젊은 남자를 매우 귀찮게 했다.
>
> Man muss den Politikern auch gehörig auf den Nerven gehen
> 정치인들에게도 상당히 부담을 주어야한다.

***weder ~ noch ~** ~도 ~도 아니다

> Die Landesregierung will nicht nur Lehrern, sondern allen ihren
> öffentlichen Beschäftigten per Gesetz das Tragen von Kopftüchern im
> Dienst verbieten. Das Kopftuch sei eine politische Demonstration.
> Und die hat weder an Schulen noch in Amtsstuben etwas zu suchen.
> 주 정부는 교사들뿐 아니라 모든 공무원들이 근무 시간 중에 히잡을 쓰는 것을 법
> 으로 금지시키려 한다. 히잡은 정치적 데모행위라는 것이다. 따라서 학교와 관공
> 서에서 이런 행위를 시도해서는 안 된다.

der gerade Weg ist [immer] der beste Weg (Spr.) 정도를 가는 것이 최선의
길이다

zu etw. ist es noch ein weiter Weg 아직 멀었다

> Bis zum Sieg der Medizin über den Krebs ist es noch ein weiter Weg.
> 의학이 암을 정복할 수 있기까지는 아직 많은 일이 남아있다.

jm./etw. den Weg/die Wege ebnen (일의 진척을) 도와주다, 촉진하다

> Der Sieg beim Eurovisions-Songcontest hat Nicol den Weg geebnet.
> 유로비전 가요제에서의 1위 입상이 니콜에게 도움을 주었다.

***seinen [eigenen] Weg/seine eigenen Wege gehen** 자기 길을 가다, 소신껏
행동하다

> Er ist bekannter Künstler, der keiner Mode nachhing und unbeirrt

seinen Weg ging.

그는 유행을 따르지 않고 꿋꿋하게 소신껏 자기 길을 간 유명한 예술가다.

Er ist schon 25 und muss jetzt seine eigenen Wege gehen

그의 나이가 벌써 25살이니 자기 소신껏 행동해야한다.

alle Wege führen nach Rom (Spr.) 모든 길은 로마로 통한다

***seinen Weg machen** 성공하다

Er hatte irgendwoher ein Diplom und würde bestimmt seinen Weg machen.

그는 어디에서든 석사를 받았기에 틀림없이 성공할 것이다.

Highflyer aus dem Telekommunikationssektor werden auch heuer wieder ihren Weg machen.

텔레콤 분야에서 고공행진을 하는 회사는 금년에도 역시 성공할 것이다.

Für die schwachen Schüler ist es ein Erfolg, wenn er eine passende Lehrstelle bekommt und dort seinen Weg macht.

적합한 실습할 자리를 받아서 성공하면 지진아에게는 대단한 성과다.

***sich auf den Weg machen** 길을 떠나다, 출발하다

Ein Zehnjähriger aus Bayern hat sein Kettcar geschnappt und seinen Weg gemacht. Er wollte zur Oma nach Berlin.

바이어른 출신의 10살짜리 어린이는 할머니가 사는 베를린으로 가려고 어린이용 차를 타고 길을 떠났다.

Eine Chance besteht auch darin, wenn man sich auf den Weg macht, um eine neue Balance zwischen Solidarität und Gemeinwohl zu finden

단결과 공공 복리간의 새로운 조화를 찾기 위한 노사의 출발에 기대를 걸 수 있다.

auf dem besten Weg[e] sein (ugs.)

1 좋은 성과에 도달하다

Er ist auf dem besten Wege, einmal Abteilungsleiter zu werden.

그는 드디어 과장이 될 가능성이 높은 상황이다.

2 나쁜 결과에 도달하다

Durch ihren Zigarettenkonsum ist sie auf dem besten Wege, einmal

einen Herzinfarkt zu bekommen.
흡연으로 그 여자는 심장마비를 일으킬 위험성이 높은 상태에 왔다.

*etw. aus dem Wege gehen 피하다

Man sollte Stress aus dem Weg gehen.
스트레스를 피해야한다.

In den Rollenspielen erlernen die Kinder Verhaltensweisen, mit denen man Konflikten löst oder ihnen aus dem Weg geht.
역할놀이를 통해 아이들은 갈등을 해결하거나 피하는 행동양식을 체득할 수 있다.

Wer längere Wartezeit an den Bankschaltern aus dem Weg gehen möchte, sollte den derzeitigen Trubel abwarten.
은행창구에서 긴 대기시간을 피하고 싶으면 그 혼잡한 시간이 끝나기를 기다려야 한다.

etw./jn. aus dem Weg räumen (장애를) 제거하다, 살해하다

Ihr Wahl zur Präsidentin ist so gut wie sicher, die Fraktion hat ihr alle Widerstände innerhalb der Partei aus dem Weg geräumt.
원내 교섭단체가 당내 반발을 해소했기 때문에 그 여자가 의장에 선임되는 것은 확실하다.

*etw. in die Wege leiten 착수하다, 준비하다

Tiefgreifende Reformen wurden damals von der Staatsmacht in die Wege geleitet.
심도 깊은 개혁안을 그 당시 국가 권력이 준비했다.

Der Bürgermeister hat bereits die weiteren notwendigen Schritte in die Wege geleitet.
시장은 이미 다른 필요한 조처에 착수했다.

*jm. im Wege stehen 방해하다

Was dem einen im Weg steht, kann ein anderer vielleicht gut gebrauchen.
어떤 사람에게 방해가 되는 것을 다른 사람은 잘 이용할 수 있다.

Patente werden nicht im Weg stehen bei der Produktion des Medikaments.

특허권은 약품 생산에 지장을 주지 않는다.

etw.^{3} steht nichts im Wege 가능하다, 진척될 수 있다

Seine Teilnahme an dem Seminar steht nichts im Weg.
그는 세미나에 참석할 수 있다.

jm. nicht über den Weg trauen 전혀 믿지 않다, 전적으로 불신하다

Die größte Partei in Nordirland ließ einen Friedensplan scheitern, weil man IRA und deren politische Vertretung nicht über den Weg traut.
IRA와 그 정치적 대표성을 불신하기 때문에 북아일랜드의 가장 큰 정당은 평화계획을 무산시켰다.

auf kaltem Weg 수단 방법을 가리지 않고, 과감히

Wir werden sehr geanu darauf achten, dass ihr nicht auf kaltem Weg durch den Entzug von Haushaltsmitteln, die Arbeit weiter erschwert wird.
생활비 몰수로 인하어 그 여자의 활동이 어려워지지 않도록 어떤 방법으로든 우리가 꼼꼼하게 살필 것이다.

jm. reinen Wein einschenken 진실을 숨김없이 말하다

Die Abgeordneten sollten den Bürgern reinen Wein einschenken.
국회의원은 주민들에게 진실을 솔직히 털어놓아야 한다.

Die Politik hat es versäumt, den Wählern reinen Wein einzuschenken, weil vielleicht die Wahrheit unpopulär wäre.
진실은 인기가 없기 때문에 유권자들에게 진상을 숨김없이 밝히기를 정치가 소홀히 했다.

*weit und breit 널리, 광범위하게

Hier werden Sie weit und breit kein besseres Restaurant finden.
여기 이 일대에서 더 좋은 식당은 못 찾을 것입니다.

*bei Weitem

❶ 월등히, 현저히

Die Ausgaben der Kommunen nach dem Finanzbericht übersteigt die Einnahmen bei Weitem.

재무보고에 따르면 지자체의 지출은 수입을 훨씬 상회하고 있다.

2 어디까지나

Kindersitze sollten bei Weitem nicht immer vorschriftswidrig benutzt werden.

자동차의 어린이 좌석은 어디까지나 규정에 어긋나게 사용하면 안 된다.

*bis auf weiteres 우선은, 당분간

Über die Studiengebühren und die Hochschulreform könnte im Rektorenkonferenz bis auf weiteres noch ausführlich diskutiert werden.

등록금과 대학개혁에 대하여 우선은 총장회의에서 상세한 논의가 이루어질 수 있을 것이다.

Die Geschäfte in Leipzig müssen bis auf weiteres sonntags Rollläden unten lassen. Das Oberverwaltungsgericht hat eine Beschwerde der Stadt gegen ein ”Sonntag-Öffnungsverbot“ des Leipziger Verwaltungsgerichts zurückgewiesen.

라이프찌히의 상가는 당분간 일요일에 영업을 할 수 없다. 행정법원은 라이프찌히 지방 행정법원이 내린 “일요일 영업 불가” 판결에 대한 시 당국의 불복상고를 기각했다.

grüne Welle (계속 주행이 가능한) 녹색 신호체계

Die grüne Welle gab von Anfang an dem Durchgangsverkehr absoluten Vorrang.

녹색 신호체계는 처음부터 통과에 절대적 큰 비중을 두었다.

Dic Stadt sollte auf fließenden Verkerhr achten. Die Ampelsteuerung auf grüne Welle umschalten und die Straßenverengungen entfernen.

시는 막힘없는 통행에 관심을 기울여야 한다. 녹색 신호체계로의 신호등조작의 전환과 도로 협소화의 해결 등이 그것이다.

hohe Wellen schlagen 큰 파문을 야기하다

Der Streit um die Betriebsbewilligung für das Live Pub schlägt hohe Wellen.

라이브 술집의 영업허가를 둘러싼 분쟁이 커다란 파문을 일으키고 있다.

alle Welt (ugs.) 누구나, 모두

Alle Welt redet von der Flexibilisierung der Tarifverträge und Öffnungsklauseln.

모두가 임금계약과 영업시간 규제의 유동화를 주장하고 있다.

Er hat es satt, dass sich alle Welt über seine Schönheitsoperation lutig macht.

자신의 성형수술을 모두가 웃음거리로 삼는 것이 그는 진력이 났다.

***auf die/zur Welt kommen** 태어나다

Die Kleine war am Freitag auf die Welt gekommen.
그 여자 아이는 금요일에 태어났다.

Sein Enkelkind soll voraussichtlich im Oktober zur Welt kommen.
그의 손자는 10월에 출생할 예정이라고 한다.

etw. aus der Welt schaffen

1 정돈(정리)하다

Mit einer öffentlichen Entschuldigung wurde die Sache aus der Welt geschafft.

공개사과로 그 일은 일단락되었다.

Schulische Probleme und Fragen lassen sich rasch klären und aus der Welt schaffen.

학교에 관한 문제와 의문가 조속히 해명되고 정리된다.

2 제거하다, 해소하다

Bei nächster Gelegenheit werden wir die Dinge aus der Welt schaffen.
우리가 다음에는 그런 일들이 없도록 하겠다.

***aus aller Welt** 도처에서, 전 세계로부터

Chinas Hauptstadt Peking wird bei Touristen aus aller Welt immer beliebter.

중국의 수도 베이징은 전 세계의 관광객에게 인기가 높아가고 있다.

Hier treffen sich vor allem junge Leute aus aller Welt zu einer einzigen großen Party rund um die Uhr.

24시간 내내 열리는 유일한 대축제가 열리는 이곳에서 특히 전 세계의 젊은이들이 만나는 것이다.

wer/wo/was/warum in aller Welt (ugs.) 도대체 누가(어디서 / 무엇을 / 왜)

Ich lass mir doch nicht vorwerfen, ich sei ein Betrüger! – Wer in aller Welt behauptet das denn?

나를 사기꾼이라고 비난하게 놔두지 않을 것이다! – 도대체 누가 그런 주장을 하는 것이냐?

*in alle Welt 도처로, 전 세계로

Alleine aus der Hansestadt wurde 2005 Waren im Wert von etwa 25 Milliarden Euro in alle Welt ausgeführt.

2005년에 함부르크 항을 통해서만 2억 5천만 유로에 상당하는 상품이 전 세계로 수출되었다.

Von dort werden tödlich Unmengen an Schokolade in alle Welt geliefert.

그곳으로부터 엄청난 양의 초콜릿이 세계 도처로 공급된다.

in einer anderen Welt leben 별개의 세계에서 살다

Zwischen Genies und Wahnsinnigen ist Ähnlickeit, dass sie in einer anderen Welt leben als der für alle vorhandenen.

천재와 미친 사람 사이에는 모든 사람들과는 전혀 다른 세계에 산다는 유사점이 있다.

Meinen Mann darf ich mit Problemen Haushalts nicht beteiligen. Er lebt in einer anderen Welt und kümmert sich nur um seine alten Bücher und Schriften.

나는 남편을 살림살이 문제에 끌어늘여서는 안 된다. 그는 진혀 벌게의 세상에서 살며 오래된 서적만 신경을 쓴다.

Kind in die Welt setzen 출산하다

Es erscheint für viele Politiker ausreichend, wenn Frauen mehr Kinder in die Welt setzen.

여성이 보다 많은 아이를 출산하는 것으로 많은 정치인들이 만족하는 듯하다.

etw. in die Welt setzen (ugs.) 소문을 퍼뜨리다

Er hatte im Vorwahlkampf das böse Wort vom Leichtmatrosen in die Welt gesetzt.

그는 예비선거에서 "경솔한 뱃사람"이라는 악담을 퍼뜨렸다.

***Ohne Wenn und Aber** 무조건, 완벽한

Der Weg nach Europa soll ohne Wenn und Aber fortgesetzt werden.

유럽으로의 길은 무조건 계속되어야한다.

Die SPD betonte, dass sie beim Atomaustieg ohne Wenn und Aber bleibt.

독일 사민당은 무조건적 핵무기포기 정책에 변함이 없다고 강조했다.

Wir haben in Deutschland immer noch nicht die rechtlich Gleich-stellung von Homo- und Heterosexuellen ohne Wenn und Aber.

우리 독일에서는 아직도 동성애자와 이성애자의 완벽한 법적 평등성이 없다.

***Wert auf etw. legen** 중하게 여기다, 중요성을 부여하다

Die Spielführerin legt auf eigene Bestmarken und Statistiken keinerei Wert.

그 여자 주장선수는 자신의 기록과 통계를 전혀 중시하지 않는다.

Wir legen sehr gezielt auf die Ausbildung Wert.

우리는 다분히 의도적으로 교육을 중시한다.

Die Autorin zeigt, auf was die Unternehmen wirklich Wert legen.

그 여류작가는 기업이 실제로 무엇을 중하게 여기는가를 묘사하고 있다.

in ein Wespennest stechen (ugs.) 긁어 부스럼을 만들다, 난처하게 되다

In Berlin hat der Minister in ein Wespennest gestochen. Seine Kritik am sozialen Leistungen brachte ihm wütende Reaktion der Opposition.

복지혜택에 대한 비판이 야당의 노한 반응을 불러일으키자 베를린에서 그 장관은 곤경에 빠졌다.

Der Frauenminister stach mit seinem Andeutungen einer Notwen-digkeit, die Fristenlösung zu überdenken, in ein Wespennest.

여성부 장관은 낙태허용을 재고할 필요성을 시사하여 긁어 부스럼을 만들었다.

eine saubere/reine/weisse Weste haben (ugs.) 몸가짐이 당당하다, 결백하다

Die Schweiz hatte keine weisse Weste in Bezug auf ihr Verhalten in wirtschaftlicher und finanzpolitischer Sicht während des Zweiten Weltkrieges.

2차대전 동안의 경제적, 재정정책상의 태도에 관련하여 스위스는 떳떳하지 못했다.

etw. wie seine Westentasche/Hosentasche kennen (ugs.) 속속들이 알다

Er kennt die Gegend wie seine Westentasche und die Bedürfnisse seiner Kunden aus seiner langjährigen Erfahrung.

그는 그 지역을 정확히 알며, 고객들이 찾는 물건들도 다년간의 경험으로 잘 알고 있다.

*um die Wette

1 다투어서, 경기를 목적으로

Man strahlte mit der Frühlingssonne um die Wette. So machte man sich lächerlich.

봄 햇살을 다투어 만끽했다. 그렇게 스스로 웃음거리가 되었다.

Normalerweise werden Ruderboote und Segelschiffe gemeldet, wenn auf dem Meer um die Wette gefahren wird.

보트나 요트용 배는 바다에서 경기를 목적으로 이용시에는 신고한다.

2 심하게, 열심히

Es war wie in der Sauna. Hunderte Autofahrer schwitzten in ihren Fahrzeugen um die Wette.

날씨가 사우나탕 같아서 수백 명 운전자들이 차에서 땀을 심하게 흘렸다.

wetten, dass ~? (ugs.) ~는 틀림없는 사실이다

Ich hätte keine Probleme damit zu wetten, dass der Himmelskörper älter als zwölf Milliarden Jahre ist.

천체가 1억 2천만 년 되었다는 것은 나로서는 의심할 여지가 없다.

Aber wetten, dass auch nach dem nächsten Urlaub neue Schätze in den Schrank Einzug halten werden?

다음 휴가 후에 새로운 귀한 물건이 장식장에 들어찰 것은 틀림없다.

gut Wetter machen (ugs.) 기분 좋게 하다, 마음을 돌려놓다

Auf dem Schreibtisch macht ein Frosch im Glas gut Wetter.
책상위에 있는 유리잔에 든 개구리가 기분을 좋게 한다.

Das Bündnis der Franzosen mit den Deutschen hat die Risse gut Wetter gemacht.
프랑스의 독일과의 동맹은 양국간의 불화를 누그러뜨렸다.

sich [mit jm./etw.] wichtig machen/tun/haben (abwertend) 뽐내다, 잘난체 하다

Die Anwältin aus Berlin ist eine intelligente Verrückte, die sich wichtig machen will.
베를린 출신 여성 변호사는 잘난체하려는 지적인 미친 사람이다.

jn./etw am/beim Wickel nehmen/fassen/packen/haben (ugs.)

1 호되게 꾸짖다

Er hat mir neulich die Antenne am Wagen verbogen. Wenn ich den am Wickel kriege, wird er was erleben!
그는 내 자동차 안테나를 또 망가뜨렸다. 혼구멍을 내면 그는 내게 당하게 될 것이다.

2 집중적으로 다루다

Er redet über den Blasenkrebs? Da hat er sein Lieblingsthema am Wickel und wird nicht so schnell aufhören.
그는 자기가 선호하는 테마인 방광암에 대해 열을 올리니 빨리 끝나지는 않을 것이다.

***[jm.] Widerstand leisten** 항거하다, 저항하다(=widerstehen)

Der Nobelausschuss entschied sich für die Menschenrechtlerin, Schrin Ebadin, die gewaltlos „Wiederstand innerhalb des Systems" leistet.
노벨상 위원회는 비폭력적으로 "체제 내에서 저항"하는 인권운동가 슈린 에바딘을 평화상 수상자로 결정했다.

etw. wieder gut machen 원상회복하다 〈Subs. : Wiedergutmachung〉

Ich wollte meien Schaden im Rahmen einer Möglichkeiten wieder gut machen.

나는 손실을 가능한 한 원상회복시키려 했다.

jm. in die Wiege gelegt worden sein 타고나다

Das Fußballspielen ist dem jungen Burschen wohl in die Wiege gelegt
worden.

축구하는 것은 아마도 그 젊은 소년이 타고난 것 같다.

Ihr Beruf als Krankenschwester war ihr sozusagen in die Wiege gelegt
worden.

그 여자는 간호사 직업을 소위 천성적으로 받았다.

*von der Wiege bis zur Bahre (geh.) 요람에서 무덤까지, 모든 것을 샅샅이

Kirche begleitet die Menschen von der Wiege bis zur Bahre.

교회는 사람들을 요람에서 무덤까지 동행한다.

Für Statistiker gibt es kaum mehr Tabuzone. Alles wird erfasst — von
der Wiege bis zur Bahre.

통계학자들은 금기시하는 것이 거의 없다. 모든 것을 샅샅이 다룬다.

wild auf jn./etw. sein (ugs.) 쏙 빠져 있다, 몰두하다

Die Lehrerin ist ganz wild auf die Schulkinder in ihrer Klasse.

그 여선생은 자기반의 학생들을 끔찍이 좋아한다.

Alle Jungs in diesem Alter sind ganz wild auf Autos.

이 나이의 청소년은 모두 자동차를 몹시 갖고 싶어 한다.

wie wild/wie ein Wilder 미친 듯이, 심하게

Hier wird nach wie vor wie wild auf juristischen und steuerlichen
Aspekten herumgeritten.

여기에서는 법적이고 세무적 관점이 여전히 끈질기게 되풀이 되고 있다.

Kein Wunder, wenn Arbeitslose wie wild Wertsachen verkaufen und
Lebensversicherung kündigen.

실업자들이 미친듯이 고가품을 팔고, 생명보험을 해약하는 것은 당연하다.

halb/nicht so wild (ugs.) 과히 나쁘지 않은

Alles halb so wild, sagen einheimischen Produzenten, Ernteerträge und Preise sind gut.
작황과 가격이 좋아서 모든 것이 그리 나쁘지 않다고 우리 국내 생산자들이 말하고 있다.

Die Ärzte sind echt nett. Ihre Medizin schmeckt nach Gummibärchen — also alles nicht so wild.
의사들이 친절하며 약도 곰형 젤리 맛이나 모든 것이 과히 나쁘지 않다.

wo ein Wille ist, ist auch ein Weg (Spr.) 뜻이 있는 곳에 길이 있다

beim besten Willen 아무리 해봐도

In der beiden Wagen findet sich beim besten Willen kein Platz mehr.
두 대의 차량에 아무리해도 자리가 더 없다.

ohne mit der Wimper zu zucken 조금도 동요하지 않고, 태연히

So gibt es wohl kaum jemanden, der nicht alle Beatles ohne mit der Wimper zu zucken aufzählen kann.
비틀즈 이름을 거침없이 모두 말할 수 있는 사람은 아마도 거의 없을 것이다.

Bei den Unternehmen soll der Mensch angeblich im Mittelpunkt stehen, dann viele Mitarbeiter entlassen, ohne mit der Wimper zu zucken.
기업에서는 인력이 중요하다고 하지만, 많은 노동자들을 눈썹 하나 까딱하지 않고 해고한다.

erkennen/merken/spüren, woher der Wind weht (ugs.) 실제 상황을 알다 (인식하다, 느끼다)

Schon kurz nach dem Wahlsieg erkannte er, woher der Wind weht.
선거에 이긴 직후에 그는 상황을 감지했다.

Jetzt dürfte die außenpolitisch brillant gestartete Kanzlerin Merkel spüren, woher der Wind weht.
외교적으로 화려하게 출발한 메르켈 수상은 이제는 실제 상황을 감지하는 것 같다.

Der Zuseher merkt, woher der Wind weht und das Geld für die

Werbung kommt.
시청자들은 상황을 파악하고 광고비가 어디서 나오는지를 알고 있다.

Wind machen (ugs.) 허풍떨다, 자만하다

Wir Eltern mussten manchmal viel Wind machen, um Dinge zu
verändern.
우리 부모들은 일을 변경하려고 흔히 허풍을 떨어야했다.

Wind von etw. bekommen/kriegen/haben (ugs.) 낌새채다

Davon hat auch Londoner brutalster Gangsterboss Wind bekommen.
그것에 대해서는 런던의 가장 야만적 깽 두목도 낌새를 챘다.

Die Polizeidirektion hat erst durch eine Strafanzeige von den
Prügeleien Wind gekriegt.
경찰청은 폭행난동을 형사고발을 통하여 비로소 알게 되었다.

jm. den Wind aus den Segeln nehmen (ugs.) 기를 꺾다, 의도를 무산시키다

Die Preußen nahmen dem Favoriten durch intensive Körperspiel den
Wind aus den Segeln.
북독 함부르크 선수들이 격렬한 체력전을 전개하여 우승 후보 팀을 꺾었다.

Um der Kontroverse den Wind aus den Segeln zu nehmen, könnte nur
der Wissenschaftler selber Klarheit schaffen.
논쟁을 가라앉히기 위해서는 오직 그 학자가 스스로 해명하는 수밖에 없다.

in den Wind reden/sprechen 쇠귀에 경 읽다

Was immer man Jugendlichen auch rät, ist es in den Wind gesprochen. Offenbar muss jede Generation ihre Fehler selbst machen.
젊은이들에게 아무리 충고한들 소용이 없다. 각 세대가 시행착오를 직접 겪어야
되는 것 같다.

etw. in den Wind schlagen (ugs.) 유념하지 않다, 개의치 않다

Der Präsident hat alle Warnungen in den Wind geschlagen.
그 대통령은 모든 경고를 귀담아 듣지 않았다.

Wenn es bei Flutwellen Tote gab, dann lag das meist daran, dass
Menschen Warnungen in den Wind schlugen.

해일로 인한 사망자가 발생한 것은 대부분 사람들이 주의경보를 유념하지 않은데서 비롯되었다.

weißt du was? (ugs.)

1 (한 가지) 제안이 있다

„Weißt du was? Wir kochen heute nicht, sondern wir gehen in die Pizzeria an der Ecke!."

"내게 제안이 하나 있다. 오늘 요리하지 말고 모퉁이에 있는 피자집에 가자!"

2 (흔히 결론으로서) 자, 알겠지!

„Weißt du was? Ich habe die Streiterei jetzt satt. Ich lasse mich von dir scheiden!"

"부부싸움에 진절머리가 난다. 결론적으로 나는 당신과 이혼하겠다!"

was weiß ich (ugs.) 잘 모르기는 하지만

Den Irak angreifen zu müssen, weil er vielleicht an einer Atombombe bastelt, leucht mir einfach nicht ein! Da stechen andere Interessen hinter, wirtschaftliche, strategische, was weiß ich.

이라크가 원자탄을 만든다는 이유로 공격해야한다는 것을 나는 이해할 수 없다! 모르기는 하지만 그 배후에는 경제적, 전략적 이익이 숨겨져 있다.

Die Haushaltsgeräte sollen jetzt übers Internet oder was weiß ich bedienbar sein.

가전제품은 이제 인터넷이나 모르기는 하지만 다른 방법으로 작동시킬 수 있다고 한다.

viel Wirbel machen (ugs.) 시끌벅적하다, 센세이션을 일으키다

Seine Pläne des Kanalbaus haben in den vergangenen Tagen viel Wirbel gemacht und werden die Schlagzeilen der kommenden Wochen wohl weiter ausfüllen.

그의 운하건설 계획은 지난주에 세상을 시끌벅적하게 했으며 아마도 앞으로 몇 주간은 머리기사를 장식할 것이다.

*von etw. nichts [mehr] wissen wollen 전혀 관심이 없다, 무시하다

Von einer Vermögenssteuer will der Bundeskanzler nichts wissen.

수상은 부유세는 관심도 없다.

Man versteht dann auch, dass eine Welt, die nicht nur von der Versöhnung nichts wissen will, sondern einmal von der Geschichte, die von der Versöhnung erzählt, unbewohnbar wäre.

사죄는 물론이고 사죄에 대한 역사도 무시하는 세상은 사람이 살 곳이 못된다는 것을 누구나 알고 있다.

Von einer Gefahr des kurdischen Widerstandes gegen türkische Truppen wollen beide nichts wissen.

터키 군에 대항하는 쿠르드족의 저항의 위험을 두 사람은 완전히 무시했다.

Was ich nicht weiß, macht mich nicht heiß (Spr.) 모르는 것이 약이다

wohl oder übel 원하든 안 원하든, 좋든 싫든

Wer schon immer Spanisch lernen wollte, muss wohl oder übel Vokabeln pauken.

스페인어를 배우려는 사람은 좋든 싫든 어휘를 습득해야한다.

Was übrig bleibt, wird jetzt wohl oder übel vom Museumstück wieder zurückverwandelt in ein Objekt für Schatzsucher.

남은 것은 이제 원하든 안 원하든 박물관 소장품에서 보물수집가의 대상으로 뒤바뀐다.

Die Filmmacher müssen sich wohl oder übel an die Fakten des Lebenslaufs halten, weil ja jeder die Geschichte kennt.

모두가 스토리를 알고 있기 때문에 영화제작자는 좋든 싫든 주인공의 인생역정을 그대로 묘사해야 한다.

das Wohl und Wehe 운명, 행과 불행

Vielen ist unwohl bei dem Gedanken, dass das Wohl und Wehe des Vereins an einem Mann hängt.

연합회의 운명이 한 사람에게 달려있다는 생각때문에 많은 사람들이 마음이 편하지 않다.

Er machte „das Wohl und Wehe" der Wirtschaft allein von der Höhe der Trarifabschlusses abhängig.

그는 경제의 운명을 오직 임금타결의 수준과 연동시켰다.

Die Tarifpolitik wird von interessierter Seite allein für Beschäftigungsentwicklung, das Wohl und Wehe der Betriebe und das

Schicksal des ganzen Landes verantwortlich gemacht.

오직 이해 당사자만이 고용증대, 기업 이익과 손실 및 국가운명에 대한 책임을 임금정책에 떠맡기고 있다.

das ist 'ne Wolke! (ugs.) 훌륭하다, 좋은 생각이다

„Eine Floßfahrt auf der Isar nach München, mit Blasmusik und Bier — das ist 'ne Wolke!“

"이자르 강에서 뮌헨으로 취주악과 맥주를 곁들인 뗏목타기—그것 아주 좋은 생각이다!"

aus allen Wolken fallen (ugs.) 〈흔히 과거시제〉 깜짝 놀라다

Als der Geschäftsführer davon erfuhr, fiel er aus allen Wolken.

지배인이 그것을 알자 깜짝 놀랐다.

Die Iren sind nach der Euroeinführung aus allen Wolken gefallen.

아일랜드 사람들은 유로화의 도입된 후 깜짝 놀랐다.

Sie fiel aus allen Wolken und konnte auch vor Lachen nicht mehr halten.

그 여자는 너무 놀랐으며 웃음을 참을 수 없었다.

wenn man [so] will (극단적으로) 달리 표현하면

Ich finde seine Einstellung unerträglich. Wenn man so will, kann man ihn so gar als Rassisten bezeichnen.

나는 그의 견해는 용납할 수 없다. 달리 심하게 표현하면 그를 인종 차별주의자라고까지 말할 수 있다.

geflügeltes Wort 널리 인용되는 어구

Öl regiert die Welt, und über das Öl herrscht die Opec. Dieses geflügelte Wort aus den Neunzigerjahren stimmt nicht mehr.

석유가 세계를 통치하고 석유를 석유수출국기구가 지배한다는 1990년대에 비롯된 이 회자하는 말은 이제 맞지 않는다.

das Wort ergreifen 발언하다

Nachdem er seine Rede beendete, ergriff die Oppositionsführerin das Wort.

그가 연설을 마친 후 야당 여성 당수가 발언했다.

Ob der neue Fraktionsvorsitzender das Wort ergreifen wird, hat er noch nicht fesgelegt.

새 원내 총무가 발언 할지 여부를 그는 아직 정하지 않았다.

Währnd sich 15 Mitglieder des UN-Sicherheitsrates hinter den Kulissen um die konsensfähigen Versionen einer Irakresolution bemühen, begann eine öffentliche Debatte, an der alle Mitgliedsstaaten der General-sammlung das Wort ergreifen können.

유엔 안보리 15개 이사국이 막후에서 이라크 사태 해결에 관한 합의 가능한 안을 모색하는 동안, 총회의 모든 회원국이 발언할 수 있는 공개토론이 시작했다.

***das Wort haben** 발언권을 얻다

Drechsler musste sich in die Ecke stellen. Stattdessen hatten Lokal-politiker das Wort.

선반공은 모퉁이에 서있어야 했고 그 대신 지역 정치인이 발언권을 얻었다.

Endlosreden wurde gestrichen, nur einer hatte das Wort und die Ehre der so genannten Dinner Speech.

장광설은 취소되고 오직 한 사람만 발언권을 얻어서 만찬사를 하는 영광을 누렸다.

jm. das Wort/die Rede abschneiden 발언을 중단시키다

Der Staatsanwalt fragt agressiv, der, wenn er gar nicht dran ist, der Richterin ständig das Wort abschneidet.

차례가 아닌데도 여자 재판장의 발언을 끊임없이 중단시키는 검사는 공격적으로 질문한다.

jm./etw. das Wort reden (ugs.) 지지하다, 찬성하다

Er möchte nicht dem Konzept der Eliteuniversität das Wort reden, plädierte für eine Teilung der Uni-Ausbildung in einen breiten Sektor.

그는 엘리트 대학의 개념에 동의하지 않고 대학교육을 넓은 전문분야로 나눌 것을 주장했다.

Er hatte schon im Weltsicherheitsrat einer Entwaffnung des Iraks auf friedlichem Wege das Wort geredet.

그는 이미 유엔 안보리에서 평화적 방법으로 이라크의 무장해제를 주장한 바 있다.

das letzte Wort haben 최종 결정권을 갖다

„Ich kann mit Ihnen jetzt einen Vorvertrag abschließen, aber das letzte Wort hat natürlich der Aufsichtsrat."

"당신과 지금 가계약만 맺는 것이고 최종 결정권은 물론 이사회에 있습니다."

für jn. ein gutes Wort einlegen 거들다, 조정자로 나서다

Der Trainer hat für mich ein gutes Wort eingelegt.

그 트레이너는 나를 거들어주었다.

ein/kein Wort über etw. verlieren 언급하다(언급하지 않다)

Die Mutter hat über ihre Vergangenheit kein Wort verloren.

어머니는 자기의 과거에 관해 입을 다물었다.

daüber ist kein Wort zu verlieren 동감이다, 일치하다

Natürlich sind Sparmaßnahmen erforderlich. Darüber ist kein Wort zu verlieren.

긴축조치가 필요한 것은 당연하다, 그 점에 대해서는 모두가 동감이다.

jm. ins Wort fallen 말을 끊다(중단시키다)

Die Alte war ihm grob ins Wort gefallen.

그 노파는 거칠게 그의 말을 중단시켰다.

Er entgegnete eindringlich, als er bemerkte, dass seine Schwester empört ihm ins Wort fallen wollte.

화가 난 누이가 그의 말을 끊으려하는 것을 알아채고 그는 강렬하게 말대꾸했다.

mit einem Wort ; in/mit kurzen Worten 간략하게 표현하여

Er erfand allerlei Ausreden – mit einem Wort : Er hatte keine Lust dazu!

그는 온갖 변명을 했지만, 간단히 말해서 그럴 마음이 전혀 없었다.

„Schildern Sie bitte in kurzen Worten den Hergang des Unfalls aus Ihrer Sicht!"

"사고의 과정을 당신의 관점에서 간략하여 기술해 주십시오!"

sich zu Worte melden 발언을 신청하다

Worüber gesprochen wurde, kann er sich nicht erinnern. Außer, dass
jeder einzelne sich zu Worte meldete.
모두가 발언을 신청한 사실 이외는 무엇에 대해 말했는지는 그는 기억할 수 없다.

***im wahrsten Sinne des Wortes** 진실로, 사실로, 글자 그대로

Der Aufstieg vom Ein-Mann-Betrieb zum mittelständischen Unternehmen war im wahrsten Sinne des Wortes atemraubend.
1인 기업에서 중소기업으로의 성장은 말 그대로 숨 막히는 일이었다.

Als ich ihr Kasette schenkte, freute sie sich wie ein kleines Kind, im
wahrsten Sinne des Wortes.
내가 카트를 선물하자 그 여자는 정말 어린 아이처럼 좋아했다.

Im Zivildienst gibt es keinen Ausbilder, der einem im wahrsten Sinne
des Wortes Pistole auf die Brust setzt.
공익 근무에는 글자 그대로 권총을 가슴에 겨누어 위협하는 교관이 없다.

das ist 'ne Wucht! (ugs.) 훌륭하다!, 놀랍다!

„Sonne, Strand, ein Fünfsternhotel! – Der Urlaub war einfach 'ne Wucht!"
"태양, 해변, 5성 호텔! – 휴가는 끝내주게 훌륭했다!"

[kein] Wunder [sein] (ugs.) 놀라운 일이다(아니다)

Kein Wunder, dass sich außer Medien niemand so richtig für das
Papier zu interessieren scheint.
미디어를 제외하면 아무도 종이에 제대로 관심을 가지지 않는 것은 놀라운 일이
아니다.

Es ist ein Wunder, dass es nicht zu einem Riesenkrach gekommen ist.
Da hätte man in Vorgesprächen Nägel mit den Köpfen machen müssen.
큰 소란이 나지 않은 것은 기적적인 일이다. 예비 협상에서 정곡을 찔렀어야만 했다.

sein blaues Wunder erleben (ugs.) 〈미래시제〉 몹시 놀라다

Japan erlebt sein blaues Wunder. Neue Lasertechnologie vergrößert
Speichervolumen auf DVDs um das Fünffache. Wohl erst im Jahr 2007
werden Europäer in den Genuss.

일본은 매우 놀라고 있다. 새로운 레이저 기술이 DVD 저장용량을 5배로 확장한 것이다. 유럽 사람은 2007년에야 혜택을 누릴 수 있다.

nichts zu wünschen übrig lassen 대 만족이다, 명백하다

Seine Antwort lässt an Deutlichkeit nichts zu wünschen übrig.
그의 답변은 명백하기 이를 데가 없다.

Die Botschaft der Ölindustrie an die Bush-Adminstration lässt sich an Deutlichkeit nichts zu wünschen übrig.
부시 정부에 대한 석유기업의 메시지는 명명백백하다.

die Würfel sind gefallen (R.) 결정은 이미 났다, 주사위는 던져졌다

Die Würfel sind schon gefallen. Noch vor wenigen Monaten war der Konvent kühn, jetzt nimmt er Pragmatismus überhand.
결정은 이미 났다. 불과 몇 개월 전에만 해도 대학생 집회는 대담한 행위였지만 지금은 실용주의가 팽배하고 있다.

in etw. ist/sitzt der Wurm drin (ugs.) 무엇에 문제가(이상이) 있다

Mein Kistchen (Computer) stürzt jede Stunde ab. Es ist einfach der Wurm drin.
내 컴퓨터가 매시간 다운된다. 이상이 있기 때문이다.

Beim Bau der S-Bahn zum Flughafen ist der Wurm drin. Wer jedoch dafür verantwortlich ist, darüber darf füglich gestritten werden.
공항 도시열차 건설은 문제가 있다. 누가 그 책임을 질지를 마땅히 논의해야한다.

*[jm.] Wurst/Wurscht sein (ugs.) 아무래도 상관없다, 관심 밖이다

Das sind keine Musiker, wie er behauptet hat, es ist Wurst.
그의 주장처럼 그들은 음악인들이 아니다, 그것은 아무래도 상관없다.

Mir ist es ziemlich Wurscht, ob ein Albaner oder hundert aus dem Kosovo verjagt werden. Genauso Wurscht ist es mir, ob es eine Serbin oder hundert unterm Cruise-Missile-Regen zerfetzt. Ich kenne weder die einen noch die anderen.
추방당하는 알바니아 사람이 한 명이건 백 명이건 나에게 별 상관없다. 꼭 마찬가지로 쿠르즈 미사일 공습 세례에 비통하게 된 세르비아 여자가 한 명이건 백 명이건 내 관심 밖이다. 이쪽도 저쪽도 내가 모르는 사람들이기는 마찬가지다.

*Wurzeln schlagen

1 뿌리를 내리다, 정착하다(시키다)

Ich habe hier Wurzeln geschlagen, nachdem ich als junger Student nach Berlin gekommen war und in den ersten zehen Jahren fast alle Bezirke bewohnt hatte.

젊은 대학생 때 이곳에 와 10년간 살아보지 않은 구역이 거의 없는 나는 베를린에 뿌리를 내렸다.

Wer keine Zeit hat, kann heutzutage Waren telefonisch ordern und nach Hause bringen lassen. Dieser Gedanke hat nun auch in der Berliner Verwaltung Wurzeln geschlagen.

시간이 없는 사람은 요즘 물건을 전화로 주문하고 택배로 받을 수 있다. 이 아이디 어를 베를린 행정당국도 정착시켰다.

In einer dreitägigen Operation hat man die Frau schließlich verschiedene Birnenkerne eingepflanzt, die erstaunlich schnell Wurzeln geschlagen hatten.

그 여자는 3일에 걸친 여러 가지 두뇌신경 이식수술을 받았는데 이식한 신경이 놀 랍게도 빨리 자리를 잡았다.

2 오래 기다리다

„Endlich kommst du! Ich dachte schon, ich müsste hier Wurzeln schlagen!"

"마침내 네가 왔구나! 여기서 오래 기다려야할 것으로 생각했어!"

jn. in die Wüste schicken (ugs.) 실각(퇴장)시키다

Seit der Wende machen die Ungarn noch bei jeder Parlamentswahl von ihrem demokratischen Recht Gebrauch, die jeweilige Regierung in die Wüste zu schicken.

통독 이후 헝가리 국민은 국회의원 선거 때마다 행정부를 물러나게 하는 민주적 권리를 행사한다.

Militärisch hatte das Pentagon alle Mittel in der Hand, Sadam Hussein in die Wüste zu schicken.

군사적으로 미 국방성은 사담 후세인을 실각시킬 모든 수단을 가지고 있었다.

Z

auf Zack sein (ugs.)

1 일을 매우 잘 처리하다

Der neue Mitarbeiter ist schwer auf Zack.

동료 신입 사원은 일 처리가 미숙하다.

2 잘 돌아가다, 최고의 상태이다

Seit er der Chef ist, ist der Laden immer auf Zack.

그가 주인이 된 후로 가게는 운영이 잘된다.

jn./etw. auf Zack bringen (ugs.) 말 잘 듣게 하다(정돈하다)

Den Burschen werden wir schon auf Zack bringen.

우리는 그 청년들이 말을 잘 듣도록 하겠다.

Nach zwei Stunden hatte sie die Wohnung auf Zack gebracht.

두 시간 뒤에 그 여자는 집안을 정돈했다.

sich keinen Zacken aus der Krone brechen ; jm. fällt keine Perle
(ugs.) 품위를 지키다, 체면 손상이 되지 않다

Er wird sich keinen Zacken aus der Krone brechen, wenn er seiner alten Mutter mal die Wohnung putzt.

늙은 어머니 집을 청소할 때도 그는 품위를 지키려고 한다.

Dem Chef fällt keine Perle aus der Krone, wenn er zugibt, dass er sich diesmal geirrt hat.

사장이 자기 오판을 이번에 시인해도 체면유지에는 하등의 지장이 없다.

*rote Zahlen schreiben 적자를 기록하다

Seit zwei Jahren schreibt der Konzern rote Zahlen.

2년 전부터 그 그룹은 적자를 기록하고 있다.

***schwarze Zahlen schreiben** 흑자를 기록하다

> Der Betrieb wurde saniert und schreibt jetzt wieder schwarze Zahlen.
> 회사는 회생되어 지금은 다시 흑자를 기록하고 있다.

in die roten Zahlen kommen/geraten 손해를(손실을) 보다

> Wie sieht es bei den Investitionen für die Zooanlage aus? Dass wir in die roten Zahlen kommen, läßt sich nicht vermeiden.
> 동물원 설비 투자는 어떤 상태인가? 우리가 손실을 보는 것을 피할 수 없다.

in die schwarzen Zahlen kommen 이윤을(흑자를) 내다

> Nach mehreren kritischen Jahren ist der Betrieb wieder in die schwarzen Zahlen gekommen.
> 몇 년간의 위기를 넘긴 뒤 회사는 다시 흑자를 내었다.

in den roten Zahlen sein 적자를 보다

> „Wie kann eine Fluggesellschaft überleben, die seit Jahren in den roten Zahlen ist?"
> "수년 전부터 적자 상태인 항공사가 어떻게 살아남을 수 있을까?"

in den schwarzen Zahlen sein 흑자를 보다

> Noch ist die Firma in den schwarzen Zahlen, aber die Erträge werden immer schlechter.
> 회사는 아직 흑자를 보고 있지만, 수익은 점점 악화되고 있다.

etw. in Zahlung nehmen (Kaufmannsspr.) 정산하다, 중고품의 값을 쳐주다

> Die Firma nimmt seinen alten Wagen mit 1.500 Euro in Zahlung.
> 회사는 그의 낡은 자동차를 1,500유로로를 쳐주었다.

***der Zahn der Zeit** 세월의 파괴력

> Die Arbeit muss möglichst bald beginnen. An den Tempelanlagen nagt der Zahn der Zeit.
> 작업을 최대한 빠른 시일 안에 시작해야한다. 세월이 사원 시설을 갉아먹는다.

> Charlotte von Mahlsdorfs berühmtes Gründerzeitmuseum braucht

Hilfe. Im Jahr 2002 zog Kunst- und Antiquitätenliebhaber ihr liebevoll gepflegtes Gründerzeitmuseum nach Mahlsdorf am Stadtrand von Berlin. Doch heute nagt der Zahn der Zeit ein 200 Jahre altes Gutshaus.

말스돌프 샬롯테의 보불전쟁(1871) 이후 박물관이 도움이 필요하다. 2002년에 예술 및 골동품 애호가들이 정성껏 관리한 그녀의 박물관을 베를린 교외인 말스돌프로 옮겼다. 세월의 파괴력이 200년 된 농가를 갉아먹고 있다.

ein steiler Zahn sein (Jugendspr.) 예쁘고 활달한 소녀

„Die Blonde da drüben ist ein steiler Zahn, was?"

"저기 있는 금발 소녀는 말괄량이지!"

jm. den Zahn ziehen (ugs.) 환상을 버리다

Ich weiß, dass du darauf spekulierst, das Haus zu erben, aber den Zahn kannst du dir ziehen lassen.

네가 그 집을 상속받으려는 것을 알고 있는데 환상을 버려야 할 것이다.

jm. auf den Zahn fühlen (ugs.) 속을 떠보다, 능력을 테스트하다

Man fühlte mir politisch auf den Zahn.

사람들은 나의 정치적 속셈을 떠보았다.

Mein Bruder akzeptierte meine Angetraute. Nachdem er ihr auf den Zahn gefühlt hatte.

형은 능력을 테스트한 다음에야 내 아내를 받아들였다.

[nur] für den/einen hohlen Zahn reichen/sein (salopp) (음식이) 너무 적다

„Ein bisschen mehr Kartoffelbrei bitte; was du mir gegeben hast, reicht gerade für meinen hohlen Zahn."

"으깬 감자 좀 더 줘. 네가 준 것은 너무 적어."

sich^3 an etw. die Zähne ausbeißen (ugs.) (노력에도 불구하고) ~에 실패하다

Ich bin mir im Klaren darüber, dass ich nicht über Nacht das erreichen kann, woran andere sich seit Jahren die Zähne ausbeißen.

다른 사람들이 수년 동안 이루지 못한 것을 내가 하루 밤 사이에 이룰 수 없다는 사실을 분명하게 알고 있다.

jm. die Zähne zeigen (ugs.) 강력하게 저항하다, 힘을 과시하다

Der Minister war es nicht gewohnt, dass seine Referenten ihm die Zähne zeigten.

장관은 보좌관들이 자기에게 강력하게 저항하는 데 익숙하지 않았다.

die Zähne zusammenbeißen (ugs.) (이를 악물고) 참다

Bei meinem Waldspaziergang habe ich mir den Fuß verstaucht. Ich musste die Zähne zusammenbeißen und mich zur nächsten Bushaltestelle durchschlagen.

숲을 산보 중에 나는 발을 삐었으나 꾹 참으며 가까운 버스정류장으로 갈 수밖에 없었다.

etwas/nichts zwischen die Zähne kriegen (usg.) 먹다(못 먹다)

„Kennst du hier ein anständiges Lokal? Ich muss endlich etwas zwischen die Zähne kriegen."

"여기 괜찮은 식당 아느냐? 나는 이제 뭐 좀 먹어야 한다."

auf dem Zahnfleisch gehen/laufen/kriechen (ugs.)

1 경제적으로 어려운 상황에 있다

Er hatte sich als freier Übersetzer versucht, kroch aber schon nach einem Jahr fürchterlich auf dem Zahnfleisch.

그는 자유 번역가로 활동했으나 1년 후에는 경제적으로 심각한 상황을 맞았다.

2 완전히 탈진하다, 기진맥진하다

Nach zwei Stunden Hanteltraining ist sie ganz schön auf dem Zahnfleisch gegangen.

두 시간 동안 아령 운동을 하고 나서 그 여자는 완전히 지쳤다.

*jn. in die Zange nehmen (ugs.)

1 압박하다, 누구에게 질문을 퍼붓다

Der Wachtmeister wird jetzt die Alte noch einmal sanft in die Zange nehmen.

이제 그 경찰관이 지금 그 노파에게 다시 부드럽게 질문을 할 것이다.

2 (Sport) 두 명이 협공하다

Der Linksaußen umspielte einen Verteidiger, wurde aber dann von
zwei anderen in die Zange genommen und kam in Strafraum-
nähe zu Fall.
그 레프트 윙은 수비 선수 한 명을 따돌렸으나 다른 두 수비수에게 협공 당하여
페널티 에어리어 근처에서 넘어졌다.

jn. in der Zange haben (ugs.) 압력을 행사하다

Seine Gläubiger hatten ihn in der Zange, er musste Konkurs anmelden.
채권자들의 압력에 못 이겨 그는 파산 신청을 해야 했다.

jn./etw. nicht mit der Zange anfassen mögen (ugs.) 혐오하다, 싫어하다

Diesen schleimigen Kerl möchte ich nicht mit der Zange anfassen.
이 비굴한 녀석은 나는 딱 질색이다.

jn. zappeln lassen (ugs.) (고의로) 초조하게 만들다, 안달복달하게 만들다

Er ist verrückt nach ihr, aber sie lässt ihn vorläufig noch zappeln.
그는 그 여자에게 미쳐 있지만, 그녀는 당분간은 그를 초조하게 만들고 있다.

fauler Zauber (abwertend) 사기, 야바위

Die Gäste hörten ihm zu, weil er ihnen keinen faulen Zauber
vormachte, sondern die Wahrheit sagte.
그는 속이는 것이 아니라 진실을 말하기 때문에 손님들은 그에게 귀를 기울
였다.

jn./sich⁴ etw. im Zaum[e]/in Zaum halten 제어하다, 억제하다

Sie konnte sich nicht im Zaum halten und warf eine Blumenvase nach
ihm.
그 여자는 참지 못하고 꽃병을 그에게 내던졌다.

Gute Erziehung hat ihr leidenschaftliches Temperament von jeher in
Zaum gehalten.
교육을 잘 받은 덕택에 그 여자는 고질적인 불같은 성격을 참아냈다.

*einen Streit/Zwist/Krieg vom Zaun[e] brechen 괜한 싸움(분쟁, 전쟁)을 시작하다

Er hatte im Wirtshaus einen Streit vom Zaun gebrochen und war jämmerlich verprügelt worden.

그는 술집에서 괜히 싸움을 걸어서 심하게 얻어맞았다.

mit dem Zaunpfahl winken 노골적으로 암시하다

„Du brauchst gar nicht mit dem Zaunpfahl zu winken, mein Auto verleihe ich grundsätzlich nicht!"

"노골적으로 암시할 필요 없어, 나는 원래 자동차를 빌려주지 않으니까."

die Zeche bezahlen [müssen] (ugs.) 책임을 떠맡다 (떠맡아야 한다)

Die Arbeiter und kleinen Angestellten mussten natürlich die Zeche zahlen, als die Firma in Konkurs ging.

회사가 파산했을 때 노동자들과 말단 직원들이 물론 책임을 떠맡아야 했다.

die Zeche prellen (ugs.) 술(음식) 값을 계산하지 않다

Als sie draußen ein bisschen frische Luft schnappen wollte, fürchtete der Wirt schon, sie würde die Zeche prellen.

그 여자가 잠깐 바깥 공기를 쐬려고 밖으로 나갔을 때 주인은 그녀가 혹시 계산하지 않고 도망칠까봐 걱정했다.

jm. auf die Zehen/die Hühneraugen/den Schlips treten (ugs.)

1 감정을 건드리다, 마음 아프게 하다

Ein kritischer Journalist wird es kaum vermeiden können, gelegentlich gewissen Leuten auf die Zehen zu treten.

비판적인 언론인은 때로는 특정인의 감정을 불가피하게 건드릴 수 있다.

Sie war ihrem Chef wieder einmal auf die Hühneraugen getreten.

그녀는 또 상사의 민감한 곳을 건드렸다.

Mit deinen Verdächtigungen bist du einigen Leute ganz schön auf den Schlips getreten.

너의 의심이 몇몇 사람들을 매우 마음 아프게 했다.

Er ist ein etwas schwieriger Typ, er fühlte sich sehr leicht auf den Schlips getreten.

그는 심적으로 상처를 쉽게 받는 좀 까다로운 타입이다.

2 압박하다, 몰아대다

Weil in letzter Zeit reichlich nachlässig geputzt wurde, wollte der Personalleiter der Reinigungsfirma mal ein bisschen auf die Zehen treten.

최근에 청소를 잘 안 한다고 인사 과장은 청소 용역 회사를 닦달하려 했다.

die oberen Zehntausend (ugs.) 부유층, 상류 사회

Die ehemalige Friseurin genoss es sichtlich, nun zu den oberen Zehntausend zu gehören.

전직이 미용사인 그 여자는 이제는 상류 사회에 소속감을 만끽했다.

wenn nicht alle Zeichen trügen 거의 틀림없이

Wenn nicht alle Zeichen trügen, werden wir diesmal einen besonderen kalten Winter bekommen.

이번 겨울은 거의 틀림없이 유난히 추울 것이다.

[ein] Zeichen/Signale setzen (geh.) 이정표를 세우다, 방향을 제시하다

Mit den jüngsten Kabinettsbeschlüssen sollten Zeichen für mehr gesellschaftliche Solidarität gesetzt werden.

최근 내각의 의결 사항이 보다 사회적 결속의 방향을 제시해야 한다.

die Zeichen der Zeit 시운, 실제 상황

Der Diktator konnte die Zeichen der Zeit nicht deuten und wurde vom Umsturz völlig überrascht.

독재자는 시운을 올바로 파악하지 못하여 정권 전복에 깜짝 놀랐다.

*im Zeichen von etw. stehen (geh.) 특성을 지니다

Die Wettkämpfe am kommenden Wochenende stehen bereits im Zeichen der Olympiaqualifikation.

이번 주말에 열리는 경기들은 이미 올림픽 선발전의 성격을 갖는다.

*es jm. zeigen (ugs.)

1 입장을 분명하게 알리다, 때리다

Diesen Denunzianten würde er es schon zeigen.

그는 이 고소인을 따끔하게 혼내 주려고 했다.

2 능력을 입증하다, 본때를 보이다

In der zweiten Halbzeit zeigten die Feierabendkicker es den Profis.
후반전에서 동네 축구팀은 프로 팀에게 본때를 보였다.

***zwischen den Zeilen lesen** 행간을 읽다, 숨겨진 본의를 파악하다

Sie schrieb zwar, dass sie seinen Heiratsantrag nicht annehmen
könne, aber zwischen den Zeilen las er, wie sehr sie ihn liebte.
그 여자는 그의 청혼을 받아들일 수 없다고 편지했으나, 그는 행간에서 그녀가 자
기를 매우 사랑하는 것을 알 수 있었다.

zwischen den Zeilen stehen 의미가 담겨 있다

Das Wort 'Feigheit' war nicht benutzt, aber stand zwischen den
Zeilen.
'비겁'이란 단어를 사용하지 않았으나 그런 의미는 행간에 담겨 있었다.

Zeit heilt [alle] Wunden : Kommt Zeit, kommt Rat 세월이 약이다

Noch sind die Ereignisse des Krieges nicht vergessen, aber die Zeit
heilt alle Wunden.
전쟁의 상흔이 채 잊혀지지 않았으나 세월이 지나면 치유된다.

***mit der Zeit** 점차, 천천히

Es war ziemlich gemütlich und wurde doch mit der Zeit noch gemütlicher.
분위기가 꽤 아늑했으며 시간이 갈수록 점차 더욱 아늑해졌다.

alles zu seiner Zeit (R) 만사는 제때에

Doch alles zu seiner Zeit – das stellt auch die Partie der Fußball-
Giganten in München einmal mehr unter Beweis.
만사는 제때가 있음을 뮌헨에서 열린 축구 유명 구단간의 경기가 다시 한번 보여
주었다.

**wer nicht kommt zu rechten Zeit, der muss alles nehmen/essen/sehen,
was übrig ist** (Spr.) 제 때에 오지않은 사람의 몫은 찌꺼기 뿐이다

die längste Zeit (ugs.) 앞으로는 ~ 않다

„Der Zahn hat Sie die längste Zeit gequält, den ziehen wir heute einfach raus!"

"오늘 그 이를 빼면 앞으로는 통증에 시달리지 않을 것입니다!"

es ist/wird Zeit 때가 되다

Es wird allmählich Zeit für mich.

내가 행동할 때가 다 되간다.

***es ist [hohe/[die]höchste/allerhöchste] Zeit** 지금이야말로 (가장) 좋은 때다

Trink deinen Kaffee aus, es ist höchste Zeit, dass wir gehen.

커피를 다 마셔라, 우리가 갈 가장 좋은 때다.

Es ist Zeit, wir müssen uns jetzt Abschied nehmen.

이제는 우리가 헤어져야 할 때가 왔다.

es ist an der Zeit [für etw./etw. zu tun] ~을 할 시점이다

Es ist an der Zeit, dass wir uns zu einigen.

우리가 합의할 시점이 왔다.

Er hielt es noch nicht an der Zeit, seine Karten aufzulegen.

그는 아직 자신의 카드를 보여줄 때가 아니라고 생각했다.

***von Zeit zu Zeit** 때때로, 이따금

Von Zeit zu Zeit braucht der Mensch mal ein Gläschen Wein.

사람에게 때로 약간의 술은 필요하다.

Das Wasser im Aquarium muss von Zeit zu Zeit erneuert werden.

수족관 물은 이따금 갈아주어야 한다.

spare in der Zeit, so hast du in der Not ; Zeit ist Geld (Spr.) 시간은 돈이다

Das Flugzeug ist zweieinhalb Stunden schneller, und Zeit ist Geld.

비행기가 두 시간 반 더 빠르다, 시간이 돈이다.

***sich/jm. [mit etw.] die Zeit vertreiben** 함께 시간을 보내다

Mit seinen Späßen hat er uns auf angenehme Weise die Zeit vertrieben.
그는 농담을 하면서 우리와 함께 즐겁게 시간을 보냈다.

die Zeit totschlagen (abwertend) 시간을 허비하다

Wenig Verständnis hatte sie für Leute, die nicht arbeiteten, sondern die Zeit in Kneipen und in Wettbüros totschlugen.
일은 하지 않고 술집과 경마 중계실에서 죽치고 앉아 있는 사람들을 그 여자는 이해할 수 없었다.

***[noch] Zeit haben** 아직 시간의 여유가 있다, 서두를 필요 없다

Sie schrieb zuerst den Geschäftsbericht, die Briefe hatten Zeit.
그 여자는 우선 사업 보고서를 작성했다. 편지는 서두를 필요가 없었다.

***sich³ [mit etw.] Zeit lassen** 시간 여유를 갖다, 천천히 하다

Sie ist viel zu hektisch, sie muss sich bei allem, was sie tut, mehr Zeit lassen.
그 여자는 너무 성급해, 만사에 좀더 여유를 가져야 한다.

seit/vor undenklichen/ewigen Zeiten 오래 전부터(전에)

Seit undenklichen Zeiten hatten die Bauern aus diesem Brunnen Wasser geschöpft.
오래 전부터 농부들은 이 우물에서 물을 길러 먹었다.

***zur Zeit** 지금은, 현재는

Zur Zeit haben wir Betriebsferien.
지금 우리 회사는 휴가 중이다.

Die Firma ist zur Zeit wirtschaftlich sehr erfolgreich.
회사는 현재 장사가 매우 잘된다.

das Zeitliche segnen

1 (geh.) 죽다, 유명을 달리하다

Großvater hatte noch vor dem Krieg das Zeitliche gesegnet.

할아버지는 이미 전쟁 전에 유명을 달리했다.

2 (scherzh.) 완전히 망가지다

Meine alten Lederhandschuhe haben inzwischen auch das Zeitliche gesegnet.

나의 낡은 가죽장갑은 그 사이에 완전히 못쓰게 되었다.

die/seine Zelte abbrechen (scherzh.) 이사가다, 떠나가다

Nächstes Jahr werden sie die Zelte abbrechen und nach Australien gehen.

내년에 그들은 모든 것을 정리하고 호주로 이주할 것이다.

die/seine Zelte aufschlagen (scherzh.) 정착하다, 머물다

Er hatte eine gewisse finanzielle Unabhängigkeit erreicht und wollte seine Zelte nun an der Côte d'Azur aufschlagen.

그는 어느 정도 경제적 자립을 하여 이제는 코트다쥐르 해변에 정착하고자 했다.

das Zepter führen/schwingen (scherzh.) 좌지우지하다, 휘젓다

Drei Tage lang wird nun wieder der Karneval das Zepter schwingen.

3일 동안 카니발이 이제 다시 모든 것을 휘저을 것이다.

Zeter und Mord[io] schreien (ugs.) 심하게 반발하다

Wenn das Gesetz in dieser Form vom Landtag verabschiedet wird, werden die Umweltschützer Zeter und Mordio schreien.

이런 식의 법이 주 의회에서 통과된다면 환경 보호자들은 거세게 반발할 것이다.

jd. hat/besitzt das Zeug zu etw. ; in jm. steckt das Zeug zu etw. (ugs.) 재능(재질)이 있다

Robespierre besaß das Zeug zu einem großen Moralphilosophen.

로베스피에르는 위대한 윤리학자의 재질을 갖고 있었다.

Sein Onkel in Amerika war bereit, seine Ausbildung zu bezahlen, da in ihm das Zeug zum Violinisten steckte.

그는 바이올린 연주자로 재능이 있어서 미국의 삼촌이 학비를 부담하고 나섰다.

was das Zeug/Leder hält (ugs.) 힘껏, 초고속으로

„Setz dich an den Computer, und schreib, was das Zeug hält!“

"컴퓨터 앞에 앉아서 최고로 빨리 쳐라!"

jm. etw. am Zeug flicken (ugs.) 비난하다, 악평하다

Er hatte sich vor dem Standgericht würdig benommen; auch die Böswilligen konnten ihm nichts am Zeuge flicken.

그는 즉결재판에서 품위 있게 행동하여 악의적인 사람들도 그를 비난할 수 없었다.

Jetzt kommen wir endlich auf die Pauke hauen, ohne dass uns einer am Zeug flicken kann.

이제 남의 비난을 받지 않으면서 우리의 목소리를 높일 수 있다.

sich ins Zeug legen (ugs.) 노력하다, 심혈을 기울이다

Sie hatte sich beim Umbau am meitsten ins Zeug gelegt, aber niemand hat es ihr gedankt.

그 여자는 개혁 작업에 가장 심혈을 기울였으나 아무도 그녀의 공을 알아주지 않았다.

von etw. Zeugnis ablegen/geben 증거가 되다, 증언하다

Die Unordnung im Zimmer legte Zeugnis davon ab, dass ein wilder Kampf stattgefunden hatte.

어지럽혀진 방은 싸웠다는 단서가 되었다.

was tun, spricht Zeus (scherzh.) 어떻게 해야 하나?

„Was tun, spricht Zeus“, sagte mein Bruder und kratzte sich hinter dem Ohr.“

"어떻게 해야 하나?"라고 동생이 뒤통수를 긁적거리며 말했다.

Zicken machen (ugs.) 소란을 피우다, 애를 먹이다

Wenn er wieder Zicken macht, hole ich die Polizei.

그가 다시 소란을 피우면 경찰을 부르겠다.

Wenn sie Zicken macht, kann sie nicht mitkommen.

그 여자가 애를 먹이면 동행할 수 없다.

***[weit] über das Ziel [hinaus]schießen** (ugs.) 도를 지나치다, 한계를 벗어나다

Und wie oft habe ich erlebt, dass der an sich notwendige Ehrgeiz des Kriminalbeamten über das Ziel hinausschoss.

나름대로 당연한 그 형사의 자존심이 도에 지나치는 것을 나는 자주 경험했다.

***jm. etw. mit Zinsen/mit Zins und Zinseszins heimzahlen/zurückzahlen** 철저하게 보복하다

Er ist etwas kleinlich und hat das Bedürfnis, seinen Rivalen alles Unrecht mit Zinsen zurückzahlen.

그는 소견이 좁아 라이벌의 모든 부당 행위를 철두철미 보복하려 든다.

Endlich wusste sie, wer sie verraten hatte – das würde sie ihm mit Zins und Zinseszins heimzahlen!

마침내 그 여자는 배반자를 알아냈다 – 그녀는 그 앙갚음을 호되게 할 것이다.

mit Zitronen gehandelt haben (ugs.) (사업에서) 낭패를 보다

Wenn die Stadt die Grundstücke nicht bebauen wird, haben die Spekulanten mit Zitronen gehandelt.

시 당국이 그 대지에 건축을 하지 않으면 투기꾼들은 낭패를 볼 것이다.

jn. auspressen/ausquetschen wie eine Zitrone (ugs.)

1 물고 늘어지다, 캐묻다

Die Reporter hatten den zurückgetretenen Politiker über seine Beweggründe ausgepresst wie eine Zitrone.

기자들은 그 정치인의 사임 동기를 물고 늘어졌다.

2 많은 돈을 짜내다(강요하다)

Durch das neue Steuerpaket wird der Bürger ausgequetscht wie eine Zitrone.

일련의 새로운 세금 징수 조처로 국민들은 주머니를 쥐어짜게 되었다.

mit Zittern und Zagen 겁에 질려, 벌벌 떨면서

Das arme Bäuerlein näherte sich mit Zittern und Zagen dem mächtigen Erzbischof.

불쌍한 농부는 벌벌 떨면서 막강한 대주교에게 다가갔다.

ein alter Zopf/Hut (ugs.) 고루한 사고, 다 알려진 (진부한) 일

„Komm bitte nicht schon wieder mit deinem alten Zopf!"

"이제는 구태의연한 사고방식을 제발 버려라!"

Der Film ist doch ein alter Zopf, heutzutage benimmt man sich viel ungezwungener.

그 영화는 진부한 작품이며, 사람들의 행동양식은 오늘날에 와서는 훨씬 더 자율적이다.

mit Zuckerbrot und Peitsche vorgehen 강온 양면책을 구사하다

Um diese verdorbene Klasse wieder auf Vordermann zu bringen, muss man mit Zuckerbrot und Peitsche vorgehen.

이 형편없는 반을 다시 제대로 만들려면 당근과 채찍의 양동작전을 써야한다.

wer zuerst kommt, mahlt zuerst (Spr.) 먼저 오는 사람이 임자다

Die Wohnung ist noch frei, aber es gibt mehrere Interessenten, und wer zuerst kommt, mahlt zuerst.

집이 아직 안 나갔으나 관심을 가진 사람은 몇 있으니, 먼저 오는 사람이 임자다.

seine Zuflucht zu etw. nehmen (끝내는) 귀의하다, 호소하다

Verbittert und enttäuscht von der Welt, nahm er seine Zuflucht zum Spiritismus.

세상에 버림받고 실망한 채 그는 끝내는 심령술에 심취했다.

der/dieser Zug ist abgefahren (R.) 어쩔 수 없다, 너무 늦었다

Eigentlich wollte er als Lehrer in den Schuldienst, aber dieser Zug ist abgefahren.

본래 그는 교사로서 학교에 근무하기를 원했으나 너무 늦었다.

***in einem Zug[e]** 중단 없이, 단숨에

Wir sind in einem Zug von Hamburg nach Florenz durchgefahren.

우리는 단숨에 함부르크에서 플로렌스로 직통으로 갔다.

Ich habe vor lauter Durst das ganze Glas in einem Zuge ausgetrunken.

나는 목이 너무 말라서 단숨에 한 컵을 다 들이켰다.

etw. in vollen Zügen genießen 만끽하다, 실컷 즐기다

Sie genoss es in vollen Zügen, dass sie wieder einmal im Mittelpunkt des Interesses stand.

그 여자는 자신이 주된 관심 인물이었다는 사실을 만끽했다.

in den letzten Zügen liegen (ugs.)

1 임종 상태이다

Der alte Mann lag schon in den letzten Zügen, als sein Sohn endlich im Krankenhaus eintraf.

노인이 막 숨을 거두려는 순간에 아들이 마침내 병원에 도착했다.

2 끝장이다, 거덜나다

Die einheimische Stahlindustrie lag in den letzten Zügen, schon hatte die Hälfte aller Betriebe schließen müssen.

국내 철강 산업은 끝장나서 이미 전체 철강 회사의 절반이 문을 닫았다.

im falschen Zug sitzen (ugs.) 잘못 생각(결정)하다

Sie glaubt, sie könne mit dem Geld machen, was sie will, aber da sitzt im falschen Zug.

그 여자는 돈으로 원하는 바를 이룰 수 있으리라 생각하지만, 바로 그것이 그녀의 잘못된 생각이다.

*zum Zug[e] kommen 활기를 찾다

Irgend wann wird dieser Verbrecher einen Fehler machen, und dann kommt die Polizei zum Zuge.

이 강도가 언젠가 실수를 하게 되면 경찰 수사가 활기를 띨 것이다.

die Zügel [fest] in der Hand halten/haben 주도권을 장악하다, 권위적이다

Unser Klassenlehrer hatte die Zügel stets in der Hand und war tortzdem bei den meisten Schülern sehr beliebt.

우리 담임은 항상 권위적임에도 불구하고 대부분의 학생들에게 인기가 있었다.

die Zügel straffer anziehen 고삐를 바짝 조이다

„Wenn ihr euch nicht richtig benehmen könnt, werden wir eben die Zügel künftig straffer anziehen müssen."

"너희들이 바르게 행동하지 않으면 우리는 앞으로 고삐를 바짝 조일 수밖에 없다."

die Zügel lockern/schleifen lassen 고삐를 늦추다, 태만하다

„Seien Sie nicht so stur, locken Sie ein wenig die Zügel!"

"고집 좀 그만 부리고 고삐를 풀어 주시오!"

Der frühere Vorsitzende hat schon zu lange die Zügel schleifen lassen ; jetzt muss der Verein wieder auf Vordermann gebracht werden!

전임 회장은 너무 오랫동안 태만하여 협회는 다시 선임자를 뽑아야 한다.

jm./etw. die Zügel schießen lassen 방임하다

Sie haben ihrem Neffen die Zügel schießen lassen, und jetzt hat er ständig Schwierigkeiten mit der Polizei!

그들이 조카를 방임하여 기르더니 이제 계속 경찰과 말썽을 일으킨다!

*zugrunde/zu Grunde gehen 초토화되다, 망하다, 상하다

Diese Regierung wird nicht an einer Abstimmungsniederlage zu Grunde gehen, schon eher ruiniert sie sich selbst.

이 정권은 투표에 패하여 무너지지 않고 스스로 파멸한다.

Insgesammt, schätzen Experten, dürften in diesem Jahr allein in Deutschland 40.000 Unternehmen zu Grunde gehen.

금년에 독일에서만 4만개의 기업이 도산하리라고 전문가들은 예측한다.

Wonn einst gefragt wird, woran die Wehrpflicht denn zu Grunde ging, wird der eine auf das Bundesverfassungsgericht verweisen, die andere auf das Parlament.

병역의무제도가 엉망이 된 원인을 물으면 어떤 사람은 헌법재판소라고 할 것이고 어떤 사람은 국회라고 할 것이다.

*etw.³ zugrunde/zu Grunde legen 〈Subs. : Zugrundelegung〉 토대로 삼다, 기반으로 하다

Bei vielen Entscheidungen legen wir Erinnerungen an früher Erlebtes zu Grunde.

우리는 결정을 할 때 많은 경우에 과거 경험의 기억을 토대로 삼는다.

Wenn man die Rüstungsexportrichtlinien zu Grund legt, kann es da
keine Zustimmung geben.

무기수출 지침을 기준으로하면 동의는 불가능하다.

Im Zeitraum 1998 bis 2002 ist die Arbeitslosenzahl um 418.000
zurückgegangen, wobei der Durchschnitt des ersten Halbjahres zu
Grunde gelegt wurde.

상반기 평균치를 기준으로 1998년에서 2002년 사이에 실업자는 41만 8천명이 감
소했다.

*etw.[3] zugrunde/zu Grunde liegen 토대가 되다, 근간을 이루다

Seine Rede zum Tag der deutschen Einheit, die den Vorwürfen gegen
ihn zugrunde liegt, ist in den Medien bösewillig verfälscht wieder-
gegeben worden.

그에 대한 비난의 단초인 독일 통일기념일 연설은 미디어에서 악의적으로 조작되
어 보도되었다.

Wer bereits eine Lebensversicherung hat, bekommt selbstverständlich
weiter den Garantiezins, der seinem Vertrag zu Grunde liegt.

생명보험에 이미 가입한 사람은 응당 계약에 근거한 보장 금리를 받는다.

„Das ist ein großer Schritt für die Verbraucher", sagte er und betonte,
dass dem Gesetz ein neues Denken zu Grunde liege.

"그것은 소비자를 위한 대단한 진전이다"라고 그 법이 새로운 사고에 토대를 둔 것
임을 그는 강조했다.

jm. etw. zugute/zu Gute halten (geh.) 참작(고려)하다

Das Gericht hielt dem Arzt unter anderem seinen hervorragenden Ruf
als Arzt und Geburtshelfer zu Gute.

특히 산부인과 의사로서 그의 특출한 명성을 재판부는 참작하였다.

*jm./etw. zugute/zu Gute kommen 유익하게 하다, 유용하다

Nur ein geringer Teil ist dem Tierschutz zu Gute gekommen.

극히 소량을 동물보호를 위해 사용 되었다.

Frauen wären nicht mehr so mobil und würden mehr Zeit der Kindererziehung widmen, was unserer Jugend zu Gute kommen würde.
여성들이 활동하지 않고 자녀교육에 더 많은 시간을 바치면, 청소년에게 유익할 것이다.

Die Impulsgelder sollen mit jährlich nun knapp einer Million Euro vor allem jungen Menschen in der Stadt zu Gute kommen.
매년 100만 유로의 추진자금은 특히 도시의 젊은이에게 도움이 될 것이다.

Der Direktor des Arbeitsamtes will lieber pauschalen Einkommenszuschüsse direkt zahlen, die Arbeitnehmern und Arbeitgebern zu Gute kommen.
노동청장은 노동자와 사용자에게 유용한 일괄적 소득보조금을 직접 지급하고자 한다.

jm. etw. zukommen lassen 넘겨주다, 전달하다

Die Firma Siemens ließ bis Anfang der 90er-Jahre der Kohl-Partei eine Million Mark zukommen.
지멘스는 1990년대 초까지 기독교 민주당에 100만 마르크를 전달했다.

Er hat der Europäischen Kommission einseitige Informationen zukommen lassen.
그는 유럽 위원회에 일방적 정보를 넘겨주었다.

Reformer und Linke haben dem Kanzler vor dessen Regierungserklärung jeweils eigene Vorschläge zukommen lassen.
수상의 국정보고 전에 개혁파와 좌파는 각기 독자적 제안을 그에게 전달했다.

jm. etwas zuleide tun 해를 끼치다, 마음을 아프게 하다

Der Hund passt auf, dass mir niemand etwas zuleide tut.
아무도 나를 해치지 않도록 그 개가 감시를 하고 있다.

*nicht zuletzt 특히, 무엇보다도

Der Gesetzentwurf scheiterte nicht zuletzt am Widerstand in der SPD-Fraktion.
그 법률초안은 무엇보다도 독일사회당 원내교섭단체 반발때문에 좌절되었다.

Sie hat ihren Reiz — nicht zuletzt, weil sie etwas holzschnitzartig ist.

특히 약간 거친 것이 그 여자의 매력이다.

Deutschlands Wirtschaftskraft ist nicht zuletzt der Automobilbranchen zu verdanken und mit 2 Millionen Neuzulassungen von Pkw jährlich liegen wir ganz weit vorn.

독일의 경제력은 무엇보다도 자동차 분야의 덕택이며 신규 인가 승용차 수가 해마다 200만 대에 이르러 우리가 선도적 위치를 점하고 있다.

Die Sorge dreht sich nicht zuletzt um die Finanzierung von städtischen Einrichtungen, die auch am Wochenende geöffnet sind wie Museen oder das Fußballstadium.

박물관이나 축구장처럼 주말에도 운용하는 시립 시설의 재정조달이 무엇보다도 문제점이다.

eine schwere Zunge (geh.) (피로나 술로) 꼬부라진 혀

Vom Branntwein besaß er bereits eine schwere Zunge.

꼬냑을 마셔서 그는 이미 혀가 꼬부라졌다.

jm. die Zunge lösen/lockern 함부로 말하다, 입을 열게 하다

Mehrere Flaschen Wodka sollten ihm die Zunge lösen, führten nur zu etwas unbeherrschten Entgleisungen.

보드카 몇 병을 마신 그가 함부로 떠들더니 약간 무절제한 일탈의 결과를 불러 왔다.

***böse Zungen** 독설가

Staatsdiener machen am liebsten Brotzeit, wie böse Zungen behaupten.

독설가가 주장하듯이 공무원들은 휴식시간을 제일 좋아한다.

Böse Zungen behaupten, er habe in Kreml für die Seinen reichlich vorgesorgt.

그는 자기 가족들을 위하여 크레믈린에서 충분하게 재물을 쌓아두었다고 독설가들은 주장한다.

eine freche/lose Zunge haben ; ein freches Mundwerk haben 몰염치한 말을 하다

Irgendwann wird dich jemand wegen deiner frechen Zunge auf Beleidigung verklagen.

언젠가는 누군가 너의 몰염치한 언행을 명예훼손 죄로 고발할 것이다.

eine feine Zunge haben 미식가이다

Mit dieser Einladung in das berühmte Restaurant machen wir ihm
bestimmt eine Freude. Er hat nähmlich eine feine Zunge.

그는 미식가이기 때문에 유명한 식당에 초대하여 우리는 그를 기쁘게 할 것이다.

eine scharfe/spitze Zunge haben/besitzen 날카로운 말을 잘하다

Sie besaß eine scharfe Zunge und eine sanfte Hand.

그 여자는 날카로운 말을 잘하며 손이 부드럽다.

Er hat eine spitze Zunge und einen frechen, bissigen Humor.

그는 말을 예리하게 하며 대담하고도 신랄한 유머감각의 소유자다.

*seine Zunge hüten ; seine Zunge im Zaun halten 입 조심하다, 말조심하다

Wahrscheinlich weiß er nicht, was dem Chef widerfahren ist. Sonst
müsste er in solchen Moment wohl seine Zunge hüten.

사장에게 일어난 일을 그가 모르고 있다. 알고서는 그런 순간에 말조심을 했을 것
이다.

jm. klebt die Zunge am Gaumen 목마르다

Nach drei Stunden Fahrt in dem stickigen Bus klebte uns allen die
Zunge am Gaumen.

공기 탁한 버스를 세 시간 타고나니 우리는 모두 목이 타게 갈증이 났다.

jm. auf der Zunge brennen 말하고 싶어 안달 나다

Mir brennt übrigens eine Frage auf der Zunge : wie und wo kann ich
Babara finden?

바바라가 어디에 있는지 나는 묻고 싶어 죽겠다.

In 21 Schweizer Städten verteilen Obstproduzenten Flugblätter an die
Bevölkerung. Sie beantworten Fragen zu ihrer Arbeit und was sonst
noch auf der Zunge brennt.

스위스의 21개 도시에서 과일농가들이 주민들에게 전단지를 나누어주며 농가 일에
대한 질문에 대답도 하고 그 외에 말하고 싶은 것을 이야기한다.

etw. jm. auf der Zunge liegen ⟨1, 3 인칭⟩

❶ (알지만) 떠오르지 않다

Die Kranken finden sich an vertrauten Orten plötzlich nicht mehr zurecht, ihre Konzentrationsfähigkeit lässt nach, Worte liegen ihnen auf der Zunge.

환자들은 익숙한 장소에서 갑자기 정상을 잃고 집중력이 떨어져 말이 떠오르지 않는다.

❷ 말을 자제하다

„Mir lag schon das Wort 'Idiot' auf der Zunge, aber dann erinnerte ich mich noch rechtzeitig daran, dass er ja mein Vorgesetzter war.“

“나는 그가 내 상급자라는 것을 잊지 않았기 때문에 '바보'라는 말은 자제했다.”

sich³ auf die Zunge beißen ⟨1 · 3인칭, 단수, 과거시제⟩ 억지로 말을 참다

Seine Aussagen waren unglücklich. Er hätte lieber die Zunge gebissen.

그의 발언은 운이 없었다. 억지로 말을 참는 편이 나았다.

zunichte machen 무너뜨리다, 파괴하다

Ein Scheitern der Verhandlungen dürfte auch Ankaras Hoffnung auf einen baldigen EU-Beitritt zunichte machen.

협상의 실패로 터키의 신속한 유럽연합 가입 희망은 무너져 버린 듯하다.

Alle seit 1995 erreichten Fortschritten, vor allem die eingeleitete Sanierung der Haushalte, würden unter einer solchen Regentschaft zunichte gebracht.

특히 도입한 재정 개선을 비롯한 1995년 이래로 이룩한 발전이 그런 통치하에서 수포로 돌아갔다.

jm. zupass/zupasse kommen 때맞추어 오다

Die Eiskälte zwischen Berlin und Washington kommt Chirac bestens zupass.

독일과 미국 간의 냉랭한 분위기가 지락 대통령으로서는 가장 적기에 조성되고 있다.

Den betroffenen Hausbesitzern, Landwirten und Kleingärtnern kommt sein Engagement als Bürgermeisterkandidat ebenso zupass.

시장후보로서 그의 참여는 연관된 가옥 소유주, 농민과 영세 원예농가에게 적절한 시기에 이루어지는 것이다.

*auf etw. zurückführen 원인이 ~에 있다

Dieser Rückfall des Börsenhandels ist allerdings nahezu aus- schließlich auf das Verabschieden der institionellen Investoren aus dem Abendhandel zurückzuführen.

주식거래의 하강의 원인은 거의 거의 절대적으로 기관투자가들이 야간거래장을 떠나는 데 있다.

jn./etw. in Zusammenhang mit etw. bringen 연계시키다, 관련지우다

In einer heftig kritisierten Rede hat er Juden in einen indirekten Zusammenhang mit „Tätervolk" gebracht.

강력한 비판을 받은 연설에서 그는 유태인들을 "범법민족"과 간접적으로 연관지웠다.

das ist [doch] kein Zustand! (R.) 이럴 수는 없다!, 무엇인가 변해야 한다!

Es ist kein Zustand, dass die Krankenschwester oder der Busfahrer mehr Steuern zahlt als DailmlerChrysler.

다이믈러 크라이슬러 직원보다 간호사나 버스기사가 세금을 더 낸다는 것은 있을 수 없는 일이다.

Das ist kein Zustand, der auf die Dauer tragbar ist.

이것은 장기적으로 참을 수 없는 일이다.

Zustände bekommen/kriegen (ugs.) 대단히 흥분하다, 격노하다

Ich habe alles zerlegt, um zu schauen, wie es funktioniert – meine Eltern bekamen Zustände.

어떻게 기능하는지 알아보려고 내가 모두 분해했더니 부모님이 화가 났다.

*etw. zustande/zu Stande bringen 성취하다, 완성시키다, 끝내다

Zwar wird die Opposition die Regierung nicht stürzen können, weil sie derzeit kein konstruktives Misstrauenvotum zustande bringt.

야당이 현재는 수상에 대한 불신임 및 새 수상 선출을 할 수 없기 때문에 내각을 무너뜨릴 수 없을 것이다.

Der EU-Kommissar für Außen- und Sicherheitspolitik hatte als Vermittler durch seinen Einsatz das Belgrader Abkommen zustande gebracht.
유럽연합의 외교 및 안보정책 담당 특별위원이 중재자로 활약하여 벨그라드 협약을 성사시켰다.

*zustande/zu Stande kommen 달성되다, 이루어지다

Er nahm zur Kenntnis, dass seit Januar keine Gespräche über eine Sanierung zu Stande gekommen sind.
1월 이후 개선대책에 대한 대화가 이루어지지 않았음을 그는 인정했다.

Der Außenminster ist überzeugt, dass eine Einigung zu Stande kommt.
외무장관은 통일이 달성되리라고 확신한다.

In der Irakfrage bleibt die EU gespaltelt. Dennoch kommt eine gemeinsame Erklärung zu Stande aus Brüssel.
이라크 문제에 대해서는 유럽연합은 입장이 나누어진 상태지만 브뤼셀에서 공동성명이 발표된다.

*zutage treten/kommen 표면에 떠오르다, 밝혀지다, 나타나다

Geheime Dokumente kamen zutage.
비밀문서가 나타났다.

Gesellschaftliche Missstände traten offen zutage.
사회적 폐해가 공개적으로 드러났다.

Das Dilemma ist an diesem Wochenende offen zutage getreten.
딜레마는 오는 주말에 공공연하게 가시화되었다.

Die eigentliche Eigenschaft des Menschen tritt erst in seinem Verhalten in konkreten Situationen zutage.
인간의 타고난 개성은 구체적 상황에 대처하는 행동에서 비로소 나타난다.

etw. zutage bringen/fördern 파헤치다, 밝히다

Die Untersuchungen haben mehrere Korruptionsfälle zu Tage gefördert.
조사를 통해 몇 가지 부패 사례를 밝혀냈다.

offen/klar zutage liegen 분명(명백)하다

Der Fehler liegt klar zutage.
잘못은 분명하다.

jm. zuteil werden (geh.) 수여(부여)되다

Der iranischen Menschenrechtlerin ist der Friedensnovelpreis zuteil
geworden.
이란의 인권운동가에게 노벨 평화상이 수여되었다.

ohne js. Zutun 도움 없이

Ohne mein Zutun hältest du nichts erreicht.
나의 도움이 없었더라면 너는 아무 것도 해낼 수 없었을 것이다.

Die Informationen sind ohne Zutun des Ministeriums an die
Öffentlichkeit gedrungen.
관계 부처의 협조도 없이 그 정보는 널리 퍼졌다.

Zuwachs erwarten/bekommen (ugs.) 출산을 기다리다(출산하다)

Im Frühjahr brauchen sie eine neue Wohnung, sie erwarten Zuwachs.
연초에 식구가 늘기 때문에 그들은 새 집이 필요하다.

Die Nachbarn haben schon wieder Zuwachs bekommen; diesmal sind
es Zwillinge!
이웃이 또 아이를 낳았는데 이번에는 쌍둥이다!

auf Zuwachs (ugs.) 큼직하게, 넉넉하게

Sie hatte den Pullover auf Zuwachs gestrickt, aber jetzt waren die
Ärmel allmählich doch zu kurz geworden.
그 여자는 스웨터를 큼직하게 짰지만 이제는 소매가 점점 짧아졌다.

etw. zuwege/zu Wege bringen 실행하다, 성취하다

Ich hatte es immer zu Wege gebracht, meine Miete zu zahlen.
나는 항상 집세를 지불할 수 있었다.

mit etw. zuwege/zu Wege kommen 완수하다, 마치다

„Na, bist du mit deinen Mathematikaufgaben zu Wege gekommen?"
"너, 수학 숙제 끝냈어?"

außer [allem] Zweifel stehen 의심의 여지가 없다, 매우 확실하다

Dass die Beendigung der direkten Kirchenverfolgung zu einer Wiedergeburt des kirchlichen Lebens geführt hat, steht außer Zweifel.
직접적인 교회 박해의 종식이 신앙생활의 부활을 가져왔다는 것은 의심할 여지가 없다.

etw. in Zweifel ziehen/stellen ; Zweifel in etw. setzen 의심하다 (=etw. bezweifeln)

Es ist für mich unstreitig, dass man die im Grundgesetz geregelte staatliche Ordnung vom Grundsatz her in Zweifel ziehen darf.
헌법에 규정된 국가 체계를 근본적으로 의문시해도 무방하다는 것이 확실한 나의 입장이다.

[über etw.] im Zweifel sein/bleiben 분명치 않다, 미정이다

Wir blieben nicht lange im Zweifel darüber, dass unser Besuch den Schwiegereltern höchst unwillkommen war.
시부모는 우리의 방문을 상당히 달갑게 여기지 않는 것을 곧 알게 되었다.

***ohne [jeden] Zweifel** 의심할 여지없이, 확실하게(=zwifellos, zweifelsohne)

Die Vase ist ohne Zweifel beim Transport beschädigt worden.
그 꽃병은 틀림없이 운송 중에 훼손되었다.

auf einen/keinen grünen Zweig kommen (ugs.) 성공을 거두다(거두지 못하다)

Ohne ein modernes, neu strukturiertes Management wird sie mit ihrer neuen Firma auf keinen grünen Zweig kommen.
새로 구축한 현대적 경영 방법 없이는 그 여자는 새 회사를 성공적으로 이끌지 못할 것이다.

einen zwitschern/schmettern/zischen (ugs.) 술 한잔 하다, 술을 마시다

Die Frau, mit der ich jetzt verheiratet bin, hat ja auch ganz gern einen gezwitschert.

지금 나와 결혼한 여자는 술을 즐겨 마셨다.

찾아보기

von jm./etw. nichts **wissen** wollen

간신히

mit **Ach** und Krach
mit **Hängen** und Würgen
mit **List** und Tücke
mit **Müh** und Not
schlecht und recht

감동, 열광

Blut geleckt haben
Feuer fangen
Feuer und Flamme sein
jm. unter die **Haut** gehen
darüber kann amn nur **Kopf** schütteln
mit **Leib** und Seele
das muss jm. der **Neid** lassen
eine **Wolke** sein
eine **Wucht** sein

감옥

hinter schwedischen **Gardinen**
Knast schieben
gesiebte **Luft** atmen,
hinter **Schloss** und Riegel,
Tüten kleben
jn aus dem **Verkehr** ziehen

감지

den **Braten** riechen
Lunte riechen
Unrat wittern

강요, 압력

in den sauren **Apfel** beißen
jm. **Daumenschrauben** anlegen

jn. unter **Druck** setzen
unter **Druck** stehen
die **Hölle** heiß machen
jm. an den **Kragen** wollen
jm. das **Messer** an die Kehle setzen
jn. in die **Pflicht** nehmen
jm. die **Pistole** auf die Brust setzen
jn. an die **Wand** drücken
jm. etw. unter die **Weste** jubeln
jn. in der **Zange** haben
in die **Zange** nehmen
jn. auf die **Zehen** treten

거만

seinem **Affen** Zucker geben
jn. sticht der **Hafer**
außer **Rand** und Band geraten
über die **Stränge** schlagen
sich **wichtig** machen

거부

etw. **Absage** erteilen
das ist nicht mein **Bier**!
nicht an etw. **denken**
auf keinen **Fall**
nicht für **Geld** und gute Worte tun
etw. aus der **Hand** weisen
jm. in die **Parade** fahren
keine zehn **Pferde** können jn. von etw. abbringen
um keinen **Preis**

거절, 부인

jn. **abblitzen** lassen
etw. in **Abrede** stellen
nicht die **Bohne**
jm. den **Buckel** runterrutschen
auf keinen **Fall**

sich die **Finger** verbrennen
du kannst mich **gern** haben!
etw. von der **Hand** weisen
jm. was **husten**
sich etw. an den **Hut** stecken können
jn. mit etw. **jagen** können
jm. einen **Korb** geben
von etw. keine **Rede** sein
sich von jm. nichts **sagen** lassen
jm. die kalte **Schulter** zeigen
das fällt mir nicht nicht im **Traume** ein

거짓말

jm. einen **Bären** aufbinden
das **Blaue** vom Himmel lügen
erstunken und erlogen sein
Theater spielen
ein **Wolf** in Schafpelz

걱정, 근심

jm. das **Herz** brechen
jm. das **Herz** schwermachen
sich den **Kopf** zerbrechen
etw. **Luft** machen
jm. im **Magen** liegen
ein **Nagel** zu js. Sarg sein
wie ein begossener **Pudel**

건강, 컨디션

gut **beieinander** sein
mit jm. steht es nicht zum **Besten**
wieder auf dem **Damm** sein
in **Fahrt** sein
fit wie ein Turnschuh
in **Form** sein
auf der **Höhe** sein

걷다

wie auf **Eiern** gehen
gut zu **Fuß** sein
auf **Schusters** Rappen
auf dem **Zahnfleisch** gehen

검사, 조사, 시험

sich auf den **Grund** gehen
jn. auf den **Hals** kriegen
jn. aufs **Korn** nehmen
jn. unter die **Lupe** nehmen
jm. von **oben** bis unten mustern
auf **Probe**
jn. auf die **Probe** stellen
jm. den **Puls** fühlen
nach dem **Rechten** sehen
jm. auf den **Zahn** fühlen

게으름, 태만

keinen **Finger** krumm machen
die **Hände** in den Schoß legen
auf der faulen **Haut** liegen
eine ruhige **Kugel** schieben
der blaue **Montag**
die **Zügel** lockeren lassen

격퇴, 근절

etw. ein **Ende** setzen
jn. in die **Schranken** weisen

결별

alle **Brücke** hinter sich abbrechen
mit jm. **fertig** sein
jm. den **Laufpass** geben
mit jm. **Schluss** machen

결정, 결론, 판단

es ist noch nicht aller Tage **Abend**
jn. zum alten **Eisen** werfen
eine **Entscheidung** fallen
eine **Entscheidung** treffen
einen **Entschluss** fassen
sich in den **Finger** schneiden
etw. **gerecht** werden
ein **Haar** in der Suppe finden
sich ein **Herz** fassen
auf des **Messers** Schneide stehen
den **Rubikon** überschreiten
zu **sagen** haben
aus etw. **Schluss** ziehen
das letzte **Wort** haben
die **Würfel** sind gefallen
im falschen **Zug** sitzen

결혼

den **Anschluss** verpasst haben
jd. noch zu **haben** sein
den **Hafen** der Ehe ansteuern
die bessere **Hälfte**
unter die **Haube** kommen
sich ins warme **Nest** setzen

경고

jm. aufs **Dach** steigen
jn. den **Marsch** blasen
jm. die **Meinung** sagen
sich den **Mund** fusselig reden
jm. etw. am **Zeug** flicken

경솔

ein **Tanz** auf dem Vulkan
jn. reitet der **Teufel**
jm. die **Zunge** lösen

계획

etw. im **Auge** haben
sich etw. in den **Kopf** setzen
etw. im **Schilde** führen
mit etw. **schwanger** gehen

고소, 고발

jn. **Anzeige** bringen
jm. etw. an den **Hals** hängen
jm. etw. zur **Last** legen
jn. an den **Pranger** stellen
jm. etw. in die **Schuhe** schieben
jm. den **Schwarzen** Peter zuschieben

고위층

ein dicker **Fisch**
die besseren **Kreise**
alles, was **Rang** und Namen hat
ein hohes **Tier**
die oberen **Zehntausend**

고장

im **Arsch** sein
in die **Binsen** gehen
im **Eimer** sein
bei jm. ist **Hopfen** und Malz verloren
aus dem **Leim** gehen
zum **Teufel** gehen
in etw. ist der **Wurm** drin
das **Zeitliche** segnen

고집

seinen **Dickkopf** aufsetzen
mit dem **Kopf** durch die Wand wollen
sich nichts **sagen** lassen

고통

jm. auf den **Fuß** treten
jn. vor den **Kopf** stoßen
sein **Kreuz** tragen

곤경, 난처, 궁지

mit den **Achseln** zucken
alt aussehen
blank sein
schwach auf der **Brust** sein
jn. in die **Enge** treiben
wie ein Häufchen **Elend**
in der **Klemme** sitzen
das **Messer** sitzt jm. an der Kehle
sich in die **Nesseln** setzen
jm. geht die **Puste** aus
sich etw. nicht aus den **Rippen** schneiden können
schlecht und recht
jn. im **Stich** lassen
wenn alle **Stränge** reißen
jm. eine **Streich** spielen
zwischen zwei **Stühlen** sitzen
in der **Tinte** sitzen
auf dem **Trockenen** sitzen
jn. an die **wand** drücken
das **Wasser** steht jm. bis zum Hals
sich über **Wasser** halten
auf dem **Zahnfleisch** gehen

공개, 공표, 알림

vor aller **Augen**
die **Bombe** ist geplatzt
Farbe bekennen
etw. an die große **Glocke** hängen
jn. auf den **Hals** kriegen
jm. sein **Herz** ausschütten
die **Karten** aufdecken
die **Karten** offen auf den Tisch legen

jn. etw. in **Kenntnis** setzen
jm. etw. auf die **Nase** binden
jn. an den **Pranger** stehen
den **Schleier** lüften
aus der **Schule** plaudern
sich etw. von der **Seele** reden
Tag der offenen Tür
an den **Tag** bringen
an den **Tag** kommen
etw. zu **verstehen** geben
schmutzige **Wäsche** waschen

공격

absehen : es auf jn. abgesehen haben
etw. in **Angriff** nehmen
jm. auf die **Hörner** nehm.en
jm. an den **Kragen** wollen
jm. ans **Leder** wollen
jm. in den **Rücken** fallen
jm. nicht **schuldig** bleiben
den **Spieß** umdrehen
jn. an den **Wagen** fahren
jn. in die **Zange** nehmen

공범, 공모

unter einer **Decke** stecken
der **Dritte** im Bunde
sich mit jm. **gemein** machen
gemeinsame **Sache** machen

과시

eine **Schau** abziehen
sich in **Szene** setzen
jm. die **Zähne** zeigen

과장

den **Bogen** überspannen

das schlägt dem **Fass** den Boden aus
Hokuspokus machen
das **Kind** mit dem Bade ausschütten
jetzt halt aber mal die **Luft** an!
aus einer **Mücke** einen Elefanten machen
das **Spiel** zu weit treiben
etw. auf die **Spitze** treiben
Wind machen

관심

absehen : es auf jn. abgesehen haben
jn. auf jn. **aufmerksam** machen
einen **Bock** auf etw. haben
Furore machen
sich keine grauen **Haare** wachsen lassen
mit etw. keinen **Hund** hinter dem Ofen hervorlocken
sich für jn. **interessieren**
an etw. **interessiert** sein
jn. auf dem **Kieker** haben
bei etw. **Mäuschen** sein wollen
seine **Nase** in etw. einstecken
die **Ohren** spitzen
ein **Organ** für etw. haben
bei der **Sache** sein
seinen **Senf** dazugeben
auf dem **Quivive** sein
für etw. etwas **übrig** haben
viel **Wirbel** machen
von etw. nichts **wissen** wollen

관용

ein **Auge** zudrücken
durch die **Finger** sehen
Gnade für Recht ergehen lassen
etw. unter den **Teppich** kehren
die **Zügel** lockern lassen

관철

es darauf **ankommen** lassen
sich **Bahn** brechen

교육

jm. auf die **Hände** sehen
jn. **Mores** lehren
etw. von der **Pike** auf lernen
jn. auf **Vordermann** bringen
jn. auf **Zack** bringen

교활

ein schlauer **Fuchs** sein
mit allen **Hunden** gehetzt sein
mit allen **Wassern** gewaschen sein

구별, 구분

die **Spreu** von Weizen trennen
verschieden wie **Tag** und Nacht
hier gehen die **Uhren** anders
in einer anderen **Welt** leben

규율

jn. an die **Kandare** nehmen
jn. auf **Vordermann** bringen
mit eiserner **Rute**
die **Zügel** straffer anziehen

극기, 극복

eine **Hürde** nehmen
aus der **Not** eine Tugend machen
nicht über seinen **Schatten** springen können
über **Stock** und Stein
sich in **Zaun** halten

근본, 원칙

im **Grunde** genommen
von **Grund** auf
von **Haus** aus

급한, 급히

Hals über Kopf
jm. auf den **Nägeln** brennen
immer auf dem **Sprung** sein
auf **Trab** sein
mit der **Tür** ins Haus fallen
zwischen **Tür** und Angel

기다림

sich die **Beine** in den Bauch stehen
Schlange stehen
Wurzeln schlagen

기대, 예상

den **Daumen** drücken
js. **Herz** höher schlagen lassen
in der **Luft** liegen
sich etw. nicht **träumen** lassen
wenn nicht alle **Zeichen** trügen

기쁨

guter **Dinge**
aus den **Häuschen** sein
js. **Herz** schlägt höher

기억

sich in **Erinnerung** bringen
etw. **gegenwärtig** haben
aus dem **Kopf**
jm. durch den **Kopf** schießen
etw. im **Kopf** behalten

etw. noch frisch im **Kopf** haben
sich etw. hinter die **Ohren** schreiben
jm. durch den **Sinn** fahren
etw. jm. auf der **Zunge** liegen

기틀, 토대, 기초

Fuß fassen
den **Grund** zu etw. legen
den **Grundstein** zu etw. legen
etw. **zugrunde** legen
etw. **zugrunde** liegen

기회

die **Gelegenheit** beim Schopf fassen
liegen : etw. kommt gelegen
js. **Stunde** kommt noch
es ist die höchste **Zeit**

기회주의

die **Fahne** nach dem Wind drehen
den **Mantel** nach dem Wind hängen
jm. nach dem **Munde** reden
mit den **Wölfen** heulen

끝

etw. ein **Ende** machen
jm. das **Handwerk** legen
zur **Neige** gehen
der **Ofen** ist aus
quitt sein
jm. den **Rücken** kehren
Schluss mit lustig
jm. einen **Strich** durch die Rechnung machen
einen dicken **Strich** unter etw. ziehen
jetzt ist **Sense**!
die **Tafel** aufheben
reinen **Tisch** machen

und tschüss!
etw. aus der **Welt** schaffen

낙관

etw. durch die rosarote **Brille** sehen
guter **Dinge**

낭비

auf großem **Fuß** leben
das **Geld** auf die Straße werfen
in **Saus** und Braus leben ;
aus dem **Vollen** leben

노력, 일

anliegen : sich etw. angelegen sein lassen
die **Ärmel** hochkrempeln
auf den **Beinen** sein
Blut und Wasser schwitzen
sich die **Finger** schmutzig machen
Kleinvieh macht aus Mist
sich **Mühe** geben
sich am **Riemen** reißen
inichts **unversucht** lassen
in die **Vollen** gehen
zu etw. ist es noch ein weiter **Weg**
sich ins **Zeug** legen

놀람

die **Augen** aufreißen
große **Augen** machen
seinen **Augen** nicht trauen
jm. wird schwarz vor **Augen**
Bauklötze staunen
das dicke **Ende**

jn. in **Erstaunen** setzten
fertig sein
jm. stehen die **Haare** zu Berge
das ist ein **Hammer**
darüber kann man den **Kopf** schütteln
jm. bleibt die **Luft** weg
die **Maulsperre** haben
Mund und Augen aufsperren
seinen **Ohren** nicht trauen
platt sein
auf den **Rücken** fallen
ein **Schlag** ins Kontor sein
zu **schön**, um wahr zu sein
von den **Socken** sein
aus allen **Wolken** fallen
sein blaues **Wunder** erleben

늙음

Jahre auf dem **Buckel** haben
in die **Jahre** kommen
bei jm. rieselt schon der **Kalk**
ein älteres **Semester** sein
auf seine alten **Tage**
der **Zahn** der Zeit

늦음

den **Anschluss** verpasst haben
auf den letzten **Drücker**
in letzter **Minute**
vor **Toresschluss**
der **Zug** ist abgefahren

능력, 재능

zum alten **Eisen** gehören
den **Bogen** heraushaben
etw. aus dem **Effeff** beherrschen können
eine gute **Figur** machen

etw. **gerecht** werden
etw. im **Griff** haben
den **Laden** schmeißen
in der **Lage** sein
den **Nerv** haben, etw. zu tun
Nerven wie Drahtseile haben
seine **Rolle** gut spielen
mit jm. **Schritt** halten
js. starke **Seite** sein
aus dem **Vollen** schöpfen
jd. hat das **Zeug** zu etw.

ㄷ

다량

in **Hülle** und Fülle
das geht auf keine **Kuhhaut**!
jede **Menge**
in rauhen **Mengen**
noch und noch
wie **Sand** im Meer

달변

nicht auf den **Mund** gefallen sein
ein gutes **Mundwerk** haben

대등

es mit jm. **aufnehmen**
sivh vor jm. nicht **verstecken** müssen
sich die **Waage** halten
wachsen : jm. gewachsen sein
jm. nicht das **Wasser** reichen können

대응

es geht jm. an den **Kragen**
jm. die **Suppe** versalzen

mit **Zuckerbrot** und Peitsche vorgehen

도망

die **Beine** in die Hand nehmen
über alle **Berge** sein
Fersengeld geben
eine **Fliege** machen
die **Flucht** ergreifen
das **Hasenpanier** ergreifen
die **Kurve** kratzen
jm. durch die **Lappen** gehen
sich aus dem **Staube** machen

도움, 돌봄, 옹호

jm. auf die **Beine** helfen
sich selbst **genug** sein
jm. an die **Hand** gehen
in guten **Händen** sein
hegen und pflegen
die **Karre** aus dem Dreck ziehen
auf jn. nichts **kommen** lassen
jm. mit **Rat** und Tat zur Seite stehen
jm. zur **Seite** stehen
jm. auf die **Sprünge** helfen
zu jm. **stehen**
wenn alle **Stränge** reißen
ohne js. **Zutun**

독려

jm. **Beine** machen
hinter etw. **Dampf** machen
jn. auf **Trab** bringen

돈

jm zur **Ader** lassen
schwach auf der **Brust** sein
Geld machen

Kasse machen
gut bei **Kasse** sein
jn. zur **Kasse** bitten
über die **Runden** kommen
eine **Stange** Geld

동성애

von der anderen **Fakultät** sein
vom anderen **Ufer** sein

동의

klarer **Fall**!
jm. nach dem **Mund** reden
jm. **Recht** geben
jm. aus der **Seele** sprechen
seinen **Segen** zu etw. geben
jm. das **Wort** reden
drüber ist kein **Wort** zu verlieren

뒤죽박죽

es geht **drunter** und drüber
alles steht auf dem **Kopf**
wie **Kraut** und Rüben
kreuz und quer
alles von **oben** nach unten kehren

뒤지다

alt aussehen
auf dem **Mond** leben

듣다, 엿듣다

sich **Gehör** verschaffen
an js. **Lippen** hängen
ganz **Ohr** sein
jm. sein **Ohr** leihen
die **Ohren** spitzen

lange **Ohren** machen
auf dem **Ohren** sein
nichts für fremden **Ohren** sein
jm. zu **Ohren** kommen

때리다, 맞다

jn. **grün** und blau schlagen
jm. die **Hucke** voll hauen
die **Hucke** voll kriegen
jm die **Jacke** voll hauen
jn. übers **Knie** legen

떠나다, 사라지다

sich in **Büsche** schlagen
eine **Fliege** machen
den **Koffer** packen
jm. den **Rücken** kehren
sich auf die **Socken** machen
sich auf die **Sprünge** machen
jn. zum **Teufel** jagen
sich auf den **Weg** machen
die **Zelte** abbrechen

ㅁ

만남

jm. in die **Arme** laufen
jm. in die **Quere** kommen

만족

kleine **Brötchen** backen
fein raussein
sich in seiner **Haut** wohl fühlen
auf seine **Kosten** kommen
nichts zu **wünschen** übrig lassen

망각

den **Faden** verlieren
mit etw. nicht **fertig** werden
bei jm. der **Film** gerissen
über etw. **Gras** wachsen lassen
jm. aus dem **Sinn** kommen

맹세, 보증

für jn. die **Hand** ins Feuer legen

먹다

sich den **Bauch** vollschlagen
sich etw. zu **Gemüte** führen
sich **gütlich** tun an etw.
js. **Leib**- und Magen**gericht**
leben wie die **Made** in Speck
die **Tafel** aufheben
zu **Tisch** bitten
etwas zwischen die **Zähne** kriegen

명백, 분명

klarer **Fall**!
Farbe bekommen
Außer **Frage** sein
auf der **Hand** liegen
das ist **klar** wie Kloßbrühe
klipp und klar
kurz und bündig
außer **Zweifel** stehen
ohne **Zweifel**

모두, 모든

durch die **Bank**
alles **Drum** und Dran
Groß und Klein
Hinz und Kunz

mit **Kind** und Kegel
Krethi und Plethi
mit **Mann** und Maus untergehen
alle **Welt**

모범, 선도

in js. **Fußstapfen** treten
jm zeigen, was eine **Harke** ist
sich von etw. eine **Scheibe** abschneiden
Schule machen

모욕, 모독

keinen guten **Faden** an jm. lassen
die beleidigte **Leberwurst** spielen
vom **Leder** ziehen
sich das **Maul** zerreißen
das eigene **Nest** beschmutzen
jn. an den **Pranger** stellen
jm. auf die **Zehen** treten

모험

alles oder nichts
aufs **Ganze** gehen
hopp oder topp
alles auf eine **Karte** setzen
Risiko eingehen
etw. aufs **Spiel** setzen

몰염치

das schlägt dem **Fass** den Boden aus
das ist die **Höhe**
ein dicker **Hund**
Nerven haben
ein freche **Zunge** haben

무관심

keinen **Bock** auf etw. haben

die **Finger** von etw. lassen
mit etw. keinen **Hund** vom Ofen locken
für jn. **Luft** sein
kein **Organ** für etw. haben
Schnee von gestern
jm. **schnuppe** sein
stehlen : jm. gestohlen bleiben können
Wurst sein

무서움, 겁

jm. ist **angst**
jm. sitzt die **Angst** im Nacken
jm. stockt das **Blut** in den Adern
Blut und Wasser schwitzen
kalte **Füße** bekommen
eine **Gänsehaut** kriegen
jm. rutscht das **Herz** in die Hose
die **Hosen** voll haben
Manschetten haben

무성과, 무효

eine brotlose **Kunst**
auf die **Nase** fallen
ein **Schlag** ins Wasser
auf dem besten **Weg** sein
auf keinen grünen **Zweig** kommen

무시, 경시

abgemeldet sein
kein **Auge** für jn. haben
jn. mit **Füßen** treten
den **Kopf** in den Sand stecken
jn. **links** liegenlassen
keine **Notiz** von etw. nehmen
jm. die kalte **Schulter** zeigen
jn. über die **Schulter** ansehen
jn. von der **Seite** ansehen
unter den **Tisch** fallen

무의미

Eulen nach Athen tragen
das ist alles **Käse**!
so ein **Mist**!
tauben **Ohren** predigen
offene **Türen** einrennen
in den **Wind** reden

무조건, 반드시

auf **Biegen** oder Brechen
auf jeden **Fall**
auf alle **Fälle**
auf **Gedeih** und Verderb
ohne **Wenn** und Aber

미숙, 미흡

wie eine **Axt** im Walde
backen : frisch gebacken sein
noch die **Eierschalen** hiter Ohren haben
sich benehmen wie ein **Elefant** im Porzellanladen
zwei linke **Hände** haben
noch in den **Kinderschuhen** stecken
noch feucht hinter den **Ohren** sein
jm. nicht das **Wasser** reichen können

미식가

einen feinen **Gaumen** haben
eine feine **Zunge** haben

미침

eine weiche **Birne** haben
von allen guten **Geistern** verlassen sein
einen **Haschmich** haben
nicht mehr **Herr** seiner Sinne sein
mit dem **Klammerbeutel** gepudert sein
einen **Klaps** haben
einen **Knall** haben

nicht mehr zu **retten** sein
bei jm. ist eine **Schraube** locker
nicht bei **Troste** sein
verrückt spielen
den **Verstand** verlieren
jm. den **Vogel** zeigen

ㅂ

방해

jm. in die **Parade** fahren
jm. in die **Quere** kommen
etw. einen **Riegel** vorschieben
der **Stein** des Anstoßes
jm. **Steine** in den Weg legen
jm. einen **Strich** durch die Rechnung machen
jm. im **Wege** stehen

배고픔

nichts zu **beißen** haben
am **Hungertuch** nagen
Kohldampf schieben
jm. hängt der **Magen** bis in die Kniekehlen
jm. knurrt der **Magen**

배신

die **Ehe** brechen
jm. **Hörner** aufsetzen
jm. in den **Rücken** fallen
verraten und verkauft sein

벌, 처벌

jm. einen **Denkzettel** geben
sein **Fett** haben
mit jm. ins **Gericht** gehen
Spießruten laufen

jn. in **Strafe** nehmen
etw. unter **Strafe** stellen

범죄, 죄

auf die schiefe **Bahn** geraten
sich die **Finger** schmutzig machen
ein dicker **Fisch**
mit einem **Fuß** im Gefängnis stehen
schwerer **Junge**
etw. auf dem **Konto** haben

병

mit einem **Bein** im Grabe stehen
das **Bett** hüten müssen
die **Engel** singen hören
auf den **Hund** kommen
den **Kopf** unterm Arm tragen
auf der **Nase** liegen
sich den **Rest** holen

복수, 보복

Auge um Auge, Zahn um Zahn
jm. eins **auswischen**
jm. etw. in gleicher **Münze** heimzahlen
quitt sein
Rache nehmen
jm. etw. mit **Zinsen** heimzahlen

복장

wie aus dem **Ei** gepellt sein
sich in **Schale** werfen

부담

es auf jn. **abgesehen** haben
jm. ein **Klotz** am Bein sein
eine **Last** auf sich nehmen
jm. zur **Last** fallen

jm. auf den **Leib** rücken
jm. den **Nerv** rauben
jm. auf die **Nerven** fallen
jm. an die **Nieren** gehen
jm. in den **Ohren** liegen
jm. auf die **Pelle** rücken
jm. auf den **Pelz** rücken
jm. keine **Ruhe** lassen
jm. auf den **Wecker** fallen

부유, 부자

gut bei **Kasse** sein
leben wie **Made** im Speck
mit **Rosen** gebettet sein
aus dem **Vollen** leben

부주의

mit offenen **Augen** schlafen
Tomaten auf den Augen haben
im **Tran**

분주

alle **Hände** voll zu tun haben
bis über die **Ohren** in der Arbeit sein
immer auf den Sprung sein

불가능

zu **schön**, um wahr zu sein
nach den **Sternen** greifen
zum **Teufel** gehen
das fällt mir nicht im **Traum** ein

불분명

weder **Fisch** noch Fleisch
Katz und Maus spielen
im **Zweifel** sein

불신

ein wahres **Chamäleon** sein
jn. in **Misskredit** bringen
in den **Tag** hinein reden
auf jn. ist kein **Verlass**
jm. nicht über den **Weg** trauen

불안

den **Boden** unter den Füßen verlieren
auf der **Kippe** stehen
auf **Kohlen** sitzen
jn. aus der **Ruhe** bringen
Staub aufwirbeln

불쾌

Anstoß erregen
an etw. **Anstoß** nehemen
zum **Kotzen** sein
durch **Mark** und Bein gehen
jn. nicht mit der **Zange** anfassen mögen

불확실, 무승부

es ist noch nicht aller Tage **Abend**
in der **Luft** hängen
auf das **Messers** Schneide stehen
ein totes **Rennnen**
in den **Sternen** geschrieben stehen
im **Zweifel** sein

비밀

mit verdeckten **Karten** spielen
bei **Nacht** und Nebel
ein dunkler **Punkt**
in aller **Stille**
hinter verschlossenen **Türen**
die **Wände** haben Ohren

keinen guten **Faden** an jm. lassen
jn. ins **Gerede** bringen
ins **Gerede** kommen
mit jm. ins **Gericht** gehen
vom **Leder** ziehen
jn. **madig** machen
das **Maul** aufreißen
ein ungewaschenes **Maul** haben
jm. etw. unter die **Nase** reiben
eigene **Nest** beschmutzen
jn. in die **Pfanne** hauen
jn. an den **Pranger** stellen
schimpfen wie ein **Rohrspatz**
etw. in den **Schmutz** ziehen
den **Stab** über jn. brechen
jm. eine **Szene** machen
jn. **unmöglich** machen
jn. in **Verruf** bringen
jm. **Vorwurf** machen
schmutzige **Wäsche** waschen
jm. etw. am **Zeug** flicken

빈곤

an den **Bettelstab** kommen
von der **Hand** in den Mund leben
arm wie eine **Kirchenmaus** sein
weder **leben** noch sterben können
nicht auf **Rosen** gebettet sein
bei jm. ist **Schmalhans** Küchenmeister
keine großen **Sprünge** machen können

빚, 신세

bei jm. in der **Kreide** stehen
bis an den Hals in **Schulden** stecken
auf **Pump**
das **Wasser** steht jm. bis zum Hals

빰따귀

jm. eine **kleben**
jm. eine **knallen**
jm. eins hinter die **Löffel** geben
jm. eins hinter die **Ohren** geben
jm. eine **pfeffern**

ㅅ

사기

jm. einen **Bären** aufbinden
jn. für **dumm** verkaufen
jn. hinters **Licht** führen
fauler **Zauber**

사랑

jm. sein **Herz** schenken
sein **Herz** verlieren
jn. im **Herzen** tragen

사라지다, 출발하다, 떠나다

sich in die **Büsche** schlagen
die **Fliege** machen
die **Koffer** packen
hingehen, wo der **Pfeffer** wächst
jm. den **Rücken** kehren
sich auf die **Socken** machen
sich auf die **Sprünge** machen
jn. zum **Teufel** jagen
sich auf den **Weg** machen
die **Zelte** abbrechen

사치

auf großem **Fuß** leben
um das Goldene **Kalb** tanzen
der Tanz um das Goldene **Kalb**

wie die Made im **Speck** leben
in **Saus** und Braus leben ;

살인

jn. um die **Ecke** bringen
jn. einen **Kopf** kürzer machen
jn. auf die **Seite** schaffen
jn. zur **Strecke** bringen
jn. aus dem **Weg** räumen

상황, 분위기, 조짐

von **Fall** zu Fall
es ist dicke **Luft**
in der **Luft** liegen
in **Schwung** kommen
unter **Umständen**
wissen, wo die **Uhr** geschlagen hat

선택

das kleinere **Übel** wählen
wer die **Wahl** hat, hat die Qual
erste **Wahl**

선호

sich die **Finger** nach jm. lecken
für etw. zu **haben** sein
etwas auf dem **Herzen** haben
etw. für sein **Leben** gern tun
js. **Leib**-und Magengericht
einen **Narren** an jm. gefressen haben

설상가상

Öl ins Feuer gießen
zu allen **Unglück**

성과, 성공, 효과

auf fruchtbaren **Boden** fallen
fein raussein
einen guten **Griff** tun
die **Kurve** kriegen
der **Laden** läuft
ein gemachter **Mann** sein
die **Rechnung** geht auf
etw. über die **Runde** bringen
aus dem **Schneider** sein
ins **Schwarze** treffen
den **Vogel** abschießen
seinen **Weg** machen
auf dem besten **Wege** sein
auf einen grünen **Zweig** kommen

소문

jn. ins **Gerede** bringen
etw. in die **Welt** setzen

속수무책

mit den **Achseln** zucken
gegen jn. kein **Kraut** gewachsen
mit seiner **Kunst** am Ende sein
da beißt die **Maus** keinen Faden ab
nicht mehr zu **retten** sein

속임

jm. einen **Bären** aufbinden
sich mit fremden **Federn** schmücken
jm. das **Fell** über die Ohren ziehen
jn. in die **Irre** führen
die **Katze** im Sack kaufen
jn. aufs **Kreuz** legen
jn. hinters **Licht** führen
jm. ins **Netz** gehen
übers **Ohr** hauen

blinder **Passagier**
jm. **Sand** in die Augen streuen
ein falsches **Spiel** mit jm. treiben
jm. eine **Streich** spielen
fauler **Zauber**

손상, 손실, 손해

jm. eins **auswischen**
jm. einen **Bärendienst** erweisen
jm. ein **Bein** stellen
Federn lassen
sich die **Finger** verbrennen
jm. durch die **Lappen** gehen
jm. eine **Laus** in den Pelz setzen
Lehrgeld zahlen müssen
Schaden nehmen
zu **Schaden** kommen
in js. **Schatten** stehen
jm. einen **Strick** aus etw. drehen
den **Teufel** an die Wand malen
rote **Zahlen** schreiben

솔직, 진솔

kein **Blatt** vor den Mund nehmen
mit jm. **deutsch** reden
frank und frei
jm. etw. ins **Gesicht** sagen
das **Herz** auf der Zunge haben
seinem **Herzen** Luft machen
das **Kind** beim Namen nennen
frisch von der **Leber** weg reden
eine **Lippe** riskieren
von **Mann** zu Mann sprechen

수다, 장황

kein **Ende** finden
groß und breit

Hokuspokus machen
große **Klappe** schwingen
ohne **Punkt** und Komma reden
wie ein **Wasserfall** reden

수리

in guten **Händen** sein
in **Ordnung**
in die **Reihe** bringen

숙고

etw. ins **Auge** fassen
Hand und Fuß haben
sich über jn. **Gedanken** machen
jm. raucht der **Kopf**
sich den **Kopf** zerbrechen
mit etw. **schwanger** gehen
über etw. **Überlegungen** anstellen

쉬운

im **Handumdrehen**
Kinderspiel sein
das ist keine **Kunst**!

습관, 익숙

jm. in **Fleisch** und Blut übergehen
sich mit etw. **vertraut** machen

승리

jn. aus dem **Feld** schlagen
jn. auf die **Knie** zwingen
die **Oberhand** gewinnen
jn. in die **Pfanne** hauen
jm. den **Rang** ablaufen
das **Rennen** machen

시작

den **Anfang** machen
etw. in **Angriff** nehmen
etw. in **Betrieb** setzen
in **Bebwegung** setzen
in **Bewegung** setzen
etw. in **Betrieb** setzen
den **Grundstein** zu etw. legen
den ersten **Schritt** tun
die **Stunde** Null
etw. aus der **Taufe** heben

식욕

jm. den **Mund** wässerig machen
jm. läuft das **Wasser** im Mund zusammen

신뢰, 신의, 확신

unter vier **Augen**
das bleibt in der **Familie**
außer **Frage**
ohne **Frage**
für jn. die **Hand** ins Feuer legen
zu treuen **Händen**
mit jm. **Pferde** stehlen können
sagen : unter uns gesagt
von echtem **Schrot** und Korn
m. die **Stange** halten
sich für jn. in **Stücke** reißen lassen
von etw. **überzeugt** sein
jm. **Vertrauen** schenken

신속

einen **Affenzahn** draufhaben
in einem **Atemzug**
von **heute** auf morgen
Knall und Fall
über **Nacht**

im **Nu**
wie aus der **Pistole** geschossen
mit einem **Schlag**

실망, 절망

am **Boden** zerstört sein
für jn. eine kalte **Dusche** sein
den **Kopf** hängen lassen

실수, 잘못, 오류

an die falsche **Adresse** kommen
einen **Bock** schießen
den **Bock** zum Gärtner machen
sich in den **Finger** schneiden
auf dem **Holzweg** sein
jn. vor den **Kopf** stoßen
sich den **Mund** verbrennen
aufs falsche **Pferd** setzen

실직, 실업

jn. zum alten **Eisen** werden
auf dem **Pflaster** liegen
auf der **Straße** sitzen

실패

baden gehen
eine brotlose **Kunst**
auf die **Nase** fallen
jm. **Trauben** hängen zu hoch
ein Schlag ins **Wasser**
auf der **Stecke** bleiben
auf dem besten **Wege** sein
sich an etw. die **Zähne** ausbeißen
auf keinen grünen **Zweig** kommen

실현, 실행

Berg versetzen
etw. aus dem **Boden** stampfen
seinen **Mann** stehen
etw. in **Szene** setzen
etw. in die **Tat** umsetzen
zustande bringen
etw. **zuwege** bringen

싫증

bedient sein
jn. **dick** haben
jm. zum **Hals** herauswachsen
den **Kanal** voll haben
sich **madig** machen
jm. etw. **madig** machen
die **Nase** voll haben

싸움

gegen jn. zu **Felde** ziehen
sich in die **Haare** geraten
bei jm. hängt der **Haussegen** schief
wie **Hund** und Katze leben
mit jm. auf **Kriegsfuß** stehen
auf verlorem **Post** kämpfen
einen **Streit** vom Zaun brechen
wenn zwei sich **streiten**, freut sich der Dritte
sich in die **Wolle** kriegen

아부, 아첨

jm. in den **Arsch** kriechen
einen krummen **Buckel** machen
jm. **Honig** um den Mund schmieren
sich bei jm. lieb **Kind** machen

jm. nach **Mund** reden

안도, 안심, 안정

Gott sei Dank!
ein **Kreuz** machen
jm. fällt ein **Stein** vom Herzen
ohne mit der **Wimper** zu zucken

안전

wie in **Abrahams** Schoß
im **grünen** Bereich sein
die **Luft** ist rein
auf **Nummer** Sicher gehen
sich den **Rücken** freihalten
weit vom **Schuss** sein

알다, 모르다

keine blasse **Ahnung** haben
etw. **drauf** haben
sich über etw. **klar** sein
aus dem **Kopf**
etw. auf **Lager** haben
etw. **riechen** können
keinen **Schimmer** haben
jm. auf die **Schliche** kommen
aus dem **Vollen** schöpfen
etw. wie seine **Westentasche** kennen
wissen : was weiß ich!

알려짐, 진부함

bekannt sein wie ein bunter **Hund**
ein alter **Hut**
in aller **Mund** sein
jm. zu **Ohren** kommen
das pfeifen die **Spatzen** von den Dächern
an den **Tag** kommen
zu **Tage** kommen

ans **Tageslicht** kommen
ein alter **Zopf**

앎

ein **Begriff** sein
sich etw. an den **Fingern** abzählen können
die **Flöhe** husten hören
etw. im **Gefühl** haben
das Gras **wachsen** hören

암시

etw. durch die **Blume** sagen
etw. **durchblicken** lassen
jm. etw. zu **verstehen** geben
mit dem **Zaunpfahl** winken
zwischen den **Zeilen** lesen

양보

klein **beigeben**
zu **Kreuze** kriechen
jm. **Platz** machen

어려움, 애로사항

eine schwere **Geburt** sein
da liegt der **Hase** im Pfeffer
in der **Klemme** sitzen
mit **Müh** und Not
eine harte **Nuss** sein
kein **Pappenstiel** sein
schlecht und recht
wissen, wo jn. der **Schuh** drückt
in **Teufels** Küche kommen
in der **Tinte** sitzen
die **Tücke** des Objekts
etw. jm. auf der **Zunge** liegen

어리석음

dümmer, als die Polizei erlaubt
aus **Dummbach** sein
schwer von **Kapee** sein
kein großes **Licht** sein
das **Pulver** nicht erfunden haben

여유

eine lahmte **Ente**
in aller **Gemütlichkeit**
Zeit haben
sich **Zeit** lassen

연기

etw. auf die lange **Bank** schieben
etw. auf **Eis** legen
sich die **Länge** ziehen

연애

antun : es jm. angetan haben
jm. **Augen** machen
Feuer fangen
es ist um jn. **geschehen**
jm. das **Herz** brechen
jm. den **Hof** machen
jn. auf dem **Kieker** haben
jm. den **Kopf** verdrehen
auf jn. **wild** sein

열심, 성실

mit **Dampf**
sich auf die **Hinterbeine** setzen
in der **Hitze** des Gefechtes
bis die **Schwarte** kracht
Tag und Nacht

영리함, 우둔함

aus **Dummbach** sein
dümmer, als die Polizei erlaubt
nicht von **gestern** sein
etw. auf dem **Kasten** haben
nicht auf dem **Kopf** gefallen sein

영향

einen langen **Arm** haben
den **Ausschlag** geben
nichts zu **bestellen** haben
die **Hand** am Drücker haben
jn. um den **Finger** wickeln können
jm. einen **Floh** ins Ohr setzen
jn. in der **Hand** haben
seine **Hände** im Spiel haben
am längeren **Hebel** sitzen
Himmel und Hölle in Bewegung setzen
jn. an **Land** ziehen
etwas zu **melden** haben
zu **sagen** haben
das **Sagen** haben
jm. seinen **Stempel** aufdrücken
jn. in der **Tasche** haben
zum **Tragen** kommen
sein ganzes Gewicht in die **Waagschale** werfen

예상 밖, 의외

aus der **Art** schlagen
aus heiterem **Himmel**
über **Nacht**
den **Rahmen** sprengen
mit einem **Schlag**
wissen : weißt du was?

옳음

das ist der wahre **Jakob**

was dem einem **recht** ist, ist dem anderen billig
was **Recht** ist, muss Recht bleiben
Recht haben
jm. **Recht** geben

완수, 완성, 성사

unter **Dach** und Fach bringen
vom **Tisch** sein
in trickene **Tücher** bringen
etw. **zustande** bringen
zustande kommen
mit etw. **zuwege** kommen

완전히

in **Bausch** und Bogen
durch und durch
von **Kopf** bis Fuß
ganz und gar
in **Grund** und Boden
von **Grund** auf
bis an den **Hals**
mit **Haut** und Haaren
bis auf die **Knochen**
seinen **Mann** stehen
nach **Strich** und Faden
mit **Stumpf** und Stiel
über und über

요약

alles in allem
kurz und klein
unter dem **Strich**
wissen : weißt du was?
mit einem **Wort**

욕망, 욕심

einen **Bock** auf etw. haben
sich die **Finger** nach jm. lecken
den **Rachen** nicht voll kriegen
auf jn. **scharf** sein
vom **Stamme** Nimm sein
Stielaugen machen

용기, 용감

die **Flinte** ins Korn werfen
einer **Gefahr** ins Auge sehen
nicht das **Herz** haben, etw. zu tun
den **Nerv** haben, etw. zu tun
die **Ohren** steif halten
jm. **Rücken** stärken
den **Schwanz** einziehen
über **Stock** und Stein
weder **Tod** noch Teufel fürchten
die **Zähne** zusammenbeißen

용이함

etw. aus dem **Ärmel** schütteln
etw. mit der linken **Hand** machen
im **Handumdrehen**
mir nichts, dir nichts
gut **reden** haben
jm. in den **Schoß** fallen
etw. auf die leichte **Schulter** nehmen
auf der **Straße** liegen
etw. in den **Wind** schlagen

우월, 능가

die **Nase** vorn haben
eine **Nummer** zu groß für jn.
jm. den **Rang** ablaufen
jn. in den **Sack** stecken
jn. in den **Schatten** stellen

jn. in die **Tasche** stecken

운, 행운, 불운

mit einem blauen **Augen** davonkommen
jm. den **Daumen** drücken
auf gut **Glück**
zum **Glück**
Gott sei Dank!
ein **Hans** im Glück
sich durchs **Leben** schlagen
mit jm. das große **Los** ziehen
aus der **Not** eine Tugend machen
Pech haben
aus dem **Schneider** sein
den **Teufel** an die Wand malen
ins **Unglück** rennen
das **Wohl** und Wehe

울다, 슬프다

da bleibt kein **Auge** trocken
Rotz und Wasser heulen
in **Tränen** ausbrechen
auf die **Tränendrüse** drücken
Trübsal blasen
nahe am **Wasser** gebaut

웃음

sich einen **Ast** lachen
sich **ausschütten** vor Lachen
sich den **Bauch** halten
sich nicht **halten** können vor Lachen
von einem **Ohr** zum anderen strahlen
zum **Schießen** sein

위험

alt aussehen
jm. wird der **Boden** zu heiß

wie ein **Damoklesschwert** über jm. hängen
an einem **Faden** hängen
mit dem **Feuer** spielen
mit einem **Fuß** im Gefängnis stehen
Gefahr laufen
jm. den **Hals** kosten
seine **Haut** zu Markte tragen
die **Karre** ist verfahren
die **Kastanien** aus dem Feuer holen
auf der **Kippe** stehen
Kopf und Kragen riskieren
jn. den **Kragen** kosten
nicht **ohne** sein
ein eißes **Pflaster** sein
vom **Regen** in die Traufe kommen
Risiko eingehen
auf **Sand** gebaut haben
ein **Spiel** mit dem Feuer
etw. aufs **Spiel** setzen
auf dem **Spiel** stehen
ein **Tanz** auf dem Vulkan
Unrat wittern

유리, 이득, 최선

am **Ball** sein
das **Fett** abschöpfen
Kapital aus etw. schlagen
jn. ins rechte **Licht** rücken
Wasser auf. js **Mühle** sein
Oberwasser bekommen
den **Rahm** abschöpfen
die besten **Rosinen** picken
im **Trüben** fischen
einen **Trumpf** in der Hand haben
mit der **Wurst** nach dem Schinken werfen

유혹

jm. **Augen** machen

jn. zu **Fall** bringen
jn. um den **Finger** wickeln können
jm. den **Mund** wässerig machen

은퇴

sich aufs **Altenteil** zurückziehen
in **Pension** gehen
auf **Rente** gehen
sich zur **Ruhe** setzen

음주

einen **Affen** sitzen haben
bis der **Arzt** kommt
blau sein
einen zur **Brust** nehmen
ein **Glas** über Durst trinken
zu tief in **Glas** gucken
einen **heben**
en **Kanal** voll haben
einen in der **Krone** haben
weiße **Mäuse** sein
sich die **Nase** begießen
einen **sitzen** haben
in einem **Zug**
eine schwere **Zunge**
einen **zwitschern**

의심, 의문

etw. in **Frage** stellen
dem **Frieden** nicht trauen
seinen **Ohren** nicht trauen
jm. **spanisch** vorkommen
jm. nicht über den **Weg** trauen
etw. in **Zweifel** ziehen

이익, 흑자

seine **Schäfchen** ins Trockene bringen

einen guten **Schnitt** machen
wenn zwei sich **streiten**, freut sich der Dritte
schwarze **Zahlen** schreiben
in die schwarzen **Zahlen** kommen
in den schwarzen **Zahlen** sein

이해

ein **Einsehen** haben
auf der **Leitung** stehen
jm. geht ein **Licht** auf
sich einen **Reim** auf etw. machen
zwischen den **Zeilen** lesen
zünden : bei jm. hat es gezündet

이해 못함

kein **Auge** für jn. haben
nur **Bahnhof** verstehen
das ist **Chinesisch** für mich
jm. bömische **Dörfer** sein
schwer von **Kapee** sein
aus jm. nicht **klug** werden
aus jm. nicht **schlau** werden

인기

Kult sein
hoch im Kurs stehen
bei jm. einen **Stein** im Brett haben

인내

etw. **ausbaden** müssen
jm. wird es zu **bunt**
zum **Davonlaufen** sein
jm. reißt die **Geduld**
auf **Kohlen** sitzen
das **Maß** ist voll
wie auf **Nadeln** sitzen
kein **Sitzfleisch** haben

jm. die **Socken** ausziehen
in **Strümpfe** ausharren
sich im **Zaun** halten

인식, 인지

jn. von etw. in **Kenntnis** setzen
etw. zur **Kenntnis** nehmen
jm. fällt es wie **Schuppen** von den Augen
etw. an den **Tag** legegn

인심

fünf gerade sein lassen
besser offene **Hand** als geballte Faust
sich nicht **lumpen** lassen
eine **Runde** ausgeben
die **Spendierhosen** anziehen

일치, 합의

mit jm. ins **Reine** kommen
darüber ist kein **Wort** zu verlieren

일탈

aus dem **Gleis** kommen
außer **Rand** und Band geraten

ㅈ

자극

Öl ins **Feuer** gießen
jn. in **Harnisch** bringen
in die **Luft** gehen
jn. auf die **Palme** bringen
ein rotes **Tuch** für in. sein

자력, 자립

auf eigene **Faust**

sich nicht vor js. **Karre** spannen lassen
schalten und walten
stellen : auf sich gestellt sein
seinen **Weg** gehen

자만, 과시

das **Ei** will klüger sein als die Henne
jn. sticht der **Hafer**
jm. schwillt der **Kamm**
sich auf seinen **Lorbeeren** ausruhen
die **Nase** hoch tragen
die **Nase** vorn tragen
auf den **Putz** hauen
auf den hohen **Ross** sitzen
eine **Schau** abziehen
Staat machen
sich **wichtig** machen

자살

sich etwas **antun**
Hand an sich legen
zum **Strick** greifen

자제

sich in der **Gewalt** haben
nicht aus seiner **Haut** können
nicht mehr der **Herr** seiner Sinne sein
die **Nerven** verlieren
Nerven zeigen
sich am **Riemen** reißen
sich im **Zaum** halten
etw. jm. auf der **Zunge** liegen
sich auf die **Zunge** beißen

자해

den **Ast** absägen, auf dem man sitzt
sich ins eigene **Fleisch** schneiden

sich sein **Grab** schaufeln
jm. einen **Strick** aus etw. drehen

잠

sich in die **Falle** legen
mit den **Hühnern** zu Bett gehen
an der **Matratze** horchen
sich die **Nacht** um die Ohren schlagen
sich aufs **Ohr** hauen

재산

Grund und Boden
Hab und Gut
jm. in die **Hand** fallen
Haus und Hof
mit **Sack** und Pack
etw. in der **Tasche** haben

저질

unter aller **Kanone**
unter aller **Kritik**
unter aller **Sau**

저항, 항의

auf die **Barikaden** gehen
gegen jn. zu **Felde** ziehen
Front gegen jn. machen
sich nicht **gefallen** lassen
sich auf die **Hinterbeine** setzen
Krach schlagen
nur über meine **Leiche**!
jm. die **Meinung** sagen
wider den **Stachel** löcken
jm. die **Stirn** bieten
sich jm. in den **Weg** stellen
Widerstand leisten
jm. die **Zähne** zeigen

Zeter und Mord schreien

전체, 전부

von **A** bis Z
im gleichen **Boot** sitzen
js. **Ein** und Alles sein
mit **Kind** und Kegel
von **Kopf** bis Fuß
mit **Mann** und Maus untergehen
von der **Wiege** bis zur Bahre

절도

klebrige **Finger** haben
lange **Finger** machen
etw. **mitgehen** lassen
sich etw. unter den **Nagel** reißen

절망

jn. in den **Arm** fallen
etw. zu **Fall** bringen
etw. zu **Fall** kommen
weg vom **Fenster** sein
jm. vergeht **Hören** und Sehen
die **Ratten** velassen das sinkende Schiff
in eine **Sackgasse** geraten
etw. **schwarz** malen

접촉

jn. aus dem **Auge** verlieren
einen **Bogen** um jn. machen
das **Eis** brechen
mit jm. **fertig** sein
sich selbst **genug** sein
sich **hören** lassen
quitt sein
sich mit jm. in die **Verbindung** setzen
jm. aus dem **Weg** gehen

정리, 정돈

etw. in **Ordnung** bringen
etw. auf **Zack** bringen

정보

etw. spricht **Bände**
auf der **Höhe** sein
die **Katze** aus dem Sack lassen
jn.. auf dem **Lauufenden** halten
etw. am eigenen **Leibe** erfahren
etw. unter die **Leute** bringen
die **Runde** machen
es jm. **stecken**
Wind von. etw. bekommen

정보통달, 통달

Bescheid wissen
im **Bilde** sein
ganz in seinem **Element** sein
das **Gras** wachsen hören
ein alter **Hase** sein
jm. in die **Karten** sehen
auf dem **Laufenden** sein
von etw. **läuten** hören
wissen, was die **Uhr** geschlagen hat
dem **Vernehmen** nach
mit etw. **vertraut** sein
mit allen **Wassern** gewaschen sein
etw. bwie seine **Westentasche** kennen
wissen, woher der **Wind** weht

정체, 답보

den **Anschluss** verpassen
nicht vom **Fleck** kommen
ein toter **Punkt**
etw. in den **Sand** setzen
auf der **Stelle** treten

nicht von der **Stelle** kommen

제거, 해소

jn. zu **Fall** bringen
dran **glauben** müssen
sich jn. vom **Hals** schaffen
etw. aus dem **Weg** räumen
etw. aus der **Welt** schaffen

조롱

jn. in den **April** schicken
jn. auf den **Arm** nehmen
jn. zum **Besten** halten
jn. durch den **Kakao** ziehen
jn. aufs **Korn** nehmen
sich über jn. **lustig** machen
jn. zum **Narren** halten
jm. eine **Nase** drehen
jm. eine lange **Nase** machen
jn. an der **Nase** herumführen
jn. auf die **Schippe** nehmen

조용히

sich im **Hintergrund** halten
bei **Nacht** und Nebel
ohne **Sang** und Klang
sang- und klanglos
in aller Stille

존중, 존경

bei jm. gut **angeschrieben** sein
vor jm. den **Hut** ziehen
bei jm. lieb **Kind** sein
große **Stücke** auf jn. halten

종결, 완성

etw. unter **Dach** und Fach bringen
etw. ein **Ende** machen
fix und fretig sein
etw. über die **Runden** bringen
einen **Strich** unter etw. machen

좌초, 실패

auf den **Bauch** fallen
das **Ende** vom Lied
es ist **Essig** mit etw.
eine verkrachte **Existenz**
mit etw. nicht **fertig** werden
es ist um jn. **geschehen**
die **Karre** in den Dreck fahren
die **Karre** ist verfahren
mit **Pauken** und Trompeten
etw. in den **Sand** setzen
Trauben hängen zu hoch
sich an etw. die **Zähne** ausbeißen

죄

seine **Hände** in Unschulde waschen
etwas auf dem **Konto** haben
eine saubere **Weste** haben

주도권

die erste **Geige** spielen
die **Hosen** anhaben
den **Stier** bei den Hörnern fassen
die **Zügel** in der Hand halten

주목

sein **Augenmerk** auf jn. richten
Furore machen
jn. auf den **Hals** kriegen
im **Rampenlicht** stehen

Staub aufwirbeln

주의, 명심, 신중

in **Acht** nehmen
jedes Wort auf die **Goldwaage** legen
sich etw. zu **Herzen** nehmen
auf der **Hut** sein
auf dem **Kien** sein
sagen : lass dir das gesagt sein
seine **Zunge** hüten

주장, 발언

mit der **Faust** auf den Tisch hauen
etw. ins **Feld** führen
ins **Gefechte** führen
sein **Pulver** verschossen haben
sich zu **Wort** melden

죽음

die **Augen** schließen
dran glauben müssen
in die **Ewigkeit** abberufen werden
Freund Hein
es ist um jn. **geschehen**
jn. ins **Grab** bringen
ins **Gras** beißen
vor die **Hunde** gehen
in die ewigen **Jagdgründe** eingehen
jn. einen **Kopf** kleiner machen
jn. den **Kragen** kosten
ums **Leben** kommen
die **Löffel** abgeben
ewige **Ruhe** finden
den **Tod** finden
js. **Uhr** ist abgelaufen
den **Weg** allen Fleisches gehen
das **Zeitliche** segnen

in den letzten **Zügen** liegen

준비

fix und fretig sein
für etw. **gut** sein
zur **Hand** sein
immer auf dem **Sprung** sein

중단, 중지

etw. außer **Betrieb** setzen
jm. das **Handwerk** legen
jetzt halt aber mal die **Luft** an!
etw. aus dem **Verkehr** ziehen
jm. das **Wort** abschneiden
jm. ins **Wort** fallen

중요, 중요성

ankommen : es kommt darauf an
mir ist alles **eins**
ins **Gewicht** fallen
das ist **Jacke** wie Hose
es geht um **Kopf** und Kragen
der **Rede** wert sein
eine große **Rolle** spielen
etw zu **sagen** haben
jm. **schnuppe** sein
jn. für **voll** nehmen
im **Vordergrund** stehen
Wert auf etw. legen
jm. **Wurst** sein

즉석, 즉각

stehenden **Fußes**
etw. auf den **Fuß** folgen
mit freier **Hand** zeichnen
Knall und Fall

an **Ort** und Stelle
sich etw. nicht zweimal **sagen** lasssen
aus dem **Stegreif** sprechen
auf der **Stelle**

지나침

grün und gelb
über das **Ziel** schießen

지불, 지출

qitt sein
tief in die **Tasche** greifen

지원, 지지, 공급

jm. unter die **Arme** greifen
jm. auf die **Beine** helfen
auf jn. nichts **kommen** lassen
das Wasser ist auf js. **Mühle**
für jn. **Partei** ergreifen
in der **Pipeline** sein
jm. den **Rücken** stärken
jn. im **Rücken** haben
jm. zur **Seite** stehen
bei der **Stange** halten
jm. die **Steine** aus dem Weg räumen
jm. auf die **Sprünge** helfen
jm. die **Stange** halten
sich für jn. **stark** machen
jm. mit etw. **versorgen**
jm. den **Weg** ebnen
jm. das **Wort** reden
sich ins **Zeug** legen
jm. etw. **zukommen** lassen

진부함, 지겨움

jm. zum **Hals** herauswachsen
mit erw. keinen **Hund** hinter dem Ofen hervorlockern

das ist kalter **Kaffee**!
jn. satt haben
ein alter **Zopf**

진실

Hand aufs Herz!
sagen : sage und schreibe
die **Stunde** der Wahrheit
jm. reinen **Wein** einschenken

질책, 질타, 탓

jm. aufs **Dach** steigen
jm. **Flötentöne** beibringen
jm. auf den **Fuß** treten
jn. ins **Gebet** nehmen
jm. zeigen, was eine **Harke** ist
jm. den **Kopf** waschen
jm. die **Leviten** lesen
jm den **Marsch** blasen
jn. zur **Minna** machen
jm. etw. unter die **Nase** reiben
jm. die **Ohren** langziehen
jn. zur **Sau** machen
jm. eine **Standpauke** halten
jm. eine **Szene** machen
jn. am **Wickel** nehmen
jm. etw. am **Zeug** flicken

ㅊ

착각

sich in den **Finger** schneiden
die **Nase** hoch tragen
die **Rechnung** ohne Wirt gemacht haben
auf dem hohen **Ross** sitzen

참견, 간섭

sich um jeden **Dreck** kümmern
jm. ins **Handwerk** pfuschen
seine **Nase** in etw. stecken
mit von der **Partie** sein
seinen **Senf** dazu geben
jn. in **Spiel** bringen

참작, 고려

in **Betracht** kommen
etw. in **Erwägung** ziehen
in **Frage** kommen
etw. **Rechnung** tragen
etw. in **Rechnung** stellen
auf jn. **Rücksicht** nehmen
jm. etw. **zugute** halten

책임

etw. auf seine **Kappe** nehmen
jn. zur **Rede** stellen
jm. **Rede** und Antwort stehen
jm. et. in die **Schuhe** schieben
die **Suppe** auslöffeln
etw. für **verantwortlich** machen
die **Zeche** bezahlen

체면손상

das **Gesicht** verlieren
sich **unmöglich** machen
sich etwas **vergeben**
sich keinen **Zacken** aus der Krone brechen

체포

hinter schwedischen **Gardinen**
jn. in **Haft** nehmen
jn. auf frischer **Tat** ertappen

촉진

jm. **Auftrieb** geben
hinter etw. **Dampf** machen
etw. **Tür** und Tor öffnen
jm. den **Weg** ebnen

최고급, 최상

alles ist in schönster **Butter**
den **Rahm** abschöpfen
von **Rang**
die besten **Rosinen** picken

추적, 추격

jn. im **Auge** behalten
etw. auf sich **beruhen** lassen
jm. auf den **Fersen** sein
auf den **Hals** kriegen
jm. im **Nacken** sitzen
jm. auf den **Socken** sein

추방

jm. **Beine** machen
Leine ziehen
jn. an die **Luft** befördern
zum **Teufel** wünschen

축재

in die eigene **Tasche** arbeiten
sich die **Taschen** füllen

출산, 출생

ein freudiges **Ereignis**
das **Licht** der Welt erblicken
auf die **Welt** kommen
Kind in die **Welt** setzen
Zuwachs erwarten

친교, 교제

durch **dick** und dünn
jm. nicht **grün** sein
Hansdampf in allen Gassen sein
mit jm. ist nicht gut **Kirsch** essen
in **Ordnung**

칭찬

aller **Ehren** wert sein
jn. in den **Himmel** erheben
jn. in den höchsten **Tönen** loben

E

타협, 중도

die goldene **Mitte** wählen
der goldene **Mittelweg**
jm. auf halbem **Wege** entgegenkommen

테마, 토의, 언급

etw. zur **Diskussion** stehen
etw. zur **Diskussion** stellen
ein **Kapital** für sich sein
die **Sprache** auf etw. bringen
etw. zur **Sprache** bringen
zur **Sprache** kommen
etw. aufs **Tapet** bringen

통제, 감독

etw. in den **Griff** bekommen
jm. auf die **Hände** sehen
jn. auf die **Finger** sehen
jn. in der **Hand** haben
jn. auf dem **Kieker** haben
etw. unter **Kontrolle** bringen

퇴진, 실각

jn. zu **Fall** bringen
zu **Fall** kommen
jn. in die **Wüste** schicken

Ⅱ

파멸, 파산, 도산

in die **Brüche** gehen
etw. dem **Erdboden** gleichmachen
hops gehen
auf den **Hund** kommen
vor die **Hunde** gehen
etw. im **Keim** ersticken
Kopf und Kragen riskieren
aus dem **Leim** gehen
jm. geht die **Luft** aus
pleite gehen
jm. das **Rückgrat** brechen
etw. in **Schutt** und Asche legen
keinen **Stein** auf dem anderen lassen
zugrunde gehen

파문, 물의

Staub aufwirbeln
hohe **Welle** schlagen
viel **wirbel** machen

패배

in die **Knie** gehen
auf der **Strecke** bleiben

편안, 기분 좋은

ganz in seinem **Element** sein
den **Himmel** auf Erden haben
js. **Leib**- und Magengericht

leben wie die **Made** im Speck
ein **Schlaraffenleben** führen
sich an jn. **Strohhalm** klammern
gutes **Wetter** machen

편파, 편협, 불리

ein **Brett** vor dem Kopf haben
ins **Hintertreffen** geraten
zu **kurz** kommen
den **Kürzeren** ziehen
mit zweierlei **Maß** messen
in den **Mond** gucken,
das **Nachsehen** haben
die **Weisheit** nicht mit Löffeln gefressen haben

평가

bei jm. gut **angeschrieben** sein
Bilanz ziehen
aufs falsche **Pferd** setzen
alles in einen **Topf** werfen

포기

die **Finger** von etw. lassen
die **Flinte** ins Korn werfen
kalte **Füße** bekommen
aus der **Hand** geben
das **Handtuch** werfen
sich etw. aus dem **Kopf** schlagen
etw. an den **Nagel** hängen
für jn. keinen **Pfennig** geben
sich etw. aus dem **Sinn** schlagen
das **Spiel** verloren geben
bei der **Stange** bleiben
etw. in **Stich** lassen
verlieren : jn. verloren geben
die **Waffen** strecken

표정

keine **Miene** verziehen
Miene machen, etw. zu tun
gute **Miene** zum bösen Spiel machen

풍부, 과잉

in **die Hülle** und Fülle
leben wie die **Made** im Speck
ein **Schlaraffenlandleben** führen

피곤

kleine **Augen** machen
fertig sein
fix und fertig sein
fix und foxi
ein toter **Punkt**
auf dem **Zahnfleisch** gehen

핑계

einen wahren **Eiertanz** aufführen
etw. an den **Haaren** herbeiziehen
jm. einen **Strick** aus etw. drehen

ㅎ

함구, 침묵

mit etw. hinter dem **Berg** halten
jm. das **Maul** stopfen
den **Mund** halten
sich in **Schweigen** hüllen
jn. zum **Schweigen** bringen
etw. mit keiner **Silbe** erwähnen
jm. die **Sprache** verschlagen
kein **Wort** über etw. verlieren
sich auf die **Zunge** beißen

함정, 희생

in die **Falle** gehen
jm. ins **Garn** gehen
jm. auf den **Leim** gehen
jm. ins **Netz** gehen
die **Zeche** bezahlen

해결, 해결책

das ist **Ei** des Kolumbus
zwei **Eisen** im Feuer haben
das wird sich alles **finden**!
jm. über den **Kopf** wachsen
etw. in **Ordnung** bringen
mit jm. zu **Rande** kommen

해고, 해약

blauer Brief
jn. zum alten **Eisen** werfen
goldener **Handschlag**
jm. den **Laufpass** geben
jn. an die **Luft** setzen
jn. auf die **Straße** werfen
jm. den **Stuhl** vor die Tür setzen

해명, 설명

jm. **Rede** und Antwort stehen
reinen **Tisch** machen

핵심

das **A** und O
da liegt der **Hase** im Pfeffer
da liegt der **Hund** bergraben
der harte **Kern**
den **Nagel** auf den Kopf treffen
das ist des **Pudels** Kern
der springende **Punkt** sein
ins **Schwarze** treffen

허용, 허락, 긍정적

freie **Hand** haben
jm. **grünes** Licht geben
im **grünen** Bereich sein
nicht auf die **Platte** kommen

허사

den **Brunnen** zudecken, wenn das Kind hinuntergefallen ist
Fass ohne Boden
bei jm. ist **Hopfen** und Malz verloren
es ist alles für die **Katz**
den **Mond** anbellen
für **nichts** und wieder nichts
tauben **Ohren** predigen
im **Sande** verlaufen
Träume sind Schäume
ins **Wasser** fallen
zunichte machen

허풍

sich in die **Brust** werfen
eine **Lippe** riskieren
das **Maul** aufreißen
eine große **Maul** haben
sich **mausig** machen
den **Mund** voll nehmen
auf den **Putz** hauen
Sprüche machen
dicke **Töne** reden
Wind machen

현실

auf der **Erde** bleiben
mit beiden **Beinen** im Leben stehen
etw. ins **Gesicht** sehen
die **Kirche** im Dorf lassen
auf dem **Teppich** bleiben

혐오, 무관, 꺼림

jm. nicht unter die **Augen** treten dürfen
jn. nicht **ausstehen** können
jm. **Dorn** im Auge sein
fressen : jn. gefressen haben
kein **Freund** von etw. sein
jn. einen feuchten **Kehricht** angehen
jm. im **Magen** liegen
jd. kann mir im **Mondschein** begegnen
Nerven haben
jn. nicht **riechen** können
jn. **satt** haben
auf jn. nicht gut zu **sprechen** sein
jm. gegen den **Strich** gehen
nichts für etw. **übrig** haben
jn. nicht mit der **Zange** auffassen mögen

협조, 협동, 지지

sich einander die **Bälle** zuspielen
im gleichen **Boot** sitzen
durch **dick** und dünn
in **Einklang** mit jm.
Hand in Hand
ein **Herz** und eine Seele sein
jn. unter einen **Hut** bringen
etw. auf einen **Nenner** bringen
Schulter an Schulter
am gleichen **Strang** ziehen

호감, 호의

Anklang finden
sich etw. **gefallen** lassen
auf den **Geschmack** kommen
jn. am liebsten von **hinten** sehen
jm. in den **Kramm** passen
jm. nicht das **Schwarz** unter dem Nagel gönnen
bei jm. einen **Stein** im Brett haben

für jn. etwas **übrig** haben

호기심

sich nach jm. den **Hals** verenken
lange **Ohren** machen

화

auf **achtzig** sein
sich grün und gelb **ärgern**
an die **Decke** gehen
in **Fahrt** sein
jm. läuft die **Galle** hoch
Gift und Galle speien
aus der **Haut** fahren
das ist die **Höhe**!
in die **Höhe** gehen
jm. schwillt der **Kamm**
jm. ist eine **Laus** über die Leber gelaufen
so ein **Mist**!
auf der **Palm** sein
der **Stein** des Anstoßes
jn. auf **Touren** bringen
ein rotes **Tuch** für jn. sein
Zustände bekommen

화보

jm. in die **Hand** fallen
etw. an **Land** ziehen
in der **Leitung** sein
in der **Pipeline** sein

확언

auf etw. **Gift** nehmen können
etw. **hoch** und heilig versprechen
den **Mund** voll nehmen
von etw. **überzeugt** sein

환영, 장려

jn. mit offenen **Armen** aufnehmen
gut **aufgehoben** sein
jn. in **Empfang** nehmen
offene **Tür** finden
etw. **Tür** und Tor öffnen
nicht zu **verachten** sein

회복, 쾌유

wieder auf **Beinen** sein
über den **Berg** sein
Farbe bekommen
ins rechte **Gleis** kommen
aus dem **Gröbsten** heraussein
eine **Hürde** nehmen

회피, 외면

einen **Bogen** um jn. machen
sich jn. vom **Leibe** halten
jm. den **Rücken** kehren
jm. ein **Schnippchen** schlagen
mit jm. nichts zu **tun** haben wollen
jm. aus dem **Weg** gehen

효력, 실효, 무효

zur **Geltung** kommen
etw. zur **Geltung** bringen
außer **Kraft** setzen
in **Kraft** treten
null und nichtig

후회

sich **Asche** aufs Haupt streuen
sich ein **Gewissen** aus etw. machen

흥, 기분

etw. zum **Besten** geben
jm. zu **Kopf** steigen
jn. auf **Touren** bringen

흥분

in **Fahrt** sein
aus dem **Häuschen** sein
jm. geht der **Hut** hoch
jm. platzt der **Kragen**
die **Nerven** verlieren
Zustände bekommen

희생

das letzte **Hemd** hergeben
die **Kastanien** aus dem Feuer holen
jm. ins **Messer** laufen
jm. zum **Opfer** fallen
die **Zeche** bezahlen

힘

Bäume aufreißen
am längeren **Hebel** sitzen
den **Laden** schmeißen
hart im **Nehmen** sein
am **Ruder** sein
etwas zu **sagen** haben
fest im **Sattel** sitzen
den **Ton** angeben
die **Zügel** in der Hand halten

힘껏, 전력

auf **Teufel** komm raus
in die **Vollen** gehen
sein ganzes Gewicht in die **Waagschale** werfen
jn. am **Wickel** packen
was das **Zeug** hält

참고문헌

1. 독일어연구원(IDS) Comas II 전자 말뭉치 : http://www.ids-mannheim.de/cosmas2

Berliner Zeitung. Tageszeitung(taz) (Berlin) 1997-2002.

Der Spiegel. Wochenzeitschrift (Hamburg) 1993-1998.

Die Presse. Tageszeitung (Wien) 1991-2000.

Die Zeit. Wochenzeitung (Hamburg) 1994-1999.

Frankfurter Allgemeine Tageszeitung (Frankfurt a. M.) 1998-2005.

Frankfurter Rundschau. Tageszeitung. (Frankfurt a. M.) 1997-1999.

Mannheimer Morgen. Tageszeitung (Mannheim) 1994-2002.

Salzburger Nachrichten. Tageszeitung (Salzburg) 1991-2000.

St. Galler Tagblatt. Tageszeitung (St. Gallen) 1997-2001.

Tiroler Tageszeitung. Tageszeitung (Innsbruck) 1996-2000.

Züricher Tagesanzeiger. Tageszeitung (Zürich) 1996-2000.

2. 사전

Agricola, Erhard (Hrsg.)(1977) : Wörter und Wendungen. Wörterbuch zum deutschen Sprachgebrauch. Leipzig.

Bertelsmann-Rechtschreibung=Bertelsmann. Die deutsche Rechtschreibung(1999) : Völlig neu bearbeitet von Lutz Götze. Gütersloh/München. Bertelsmann Lexikon Verlag.

DUDEN-Großes Wörterbuch in acht Bänden(1-3. 1993 ; 4-6 1994 ; 7-8 1995)=Duden. Das große Wörterbuch der deutschen Sprache in acht Bänden(1993-1995) : Herausgegeben und bearbeitet von Mitarbeitern der Dudenredaktion unter der Leitung von Günther Drosdowski. Mannheim u. a. Dudenverlag.

DUDEN-Redewendungen(1992)=Duden Redewendungen und sprichwörtliche Redensarten. Wörterbuch der deutschen Idiomatik. Mannheim u. a. (=DUDEN 11).

DUDEN-Universalwörterbuch)=Duden. Deutsches Universalwörterbuch(2001⁴) : Herausgegeben von der Dudenredaktion. neu bearbeitet und erweiterte Auflage. Mannheim u. a. Dudenverlag.

Friedrich. Wolf(1976²) : Moderne deutsche Idiomatik. Alphabetisches Wörterbuch mit Definitonen und Beispielen. Hueber. München.

Herberger. D./Kinne, M./Steffens, D.(2003) : Neuer Wortschatz. Neologismen der 90er Jahre im Deutschen Berlin. NY. Walter de Gruyter.

Müller, Klaus(1994) : Lexikon der deutschen Redensarten. Güterloh. Bertelsmann.

Quasthoff, Uwe(2007) : Deutsches Neologismenwörterbuch. Neue Wörter und Wortbedeutungen in der Gegenwartssprache. Berlin. NY. Walter de Gruyter.

Röhrich, Lutz(1973) : Lexikon der sprichwörtlichen Redensarten. Freiburg, Basel, Wien.

Schemann, Hans(1991) : Synonymwörterbuch der deutschen Redensarten. Ernst Klett, Stuttgart/Dresden.

(Derselbe)(1993) : Deutsche Idiomatik. Die deutschen Redewendungen im Kontext. Ernst Klett, Stuttgart/Dresden.

3. 전문문헌

Barz, I./Schröder, M./ Hämmer, K./Poethe, H.(2007⁴) : Wortbildung-praktisch und integrativ. Ein Arbeitsbuch. Peter Lang. Frankfurt a. M. u. a.

Burger, Harald(2003) : Phraseologie. Eine Einführung am Beispiel des Deutschen. Berlin.

Eichchinger, Ludwig M.(2000) : Deutsche Wortbildung. Eine Einführung. Gunter Narr. Tübingen.

Fleischer, Wolfgang(1997) : Phraseologie der deutschen Phraseologie. Tübingen.

Fleischer, W./Barz, I.(1992) : Wortbildung der deutschen Gegenwartssprache. Unter Mitarbeit von Marianne Schröder. Max Niemeyer. Tübingen.

Hessky, Regina u. Ettinger, Stefan(1997) : Deutsche Redewendungen. Ein Wörter- und Übungsbuch für Fortgeschrittene. Tübingen.

Palm, Christine(1995) : Phraseologie. Eine Einführung. Gunter Narr.Tübingen

Palm, Christine u. Odeldahl, Anders(1993) : tyska idiombok. Berlings.

Römer, Christin(2006) : Morphologie der deutschen Sprache. UTB. Göttingen.

(Dieselbe)(2005. 2) : Lexikologie des Deutschen. Eine Einführung. Gunter Narr. Tübingen.

Wimmer, Rainer/Berens, F. J.(Hrsg.)(1997) : Wortbildung und Phraseologie. Gunter Narr. Tübingen.

Wotjak, B./Richter, M(1994^3) : Sage und Schreibe. Deutsche Phraseologismen in Theorie und Praxis. Leipzig.